강사력이 합격이다!

2024

메가랜드 공인중개사

입문서

2차 공인중개사법령 및 중개실무 / 부동산공법
부동산공시법 / 부동산세법

차례

제1과목
공인중개사법령 및 중개실무

제1편 공인중개사법령

제1장	총칙	10
제2장	시험제도 및 교육제도	17
제3장	중개업의 등록	27
제4장	중개업의 경영	33
제5장	개업공인중개사의 의무	43
제6장	개업공인중개사의 보수	66
제7장	개업공인중개사의 상호협력	70
제8장	보칙	76
제9장	벌칙 등 각종 규제	79

제2편 부동산거래신고법령

제1장	부동산거래신고제도	92
제2장	토지거래허가제도	96
제3장	외국인 등의 부동산취득 등의 특례	98

제3편 중개실무

제1장	중개실무 일반	102
제2장	중개계약	104
제3장	중개대상물 조사·확인·설명	105
제4장	영업활동(판매활동)	110
제5장	거래계약의 체결	112
제6장	중개실무 관련 법령	114

| 제2과목 |

부동산공법

| 제 1 편 | 부동산공법 입문 | 126 |

| 제 2 편 | 국토의 계획 및 이용에 관한 법률 |

제 1 장	총설	138
제 2 장	계획에 관한 사항	145
제 3 장	개발에 관한 사항	159

| 제 3 편 | 도시개발법 |

제 1 장	용어 정의	172
제 2 장	도시개발구역의 지정 등	176
제 3 장	도시개발사업계획(개발계획)	180
제 4 장	도시개발사업의 시행자와 시행방식	182

| 제 4 편 | 도시 및 주거환경정비법 |

제 1 장	용어 정의	188
제 2 장	정비사업의 체계	192
제 3 장	정비사업의 절차	194
제 4 장	정비사업의 시행자와 시행방식	196

| 제 5 편 | 건축법 |

제 1 장	용어 정의	202
제 2 장	면적에 관한 정리	212
제 3 장	건축허가 등	216
제 4 장	건축물의 대지와 도로	220
제 5 장	건축물의 높이와 층수	223

제 6 편 주택법

제 1 장	용어 정의	226
제 2 장	사업주체 등	231
제 3 장	주택의 건설	234
제 4 장	주택의 분양가격제한 등	237
제 5 장	주택상환사채	241

제 7 편 농지법

제 1 장	농지의 개념	246
제 2 장	농지의 소유	248

제3과목
부동산공시법

제 1 편 공간정보의 구축 및 관리 등에 관한 법률(지적편)

제 1 장	지적제도의 의의와 등록사항	256
제 2 장	지적공부	274
제 3 장	토지의 이동과 지적정리	287
제 4 장	지적측량	299

제 2 편 부동산등기법(등기편)

제 1 장	총설	306
제 2 장	등기설비	317
제 3 장	등기절차 총론	323
제 4 장	여러 가지 권리의 등기	343
제 5 장	여러 가지 등기	359

| 제4과목 |

부동산세법

| 제 1 편 | 조세총론 |

| 제 1 장 | 조세의 기초원리 | 378 |
| 제 2 장 | 납세의무 | 384 |

| 제 2 편 | 지방세 |

제 1 장	취득세	392
제 2 장	등록면허세	400
제 3 장	재산세	403

| 제 3 편 | 국세 |

| 제 1 장 | 종합부동산세 | 412 |
| 제 2 장 | 소득세 및 양도소득세 | 415 |

**2024
메가랜드
공인중개사**

공인중개사법령 및 중개실무 과목은 다른 과목에 비하여 비교적 이해가 용이하고 분량이 방대하지 않으므로, 이를 전략 과목으로 삼아 고득점을 노려야 한다.

공인중개사법령과 부동산거래신고법령 부분은 대부분의 문제가 조문에서 출제되기 때문에, 이를 꼼꼼하게 학습하여야 고득점이 가능하다. 따라서, 법률, 시행령, 시행규칙, 별지서식까지도 빠짐없이 암기한다는 자세로 반복 학습이 필요하다.

중개실무 부분은 실제 중개업무와 종합적으로 관련되며, 다른 과목과도 연관된 내용을 다루고 있다. 특히 민법과 공법이 주로 관련되며, 공시법과도 연관된다. 법령 부분에 비하여 출제비중이 높지는 않지만, 고난도의 문제들이 출제되기도 한다.

제1과목

공인중개사법령 및 중개실무

1 구성과 출제비중

이 과목은 공인중개사 시험의 제2차 시험과목 중의 하나이다. 총 40문제가 출제되며, 총 3개의 편으로 구성되어 있다. 제1편은 '공인중개사법령'으로 통상 26~30문제 정도가 출제된다. 제2편은 '부동산거래신고법령'으로 통상 5~7문제가 출제되며, 제3편은 '중개실무' 부분으로 통상 5~7문제가 출제된다.

2 전체 개관

제1편 '공인중개사법령'은 공인중개사의 업무 등에 관한 사항을 규정한 것으로 자격증을 취득하여 중개사무소 개설등록을 한 개업공인중개사가 부동산중개업을 수행할 때 이 법령에 부합되게 수행하여야 하며, 이 법령의 규정을 위반한 경우에 받게 될 각종 처벌에 관한 사항이 포함되어 있다. 제2편 '부동산거래신고법령'은 토지나 건물에 대하여 매매계약 체결이 될 경우, 실제 거래된 가격대로 신고관청에 거래신고를 하여야 한다는 것을 주된 내용으로 한다. 제3편 '중개실무'는 개업공인중개사의 중개업무와 관련된 주요한 내용을 다룬다. 분묘와 관련된 중개, 농지와 관련된 중개, 주택임대차나 상가건물임대차와 관련된 중개, 법원경매물건의 알선 및 매수신청의 대리 등을 주된 내용으로 한다.

제 1 편

공인중개사법령

제1장 | 총칙

제2장 | 시험제도 및 교육제도

제3장 | 중개업의 등록

제4장 | 중개업의 경영

제5장 | 개업공인중개사의 의무

제6장 | 개업공인중개사의 보수

제7장 | 개업공인중개사의 상호협력

제8장 | 보칙

제9장 | 벌칙 등 각종 규제

제1장 총칙

1 공인중개사법령의 구성

(1) 「공인중개사법」(국회 제정)

공인중개사의 업무 등에 관한 사항을 정하여 그 전문성을 제고하고 부동산중개업을 건전하게 육성하여 국민경제에 이바지함을 목적으로 국회에서 제정한 법률을 말한다. 이 법은 전 7장 51개의 조문, 부칙(附則)으로 구성되어 있다.

(2) 「공인중개사법 시행령」(대통령령)

「공인중개사법」에서 위임된 사항과 그 시행에 필요한 사항을 규정함을 목적으로 제정된 대통령령(大統領令)으로, 전 7장 38개의 조문, 부칙(附則)과 별표서식으로 구성되어 있다.

(3) 「공인중개사법 시행규칙」(국토교통부령)

「공인중개사법」과 동법 시행령에서 위임된 사항과 그 시행에 필요한 사항을 규정함을 목적으로 제정된 시행규칙(세부규칙)으로서, 국토교통부령으로 규정되어 있다. 이는 전 6장 29개의 조문, 부칙(附則)과 별표서식으로 구성되어 있다.

2 공인중개사법의 목적(법 제1조)

「공인중개사법」제1조에서는 '이 법은 공인중개사의 업무 등에 관한 사항을 정하여 그 전문성을 제고하고 부동산중개업을 건전하게 육성하여 국민경제에 이바지함을 목적으로 한다.'라고 규정하고 있다.

3 용어의 정의(법 제2조)

> **법 제2조 【정의】** 이 법에서 사용하는 용어의 정의는 다음과 같다.
> 1. "중개"라 함은 제3조에 따른 중개대상물에 대하여 거래당사자 간의 매매·교환·임대차 그 밖의 권리의 득실변경에 관한 행위를 알선하는 것을 말한다.
> 2. "공인중개사"라 함은 이 법에 의한 공인중개사자격을 취득한 자를 말한다.
> 3. "중개업"이라 함은 다른 사람의 의뢰에 의하여 일정한 보수를 받고 중개를 업으로 행하는 것을 말한다.
> 4. "개업공인중개사"라 함은 이 법에 의하여 중개사무소의 개설등록을 한 자를 말한다.
> 5. "소속공인중개사"라 함은 개업공인중개사에 소속된 공인중개사(개업공인중개사인 법인의 사원 또는 임원으로서 공인중개사인 자를 포함한다)로서 중개업무를 수행하거나 개업공인중개사의 중개업무를 보조하는 자를 말한다.
> 6. "중개보조원"이라 함은 공인중개사가 아닌 자로서 개업공인중개사에 소속되어 중개대상물에 대한 현장안내 및 일반서무 등 개업공인중개사의 중개업무와 관련된 단순한 업무를 보조하는 자를 말한다.

1. 중개

'중개(仲介)'라 함은 법 제3조에 따른 중개대상물에 대하여 거래당사자 간의 매매·교환·임대차 그 밖의 권리의 득실변경에 관한 행위를 알선하는 것을 말한다(법 제2조 제1호).

(1) 법 제3조에 따른 중개대상물

공인중개사법령에서 규정하고 있는 중개대상물에는 ① 토지, ② 건축물 그 밖의 토지의 정착물, ③ 그 밖에 대통령령으로 정하는 재산권 및 물건으로서 입목, 광업재단 및 공장재단이 있다.

(2) 거래당사자 간의 매매·교환·임대차 그 밖의 권리의 득실변경에 관한 행위

'거래당사자'라 함은 매매에서는 매도인과 매수인, 교환에서는 교환의 당사자, 임대차에서는 임대인과 임차인을 말한다. 이러한 거래당사자 사이의 매매계약이나 교환계약, 임대차계약 등을 알선하는 것이 '중개'라는 의미이다.

(3) 알선하는 것

'알선'이라 함은 중간자(中間者)적인 위치에서 양 당사자 간의 거래계약이 체결되도록 도와주고 흥정을 붙여 거래가 성사되도록 하는 것을 말한다.

2. 중개업

(1) 의의

'중개업(仲介業)'이라 함은 다른 사람의 의뢰에 의하여 일정한 보수를 받고 중개를 업으로 행하는 것을 말한다(법 제2조 제3호).

(2) 요건

중개업에 해당하려면, 다음의 3가지 요건을 모두 충족하여야 한다.
① 다른 사람의 의뢰가 있을 것: 중개의뢰인의 의뢰에 의하여 개업공인중개사와의 중개의뢰계약이 체결되어야 한다.
② 일정한 보수를 받을 것: 중개보수를 현실적으로 받아야 중개업에 해당한다.
③ 중개를 업(業)으로 행할 것: 중개를 '업(業)'으로 행한다고 함은 불특정 다수인을 대상으로, 계속적·반복적으로, 영리를 목적으로 중개행위를 하는 것을 말한다. 그러므로 특정한 소수인만을 대상으로 하거나, 계속적·반복적이 아닌 일시적으로 우연히 1회 중개를 한 경우에는 중개'업'이라 할 수 없다.

3. 개업공인중개사

(1) 의의

'개업공인중개사(開業公認仲介士)'라 함은 이 법에 의하여 중개사무소의 개설등록을 한 자를 말한다(법 제2조 제4호).

(2) 종별의 구분

개업공인중개사에는 다음의 3종류가 있다.
① 법인인 개업공인중개사: 중개업을 주된 영업으로 할 목적으로 「공인중개사법」에 따라 중개사무소 개설등록을 한 법인을 말한다.
② 공인중개사인 개업공인중개사: 공인중개사자격을 취득한 자로서, 「공인중개사법」에 따라 중개사무소 개설등록을 한 자를 말한다.
③ 부칙(附則)상의 개업공인중개사(부칙 규정에 따라 등록을 한 것으로 보는 자, 이른바 복덕방 중개인): 법인인 개업공인중개사 및 공인중개사인 개업공인중개사가 아닌 자로서, 중개사무소 개설등록을 한 것으로 보는 자(등록을 한 것으로 의제되는 자)를 말한다.

> **참고** 부칙(附則) 규정에 따라 등록을 한 것으로 보는 자(부칙상의 개업공인중개사)
>
> 공인중개사 자격증 시험제도가 1983년에 도입되었는데, 그 이전에는 누구라도 일정한 요건만 갖추면 부동산중개업을 할 수 있었다. 당시에 부동산중개업에 대한 신고나 허가, 등록을 하고 영업을 하던 사람들의 일부가 지금까지도 중개업을 영위하고 있는데, 이들을 「공인중개사법」 부칙 제6조 이하에서 규정하고 있다. 따라서, 이들을 통상 '부칙(附則)상의 개업공인중개사'라 한다.

4. 공인중개사

'공인중개사(公認仲介士)'라 함은 '이 법에 의한 공인중개사자격을 취득한 자'를 말한다(법 제2조 제2호). 즉, 국가공인중개사 시험에 응시하여 합격자로 결정되고, 그 자격을 취득한 자가 공인중개사이다.

> **참고** 공인중개사
>
> 공인중개사 자격을 취득한 상태로 있으면 '공인중개사' 그 자체가 되고, 그 자격을 가지고 일정한 요건을 갖추어 중개사무소의 개설등록을 하면 '공인중개사인 개업공인중개사' 또는 '법인인 개업공인중개사'가 되며, 그 자격을 가지고 타인의 중개사무소에 고용인(직원)으로 취직(고용)을 하면 '소속공인중개사'가 된다.

5. 소속공인중개사

(1) 의의

'소속공인중개사(所屬公認仲介士)'라 함은 '개업공인중개사에 소속된 공인중개사(개업공인중개사인 법인의 사원 또는 임원으로서 공인중개사인 자를 포함한다)로서 중개업무를 수행하거나 개업공인중개사의 중개업무를 보조하는 자'를 말한다(법 제2조 제5호).

(2) 업무범위

① 중개업무 수행이 가능하다. 즉, 거래계약서 작성, 중개대상물 확인·설명서 작성 등의 주요한 중개업무를 직접 수행할 수 있다. 이러한 중개업무는 중개보조원은 수행할 수 없다.
② 중개업무에 대한 보조업무 수행도 당연히 가능하다.

6. 중개보조원

(1) 의의

'중개보조원(仲介補助員)'이라 함은 '공인중개사가 아닌 자로서 개업공인중개사에 소속되어 중개대상물에 대한 현장안내 및 일반서무 등 개업공인중개사의 중개업무와 관련된 단순한 업무를 보조하는 자'를 말한다(법 제2조 제6호).

(2) 업무범위

중개보조원은 공인중개사자격이 없기 때문에 직접 중개업무를 수행할 수는 없다. 다만, 현장안내·일반서무 등 개업공인중개사의 중개업무와 관련된 '단순한 업무(의뢰인을 현장에 안내한다든지, 대장이나 등기부를 떼어 온다든지 등)'를 보조할 수는 있다.

4 중개대상물

> 법 제3조【중개대상물의 범위】이 법에 의한 중개대상물은 다음 각 호와 같다.
> 1. 토지
> 2. 건축물 그 밖의 토지의 정착물
> 3. 그 밖에 대통령령으로 정하는 재산권 및 물건
>
> 영 제2조【중개대상물의 범위】법 제3조 제3호에 따른 중개대상물은 다음 각 호와 같다.
> 1. 「입목에 관한 법률」에 따른 입목
> 2. 「공장 및 광업재단 저당법」에 따른 공장재단 및 광업재단

1. 중개대상물의 의미

(1) 공인중개사법령상의 '중개대상물'은 오로지 '개업공인중개사'만이 직업적으로 중개업을 할 수 있는 고유하고도 전속적인 중개대상물을 말한다.

(2) 개업공인중개사(등록을 한 자)가 아닌 일반인(무등록자)은 이러한 중개대상물을 직업적으로 중개할 수 없고, 이를 위반하면 무등록 중개업자로 3년 이하의 징역 또는 3천만원 이하의 벌금으로 처벌된다.

2. 중개대상물의 범위

(1) 토지

① 토지의 종류는 불문한다. 택지나 산지, 임지나 농지 등이 모두 중개대상물이 된다.
② 1필지 토지의 전부뿐만 아니라, 일부도 중개대상물이 된다. 1필지 토지의 일부에 대하여도 지상권이나 전세권, 지역권 등의 설정이 가능하기 때문이다.

(2) 건축물 그 밖의 토지의 정착물
  ① 건축물
    ㉠ 현존하는 건축물: 건축물은 토지와는 별개의 부동산이므로 토지와 별개의 독자적인 중개대상물에 해당한다. 건축물의 종류는 불문하므로, 주택이나 상가건물, 공장, 사무실 등 모두 중개대상물이 된다.
    ㉡ 장래의 건물(분양권): 아파트의 특정 동·호수에 대한 피분양자로 선정되거나 분양계약이 체결된 후의 '분양권'은 중개대상물인 건물에 포함된다(대판 2004도62). 판례는 분양권을 장래의 '건물'로 보아 중개대상물로 본다.
  ② 그 밖의 토지의 정착물
    ㉠ 토지의 정착물은 수목, 교량, 터널, 담장 등과 같이 토지에 고정되어 쉽게 이동할 수 없는 물건을 말한다. 원칙적으로 토지의 정착물은 토지의 일부에 해당하므로 토지와 별개의 독자적인 중개대상물로 보지 않는다.
    ㉡ 명인방법을 갖춘 수목의 집단
      ⓐ 명인방법(明認方法): 소유자가 누구라는 것을 외부에서 '명백하게 인식할 수 있는 방법'으로 새끼줄을 둘러치고 표찰을 세우는 등 관습법상의 공시방법을 말한다.
      ⓑ 명인방법을 갖춘 수목의 집단: 토지의 일부가 아닌, 토지와 별개의 독립한 부동산으로 취급되어 토지와 별개의 독자적인 소유권의 대상이 되며, 토지와 별개의 독자적인 중개대상물에 해당한다(서울행정법원 2004구합4017).

(3) 「입목에 관한 법률」에 따른 입목
  ① '입목(立木)'이란 토지에 부착된 수목의 집단으로서 그 소유자가 「입목에 관한 법률」에 따라 소유권보존의 등기를 받은 것을 말한다(「입목에 관한 법률」 제2조 제1항 제1호).
  ② 입목등기를 한 입목은 토지로부터 분리되어 별개의 독립한 부동산으로 취급되며, 이러한 입목은 토지와 별개의 중개대상물이 된다.

(4) 「공장 및 광업재단 저당법」에 따른 공장재단
  ① '공장재단'이란 공장에 속하는 일정한 기업용 재산으로 구성되는 일단(一團)의 기업재산으로서 「공장 및 광업재단 저당법」에 따라 소유권과 저당권의 목적이 되는 것을 말한다(「공장 및 광업재단 저당법」 제2조 제2호).
  ② 이러한 공장재단은 등기된 재단 전체가 하나의 부동산으로 취급이 되며, 독립한 중개대상물에 해당한다.

(5) 「공장 및 광업재단 저당법」에 따른 광업재단
① '광업재단'이란 광업권과 광업권에 기하여 광물을 채굴·취득하기 위한 각종 설비 및 이에 부속하는 사업의 설비로 구성되는 일단(一團)의 기업재산으로서 「공장 및 광업재단 저당법」에 따라 소유권과 저당권의 목적이 되는 것을 말한다(동조 제3호).
② 광업재단도 공장재단과 마찬가지로 전체가 하나의 부동산으로 취급되며, 독립한 중개대상물에 해당한다.

3. 중개대상물이 되기 위한 요건

> **판례** 중개대상물이 되기 위한 요건
>
> 「공인중개사법」제3조에 따른 법정중개대상물은 '토지, 건물 기타 토지의 정착물, 「입목에 관한 법률」에 따른 입목, 「공장 및 광업재단 저당법」에 따른 광업재단, 「공장 및 광업재단 저당법」에 따른 공장재단'이 있다 할 것인데, 이러한 법정중개대상물에 해당하는 물건이라 하더라도 사적(私的) 소유의 대상이 될 수 있어야 하고, 중개행위의 개입이 가능해야 한다(서울행정법원 2004구합4017).

(1) 법령상의 중개대상물에 속하는 물건일 것
① 토지, 건축물, 입목, 광업재단, 공장재단, 명인방법을 갖춘 수목의 집단이 중개대상물에 해당한다.
② 어업재단, 항만운송사업재단, 항공기, 자동차, 선박, 권리금 등은 중개대상물에 해당하지 아니한다.

(2) 사적(私的) 소유의 대상으로 거래가 가능할 것
① 국유재산이나 공유재산으로서 행정재산은 원칙적으로 중개대상물이 아니다. 청와대건물이나 시청건물, 도청건물 등은 건물이기는 하지만, 성격상 거래의 대상이 아니므로 중개가 개입되지 못한다.
② 공유수면(公有水面, 바다나 국유하천 등)이나, 사권(私權)이 영구소멸된 포락지(浦落地), 미채굴의 광물(국가 소유), 무주(無主)의 부동산 등은 중개대상물이 될 수 없다.

(3) 중개행위의 개입 여지가 있을 것
법률의 규정에 의하여 물권변동이 성립되는 경우에는 중개행위가 개입될 여지가 없기 때문에 중개대상물이 될 수 없다. 즉, 법원경매, 공매, 공용수용, 상속은 중개대상이 될 수 없다.

제2장 시험제도 및 교육제도

제1절 공인중개사 시험제도

> **참고** 기본 개념
>
> 부동산중개업을 하기 위해서는 우선적으로 공인중개사 자격증이 필요하다. 공인중개사 시험을 통하여 자격증을 취득하게 되는데, 시험은 원칙적으로 특별시장·광역시장·도지사가 시행을 하며, 공인중개사 자격증은 특별시장·광역시장·도지사의 명의로 교부가 된다. 그리고 공인중개사 자격증은 교부한 특별시장·광역시장·도지사가 자격증 재교부와 자격취소 또는 자격정지의 권한자가 된다.

1 시험시행기관

(1) 원칙적 시험시행기관 – (특·광)시·도지사

공인중개사가 되려는 자는 특별시장·광역시장·도지사·특별자치도지사가 시행하는 공인중개사 자격시험에 합격하여야 한다(법 제4조 제1항). 그러므로 원칙적인 시험시행기관은 (특·광)시·도지사가 되며, 공인중개사 자격증도 (특·광)시·도지사 명의로 발급된다.

(2) 예외적 시험시행기관 – 국토교통부장관

국토교통부장관은 공인중개사의 자격시험 수준의 균형유지 등을 위하여 필요하다고 인정하는 때에는 대통령령으로 정하는 바에 따라 직접 시험문제를 출제하거나 시험을 시행할 수 있다(동조 제2항).

(3) 시험의 위탁시행

시험시행기관의 장은 시험의 시행에 관한 업무를 공인중개사협회나 공기업, 준정부기관에 위탁할 수 있다(영 제36조 제2항). 현재는 산업인력공단에 위탁되어 시행되고 있다.

2 시험의 출제

(1) **출제위원의 위촉·임명**

시험시행기관의 장은 부동산중개업무 및 관련 분야에 관한 학식과 경험이 풍부한 자 중에서 시험문제의 출제·선정·검토 및 채점을 담당할 자(출제위원)를 임명 또는 위촉한다(영 제9조 제1항).

(2) **출제위원의 의무**

출제위원으로 임명 또는 위촉된 자는 시험시행기관의 장이 요구하는 시험문제의 출제·선정·검토 또는 채점상의 유의사항 및 준수사항을 성실히 이행하여야 한다(동조 제2항).

3 시험방법 및 내용

(1) **시험공고**

① 개략적 공고: 시험시행기관의 장은 법 제4조에 따라 시험을 시행하려는 때에는 예정 시험일시·시험방법 등 시험시행에 관한 개략적인 사항을 매년 '2월 말일'까지 「신문 등의 진흥에 관한 법률」 제2조 제1호 가목에 따른 일반일간신문(이하 '일간신문'이라 한다), 관보, 방송 중 하나 이상에 공고하고, 인터넷 홈페이지 등에도 이를 공고해야 한다(영 제7조 제2항).

② 구체적 공고: 시험시행기관의 장은 ①에 따른 공고 후 시험을 시행하려는 때에는 시험일시, 시험장소, 시험방법, 합격자 결정방법 및 응시수수료의 반환에 관한 사항 등 시험의 시행에 필요한 사항을 시험시행일 90일 전까지 일간신문, 관보, 방송 중 하나 이상에 공고하고, 인터넷 홈페이지 등에도 이를 공고해야 한다(동조 제3항).

(2) **시험방법**

① 시험은 매년 1회 이상 시행한다. 다만, 시험시행기관의 장은 시험을 시행하기 어려운 부득이한 사정이 있는 경우에는 공인중개사 정책심의위원회의 의결을 거쳐 당해 연도의 시험을 시행하지 아니할 수 있다(영 제7조 제1항).

② 시험은 제1차 시험 및 제2차 시험으로 구분하여 시행하며, 이 경우 제2차 시험은 제1차 시험에 합격한 자를 대상으로 시행한다(영 제5조 제1항).

③ 다만, 시험을 시행하는 시험시행기관의 장이 필요하다고 인정하는 경우에는 제1차 시험과 제2차 시험을 구분하되 동시에 시행할 수 있으며, 이 경우 제2차 시험의 시험방법은 제1차 시험의 시행방법에 따른다(동조 제2항). 제1차 시험과 제2차 시험을 동시에 시행하는 경우에는 제1차 시험에 불합격한 자의 제2차 시험은 무효로 한다(동조 제3항).

④ 제1차 시험은 선택형으로 출제하는 것을 원칙으로 하되, 주관식 단답형 또는 기입형을 가미할 수 있다(동조 제4항). 제2차 시험은 논문형으로 출제하는 것을 원칙으로 하되, 주관식 단답형 또는 기입형을 가미할 수 있다(동조 제5항).

⑤ 제1차 시험에 합격한 자에 대하여 다음 회의 시험에 한하여 제1차 시험을 면제한다(동조 제6항).

(3) 시험과목

▶ 공인중개사 자격시험의 시험과목(영 [별표 1])

구분	시험과목
제1차 시험	① 부동산학개론(부동산 감정평가론을 포함한다) ② 「민법」(총칙 중 법률행위, 질권을 제외한 물권법, 계약법 중 총칙·매매·교환·임대차) 및 민사특별법 중 부동산중개에 관련되는 규정
제2차 시험	① 공인중개사의 업무 및 부동산 거래신고에 관한 법령(「공인중개사법」, 「부동산 거래신고 등에 관한 법률」) 및 중개실무 ② 부동산공시에 관한 법령(「부동산등기법」, 「공간정보의 구축 및 관리 등에 관한 법률」 제2장 제4절 및 제3장) 및 부동산 관련 세법 ③ 부동산공법(「국토의 계획 및 이용에 관한 법률」·「건축법」·「도시개발법」·「도시 및 주거환경정비법」·「주택법」·「농지법」) 중 부동산중개에 관련되는 규정

4 응시자격 및 응시수수료

(1) 응시자격의 제한

다음에 해당하지 않는다면, 연령과 국적 등을 불문하고 시험에 응시하여 누구라도 공인중개사가 될 수 있다.

① 자격취소자: 이 법에 따라 공인중개사의 자격이 취소된 후 3년이 지나지 아니한 자는 공인중개사가 될 수 없다(법 제6조).

② 시험 부정행위자: 시험에서 부정한 행위를 한 응시자에 대하여는 그 시험을 무효로 하고, 그 처분이 있은 날부터 5년간 시험응시자격을 정지한다(법 제4조의3).

(2) 응시수수료

① 원칙(지방자치단체 조례): 원칙적으로는 해당 지방자치단체의 조례로 정하는 바에 따라 납부하여야 한다(법 제47조 제1항). 즉, 원칙적인 시험시행기관이 특별시장·광역시장·도지사·특별자치도지사이므로 특별시·광역시·도·특별자치도의 조례에 따라 응시수수료를 납부하여야 한다.

② 국토교통부장관이 시행하는 경우: 예외적으로 국토교통부장관이 시험을 시행하는 경우에는 국토교통부장관이 결정·공고하는 응시수수료를 납부하여야 한다(동조 제1항 단서).

③ 위탁시행의 경우: 공인중개사 자격시험의 시행이 위탁된 경우에는 해당 업무를 위탁받은 자가 위탁한 자의 승인을 얻어 결정·공고하는 응시수수료를 납부하여야 한다(동조 제2항).

5 합격자 결정

(1) 제1차 시험

매 과목 100점을 만점으로 하여 매 과목 40점 이상, 전 과목 평균 60점 이상 득점한 자를 모두 합격자로 한다(영 제10조 제1항). 즉, 절대평가로 결정한다.

(2) 제2차 시험

① 원칙 – 절대평가

매 과목 100점을 만점으로 하여 매 과목 40점 이상, 전 과목 평균 60점 이상 득점한 자를 모두 합격자로 한다(동조 제2항).

② 선발예정인원을 공고한 경우 – 상대평가

시험시행기관의 장이 공인중개사의 수급상 필요하다고 인정하여 공인중개사 정책심의위원회의 의결을 거쳐 선발예정인원을 미리 공고한 경우에는 매 과목 40점 이상인 자 중에서 선발예정인원의 범위 안에서 전 과목 총 득점의 고득점자순으로 합격자를 결정한다(동조 제2항 단서).

③ 최소선발인원 또는 최소선발비율을 공고한 경우 – 절대평가 후 상대평가

㉠ 시험시행기관의 장은 응시생의 형평성 확보 등을 위하여 필요하다고 인정하는 경우에는 공인중개사 정책심의위원회의 의결을 거쳐 최소선발인원 또는 응시자 대비 최소선발비율을 미리 공고할 수 있다(동조 제4항).

ⓒ 최소선발인원 또는 최소선발비율을 공고한 경우, 제2차 시험에서 매 과목 40점 이상, 전 과목 평균 60점 이상 득점한 자가 최소선발인원 또는 최소선발비율에 미달되는 경우에는 매 과목 40점 이상인 자 중에서 최소선발인원 또는 최소선발비율의 범위 안에서 전 과목 총 득점의 고득점자순으로 합격자를 결정한다(동조 제5항).

6 합격자 공고 및 자격증의 교부

(1) 합격자 공고 및 자격증 교부

시험시행기관의 장은 공인중개사 자격시험의 합격자가 결정된 때에는 이를 공고하여야 한다(법 제5조 제1항). 또한 시·도지사는 시험합격자 결정 공고일로부터 1개월 이내에 시험합격자에 관한 사항을 공인중개사 자격증 교부대장(별지 제2호 서식)에 기재한 후, 시험합격자에게 공인중개사 자격증을 교부하여야 한다(규칙 제3조 제1항).

(2) 자격증의 재교부

공인중개사 자격증을 교부받은 자는 공인중개사 자격증을 잃어버리거나(분실), 못쓰게 된 경우(훼손)에는 해당 자격증을 교부한 시·도지사에게 자격증의 재교부를 신청할 수 있다. 자격증의 재교부를 신청하는 자는 재교부신청서(별지 제4호 서식)를 제출하여야 한다(법 제5조 제3항 및 규칙 제3조 제2항).

(3) 수수료의 납부

공인중개사 자격증의 재교부를 신청하는 자는 해당 지방자치단체(시·도)의 조례로 정하는 바에 따라 수수료를 납부하여야 한다(법 제47조 제1항 제2호).

7 자격증 관련 제재

(1) 자격증 양도·대여·알선 등의 금지

① 공인중개사는 다른 사람에게 자기의 성명을 사용하여 중개업무를 하게 하거나 자기의 공인중개사 자격증을 양도 또는 대여하여서는 아니 된다. 또한 누구든지 다른 사람의 공인중개사 자격증을 양수하거나 대여받아 이를 사용하여서는 아니 된다(법 제7조).

② 위반시 제재: 이를 위반하여 공인중개사 자격증을 양도·대여한 자는 자격취소 사유에 해당하며(법 제35조 제1항 제2호), 1년 이하의 징역 또는 1천만원 이하의 벌금 사유에 해당한다. 또한 다른 사람의 자격증을 양수·대여받은 자는 1년 이하의 징역 또는 1천만원 이하의 벌금 사유에 해당한다(법 제49조 제1항 제1호). 이를 알선한 자도 마찬가지이다.

(2) 유사명칭의 사용금지

① 공인중개사 아닌 자는 공인중개사 또는 이와 유사한 명칭을 사용하지 못한다(법 제8조).

② 위반시 제재: 이를 위반시에는 1년 이하의 징역 또는 1천만원 이하의 벌금에 처한다(법 제49조 제1항 제2호).

제2절 공인중개사 정책심의위원회

> **참고** 기본 개념
>
> 공인중개사 정책심의위원회는 공인중개사와 관련된 기본적이고 주요한 정책을 심의하기 위한 위원회이다. 국토교통부에 둘 수 있으며, 위원장은 국토교통부 제1차관이 된다. 심의위원회는 위원장을 포함하여 총 7명 이상 11명 이내로 구성이 된다. 심의위원회의 회의는 재적위원 과반수의 출석으로 개의(開議)하고, 출석위원 과반수의 찬성으로 주요한 정책에 대하여 심의를 의결하게 된다.

1 국토교통부 소속 임의기관

(1) 공인중개사의 업무에 관한 주요한 정책 및 사항 등을 심의하기 위하여 '국토교통부'에 공인중개사 정책심의위원회를 둘 수 있다(법 제2조의2 제1항).

(2) 정책심의위원회는 국토교통부 관할이며, 또한 필수기관이 아닌 '임의기관'에 해당한다.

2 정책심의위원회 심의사항

(1) 심의사항의 내용

정책심의위원회에서는 다음의 사항을 심의한다(법 제2조의2 제1항).

> ① 손해배상책임의 보장 등에 관한 사항
> ② (공인중개사의 시험 등) 공인중개사의 자격취득에 관한 사항
> ③ 중개보수 변경에 관한 사항
> ④ 부동산중개업의 육성에 관한 사항

(2) 심의사항의 기속력

정책심의위원회에서 공인중개사의 자격취득에 관한 사항을 정하는 경우에는 시·도지사(특별시장·광역시장·도지사·특별자치도지사)는 이에 따라야 한다(동조 제3항).

3 정책심의위원회의 구성과 운영

(1) 구성

① 전체구성: 정책심의위원회는 위원장 1명을 포함하여 7명 이상 11명 이내의 위원으로 구성한다(영 제1조의2 제1항).
② 위원장: 국토교통부 제1차관이 된다(동조 제2항).
③ 위원
　㉠ 구성: 정책심의위원회 위원은 다음의 어느 하나에 해당하는 사람 중에서 국토교통부장관이 임명하거나 위촉한다(동조 제2항).

> ⓐ 국토교통부의 4급 이상 또는 이에 상당하는 공무원이나 고위공무원단에 속하는 일반직공무원
> ⓑ 그 밖에 부동산·금융 관련 분야에 학식과 경험이 풍부한 사람
> ⓒ 변호사 또는 공인회계사의 자격이 있는 사람
> ⓓ 부교수 이상의 직(職)에 재직하고 있는 사람
> ⓔ 소비자단체 또는 한국소비자원의 임직원으로 재직하고 있는 사람
> ⓕ 공인중개사협회에서 추천하는 사람
> ⓖ 공인중개사 자격시험의 시행에 관한 업무를 위탁받은 기관(한국산업인력공단)의 장이 추천하는 사람
> ⓗ 비영리민간단체에서 추천한 사람

ⓒ 임기: 위의 ⓑ~ⓗ에 해당하는 위원의 임기는 2년으로 하되, 위원의 사임 등으로 새로 위촉된 위원의 임기는 전임위원 임기의 남은 기간으로 한다(동조 제3항).
　④ 간사: 정책심의위원회에 사무를 처리할 간사 1명을 둔다. 간사는 정책심의위원회의 위원장이 국토교통부 소속 공무원 중에서 지명한다(영 제1조의6).

(2) 운영

정책심의위원회의 회의는 재적위원 과반수의 출석으로 개의(開議)하고, 출석위원 과반수의 찬성으로 의결한다(영 제1조의5 제2항).

제3절　교육제도

> **참고　기본 개념**
>
> 공인중개사법령에서 교육은 실무교육, 연수교육, 직무교육, 부동산거래사고 예방교육으로 총 4가지 종류의 교육이 있다. 개업공인중개사나 소속공인중개사가 되고자 한다면 사전에 실무교육을 받아야 한다. 또한 직무수행중에는 연수교육을 일정 기간마다 받아야 한다. 그러나 중개보조원으로 종사를 하고자 한다면 직무교육을 받으면 되고, 연수교육은 받을 필요가 없다. 부동산거래사고 예방교육은 개업공인중개사 등을 대상으로 거래사고를 줄이기 위한 예방교육으로서 필요한 경우에 수시로 할 수 있다.

1 실무교육(實務敎育)

(1) 교육대상

① 중개사무소의 개설등록을 신청하려는 자는 등록신청일 전 1년 이내에 시·도지사가 실시하는 실무교육을 수료하여야 한다. 다만, 폐업신고 후 1년 이내에 중개사무소의 개설등록을 다시 신청하려는 자 등은 실무교육이 면제된다(법 제34조 제1항).
② 법인인 개업공인중개사의 임원(사원)이 되고자 하는 자나 법인인 개업공인중개사의 분사무소의 책임자가 되고자 하는 자 또는 소속공인중개사가 되려는 자는 고용신고일 전 1년 이내에 시·도지사가 실시하는 실무교육을 받아야 한다. 다만, 고용관계 종료신고 후 1년 이내에 고용신고를 다시 하려는 자 등은 실무교육이 면제된다(동조 제1항 및 제2항).

(2) 교육내용

개업공인중개사 및 소속공인중개사의 직무수행에 필요한 법률지식, 부동산중개 및 경영실무, 직업윤리 등을 교육의 내용으로 한다(영 제28조 제1항 제1호).

(3) 교육시간

28시간 이상 32시간 이하로 한다(동항 제2호).

2 연수교육(硏修敎育)

(1) 교육대상

① 실무교육을 받은 개업공인중개사 및 소속공인중개사는 실무교육을 받은 후 '2년마다' 시·도지사가 실시하는 연수교육을 받아야 한다(법 제34조 제4항). 위반시에는 500만원 이하 과태료처분의 대상이 된다(법 제51조 제2항 제5의2호).
② 연수교육은 실무교육을 받은 자를 대상으로 한다.

(2) 교육내용

부동산중개 관련 법·제도의 변경사항, 부동산중개 및 경영실무, 직업윤리 등을 교육의 내용으로 한다(영 제28조 제3항 제1호).

(3) 교육시간

12시간 이상 16시간 이하로 한다(동항 제2호).

3 직무교육(職務敎育)

(1) 교육대상

① 중개보조원이 되고자 하는 자는 고용신고일 전 1년 이내에 시·도지사 또는 등록관청이 실시하는 직무교육을 받아야 한다(법 제34조 제3항).
② 중개보조원의 고용관계 종료신고 후 1년 이내에 고용신고를 다시 하려는 경우에는 직무교육이 면제된다(동항 단서).

(2) 교육내용

중개보조원의 직무수행에 필요한 직업윤리 등을 교육의 내용으로 한다(영 제28조 제2항 제1호).

(3) 교육시간

　　3시간 이상 4시간 이하로 한다(동항 제2호).

4 부동산거래사고 예방교육

국토교통부장관, 시·도지사 및 등록관청은 필요하다고 인정하면 대통령령으로 정하는 바에 따라 개업공인중개사 등의 부동산거래사고 예방을 위한 교육을 실시할 수 있다(법 제34조의2 제2항).

제3장　중개업의 등록

> **참고　기본 개념**
>
> 부동산중개업을 하기 위해서는 중개사무소를 두려는 시장·군수 또는 구청장에게 중개사무소의 개설등록을 하여야 한다. 중개사무소의 개설등록을 하려면 기본적으로 공인중개사 자격증이 있어야 하며, 등록의 결격사유에 해당하지 않는 등의 등록요건을 구비하여야 한다. 중개사무소 개설등록의 법정 절차에 따라 등록이 되면 개업공인중개사가 되며, 법 제3조의 중개대상물에 대하여 중개업을 할 수 있게 된다.

1 중개업의 등록

> **법 제9조 【중개사무소의 개설등록】** ① 중개업을 영위하려는 자는 국토교통부령으로 정하는 바에 따라 중개사무소(법인의 경우에는 주된 중개사무소를 말한다)를 두려는 지역을 관할하는 시장(구가 설치되지 아니한 시의 시장과 특별자치도 행정시의 시장을 말한다. 이하 같다)·군수 또는 구청장(이하 "등록관청"이라 한다)에게 중개사무소의 개설등록을 하여야 한다.
> ② 공인중개사(소속공인중개사를 제외한다) 또는 법인이 아닌 자는 제1항에 따라 중개사무소의 개설등록을 신청할 수 없다.
> ③ 제1항에 따라 중개사무소 개설등록의 기준은 대통령령으로 정한다.

1. 등록의 개념

(1) 중개업을 영위하려는 자는 중개사무소를 두려는 지역을 관할하는 시장·군수 또는 구청장에게 중개사무소의 개설등록을 하여야 한다(법 제9조 제1항). 즉, 적법한 부동산중개업을 하기 위해서는 개업공인중개사로 '등록'을 하여야 한다.

(2) '등록(登錄)'이라 함은 등록관청(중개사무소를 두고자 하는 지역을 관할하는 시장·군수 또는 구청장)이 등록대장(登錄臺帳)에 개업공인중개사로 기재하고, 이에 따라 개업공인중개사임을 증명하는 것을 말한다.

2. 등록의 절차

(1) 등록신청권자

① 공인중개사(소속공인중개사는 제외함) 또는 법인이 아닌 자는 중개사무소의 개설등록을 신청할 수 없다(동조 제2항). 따라서 부동산 중개사무소의 등록신청은 일정한 요건을 갖춘 공인중개사이거나, 법인(대표자는 반드시 공인중개사)에 한하여 등록을 신청할 수 있다. 또한 소속공인중개사는 그 상태에서는 개업공인중개사로 등록이 되지 않는다. 현행법에서 이중소속을 금지하기 때문이다.

② 외국인이나 외국법인도 이 법이 정한 등록기준에 충족되면 중개사무소의 개설등록을 하여 개업공인중개사가 될 수 있다.

(2) 등록관청

① 중개사무소 개설등록관청은 중개사무소(법인인 경우는 주된 중개사무소)의 소재지를 관할하는 시장·군수 또는 구청장이 된다.

② 자치구든 비자치구든 구(區)가 설치되어 있으면 구청장이 등록관청이 된다. 구(區)가 있는 시(市)의 시장은 등록관청이 될 수 없다.

(3) 등록의 절차

① 등록의 요건 구비

㉠ 공인중개사가 중개사무소를 개설등록하고자 하는 경우(영 제13조 제1항 제1호)

> ⓐ 공인중개사 자격증을 보유할 것
> ⓑ 등록의 결격사유에 해당하지 아니할 것
> ⓒ 건축물대장(가설건축물대장 제외)에 기재된 건물에 중개사무소를 확보할 것
> 📌 반드시 본인 소유의 건물일 필요는 없으나, 전세권·임차권 등의 사용권한을 확보하여야 한다.
> ⓓ 중개사무소 개설등록신청일 전 1년 이내에 실무교육을 받았을 것

㉡ 법인이 중개사무소를 개설등록하고자 하는 경우(동항 제2호)

> ⓐ 법 제14조에 규정된 업무만을 영위할 목적으로 설립된 법인일 것
> ⓑ 「상법」상 회사 또는 「협동조합 기본법」에 따른 협동조합(사회적 협동조합 제외)으로서, 자본금이 5천만원 이상일 것
> ⓒ 대표자는 공인중개사이어야 하며, 대표자를 제외한 임원 또는 사원(합자회사 또는 합명회사의 무한책임사원을 말함)의 3분의 1 이상은 공인중개사일 것
> ⓓ 대표자, 임원 또는 사원(무한책임사원) 전원 및 분사무소의 책임자(분사무소를 설치하고자 하는 경우)가 실무교육을 받았을 것
> ⓔ 건축물대장(가설건축물대장 제외)에 기재된 건물에 중개사무소를 확보할 것

② 등록의 신청: 개설등록을 하려는 자는 개설등록신청서(별지 제5호 서식)를 제출하여야 한다(규칙 제4조 제1항).

③ 등록관청의 등록처분 및 통지: 중개사무소의 개설등록신청을 받은 등록관청은 개업공인중개사의 종별에 따라 구분하여 등록을 하고, 개설등록신청을 받은 날부터 7일 이내에 등록신청인에게 서면으로 통지하여야 한다(동조 제2항).

④ 업무보증의 설정 및 신고: 개업공인중개사는 중개사무소의 개설등록 후 업무를 개시하기 전에 업무보증(보증보험, 공제, 공탁)을 설정하고 등록관청에 신고하여야 한다(영 제24조 제2항).

⑤ 등록관청의 등록증 교부
　㉠ 등록관청은 중개사무소 개설등록을 한 자가 업무보증을 설정하였는지 여부를 확인한 후 중개사무소 등록증을 지체 없이 교부하여야 한다(규칙 제5조 제1항).
　㉡ 등록증을 교부받으면, 등록증을 중개사무소 안의 보기 쉬운 곳에 게시하고(법 제17조), 업무를 개시하면 된다.

3. 등록 및 소속에 대한 제재

(1) 이중등록의 금지(1인 1등록 주의)
　① 개업공인중개사는 이중으로 중개사무소 개설등록을 하여 중개업을 할 수 없다(법 제12조 제1항).
　② 이중등록의 금지에 위반한 경우에는 등록이 취소되며, 1년 이하의 징역 또는 1천만원 이하의 벌금에 처한다.

(2) 이중소속의 금지
　① 개업공인중개사·소속공인중개사·중개보조원 및 법인인 개업공인중개사의 사원·임원은 다른 개업공인중개사의 소속공인중개사·중개보조원 또는 법인인 개업공인중개사의 사원·임원이 될 수 없다(동조 제2항).
　② 이중소속의 금지를 위반한 경우에는 개업공인중개사는 등록이 취소되며, 행정형벌로서는 1년 이하의 징역 또는 1천만원 이하의 벌금에 처한다. 이중소속을 한 소속공인중개사는 자격정지와 1년 이하의 징역 또는 1천만원 이하의 벌금에 처하며, 이중소속을 한 중개보조원은 1년 이하의 징역 또는 1천만원 이하의 벌금에 처한다.

(3) 등록증 양도·대여·알선 등의 금지
　① 개업공인중개사는 다른 사람에게 자기의 성명 또는 상호를 사용하여 중개업무를 하게 하거나 자기의 중개사무소 등록증을 양도 또는 대여하는 행위를 하여서는 아니 된다(법 제19조 제1항). 이를 위반하면 등록은 취소되며, 1년 이하의 징역 또는 1천만원 이하의 벌금에 처한다.

② 누구든지 다른 사람의 성명 또는 상호를 사용하여 중개업무를 하거나 다른 사람의 중개사무소 등록증을 양수 또는 대여받아 이를 사용하는 행위를 하여서는 안 되며, 또한 이를 알선하여서는 아니 된다(동조 제2항, 제3항). 이를 위반하면 1년 이하의 징역 또는 1천만원 이하의 벌금에 처한다.

(4) 부정등록의 금지

거짓이나 그 밖의 부정한 방법으로 중개사무소의 개설등록을 한 자는 등록이 취소되며, 3년 이하의 징역 또는 3천만원 이하의 벌금 사유에 해당한다.

(5) 무등록 중개업의 금지

중개사무소의 개설등록을 하지 아니하고 부동산중개업을 행하는 자는 3년 이하의 징역 또는 3천만원 이하의 벌금에 처한다.

2 등록의 결격사유

1. 결격의 효과(법 제10조 제1항 및 제2항)

등록의 결격사유(缺格事由)에 해당하는 자는 중개사무소 개설등록을 할 수 없다. 그러므로 개업공인중개사가 될 수 없다. 또한 소속공인중개사·중개보조원·법인인 개업공인중개사의 임원·사원 등으로 중개업에 종사할 수도 없다.

2. 결격사유(동조 제1항 제1호 ~ 제12호)

(1) 미성년자

① '미성년자(未成年者)'라 함은 19세에 달하지 아니한 자를 말한다(「민법」 제4조).
② 미성년자가 혼인을 하거나 법정대리인(친권자)의 동의를 얻었다 하더라도 개업공인중개사가 될 수 없으며, 또한 고용인도 될 수 없다.

(2) 피한정후견인

① '피한정후견인'이라 함은 질병, 장애, 노령, 그 밖의 사유로 인한 정신적 제약으로 사무를 처리할 능력이 부족하여 본인, 배우자, 검사 등의 청구에 의하여 가정법원으로부터 한정후견개시의 심판을 받은 자를 말한다(동법 제12조 제1항).
② 피한정후견인은 그 원인이 종료되어서 종료심판을 받게 되면, 결격에서 벗어나서 중개업 종사가 가능하다.

(3) 피성년후견인
① '피성년후견인'이라 함은 질병, 장애, 노령, 그 밖의 사유로 인한 정신적 제약으로 사무를 처리할 능력이 지속적으로 결여되어 본인, 배우자, 검사 등의 청구에 의하여 가정법원으로부터 성년후견개시의 심판을 받은 자를 말한다(동법 제9조 제1항).
② 피성년후견인은 그 원인이 종료되어서 종료심판을 받게 되면, 결격에서 벗어나서 중개업 종사가 가능하다.

(4) 파산자
① '파산자(破産者)'라 함은 파산 선고를 받고 복권되지 아니한 자를 말한다.
② 파산자는 복권이 되어야 개업공인중개사 등이 될 수 있다.

(5) 금고 이상의 실형의 선고를 받고 그 집행이 종료되거나 집행이 면제되고 3년이 지나지 아니한 자
① 금고 이상의 실형: 「형법」상 형의 종류에는 사형, 징역, 금고, 자격상실, 자격정지, 벌금, 구류, 과료, 몰수 등이 있다. 이 중에서 금고 이상의 형에는 사형, 징역, 금고가 있다.
② 집행 종료: 형기 만료(만기석방)되는 것과 가석방처분을 받은 후, 잔여 형기를 경과한 것이 있다.
③ 집행 면제: 집행에 대하여 대통령으로부터 특별사면을 받은 경우나 집행의 시효 완성 등으로 집행이 면제되는 경우가 있다.

(6) 금고 이상의 형의 집행유예를 받고 그 유예기간이 만료되고 2년이 지나지 아니한 자
① '집행유예(執行猶豫)'란 형의 선고를 하면서도 정상을 참작하여 형의 집행을 일정 기간 유예하고 그 기간을 무사히 경과하면 형의 선고를 실효하게 하여 형의 집행을 하지 않는 제도이다.
② 집행유예를 받은 경우에는 그 유예기간이 만료되고 2년이 경과되지 아니한 자는 중개업에 종사를 할 수가 없다. 예컨대 징역 1년에 대한 집행유예 2년의 선고를 받은 사람은 총 4년이 무사히 경과되어야 결격사유에서 벗어나 중개업에 종사할 수가 있게 된다.

(7) 이 법(공인중개사법)을 위반하여 300만 원 이상의 벌금형의 선고를 받고 3년이 지나지 아니한 자
다른 법률의 위반으로 벌금형의 선고를 받은 경우에는 해당하지 않는다. 이 법(「공인중개사법」)을 위반하여 벌금형을 300만원 이상 받아야 결격에 해당하며, 300만원 미만의 벌금은 결격사유에 해당하지 아니한다.

(8) 이 법에 따라 공인중개사의 자격이 취소된 후 3년이 지나지 아니한 자
공인중개사자격이 취소된 자는 자격취소를 받은 날로부터 3년이 지나지 아니하면 결격사유에 해당하여 개업공인중개사 등이 될 수 없다.

(9) 이 법에 따라 공인중개사의 자격이 정지된 자로서 자격정지기간 중에 있는 자
소속공인중개사가 법 제36조 제1항에 따라 자격정지처분을 받게 되면 그 자격정지기간(6개월이내 부과) 중에는 중개업에 종사할 수 없다.

(10) 이 법(공인중개사법) 위반으로 중개사무소의 개설등록이 취소된 후 3년이 지나지 아니한 자
이 법 위반으로 중개사무소 개설등록이 취소된 자는 등록이 취소된 후 3년이 지나지 아니하면 중개업에 종사할 수 없음이 원칙이다(예외 있음).

(11) 이 법에 따라 업무정지처분을 받고 폐업신고를 한 자로서 업무정지기간이 지나지 아니한 자
① 업무정지기간 중에는 중개업에 종사할 수 없으며, 설사 폐업신고를 하였다 하더라도 그 업무정지기간이 지나기 전에는 중개업에 종사할 수 없다.
② 업무정지기간은 폐업에도 불구하고 진행되는 것으로 본다.

(12) 이 법에 따라 업무정지처분을 받은 법인인 개업공인중개사의 업무정지의 사유가 발생한 당시의 사원(무한책임사원을 말함) 또는 임원이었던 자로서 해당 법인인 개업공인중개사에 대한 업무정지기간이 지나지 아니한 자
① 법인인 개업공인중개사가 업무정지처분을 받은 경우에, 그 법인인 개업공인중개사의 업무정지처분의 사유 발생 당시에 근무한 임원 또는 사원은 해당 법인인 개업공인중개사의 업무정지기간 중에는 결격에 해당한다.
② 이러한 임원 또는 사원은 법인인 개업공인중개사의 '업무정지기간 중'에는 당연히 그 법인인 개업공인중개사에서 근무할 수도 없고, 다른 중개사무소에서 근무할 수도 없다.

(13) 사원 또는 임원 중 결격사유에 해당하는 자가 있는 법인인 개업공인중개사
① 법인의 사원 또는 임원 중에 결격사유 중 어느 하나라도 해당하는 자가 있으면, 법인을 결격으로 보아 법인의 등록은 취소된다(법 제38조 제1항 제3호).
② 다만, 그 사유가 발생한 날로부터 2개월 이내에 그 사유를 해소한 경우에는 그러하지 아니하다(동항 제3호 단서).

제4장 중개업의 경영

1 개업공인중개사의 업무범위

> **참고** 기본 개념
>
> 개업공인중개사의 종별에는 법인인 개업공인중개사, 공인중개사인 개업공인중개사, 부칙(附則)상의 개업공인중개사(부칙 규정에 따라 등록을 한 것으로 보는 자, 이른바 중개인)의 3종류가 있다. 개업공인중개사의 종별에 따라 업무지역의 범위와 겸업 여부 등에 차이가 있다.

1. 업무지역의 제한

(1) 법인인 개업공인중개사 및 공인중개사인 개업공인중개사

법인인 개업공인중개사 및 공인중개사인 개업공인중개사의 업무지역에 대해서는 법령상의 제한규정이 없다. 그러므로 업무지역은 '전국'이 된다. 즉, 전국에 소재하는 중개대상물을 모두 중개할 수 있다.

(2) 부칙(附則)상의 개업공인중개사

① 부칙상의 개업공인중개사의 업무지역은 해당 중개사무소가 소재하는 특별시·광역시·도의 관할 구역으로 하며, 그 관할 구역 안에 있는 중개대상물에 한하여 중개행위를 할 수 있다(부칙 제6조 제6항).

② 다만, 부칙상의 개업공인중개사가 부동산거래정보망에 가입하고 이를 이용하여 중개하는 경우에는 해당 정보망에 공개된 '관할 구역 외의' 중개대상물에 대하여도 중개할 수 있다(동항 단서).

2. 겸업의 제한

(1) 법인인 개업공인중개사의 업무범위

① 업무범위: 법인인 개업공인중개사는 등록기준으로서 법 제14조에 규정된 업무만을 영위할 목적으로 설립하여야 하므로, 다음의 법 제14조에서 규정된 업무 외에는 겸업을 할 수 없다.

> 법 제14조【개업공인중개사의 겸업제한 등】① 법인인 개업공인중개사는 다른 법률에 규정된 경우를 제외하고는 중개업 및 다음 각 호에 규정된 업무와 제2항에 규정된 업무 외에 다른 업무를 함께 할 수 없다.
> 1. 상업용 건축물 및 주택의 임대관리 등 부동산의 관리대행
> 2. 부동산의 이용·개발 및 거래에 관한 상담
> 3. 개업공인중개사를 대상으로 한 중개업의 경영기법 및 경영정보의 제공
> 4. 상업용 건축물 및 주택의 분양대행
> 5. 그 밖에 중개업에 부수되는 업무로서 대통령령으로 정하는 업무
>
> > 영 제17조【법인인 개업공인중개사의 업무】① 삭제 〈2009.7.1.〉
> > ② 법 제14조 제1항 제5호에서 "대통령령이 정하는 업무"라 함은 중개의뢰인의 의뢰에 따른 도배·이사업체의 소개 등 주거이전에 부수되는 용역의 알선을 말한다.
>
> ② 개업공인중개사는「민사집행법」에 의한 경매 및「국세징수법」그 밖의 법령에 의한 공매대상 부동산에 대한 권리분석 및 취득의 알선과 매수신청 또는 입찰신청의 대리를 할 수 있다.
> ③ 개업공인중개사가 제2항의 규정에 따라「민사집행법」에 의한 경매대상 부동산의 매수신청 또는 입찰신청의 대리를 하고자 하는 때에는 대법원규칙으로 정하는 요건을 갖추어 법원에 등록을 하고 그 감독을 받아야 한다.

② 위반시 제재: 법인인 개업공인중개사가 법 제14조 제1항의 규정을 위반하여 겸업을 한 경우에는 등록관청은 법인인 개업공인중개사의 등록을 취소할 수 있다(상대적 등록취소 사유, 법 제38조 제2항 제4호).

(2) 개인인 개업공인중개사의 업무범위

① 개인인 개업공인중개사(공인중개사인 개업공인중개사와 부칙상의 개업공인중개사를 말한다)에 대해서는 원칙적으로 겸업을 제한하는 규정을 두고 있지 않다. 따라서, 원칙적으로 겸업에 대한 제한을 받지 않는다.

② 다만, 부칙상의 개업공인중개사는「민사집행법」에 의한 경매 및「국세징수법」그 밖의 법령에 의한 공매대상 부동산에 대한 권리분석 및 취득의 알선과 매수신청 또는 입찰신청의 대리를 할 수 없다(부칙 제6조 제2항).

2 개업공인중개사의 고용인(직원)

> **참고** 기본 개념
>
> 고용인(직원)에는 공인중개사 자격증이 있는 소속공인중개사와 공인중개사 자격증이 없는 중개보조원이 있다. 소속공인중개사는 거래계약서 작성 등의 중개업무를 수행할 수 있으나, 중개보조원은 현장안내 등 개업공인중개사의 중개업무와 관련된 단순한 업무만을 보조할 수 있다.

1. 고용인의 고용

(1) 고용인은 개업공인중개사가 고용하는 직원을 말하며, 소속공인중개사와 중개보조원이 있다.

(2) 고용인을 고용하는 것은 자유이나, 중개보조원은 채용 숫자의 제한을 받는다(개업공인중개사와 소속공인중개사를 합한 수의 5배를 초과할 수 없다).

(3) 개업공인중개사는 고용인을 고용하면 고용인의 업무개시 전까지 고용신고를 하여야 한다(법 제15조 제1항 및 규칙 제8조 제1항).

(4) 개업공인중개사는 고용관계가 종료되면 그날로부터 10일 이내에 고용관계 종료신고를 하여야 한다(규칙 제8조 제4항).

2. 고용인의 업무

(1) **소속공인중개사**

① 의의: '소속공인중개사'라 함은 개업공인중개사에 소속된 공인중개사(개업공인중개사인 법인의 사원 또는 임원으로서 공인중개사인 자를 포함한다)로서 중개업무를 수행하거나 개업공인중개사의 중개업무를 보조하는 자를 말한다(법 제2조 제5호).

② 업무범위

㉠ 중개업무의 수행: 소속공인중개사는 중개업무를 수행할 수 있다. 즉, 중개대상물에 대한 확인·설명을 하거나 거래가 성사되면 거래계약서와 중개대상물 확인·설명서를 작성할 수 있으며, 여기에 서명 및 날인도 하여야 한다. 반면, 중개보조원은 이러한 중개업무를 수행할 수 없다.

㉡ 중개업무의 보조: 소속공인중개사는 개업공인중개사의 고용인으로서 당연히 개업공인중개사의 중개업무를 보조하는 역할도 할 수 있다.

③ 인장등록의 의무: 소속공인중개사는 중개행위에 사용할 인장을 등록하여야 한다(법 제16조 제1항). 소속공인중개사가 거래계약서나 중개대상물 확인·설명서에 서명 및 날인을 할 때에는 반드시 등록한 인장을 사용하여야 한다(동조 제2항).

(2) 중개보조원

① 의의: '중개보조원'이라 함은 공인중개사가 아닌 자로서 개업공인중개사에 소속되어 중개대상물에 대한 현장안내 및 일반서무 등 개업공인중개사의 중개업무와 관련된 단순한 업무를 보조하는 자를 말한다(법 제2조 제6호).

② 업무범위: 중개보조원은 거래계약서 작성 등의 중개업무를 수행할 수는 없으며, 개업공인중개사의 중개업무와 관련된 단순한 업무를 보조하는 데 그쳐야 한다. 보조업무의 범위에는 현장안내 · 일반서무 · 경리 · 운전 등이 해당한다.

3. 고용인의 업무상 행위에 대한 책임

(1) 개업공인중개사의 행위로 간주

법 제15조 제2항에서는 '고용인의 업무상 행위는 그를 고용한 개업공인중개사의 행위로 본다.'라고 규정하고 있다. 따라서, 고용인이 업무상 고의 또는 과실로 중개의뢰인에게 피해를 준 경우에는 고용인과 함께 개업공인중개사도 일정한 책임을 같이 지게 된다.

(2) 민사상 연대책임

① 고용인의 고의 또는 과실로 인하여 중개의뢰인에게 재산상의 손해가 발생한 경우에는 그 고용인도 당연히 배상책임을 져야 하지만, 그를 고용한 개업공인중개사도 고용인과 함께 배상책임을 져야 한다.

② 중개의뢰인은 개업공인중개사와 고용인 등에게 공동으로 또는 선택적으로 손해배상을 청구할 수 있다.

(3) 행정상 책임

고용인의 위반행위로 중개업의 등록이 취소되거나 업무정지처분을 받을 수 있는 사유가 발생한 경우에는 그를 고용한 개업공인중개사가 등록이 취소되거나 업무정지처분을 받을 수 있다. 또한 위반행위를 한 소속공인중개사는 자신의 행위로 자격정지처분을 받을 수 있다.

(4) 형사상 양벌규정

① 고용인이 이 법(법 제48조 또는 법 제49조) 위반으로 행정형벌의 대상이 된 경우에는 그를 징역형 또는 벌금형으로 처벌하는 동시에 그를 고용한 개업공인중개사에 대하여도 해당 조에 규정된 벌금형으로 처벌한다(법 제50조). 예를 들어 고용인이 일정한 사유로 1년 이하의 징역 또는 1천만원 이하의 벌금형으로 처벌된다면, 그를 고용한 개업공인중개사도 1천만원 이하의 벌금형의 대상이 된다.

② 개업공인중개사가 그 위반행위를 방지하기 위하여 고용인에 대한 상당한 주의와 감독을 게을리하지 아니한 경우에는 벌금으로 처벌되지 아니한다(동조 단서). 즉, 개업공인중개사가 고용인에 대한 지도·감독과 교육을 게을리하지 않은 경우에는 벌금형은 면책된다.

3 중개사무소

 참고 기본 개념

중개사무소는 법에서 정하는 기준을 갖추어 설치를 하여야 하며(1등록 1사무소 원칙), 중개사무소를 이전한 경우에는 이전신고를 하여야 한다. 여러 명의 개업공인중개사는 중개사무소를 같이 활용할 수도 있으며(공동사무소), 법인인 개업공인중개사는 주된 사무소 외에도 분사무소를 둘 수 있다.

> 법 제13조 【중개사무소의 설치기준】 ① 개업공인중개사는 그 등록관청의 관할 구역 안에 중개사무소를 두되, 1개의 중개사무소만을 둘 수 있다.
> ② 개업공인중개사는 천막 그 밖에 이동이 용이한 임시 중개시설물을 설치하여서는 아니 된다.
> ⑦ 중개사무소의 설치기준 및 운영 등에 관하여 필요한 사항은 대통령령으로 정한다.

1. 중개사무소 설치 및 제한

(1) 1등록 1사무소의 원칙

개업공인중개사는 그 등록관청의 관할 구역 안에 중개사무소를 두되, 1개의 중개사무소만을 둘 수 있다(법 제13조 제1항). 즉, 1등록 1중개사무소의 원칙이 적용된다.

(2) 이중사무소 및 임시시설물 설치 금지

① 개업공인중개사는 2개 이상의 중개사무소를 두어서는 아니 되며, 천막 그 밖에 이동이 용이한 임시 중개시설물을 설치하여서는 아니 된다(동조 제2항). 이를 위반시에는 등록이 취소될 수 있으며, 또한 1년 이하의 징역형 또는 1천만원 이하의 벌금형에 처한다.

② 다만, 법인인 개업공인중개사는 대통령령으로 정하는 기준과 절차에 따라 등록관청에 신고하고 그 등록관청 관할 구역 외(外)의 지역에 분사무소를 둘 수 있다(동조 제3항).

(3) 중개사무소의 명칭
   ① 개업공인중개사는 그 사무소의 명칭에 '공인중개사 사무소' 또는 '부동산중개'라는 문자를 사용하여야 한다(법 제18조 제1항). 다만, 부칙상의 개업공인중개사는 '공인중개사 사무소'라는 명칭을 사용하지 못하며(부칙 제6조 제3항), '부동산중개'라는 명칭만을 사용하여야 한다.
   ② 개업공인중개사가 옥외광고물(간판)을 설치한 경우에는 등록증에 기재된 성명을 인식할 수 있는 정도의 크기로 표기하여야 한다(규칙 제10조의2).
   ③ 등록관청은 이 법을 위반한 중개사무소의 간판 등에 대하여 철거를 명할 수 있다. 이 경우 그 명령을 받은 자가 철거를 이행하지 아니하는 경우에는「행정대집행법」에 의하여 대집행을 할 수 있다(법 제18조 제5항).

(4) 게시의무
   개업공인중개사는 중개사무소 등록증 원본과 소득세법상의 사업자등록증 원본, 공인중개사 자격증 원본(소속공인중개사 포함), 보증설정 증명서류, 중개보수 · 실비의 요율 및 한도액표를 해당 중개사무소 안의 보기 쉬운 곳에 게시하여야 한다(법 제17조 및 규칙 제10조).

2. 중개사무소의 이전

(1) 이전신고
   ① 등록관청에 사후신고: 개업공인중개사가 중개사무소를 이전한 때에는 이전한 날부터 10일 이내에 등록관청에 이전사실을 신고하여야 한다. 다만, 중개사무소를 등록관청의 관할 지역 외의 지역으로 이전한 경우에는 이전 후의 등록관청에게 신고하여야 한다(법 제20조 제1항).
   ② 행정처분의 승계: 중개사무소를 이전하여도 개업공인중개사의 지위는 그대로 승계가 된다. 그러므로 중개사무소 이전신고 '전'에 발생한 사유로 인한 개업공인중개사에 대한 행정처분(등록취소나 업무정지처분)은 이전 '후'의 등록관청이 이를 행한다(동조 제3항).

(2) 위반시 제재
   중개사무소 이전신고를 위반한 경우에는 100만원 이하의 과태료처분 사유에 해당한다(법 제51조 제3항 제3호).

3. 법인인 개업공인중개사의 분사무소

법인인 개업공인중개사는 주된 사무소가 있음에도 불구하고 분사무소를 설치할 수 있다(법 제13조 제3항). 이는 1등록 1사무소 원칙에 대한 예외가 된다.

(1) 설치요건

분사무소의 설치는 오직 법인인 개업공인중개사에게만 허용이 되며, 다음과 같은 요건을 갖추어야 한다(영 제15조).

> ① 분사무소의 책임자는 공인중개사이어야 하고 실무교육을 수료하여야 하며, 결격사유가 없어야 한다(다른 법률의 규정에 의하여 중개업을 할 수 있는 법인은 제외).
> ② 분사무소마다 업무보증을 2억원 이상 추가로 설정하여야 한다.
> ③ 시·군·구별로 1개소를 초과하여 설치할 수 없다.
> ④ 주된 사무소의 소재지가 속한 시·군·구에는 분사무소를 설치할 수 없다. 즉, 주된 사무소가 속한 시·군·구를 제외한 나머지 시·군·구별로 1개씩만 설치할 수 있다.

(2) 설치절차

① 분사무소의 설치신고: 법인인 개업공인중개사가 분사무소를 두고자 하는 경우에는 분사무소 설치신고서에 구비서류를 첨부하여 주된 사무소 소재지를 관할하는 등록관청에 제출하여야 한다(동조 제3항).

② 신고확인서의 교부 및 통보: 분사무소 설치신고를 받은 등록관청은 그 신고내용이 적합한 경우에는 신고확인서를 교부(7일 이내)하고, 지체 없이 그 분사무소설치 예정지역을 관할하는 시장·군수 또는 구청장에게 이를 통보하여야 한다(법 제13조 제4항).

(3) 분사무소의 이전

① 분사무소의 이전신고: 법인인 개업공인중개사가 분사무소를 이전한 때에는 이전한 날로부터 10일 이내에 '주된 사무소'의 소재지를 관할하는 등록관청에 이전신고를 하여야 한다(법 제20조 제1항).

② 등록관청의 통보: 등록관청은 분사무소의 이전신고를 받은 때에는 지체 없이 그 분사무소의 이전 전 및 이전 후의 소재지를 관할하는 시장·군수 또는 구청장에게 이를 통보하여야 한다(규칙 제11조 제3항).

4. 공동사무소

(1) 공동사무소의 설치
개업공인중개사는 그 업무의 효율적인 수행을 위하여 다른 개업공인중개사와 중개사무소를 공동으로 사용할 수 있다(법 제13조 제6항).

(2) 다른 개업공인중개사의 승낙서 첨부
① 신규등록의 형태: 중개사무소를 공동으로 사용하려는 개업공인중개사는 중개사무소의 개설등록을 하는 때에 기존에 이미 사용 중인 다른 개업공인중개사의 승낙서를 첨부하여야 한다(영 제16조 제1항).
② 이전신고의 형태: 중개사무소를 공동으로 사용하려는 개업공인중개사는 자신의 중개사무소의 이전신고를 하는 때에 기존에 이미 사용 중인 다른 개업공인중개사의 승낙서를 첨부하여야 한다(동조 제1항).

(3) 공동사무소의 운영
중개사무소를 공동으로 활용하더라도, 어디까지나 개업공인중개사는 각각 독자적인 개업공인중개사이므로 업무보증, 인장등록, 업무지역의 적용 등은 각자 개별적으로 적용된다. 결국 공동사무소의 개념은 중개사무소 공간을 같이 활용한다는 의미에 불과하다.

5. 중개사무소 경영상의 중개대상물 광고

(1) 개업공인중개사가 의뢰받은 '중개대상물'에 대하여 표시·광고(「표시·광고의 공정화에 관한 법률」제2조에 따른 표시·광고를 말한다. 이하 같다)를 하려면 중개사무소 및 개업공인중개사에 관한 사항으로서 대통령령으로 정하는 사항을 명시하여야 한다(법 제18조의2 제1항). 위반시에는 100만원 이하의 과태료를 등록관청이 부과할 수 있다(법 제51조 제3항 제2의2호).

> 영 제17조의2 【중개대상물의 표시·광고】 ① 법 제18조의2 제1항에서 "대통령령으로 정하는 사항"이란 다음 각 호의 사항을 말한다.
> 1. 중개사무소의 '명칭', '소재지', '연락처' 및 '등록번호'
> 2. 개업공인중개사의 '성명'(법인인 경우에는 대표자의 성명)

(2) 개업공인중개사가 '인터넷'을 이용하여 중개대상물에 대한 표시·광고를 하는 때에는 (1)에서 정하는 사항 외에 중개대상물의 종류별로 대통령령으로 정하는 소재지, 면적, 가격, 중개대상물의 종류, 거래형태, 기타 국토교통부장관이 고시하는 사항을 명시하여야 한다(법 제18조의2 제2항 및 영 제17조의2 제2항). 위반시에는 100만원 이하의 과태료를 등록관청이 부과한다(법 제51조 제3항 제2의2호).

(3) 중개대상물의 표시·광고 명시사항에 관한 세부기준은 국토교통부장관이 정하여 고시한다(법 제18조의2 제5항).

6. 휴업과 폐업

(1) **휴업신고(사전신고, 방문신고)**
　① 개업공인중개사는 자유롭게 휴업을 할 수 있다. 다만, 3개월을 초과하는 휴업을 하고자 하는 때에는 등록증을 첨부하여 등록관청에 미리 (방문)신고하여야 한다(영 제18조 제1항).
　② 휴업신고에 의한 휴업기간은 6개월을 초과할 수 없다. 다만, 질병으로 인한 요양, 징집으로 인한 입영, 공무, 취학, 임신 또는 출산 그 밖에 이에 준하는 부득이한 사유가 있는 경우에는 그러하지 아니하다(법 제21조 제2항 및 영 제18조 제6항).

(2) **휴업기간 변경신고(사전신고, 전자문서 가능)**
　휴업신고시에 이미 신고한 휴업기간을 변경하고자 하는 때에는 휴업기간 변경신고를 통하여 변경할 수도 있다. 휴업기간을 변경하고자 하는 때에는 휴업기간 변경신고서(전자문서에 의한 신고를 포함한다)에 의하여 변경신고를 하여야 한다(영 제18조 제1항).

(3) **재개신고(사전신고, 전자문서 가능)**
　개업공인중개사가 휴업신고를 한 후 업무를 재개(再開)하고자 하는 경우에는 재개신고서(전자문서에 의한 신고를 포함한다)에 의하여 등록관청에 신고하여야 하며, 이 경우 등록관청은 휴업신고 때 반납받은 등록증을 즉시 반환하여야 한다(동조 제1항 및 제5항).

(4) **폐업신고(사전신고, 방문신고)**
　① 개업공인중개사가 폐업을 하고자 하는 경우에는 폐업신고서에 등록증을 첨부하여 등록관청에 미리 (방문)신고하여야 한다(동조 제1항).
　② 폐업신고가 수리되면 등록의 효력이 실효(失效)가 되어, 더 이상 개업공인중개사가 아니게 된다. 그러므로 그 후에도 계속 중개업을 수행한다면 무등록 중개업으로 처벌된다.

(5) **위반시 제재**
　① 휴업신고, 폐업신고, 휴업한 중개업의 재개 또는 휴업기간의 변경신고를 하지 아니한 자는 100만원 이하의 과태료처분 사유에 해당한다(법 제51조 제3항 제4호).

② 질병이나 징집 등의 부득이한 사유 없이 계속하여 6개월을 초과하여 무단으로 휴업한 경우에는 등록관청은 개업공인중개사의 등록을 취소할 수 있다(법 제38조 제2항 제5호).

4 인장

(1) 인장등록의무

개업공인중개사 및 소속공인중개사는 중개행위에 사용할 인장을 업무개시 전까지 등록관청에 등록하여야 한다(규칙 제9조 제1항). 다만, 중개사무소 개설등록을 신청할 때에나 고용신고를 할 때에도 인장등록을 함께 할 수 있다(동조 제6항).

(2) 등록할 인장

① 공인중개사인 개업공인중개사, 부칙상의 개업공인중개사 및 소속공인중개사는 가족관계등록부 또는 주민등록표에 기재된 성명이 나타난 인장으로서, 크기는 가로·세로 각각 '7mm' 이상 '30mm' 이하의 인장으로 등록을 하여야 한다(동조 제3항).
② 법인인 개업공인중개사는 「상업등기규칙」에 따라 신고한 법인의 인장으로 등록을 하여야 한다(동조 제3항).
③ 법인인 개업공인중개사의 분사무소에서 사용할 인장은 원칙적으로 법인의 인장을 등록하여 사용하여야 하나, 업무의 편의상 「상업등기규칙」에 따라 법인의 대표자가 보증하는 인장을 등록할 수도 있다(동조 제3항 단서).

(3) 인장의 변경

등록한 인장을 변경한 경우에는 변경일로부터 7일 이내에 그 변경된 인장을 등록관청에 변경등록을 하여야 한다(동조 제2항).

제5장 개업공인중개사의 의무

>  **참고** **기본 개념**
>
> 중개사무소 개설등록을 한 개업공인중개사는 중개업무를 수행할 때에, 공인중개사법령에서 규정한 의무를 잘 준수하여야 한다. 즉, 중개의뢰를 받아서 중개계약을 체결하면 중개대상물을 조사·확인하여 이를 권리를 취득하고자 하는 의뢰인에게 설명을 하여야 하고, 거래가 성사되면, 거래계약서를 작성(서명 및 날인)하여 교부하고 보존하는 등의 의무를 준수하여야 한다. 또한 중개업무를 수행할 때, 절대로 해서는 아니 되는 금지행위(법 제33조)규정을 준수하여야 하고, 만약 개업공인중개사의 귀책사유로 인하여 중개사고가 발생한 경우에는 그 손해를 배상할 책임을 지게 된다.

1 기본윤리

> **법 제29조 【개업공인중개사 등의 기본윤리】** ① 개업공인중개사 및 소속공인중개사는 전문직업인으로서의 품위를 유지하고, 신의와 성실로써 공정하게 중개 관련 업무를 수행하여야 한다.
> ② 개업공인중개사 등은 이 법 및 다른 법률에 특별한 규정이 있는 경우를 제외하고는 그 업무상 알게 된 비밀을 누설하여서는 아니 된다. 개업공인중개사 등이 그 업무를 떠난 후에도 또한 같다.

(1) 전문직업인으로서 품위유지·신의성실·공정중개의무

개업공인중개사 및 소속공인중개사는 전문직업인으로서 지켜야 할 품위를 유지하고 신의와 성실로써 공정하게 중개 관련 업무를 수행하여야 한다(법 제29조 제1항).

(2) 비밀준수의무

개업공인중개사 등은 「공인중개사법」 및 다른 법률에 특별한 규정이 있는 경우를 제외하고는 그 업무상 알게 된 비밀을 누설하여서는 아니 된다. 이러한 비밀준수의무는 개업공인중개사 등이 그 업무를 떠난 후에도 계속 유지되어야 한다(동조 제2항).

2 중개계약상의 의무

중개계약(仲介契約)은 중개의뢰인이 개업공인중개사에게 중개를 의뢰하는 청약의 의사표시에 대하여 개업공인중개사가 승낙의 의사표시를 함으로써 이루어지는 개업공인중개사와 중개의뢰인 사이의 계약을 말한다. 공인중개사법령에는 일반중개계약(법 제22조)과 전속중개계약(법 제23조)에 대하여 규정되어 있다.

1. 일반중개계약

(1) 일반중개계약의 의의

일반중개계약(一般仲介契約)은 불특정의 많은 개업공인중개사에게 중개의뢰를 하고 차후에 가장 먼저 거래를 성사시켜준 개업공인중개사에게만 중개보수를 지급하는 중개계약을 말한다. 우리나라에서 가장 일반적으로 흔히 하는 중개의뢰 형태이다.

(2) 일반중개계약서의 작성

① 중개의뢰인은 중개의뢰내용을 명확하게 하기 위하여 필요한 경우 개업공인중개사에게 일반중개계약서의 작성을 요청할 수 있다(법 제22조).

② 일반중개계약서 작성의 요청을 받은 경우에도 개업공인중개사에게 일반중개계약서의 작성의무는 없다.

(3) 일반중개계약서의 서식

국토교통부장관은 일반중개계약의 표준이 되는 서식을 정하여 그 사용을 권장할 수 있다(영 제19조). 현재 국토교통부령의 별지서식으로 그 서식이 규정되어 있지만, 이는 권장서식에 불과하므로 개업공인중개사가 이를 사용할 법적인 강제력은 없다.

◆ 「공인중개사법 시행규칙」 [별지 제14호 서식] (앞쪽)

일반중개계약서

([ ] 매도 [ ] 매수 [ ] 임대 [ ] 임차 [ ] 그 밖의 계약(   ))

※ 해당하는 곳의 [ ]란에 ✓표를 하시기 바랍니다.

중개의뢰인(갑)은 이 계약서에 의하여 뒤쪽에 표시한 중개대상물의 중개를 개업공인중개사(을)에게 의뢰하고 을은 이를 승낙한다.

1. 을의 의무사항
   을은 중개대상물의 거래가 조속히 이루어지도록 성실히 노력하여야 한다.
2. 갑의 권리·의무사항
   1) 갑은 이 계약에도 불구하고 중개대상물의 거래에 관한 중개를 다른 개업공인중개사에게도 의뢰할 수 있다.
   2) 갑은 을이 「공인중개사법」(이하 "법"이라 한다) 제25조에 따른 중개대상물의 확인·설명의무를 이행하는 데 협조하여야 한다.
3. 유효기간
   이 계약의 유효기간은   년   월   일까지로 한다.
   ※ 유효기간은 3개월을 원칙으로 하되, 갑과 을이 합의하여 별도로 정한 경우에는 그 기간에 따른다.
4. 중개보수
   중개대상물에 대한 거래계약이 성립한 경우 갑은 거래가액의 (   )%(또는   원)을 중개보수로 을에게 지급한다.
   ※ 뒤쪽 별표의 요율을 넘지 않아야 하며, 실비는 별도로 지급한다.
5. 을의 손해배상책임
   을이 다음의 행위를 한 경우에는 갑에게 그 손해를 배상하여야 한다.
   1) 중개보수 또는 실비의 과다수령: 차액 환급
   2) 중개대상물의 확인·설명을 소홀히 하여 재산상의 피해를 발생하게 한 경우: 손해액 배상
6. 그 밖의 사항
   이 계약에 정하지 않은 사항에 대하여는 갑과 을이 합의하여 별도로 정할 수 있다.

이 계약을 확인하기 위하여 계약서 2통을 작성하여 계약 당사자 간에 이의가 없음을 확인하고 각자 서명 또는 날인한 후 쌍방이 1통씩 보관한다.

년   월   일

계약자

중개의뢰인 (갑)	주소(체류지)		성명	(서명 또는 인)
	생년월일		전화번호	
개업 공인중개사 (을)	주소(체류지)		성명 (대표자)	(서명 또는 인)
	상호(명칭)		등록번호	
	생년월일		전화번호	

210mm×297mm[일반용지 60g/㎡(재활용품)]

(뒤쪽)

※ 중개대상물의 거래내용이 권리를 이전(매도·임대 등)하려는 경우에는 「Ⅰ. 권리이전용(매도·임대 등)」에 적고, 권리를 취득(매수·임차 등)하려는 경우에는 「Ⅱ. 권리취득용(매수·임차 등)」에 적습니다.

Ⅰ. 권리이전용(매도·임대 등)

구분	[ ] 매도 [ ] 임대 [ ] 그 밖의 사항( )			
소유자 및 등기명의인	성명		생년월일	
	주소			
중개대상물의 표시	건축물	소재지		건축연도
		면적 m²	구조	용도
	토지	소재지		지목
		면적 m²	지역·지구 등	현재 용도
	은행융자·권리금·제세공과금 등(또는 월임대료·보증금·관리비 등)			
권리관계				
거래규제 및 공법상 제한사항				
중개의뢰 금액				
그 밖의 사항				

Ⅱ. 권리취득용(매수·임차 등)

구분	[ ] 매수 [ ] 임차 [ ] 그 밖의 사항( )	
항목	내용	세부 내용
희망물건의 종류		
취득 희망가격		
희망지역		
그 밖의 희망조건		

첨부서류	중개보수 요율표(「공인중개사법」 제32조 제4항 및 같은 법 시행규칙 제20조에 따른 요율표를 수록합니다) ※ 해당 내용을 요약하여 수록하거나, 별지로 첨부합니다.

유의사항

[개업공인중개사 위법행위 신고안내]
개업공인중개사가 중개보수 과다수령 등 위법행위시 시·군·구 부동산중개업 담당 부서에 신고할 수 있으며, 시·군·구에서는 신고사실을 조사한 후 적정한 조치를 취하게 됩니다.

2. 전속중개계약

(1) 전속중개계약의 의의

'전속중개계약(專屬仲介契約)'이라 함은 중개의뢰인이 중개대상물의 중개를 의뢰함에 있어서 특정한 개업공인중개사를 정하여 그 개업공인중개사에 한하여 그 중개대상물을 중개하도록 하는 중개의뢰계약을 말한다.

(2) 개업공인중개사와 중개의뢰인의 법률관계

① 전속개업공인중개사의 의무
  ㉠ 전속중개계약서 사용의무: 전속중개계약은 국토교통부령으로 정하는 전속계약서에 의하여야 하므로, 개업공인중개사는 전속중개계약을 체결하고자 하는 때에는 국토교통부령으로 정하는 전속중개계약서(강제서식)를 사용하여야 하고, 이를 국토교통부령으로 정하는 기간(3년) 동안 보존하여야 한다(법 제23조 제2항 및 영 제14조 제2항).
  ㉡ 중개대상물에 관한 정보공개의무: 개업공인중개사가 전속중개계약을 체결한 때에는 전속중개계약의 체결 후 7일 이내에 부동산거래정보망 또는 일간신문에 해당 중개대상물에 관한 정보를 공개하여야 한다. 다만, 중개의뢰인이 비공개를 요청한 경우에는 이를 공개하여서는 아니 된다(법 제23조 제3항).
  ㉢ 통지의무 및 상황보고의무
    ⓐ 부동산거래정보망 또는 일간신문에 정보를 공개한 때에는 지체 없이 의뢰인에게 그 내용을 문서로써 통지하여야 한다.
    ⓑ 전속중개계약이 체결된 경우에 개업공인중개사는 의뢰인에게 2주일에 1회 이상 중개업무 처리상황을 문서로 통지하여야 한다.
② 중개의뢰인의 의무
  ㉠ 중개의뢰인은 특정한 개업공인중개사에게 전속권을 부여해주었기에 이에 대한 다음의 책임이 발생된다(전속중개계약서 법정서식).
    ⓐ 전속중개계약의 유효기간 내에 전속개업공인중개사 외의 다른 개업공인중개사에게 중개를 의뢰하여 거래한 경우는 중개보수(약정보수)에 해당하는 금액을 위약금으로 전속개업공인중개사에게 지급하여야 한다.
    ⓑ 전속중개계약의 유효기간 내에 전속개업공인중개사의 소개로 알게 된 상대방과 전속개업공인중개사를 배제하고 거래한 경우에도 중개보수(약정보수)에 해당하는 금액을 위약금으로 전속개업공인중개사에게 지급하여야 한다.

ⓒ 전속중개계약의 유효기간 내에 의뢰인이 스스로 발견한 상대방과 거래한 경우에는 중개보수(약정보수)의 50% 범위 내에서 개업공인중개사가 중개행위를 할 때 소요된 비용을 지급하되 사회통념에 비추어 상당하다고 인정되는 비용에 한하여 지급하여야 한다.
   ⓛ 중개의뢰인은 개업공인중개사가 중개대상물 확인·설명의무를 이행하는 데 협조하여야 한다.

(3) 전속중개계약의 유효기간

전속중개계약의 유효기간은 3개월로 하되 전속중개계약서상에 당사자 간의 합의로 별도로 정한 경우에는 그 기간에 따른다(영 제20조 제1항).

◆ 「공인중개사법 시행규칙」 [별지 제15호 서식] (앞쪽)

전속중개계약서
([ ] 매도 [ ] 매수 [ ] 임대 [ ] 임차 [ ] 그 밖의 계약(   ))

※ 해당하는 곳의 [ ]란에 ✓표를 하시기 바랍니다.

중개의뢰인(갑)은 이 계약서에 의하여 뒤쪽에 표시한 중개대상물의 중개를 개업공인중개사(을)에게 의뢰하고 을은 이를 승낙한다.

1. 을의 의무사항
   ① 을은 갑에게 계약 체결 후 2주일에 1회 이상 중개업무 처리상황을 문서로 통지하여야 한다.
   ② 을은 이 전속중개계약 체결 후 7일 이내 「공인중개사법」(이하 "법"이라 한다) 제24조에 따른 부동산거래정보망 또는 일간신문에 중개대상물에 관한 정보를 공개하여야 하며, 중개대상물을 공개한 때에는 지체 없이 갑에게 그 내용을 문서로 통지하여야 한다. 다만, 갑이 비공개를 요청한 경우에는 이를 공개하지 아니한다. (공개 또는 비공개 여부:)
   ③ 법 제25조 및 같은 법 시행령 제21조에 따라 중개대상물에 관한 확인·설명의무를 성실하게 이행하여야 한다.

2. 갑의 권리·의무사항
   ① 다음 각 호의 어느 하나에 해당하는 경우에는 갑은 그가 지급해야 할 중개보수에 해당하는 금액을 을에게 위약금으로 지급해야 한다. 다만, 제3호의 경우에는 중개보수의 50퍼센트에 해당하는 금액의 범위에서 을이 중개행위를 할 때 소요된 비용(사회통념에 비추어 상당하다고 인정되는 비용을 말한다)을 지급한다.
      1. 전속중개계약의 유효기간 내에 을 외의 다른 개업공인중개사에게 중개를 의뢰하여 거래한 경우
      2. 전속중개계약의 유효기간 내에 을의 소개에 의하여 알게 된 상대방과 을을 배제하고 거래당사자 간에 직접 거래한 경우
      3. 전속중개계약의 유효기간 내에 갑이 스스로 발견한 상대방과 거래한 경우
   ② 갑은 을이 법 제25조에 따른 중개대상물 확인·설명의무를 이행하는 데 협조하여야 한다.

3. 유효기간
   이 계약의 유효기간은   년   월   일까지로 한다.
   ※ 유효기간은 3개월을 원칙으로 하되, 갑과 을이 합의하여 별도로 정한 경우에는 그 기간에 따른다.

4. 중개보수
   중개대상물에 대한 거래계약이 성립한 경우 갑은 거래가액의 (   )%(또는   원)을 중개보수로 을에게 지급한다.
   ※ 뒤쪽 별표의 요율을 넘지 않아야 하며, 실비는 별도로 지급한다.

5. 을의 손해배상책임
   을이 다음의 행위를 한 경우에는 갑에게 그 손해를 배상하여야 한다.
   1) 중개보수 또는 실비의 과다수령: 차액 환급
   2) 중개대상물의 확인·설명을 소홀히 하여 재산상의 피해를 발생하게 한 경우: 손해액 배상

6. 그 밖의 사항
   이 계약에 정하지 않은 사항에 대하여는 갑과 을이 합의하여 별도로 정할 수 있다.

이 계약을 확인하기 위하여 계약서 2통을 작성하여 계약 당사자 간에 이의가 없음을 확인하고 각자 서명 또는 날인한 후 쌍방이 1통씩 보관한다.

년   월   일

계약자

중개의뢰인 (갑)	주소(체류지)		성명		(서명 또는 인)
	생년월일		전화번호		
개업 공인중개사 (을)	주소(체류지)		성명 (대표자)		(서명 또는 인)
	상호(명칭)		등록번호		
	생년월일		전화번호		

210mm×297mm[일반용지 60g/㎡(재활용품)]

(뒤쪽)

※ 중개대상물의 거래내용이 권리를 이전(매도·임대 등)하려는 경우에는 「Ⅰ. 권리이전용(매도·임대 등)」에 적고, 권리를 취득(매수·임차 등)하려는 경우에는 「Ⅱ. 권리취득용(매수·임차 등)」에 적습니다.

Ⅰ. 권리이전용(매도·임대 등)

구분	[ ] 매도 [ ] 임대 [ ] 그 밖의 사항( )				
소유자 및 등기명의인	성명			생년월일	
	주소				
중개대상물의 표시	건축물	소재지		건축연도	
		면적 m²	구조	용도	
	토지	소재지		지목	
		면적 m²	지역·지구 등	현재 용도	
	은행융자·권리금·제세공과금 등(또는 월임대료·보증금·관리비 등)				
권리관계					
거래규제 및 공법상 제한사항					
중개의뢰 금액					
그 밖의 사항					

Ⅱ. 권리취득용(매수·임차 등)

구분	[ ] 매수 [ ] 임차 [ ] 그 밖의 사항( )	
항목	내용	세부 내용
희망물건의 종류		
취득 희망가격		
희망지역		
그 밖의 희망조건		

첨부서류	중개보수 요율표(「공인중개사법」 제32조 제4항 및 같은 법 시행규칙 제20조에 따른 요율표를 수록합니다) ※ 해당 내용을 요약하여 수록하거나, 별지로 첨부합니다.

유의사항

[개업공인중개사 위법행위 신고안내]
개업공인중개사가 중개보수 과다수령 등 위법행위시 시·군·구 부동산중개업 담당 부서에 신고할 수 있으며, 시·군·구에서는 신고사실을 조사한 후 적정한 조치를 취하게 됩니다.

3 중개대상물 확인 · 설명의무

현실적으로 중개사고의 대부분이 개업공인중개사가 중개대상물에 대한 조사·확인 및 설명행위를 충분히 하지 아니한 사유로 발생하게 된다. 그러므로 중개대상물의 조사·확인·설명의무는 개업공인중개사의 기본적인 의무이면서 중개행위의 본질적 요소를 이룬다.

(1) 확인 · 설명의무

① 개업공인중개사는 중개의뢰(매도의뢰, 임대의뢰 등)를 받아 중개계약을 체결한 경우에는 해당 중개대상물에 대하여 철저한 조사·확인을 하여야 한다. 조사·확인의 방법은 ⊙ 대장·등기부 등 공부(공적장부)를 통하여 확인하는 방법, ⓒ 현장답사를 통하여 확인하는 방법, ⓒ 중개의뢰인(권리를 이전하고 하는 의뢰인)에게 물어서(자료요구 등) 확인하는 방법 등이 있다.

② 개업공인중개사는 중개대상물에 대한 조사·확인이 끝나면, 이를 권리를 취득하려는 의뢰인(물건을 취득하려는 의뢰인)에게 대장·등기부 등 설명의 근거자료(토지대장, 임야대장, 건축물대장, 토지등기부, 건물등기부 등)를 제시하고 성실하고 정확하게 설명하여야 할 의무가 있다(법 제25조 제1항).

(2) 확인 · 설명사항

개업공인중개사가 확인·설명하여야 할 사항은 다음과 같다(영 제21조 제1항).

> ① 중개대상물의 종류·소재지·지번·지목·면적·용도·구조 및 건축연도 등 해당 중개대상물에 관한 기본적인 사항
> ② 소유권·전세권·저당권·지상권 및 임차권 등 해당 중개대상물의 권리관계에 관한 사항
> ③ 토지이용계획, 공법상 거래규제 및 이용제한에 관한 사항
> ④ 수도·전기·가스·소방·열공급·승강기 및 배수 등 시설물의 상태
> ⑤ 벽면·바닥면 및 도배의 상태
> ⑥ 일조·소음·진동 등 환경조건
> ⑦ 도로 및 대중교통수단과의 연계성, 시장·학교와의 근접성 등 입지조건
> ⑧ 중개대상물에 대한 권리를 취득함에 따라 부담하여야 할 조세의 종류 및 세율
> ⑨ 거래예정금액, 중개보수 및 실비의 금액과 그 산출내역

4 중개대상물 확인·설명서의 작성의무

(1) 작성의무

① 개업공인중개사가 중개대상 물건에 대하여 조사하여 확인하고 설명한 내용은 확인·설명서를 작성·교부함으로써 그 근거자료를 남겨두어야 한다. 이는 차후에 중개사고로 인하여 분쟁이 발생될 경우 개업공인중개사의 설명의무와 관련하여 설명상의 하자(瑕疵)가 있었는지, 설명의무를 이행하지 않았는지 등을 판단하는 중요한 증빙자료가 된다. 그러므로 개업공인중개사는 거래가 성사되면 거래계약서의 작성과 더불어 중개대상물 확인·설명서를 반드시 작성하게 되어 있으며, 이를 교부 및 보존하게 되어 있다.

② 중개대상물 확인·설명서를 작성한 개업공인중개사는 이에 서명 및 날인하고, 이를 거래당사자 쌍방에게 교부하여야 한다. 또한 3년간 그 원본, 사본 또는 전자문서를 보존하여야 한다. 다만, 공인전자문서센터에 보관시에는 그러하지 아니하다(법 제25조 제3항 및 제4항).

(2) 서식 및 작성시점

① 법정서식: 중개대상물 확인·설명서 서식은 시행규칙의 별지서식으로 규정되어 있다. 이에는 ㉠ 주거용 건축물[Ⅰ], ㉡ 비주거용 건축물[Ⅱ], ㉢ 토지[Ⅲ], ㉣ 입목·광업재단·공장재단[Ⅳ]에 대한 확인·설명서로 모두 4종류가 있다(여기서는 대표서식인 주거용 건축물 확인·설명서[Ⅰ]만 보고자 한다).

② 작성시점: 중개대상물 확인·설명서는 중개가 완성되어 거래계약서를 작성하는 시점에 작성·교부하여야 한다.

「공인중개사법 시행규칙」[별지 제20호 서식] 〈개정 2021.12.31.〉 (3쪽 중 제1쪽)

중개대상물 확인·설명서[Ⅰ] (주거용 건축물)

([ ] 단독주택 [ ] 공동주택 [ ] 매매·교환 [ ] 임대)

확인·설명 자료	확인·설명 근거자료 등	[ ] 등기권리증 [ ] 등기사항증명서 [ ] 토지대장 [ ] 건축물대장 [ ] 지적도 [ ] 임야도 [ ] 토지이용계획확인서 [ ] 그 밖의 자료( )
	대상물건의 상태에 관한 자료요구 사항	

유의사항

개업공인중개사의 확인·설명의무	개업공인중개사는 중개대상물에 관한 권리를 취득하려는 중개의뢰인에게 성실·정확하게 설명하고, 토지대장 등본, 등기사항증명서 등 설명의 근거자료를 제시해야 합니다.
실제 거래가격 신고	「부동산 거래신고 등에 관한 법률」제3조 및 같은 법 시행령 별표 1 제1호 마목에 따른 실제 거래가격은 매수인이 매수한 부동산을 양도하는 경우 「소득세법」 제97조 제1항 및 제7항과 같은 법 시행령 제163조 제11항 제2호에 따라 취득 당시의 실제 거래가액으로 보아 양도차익이 계산될 수 있음을 유의하시기 바랍니다.

Ⅰ. 개업공인중개사 기본 확인사항

① 대상물건의 표시	토지	소재지				
		면적(m²)		지목	공부상 지목	
					실제이용 상태	
	건축물	전용면적(m²)			대지지분(m²)	
		준공년도 (증개축년도)		용도	건축물대장상 용도	
					실제 용도	
		구조			방향	(기준:)
		내진설계 적용 여부			내진능력	
		건축물대장상 위반건축물 여부	[ ] 위반 [ ] 적법	위반내용		

② 권리관계	등기부 기재사항		소유권에 관한 사항		소유권 외의 권리사항	
			토지		토지	
			건축물		건축물	
	민간임대 등록여부	등록	[ ] 장기일반민간임대주택 [ ] 공공지원민간임대주택 [ ] 그 밖의 유형( )			
			임대의무기간		임대개시일	
		미등록	[ ] 해당사항 없음			
	계약갱신요구권 행사여부		[ ] 확인(확인서류 첨부) [ ] 미확인 [ ] 해당 없음			
	다가구주택 확인서류 제출여부		[ ] 확인(확인서류 첨부) [ ] 미제출 [ ] 해당 없음			

③ 토지이용계획, 공법상 이용제한 및 거래규제에 관한 사항(토지)	지역·지구	용도지역			건폐율 상한	용적률 상한
		용도지구			%	%
		용도구역				
	도시·군계획 시설	허가·신고 구역 여부	[ ] 토지거래허가구역			
		투기지역 여부	[ ] 토지투기지역 [ ] 주택투기지역 [ ] 투기과열지구			
	지구단위계획구역, 그 밖의 도시·군관리계획			그 밖의 이용제한 및 거래규제사항		

④ 입지조건	도로와의 관계	(m × m)도로에 접함 [ ] 포장 [ ] 비포장	접근성	[ ] 용이함 [ ] 불편함	
	대중교통	버스	( ) 정류장, 소요시간:([ ] 도보 [ ] 차량) 약 분		
		지하철	( ) 역, 소요시간:([ ] 도보 [ ] 차량) 약 분		
	주차장	[ ] 없음 [ ] 전용주차시설 [ ] 공동주차시설 [ ] 그 밖의 주차시설( )			
	교육시설	초등학교	( ) 학교, 소요시간:([ ] 도보 [ ] 차량) 약 분		
		중학교	( ) 학교, 소요시간:([ ] 도보 [ ] 차량) 약 분		
		고등학교	( ) 학교, 소요시간:([ ] 도보 [ ] 차량) 약 분		
	판매 및 의료시설	백화점 및 할인매장	( ), 소요시간:([ ] 도보 [ ] 차량) 약 분		
		종합의료시설	( ), 소요시간:([ ] 도보 [ ] 차량) 약 분		

210mm×297mm[백상지(80g/m²) 또는 중질지(80g/m²)]

(3쪽 중 제2쪽)

⑤ 관리에 관한 사항	경비실	[ ] 있음 [ ] 없음	관리주체	[ ] 위탁관리 [ ] 자체관리 [ ] 그 밖의 유형
⑥ 비선호시설(1km 이내)		[ ] 없음 [ ] 있음(종류 및 위치:)		
⑦ 거래예정금액 등	거래예정금액			
	개별공시지가(m²당)		건물(주택)공시가격	
⑧ 취득시 부담할 조세의 종류 및 세율	취득세	%	농어촌특별세	%	지방교육세	%
	※ 재산세와 종합부동산세는 6월 1일 기준 대상물건 소유자가 납세의무를 부담					

Ⅱ. 개업공인중개사 세부 확인사항

⑨ 실제권리관계 또는 공시되지 않은 물건의 권리 사항

⑩ 내부·외부 시설물의 상태(건축물)	수도	파손 여부	[ ] 없음 [ ] 있음 (위치:)
		용수량	[ ] 정상 [ ] 부족함 (위치:)
	전기	공급상태	[ ] 정상 [ ] 교체 필요 (교체할 부분:)
	가스(취사용)	공급방식	[ ] 도시가스 [ ] 그 밖의 방식 ( )
	소방	단독경보형 감지기	[ ] 없음 [ ] 있음(수량: 개)	※「화재예방, 소방시설 설치·유지 및 안전관리에 관한 법률」제8조 및 같은 법 시행령 제13조에 따른 주택용 소방시설로서 아파트(주택으로 사용하는 층수가 5개층 이상인 주택을 말한다)를 제외한 주택의 경우만 작성합니다.
	난방방식 및 연료공급	공급방식	[ ] 중앙공급 [ ] 개별공급	시설작동	[ ] 정상 [ ] 수선 필요 ( ) ※ 개별공급인 경우 사용연한( ) [ ] 확인불가
		종류	[ ] 도시가스 [ ] 기름 [ ] 프로판가스 [ ] 연탄 [ ] 그 밖의 종류 ( )
	승강기	[ ] 있음 ([ ] 양호 [ ] 불량) [ ] 없음
	배수	[ ] 정상 [ ] 수선 필요 ( )
	그 밖의 시설물	
⑪ 벽면·바닥면 및 도배상태	벽면	균열	[ ] 없음 [ ] 있음 (위치:)
		누수	[ ] 없음 [ ] 있음 (위치:)
	바닥면	[ ] 깨끗함 [ ] 보통임 [ ] 수리 필요 (위치:)
	도배	[ ] 깨끗함 [ ] 보통임 [ ] 도배 필요
⑫ 환경조건	일조량	[ ] 풍부함 [ ] 보통임 [ ] 불충분 (이유:)
	소음	[ ] 아주 작음 [ ] 보통임 [ ] 심한 편임	진동	[ ] 아주 작음 [ ] 보통임 [ ] 심한 편임

Ⅲ. 중개보수 등에 관한 사항

⑬ 중개보수 및 실비의 금액과 산출내역	중개보수		〈산출내역〉 중개보수: 실비: ※ 중개보수는 시·도 조례로 정한 요율에서 중개의뢰인과 개업공인중개사가 서로 협의하여 결정하며 부가가치세는 별도로 부과될 수 있습니다.
	실비		
	계		
	지급시기		

「공인중개사법」제25조 제3항 및 제30조 제5항에 따라 거래당사자는 개업공인중개사로부터 위 중개대상물에 관한 확인·설명 및 손해배상책임의 보장에 관한 설명을 듣고, 같은 법 시행령 제21조 제3항에 따른 본 확인·설명서와 같은 법 시행령 제24조 제2항에 따른 손해배상책임 보장 증명서류(사본 또는 전자문서)를 수령합니다.   년   월   일

매도인 (임대인)	주소		성명		(서명 또는 날인)
	생년월일		전화번호		
매수인 (임차인)	주소		성명		(서명 또는 날인)
	생년월일		전화번호		
개업 공인중개사	등록번호		성명(대표자)		(서명 및 날인)
	사무소 명칭		소속공인중개사		(서명 및 날인)
	사무소 소재지		전화번호		
개업 공인중개사	등록번호		성명(대표자)		(서명 및 날인)
	사무소 명칭		소속공인중개사		(서명 및 날인)
	사무소 소재지		전화번호		

작성방법(주거용 건축물)

〈작성일반〉
1. "[　]" 있는 항목은 해당하는 "[　]" 안에 ✓로 표시합니다.
2. 세부항목 작성시 해당 내용을 작성란에 모두 작성할 수 없는 경우에는 별지로 작성하여 첨부하고, 해당란에는 "별지 참고"라고 적습니다.

〈세부항목〉
1. "확인·설명자료" 항목의 "확인·설명 근거자료 등"에는 개업공인중개사가 확인·설명 과정에서 제시한 자료를 적으며, "대상물건의 상태에 관한 자료요구사항"에는 매도(임대)의뢰인에게 요구한 사항 및 그 관련 자료의 제출 여부와 ⑨ 실제 권리관계 또는 공시되지 않은 물건의 권리사항부터 ⑫ 환경조건까지의 항목을 확인하기 위한 자료의 요구 및 그 불응 여부를 적습니다.
2. ① 대상물건의 표시부터 ⑧ 취득시 부담할 조세의 종류 및 세율까지는 개업공인중개사가 확인한 사항을 적어야 합니다.
3. ① 대상물건의 표시는 토지대장 및 건축물대장 등을 확인하여 적고, 건축물의 방향은 주택의 경우 거실이나 안방 등 주실(主室)의 방향을, 그 밖의 건축물은 주된 출입구의 방향을 기준으로 남향, 북향 등 방향을 적고 방향의 기준이 불분명한 경우 기준(예: 남동향 - 거실 앞 발코니 기준)을 표시하여 적습니다.
4. ② 권리관계의 "등기부 기재사항"은 등기사항증명서를 확인하여 적습니다.
5. ② 권리관계의 "민간임대 등록여부"는 대상물건이 「민간임대주택에 관한 특별법」에 따라 등록된 민간임대주택인지 여부를 같은 법 제60조에 따른 임대주택정보체계에 접속하여 확인하거나 임대인에게 확인하여 "[　]" 안에 ✓로 표시하고, 민간임대주택인 경우 「민간임대주택에 관한 특별법」에 따른 권리·의무사항을 임차인에게 설명해야 합니다.

   ※ 민간임대주택은 「민간임대주택에 관한 특별법」 제5조에 따른 임대사업자가 등록한 주택으로서, 임대인과 임차인 간 임대차계약(재계약 포함)시 다음과 같은 사항이 적용됩니다.
   ① 같은 법 제44조에 따라 임대의무기간 중 임대료 증액청구는 5퍼센트의 범위에서 주거비 물가지수, 인근 지역의 임대료 변동률 등을 고려하여 같은 법 시행령으로 정하는 증액비율을 초과하여 청구할 수 없으며, 임대차계약 또는 임대료 증액이 있은 후 1년 이내에는 그 임대료를 증액할 수 없습니다.
   ② 같은 법 제45조에 따라 임대사업자는 임차인이 의무를 위반하거나 임대차를 계속하기 어려운 경우 등에 해당하지 않으면 임대의무기간 동안 임차인과의 계약을 해제·해지하거나 재계약을 거절할 수 없습니다.

6. ② 권리관계의 "계약갱신요구권 행사여부" 및 "다가구주택 확인서류 제출여부"는 다음 각 목의 구분에 따라 적습니다.
   가. "계약갱신요구권 행사여부"는 대상물건이 「주택임대차보호법」의 적용을 받는 주택으로서 임차인이 있는 경우 매도인(임대인)으로부터 계약갱신요구권 행사여부에 관한 사항을 확인할 수 있는 서류를 받으면 "확인"에 ✓로 표시하여 해당 서류를 첨부하고, 서류를 받지 못한 경우 "미확인"에 ✓로 표시하며, 임차인이 없는 경우에는 "해당 없음"에 ✓로 표시합니다. 이 경우 개업공인중개사는 「주택임대차보호법」에 따른 임대인과 임차인의 권리·의무사항을 매수인에게 설명해야 합니다.
   나. "다가구주택 확인서류 제출여부"는 대상물건이 다가구주택인 경우로서 매도인(임대인) 또는 개업공인중개사가 주민센터 등에서 발급받은 다가구주택 확정일자 부여현황(임대차기간, 보증금 및 차임)이 적힌 서류를 제출하면 "제출"에 ✓로 표시하고, 제출하지 않은 경우에는 "미제출"에 ✓로 표시하며, 다가구주택이 아닌 경우에는 "해당 없음"에 ✓로 표시하고 그 사실을 중개의뢰인에게 설명해야 합니다.

7. ③ 토지이용계획, 공법상 이용제한 및 거래규제에 관한 사항(토지)의 "건폐율 상한 및 용적률 상한"은 시·군의 조례에 따라 적고, "도시·군계획시설", "지구단위계획구역, 그 밖의 도시·군관리계획"은 개업공인중개사가 확인하여 적으며, "그 밖의 이용제한 및 거래규제사항"은 토지이용계획확인서의 내용을 확인하고, 공부에서 확인할 수 없는 사항은 부동산종합공부시스템 등에서 확인하여 적습니다(임대차의 경우에는 생략할 수 있습니다).
8. ⑥ 비선호시설(1km 이내)의 "종류 및 위치"는 대상물건으로부터 1km 이내에 사회통념상 기피 시설인 화장장·납골당·공동묘지·쓰레기처리장·쓰레기소각장·분뇨처리장·하수종말처리장 등의 시설이 있는 경우, 그 시설의 종류 및 위치를 적습니다.
9. ⑦ 거래예정금액 등의 "거래예정금액"은 중개가 완성되기 전 거래예정금액을, "개별공시지가(m^2당)" 및 "건물(주택)공시가격"은 중개가 완성되기 전 공시된 공시지가 또는 공시가격을 적습니다[임대차의 경우에는 "개별공시지가(m^2당)" 및 "건물(주택)공시가격"을 생략할 수 있습니다].
10. ⑧ 취득시 부담할 조세의 종류 및 세율은 중개가 완성되기 전 「지방세법」의 내용을 확인하여 적습니다(임대차의 경우에는 제외합니다).
11. ⑨ 실제권리관계 또는 공시되지 않은 물건의 권리 사항은 매도(임대)의뢰인이 고지한 사항(법정지상권, 유치권, 「주택임대차보호법」에 따른 임대차, 토지에 부착된 조각물 및 정원수, 계약 전 소유권 변동여부, 도로의 점용허가 여부 및 권리·의무 승계 대상 여부 등)을 적습니다. 「건축법 시행령」 별표 1 제2호에 따른 공동주택(기숙사는 제외합니다) 중 분양을 목적으로 건축되었으나 분양되지 않아 보존등기만 마쳐진 상태인 공동주택에 대해 임대차계약을 알선하는 경우에는 이를 임차인에게 설명해야 합니다.
    ※ 임대차계약의 경우 임대보증금, 월 단위의 차임액, 계약기간, 장기수선충당금의 처리 등을 확인하고, 근저당 등이 설정된 경우 채권최고액을 확인하여 적습니다. 그 밖에 경매 및 공매 등의 특이사항이 있는 경우 이를 확인하여 적습니다.
12. ⑩ 내부·외부 시설물의 상태(건축물), ⑪ 벽면·바닥면 및 도배상태와 ⑫ 환경조건은 중개대상물에 대해 개업공인중개사가 매도(임대)의뢰인에게 자료를 요구하여 확인한 사항을 적고, ⑩ 내부·외부 시설물의 상태(건축물)의 "그 밖의 시설물"은 가정자동화 시설(Home Automation 등 IT 관련 시설)의 설치 여부를 적습니다.
13. ⑬ 중개보수 및 실비는 개업공인중개사와 중개의뢰인이 협의하여 결정한 금액을 적되 "중개보수"는 거래예정금액을 기준으로 계산하고, "산출내역(중개보수)"은 "거래예정금액(임대차의 경우에는 임대보증금 + 월 단위의 차임액 × 100) × 중개보수 요율"과 같이 적습니다. 다만, 임대차로서 거래예정금액이 5천만원 미만인 경우에는 "임대보증금 + 월 단위의 차임액 × 70"을 거래예정금액으로 합니다.
14. 공동중개시 참여한 개업공인중개사(소속공인중개사를 포함합니다)는 모두 서명·날인해야 하며, 2명을 넘는 경우에는 별지로 작성하여 첨부합니다.

5 거래계약서 작성의무

1. 거래계약서 작성·교부·보존의무

(1) 거래계약서 작성의무

개업공인중개사는 중개가 완성되어 거래당사자 간의 거래계약이 성립되면 중개대상물에 관하여 필요한 사항(필요적 기재사항)을 빠뜨리지 아니하고 기재하여 거래계약서를 작성하고 서명 및 날인하여, 5년간 그 원본, 사본 또는 전자문서를 보존하여야 한다. 다만, 공인전자문서센터에 보관시에는 그러하지 아니하다(법 제26조 제1항).

(2) 거래계약서의 법정서식의 존부

① 거래계약서는 공인중개사법령에서는 특별히 정해진 서식이 없으며, 국토교통부장관의 권장서식 또한 정하고 있지 않다. 즉, 거래계약서는 아무런 강제된 서식이 없으므로 자유로운 서식으로 작성하면 된다.

② 거래계약서에 기재하여야 할 필요적 사항을 영 제22조 제1항에서 규정하고 있으므로 필요적 기재사항은 반드시 기재하여야 한다.

(3) 거래계약서의 필요적 기재사항

거래계약서를 작성할 때에는 다음의 필요적 기재사항은 반드시 기재하여야 한다(영 제22조 제1항).

> ① 거래당사자의 인적사항
> ② 물건의 표시
> ③ 물건의 인도일시
> ④ 권리이전의 내용
> ⑤ 거래금액·계약금액 및 그 지급일자 등 지급에 관한 사항
> ⑥ 계약일
> ⑦ 계약의 조건이나 기한이 있는 경우에는 그 조건 또는 기한
> ⑧ 중개대상물 확인·설명서 교부일자
> ⑨ 그 밖의 약정내용

(4) 서명 및 날인의무

① 거래계약서를 작성한 개업공인중개사와 해당 업무를 수행한 소속공인중개사가 함께 서명 및 날인하여야 한다.

② 법인인 개업공인중개사의 경우에는 법인의 대표자와 해당 업무를 수행한 소속공인중개사가 함께 서명 및 날인하여야 하고, 법인의 분사무소인 경우에는 책임자와 해당 업무를 수행한 소속공인중개사가 함께 서명 및 날인하여야 한다(법 제26조 제2항).

③ 서명은 자필 서명을 의미하며, 날인은 이 법에 따라 등록한 인장으로 하여야 한다.

2. 위반시 제재

(1) 허위 · 이중계약서 작성 금지

① 개업공인중개사가 거래계약서를 작성하는 때에는 거래금액 등의 거래내용을 거짓으로 기재하거나 서로 다른 둘 이상의 거래계약서(예 다운계약서 등)를 작성하여서는 아니 된다(동조 제3항).

② 이를 위반한 개업공인중개사는 등록이 취소될 수 있으며(상대적 등록취소 사유, 법 제38조 제2항 제7호), 소속공인중개사는 자격정지처분의 대상이 된다(법 제36조 제1항 제6호).

(2) 작성 · 교부 · 보존의무 위반

개업공인중개사가 거래계약서를 작성 · 교부하지 아니하거나, 5년간 보존하지 아니한 경우에는 업무정지 사유에 해당한다(공인전자문서센터 보관시 제외)(법 제39조 제1항 제8호).

(3) 서명 및 날인의무 위반

개업공인중개사가 서명 및 날인의무를 위반한 경우에는 업무정지처분의 대상이 되며(법 제39조 제1항 제9호), 소속공인중개사인 경우에는 자격정지처분의 대상이 된다(법 제36조 제1항 제5호).

6 채무이행의 보장

매매계약이 체결된 경우 매수인은 계약금과 중도금 및 잔금을 지급하고 등기를 이전받게 되는데, 시간상으로 계약금과 중도금이 등기보다 먼저 지급된다. 그러므로 이중매매 등의 위험에 노출되는데, 이러한 위험성을 방지하기 위하여 「공인중개사법」에서는 계약금 등을 예치하는 예치제도가 도입되어 있다.

(1) 계약금 등의 예치권고

개업공인중개사는 거래의 안전을 보장하기 위하여 필요하다고 인정하는 경우에는 거래계약의 이행이 완료될 때까지 계약금·중도금 또는 잔금을 예치기관에 예치하도록 거래당사자에게 권고할 수 있다(법 제31조 제1항).

(2) 예치명의자

① 개업공인중개사는 개업공인중개사 또는 대통령령으로 정하는 자의 명의로 예치하도록 거래당사자에게 권고할 수 있다(동조 제1항).

② 대통령령으로 정하는 자(영 제27조 제1항)

> ㉠ 「은행법」에 따른 은행
> ㉡ 「우체국예금·보험에 관한 법률」에 따른 체신관서
> ㉢ 「보험업법」에 따른 보험회사
> ㉣ 「자본시장과 금융투자업에 관한 법률」에 따른 신탁업자
> ㉤ 부동산거래계약의 이행을 보장하기 위하여 계약금·중도금 또는 잔금 및 계약 관련 서류를 관리하는 업무를 수행하는 전문회사
> ㉥ 「공인중개사법」 제42조의 규정에 따라 공제사업을 하는 자

(3) 예치기관

예치기관으로는 금융기관, 이 법에 따라 공제사업을 하는 자 또는 「자본시장과 금융투자업에 관한 법률」에 따른 신탁업자 '등'이 있다(법 제31조 제1항).

(4) 개업공인중개사의 의무

① 재산분리·관리의무: 개업공인중개사는 계약금 등을 자기 명의로 예치하는 경우에는 자기 소유의 예치금과 분리하여 관리될 수 있도록 하여야 하며, 예치된 계약금 등은 거래당사자의 동의 없이 인출하여서는 아니 된다(영 제27조 제3항).

② 지급의 보장의무: 개업공인중개사는 계약금 등을 자기 명의로 예치하는 경우에는 그 계약금 등을 거래당사자에게 지급할 것을 보장하기 위하여, 예치대상이 되는 계약금 등에 해당하는 금액을 보장하는 보증보험 또는 공제에 가입하거나 공탁을 하여야 하며, 거래당사자에게 관계 증서 사본을 교부하거나 관계 증서에 관한 전자문서를 제공하여야 한다(동조 제4항).

③ 실비 등 약정의무: 개업공인중개사는 계약금 등을 개업공인중개사 명의로 예치할 것을 의뢰받은 경우에는 계약이행의 완료 또는 계약해제 등의 사유로 인한 계약금 등의 인출에 대한 거래당사자의 동의방법, 반환채무이행의 보장에 소요되는 실비 그 밖에 거래안전을 위하여 필요한 사항을 미리 약정하여야 한다(동조 제2항).

(5) 개업공인중개사의 실비청구권
① 개업공인중개사는 중개의뢰인으로부터 계약금 등의 반환채무이행 보장에 소요되는 실비를 받을 수 있다(법 제32조 제2항).
② 실비의 한도는 계약금 등의 반환채무이행 보장에 소요되는 비용으로 하되, 개업공인중개사가 영수증 등을 첨부하여 매수·임차 그 밖의 권리를 취득하고자 하는 중개의뢰인에게 청구할 수 있다(규칙 제20조 제2항).

7 금지행위(부작위의무)

> 법 제33조【금지행위】① 개업공인중개사 등은 다음 각 호의 행위를 하여서는 아니 된다.
> 1. 제3조에 따른 중개대상물의 매매를 업으로 하는 행위
> 2. 제9조에 따른 중개사무소의 개설등록을 하지 아니하고 중개업을 영위하는 자인 사실을 알면서 그를 통하여 중개를 의뢰받거나 그에게 자기의 명의를 이용하게 하는 행위
> 3. 사례·증여 그 밖의 어떠한 명목으로도 제32조에 따른 보수 또는 실비를 초과하여 금품을 받는 행위
> 4. 해당 중개대상물의 거래상의 중요사항에 관하여 거짓된 언행 그 밖의 방법으로 중개의뢰인의 판단을 그르치게 하는 행위
> 5. 관계 법령에서 양도·알선 등이 금지된 부동산의 분양·임대 등과 관련 있는 증서 등의 매매·교환 등을 중개하거나 그 매매를 업으로 하는 행위
> 6. 중개의뢰인과 직접 거래를 하거나 거래당사자 쌍방을 대리하는 행위
> 7. 탈세 등 관계 법령을 위반할 목적으로 소유권보존등기 또는 이전등기를 하지 아니한 부동산이나 관계 법령의 규정에 의하여 전매 등 권리의 변동이 제한된 부동산의 매매를 중개하는 등 부동산투기를 조장하는 행위
> 8. 부당한 이익을 얻거나 제3자에게 부당한 이익을 얻게 할 목적으로 거짓으로 거래가 완료된 것처럼 꾸미는 등 중개대상물의 시세에 부당한 영향을 주거나 줄 우려가 있는 행위
> 9. 단체를 구성하여 특정 중개대상물에 대하여 중개를 제한하거나 단체 구성원 이외의 자와 공동중개를 제한하는 행위
> ② 누구든지 시세에 부당한 영향을 줄 목적으로 다음 각 호의 어느 하나의 방법으로 개업공인중개사 등의 업무를 방해해서는 아니 된다.
> 1. 안내문, 온라인 커뮤니티 등을 이용하여 특정 개업공인중개사 등에 대한 중개의뢰를 제한하거나 제한을 유도하는 행위
> 2. 안내문, 온라인 커뮤니티 등을 이용하여 중개대상물에 대하여 시세보다 현저하게 높게 표시·광고 또는 중개하는 특정 개업공인중개사 등에게만 중개의뢰를 하도록 유도함으로써 다른 개업공인중개사 등을 부당하게 차별하는 행위
> 3. 안내문, 온라인 커뮤니티 등을 이용하여 특정 가격 이하로 중개를 의뢰하지 아니하도록 유도하는 행위

> 4. 정당한 사유 없이 개업공인중개사 등의 중개대상물에 대한 정당한 표시·광고 행위를 방해하는 행위
> 5. 개업공인중개사 등에게 중개대상물을 시세보다 현저하게 높게 표시·광고하도록 강요하거나 대가를 약속하고 시세보다 현저하게 높게 표시·광고하도록 유도하는 행위

「공인중개사법」제33조 제1항에서는 개업공인중개사 등이 중개업무를 수행하는 과정에서 하여서는 아니 되는 금지행위를 규정하고 있으며, 또한 동조 제2항에서는 누구든지 시세에 부당한 영향을 줄 목적의 행위를 함으로써 개업공인중개사 등의 업무를 방해하는 것을 금지하는 규정을 두고 있다.

1. 법 제33조 제1항 규정의 금지행위

(1) 규제대상

금지행위의 규제대상은 개업공인중개사 '등'이므로, 개업공인중개사뿐만 아니라 법인인 개업공인중개사의 임원 및 사원, 소속공인중개사, 중개보조원 등 중개업에 종사하는 사람들에게 적용된다.

(2) 금지행위 내용

① 해당 중개대상물의 거래상의 중요사항에 관하여 거짓된 언행 그 밖의 방법으로 중개의뢰인의 판단을 그르치게 하는 행위(즉, 거짓행위)는 금지된다(법 제33조 제1항 제4호).
  ㉠ 개업공인중개사는 거짓된 말이나 행동·기타의 방법으로서 의뢰인에 대하여 사기나 기망을 하는 행위를 하여서는 아니 된다.
  ㉡ 개업공인중개사가 거래계약의 체결에만 급급한 나머지, 해당 중개대상물의 거래상의 중요사항을 거짓된 언행·기만·과장광고 등으로 중개의뢰인의 판단을 그르치게 하는 행위(거짓행위)를 하여 의뢰인에게 피해를 주어서는 아니 된다.

② 사례·증여 그 밖의 어떠한 명목으로도 중개보수 또는 실비의 한도를 초과하여 금품을 받은 행위(즉, 초과금품수수)는 금지된다(동항 제3호).
  ㉠ 개업공인중개사가 '주택'에 대하여 중개를 완성하고 받는 중개보수는 국토교통부령으로 정하는 범위 내에서 특별시·광역시·도 또는 특별자치도의 조례로 정해져 있으며 그 정해진 범위 내에서 중개보수를 받아야 한다.

ⓒ 개업공인중개사가 '주택 이외'의 중개대상물에 대하여 중개를 완성하고 받는 중개보수는 국토교통부령으로 정하는 범위 내에서 상호 약정(협의)하여 받는다.

ⓒ 중개대상물의 권리관계 등의 확인에 소요되는 실비 및 계약금 등의 예치제도와 관련된 실비는 국토교통부령으로 정하는 범위 내에서 특별시·광역시·도 또는 특별자치도의 조례에서 정해지고, 그 한도를 초과하여 수수하여서는 아니 된다.

③ 중개대상물의 매매를 업으로 하는 행위는 금지된다(동항 제1호).

부동산중개업을 목적으로 하는 개업공인중개사는 중개대상물[토지, 건물, 입목, 광업재단, 공장재단, 명인방법을 갖춘 수목(집단)]의 '매매를 업'으로 하여서는 아니 된다. 부동산 매매를 업으로 하는 것은 중개를 업으로 한다는 중개업의 본질에 반하며, 매매업(사고팔고를 계속적·반복적으로 하는 영업)이 허용되면 부동산투기로 연결이 될 우려가 높기 때문이다.

④ 등록을 하지 아니하고 중개업을 영위하는 자임을 알면서 그를 통하여 중개를 의뢰받거나 그에게 자기의 명의를 이용하게 하는 행위(무등록 중개업자와의 협력행위)는 금지된다(동항 제2호).

㉠ 개업공인중개사가 무등록 중개업자(등록을 하지 아니하고 중개를 업으로 하는 자)와 협력하여 불법적인 중개행위를 하는 것은 금지된다. 이는 무등록 개업공인중개사의 출현을 방지하고, 이른바 '불법 브로커'의 활동을 봉쇄하기 위함이다.

ⓒ 개업공인중개사가 무등록 중개업자가 아닌 정상적인 개업공인중개사와 협력하는 행위는 처벌되지 아니한다.

⑤ 관계 법령에서 양도·알선 등이 금지된 부동산의 분양·임대 등과 관련 있는 증서 등의 매매·교환 등을 중개하거나 그 매매를 업으로 하는 행위(거래금지증서 매매업·중개)는 금지된다(동항 제5호).

㉠ '관계 법령에서 양도·알선 등이 금지된 부동산의 분양·임대 등과 관련 있는 증서'란 「주택법」상에서 거래가 금지된 주택청약예금증서, 청약저축증서 등을 말한다. 이러한 것은 관계 법령에서 거래와 알선을 모두 금지하고 있기 때문에 부동산 개업공인중개사 등이 당연히 이를 중개할 수 없다.

ⓒ 분양계약을 체결하여, 동과 호수가 '선정(특정)'된 아파트 분양권은 장래의 건물로 보아 중개대상물로 인정하며, 여기서 말하는 거래가 금지된 증서에는 해당하지 않는다(대판 89도1886).

⑥ 중개의뢰인과 직접 거래를 하거나 거래당사자 쌍방을 대리하는 행위는 금지된다 (동항 제6호).

　㉠ '직접 거래'란 개업공인중개사 등이 거래당사자가 되어 중개의뢰인과 직접 매매계약 등을 체결하는 것을 말한다. 개업공인중개사가 전문적인 정보를 이용하여, 중개의뢰를 받은 물건에 대하여 자신의 명의(또는 경제공동체인 배우자 명의)로 직접 중개의뢰인(중개의뢰인의 대리인이나 수임인을 포함)과 거래를 하게 되면 중개의뢰인에게 부당한 피해를 줄 수 있기 때문에 중개의뢰인과 직접 거래는 금지되어 있다.

　㉡ '쌍방대리'란 개업공인중개사가 중개의뢰인 쌍방으로부터 거래계약 체결의 대리권(代理權)을 수여받아, 양쪽 중개의뢰인 모두를 대리하여 계약을 체결하는 것을 말한다. 이는 이해관계가 서로 대립되는 양쪽 의뢰인으로부터 거래계약 체결의 대리권을 다 받게 되면, 거래당사자 중 일방에게 피해를 줄 염려가 있으므로 이를 금지하고 있다.

⑦ 탈세 등 관계 법령을 위반할 목적으로 소유권보존등기 또는 이전등기를 하지 아니한 부동산이나 관계 법령의 규정에 의하여 전매 등 권리의 변동이 제한된 부동산의 매매를 중개하는 등 '부동산투기를 조장'하는 행위는 금지된다(동항 제7호).

　㉠ 탈세·탈법 목적의 미등기 전매·중간생략등기 등을 이용한 부동산투기행위를 조장하는 행위는 금지된다. 이 경우 전매차익은 불문하고 처벌한다(대판 90누4464).

　㉡ 관계 법령에서 전매 등 권리 변동이 제한된 부동산의 매매를 중개하는 행위는 금지된다(투기과열지구 내의 분양권전매제한, 임대주택의 임대의무기간 내의 매각제한 등).

⑧ 부당한 이익을 얻거나 제3자에게 부당한 이익을 얻게 할 목적으로 거짓으로 거래가 완료된 것처럼 꾸미는 등 중개대상물의 시세에 부당한 영향을 주거나 줄 우려가 있는 행위는 금지된다(동항 제8호).

⑨ 단체를 구성하여 특정 중개대상물에 대하여 중개를 제한하거나, 단체 구성원 이외의 자와 공동중개를 제한하는 행위는 금지된다(동항 제9호).

2. 법 제33조 제2항 규정의 금지행위

(1) 규제대상

법 제33조 제2항에서는 '누구든지 시세에 부당한 영향을 줄 목적으로 다음의 어느 하나의 방법으로 개업공인중개사 등의 업무를 방해해서는 아니 된다.'라고 규정하고 있다. 그러므로 제2항의 규제대상은 중개의뢰인을 포함하여 일반인 등 모두에게 적용된다.

(2) 금지행위 내용

① 안내문, 온라인 커뮤니티 등을 이용하여 특정 개업공인중개사 등에 대한 중개의뢰를 제한하거나 제한을 유도하는 행위

② 안내문, 온라인 커뮤니티 등을 이용하여 중개대상물에 대하여 시세보다 현저하게 높게 표시·광고 또는 중개하는 특정 개업공인중개사 등에게만 중개의뢰를 하도록 유도함으로써 다른 개업공인중개사 등을 부당하게 차별하는 행위

③ 안내문, 온라인 커뮤니티 등을 이용하여 특정 가격 이하로 중개를 의뢰하지 아니하도록 유도하는 행위

④ 정당한 사유 없이 개업공인중개사 등의 중개대상물에 대한 정당한 표시·광고 행위를 방해하는 행위

⑤ 개업공인중개사 등에게 중개대상물을 시세보다 현저하게 높게 표시·광고하도록 강요하거나 대가를 약속하고 시세보다 현저하게 높게 표시·광고하도록 유도하는 행위

8 손해배상책임 및 업무보증설정의무

> 법 제30조【손해배상책임의 보장】① 개업공인중개사는 중개행위를 하는 경우 고의 또는 과실로 인하여 거래당사자에게 재산상의 손해를 발생하게 한 때에는 그 손해를 배상할 책임이 있다.
> ② 개업공인중개사는 자기의 중개사무소를 다른 사람의 중개행위의 장소로 제공함으로써 거래당사자에게 재산상의 손해를 발생하게 한 때에는 그 손해를 배상할 책임이 있다.
> ③ 개업공인중개사는 업무를 개시하기 전에 제1항 및 제2항에 따른 손해배상책임을 보장하기 위하여 대통령령으로 정하는 바에 따라 보증보험 또는 제42조에 따른 공제에 가입하거나 공탁을 하여야 한다.

1. 손해배상책임

개업공인중개사가 중개행위를 하는 과정에서 고의 또는 과실로 중개의뢰인에게 재산상 손해를 발생하게 한 경우에는 당연히 그 손해를 배상하여야 한다. 「공인중개사법」에서는 개업공인중개사의 손해배상책임의무를 부여하고, 이러한 책임을 보장하기 위하여 업무보증제도를 두고 있다.

2. 업무보증설정

(1) 업무보증설정의무

① 보증설정의 시기 및 방법: 개업공인중개사는 손해배상책임을 보장하기 위하여 '업무를 개시하기 전에 대통령령으로 정하는 바에 따라 보증보험(서울보증보험 등) 또는 공제(공인중개사협회에서 운영)에 가입하거나 공탁(법원)을 하여야 한다(법 제30조 제3항).

② 보증의 최저 설정금액: 개업공인중개사의 종별에 따라 의무적으로 설정하여야 할 최저 금액을 다음과 같이 규정하고 있다(영 제24조 제1항).〈개정 2021.12.31, 시행 2023.1.1.〉

> ㉠ 법인인 개업공인중개사: 4억원 이상. 다만, 분사무소를 두는 경우에는 분사무소마다 2억원 이상을 추가로 설정하여야 한다.
> ㉡ 법인이 아닌 개업공인중개사(공인중개사인 개업공인중개사 및 부칙상의 개업공인중개사): 2억원 이상

③ 보증설정의 신고의무: 개업공인중개사가 중개사무소 개설등록을 한 때에는 '중개업무를 개시하기 전'에 보증을 설정한 후 등록관청에 신고하여야 한다. 다만, 보증기관이 보증사실을 등록관청에 직접 통보한 경우에는 신고를 생략할 수 있다(동조 제2항).

(2) 업무보증의 유지의무

개업공인중개사가 중개업을 계속하고 있는 동안에는 업무보증도 계속 유지가 되어야 한다.

① 다른 보증으로 변경(보증종류의 변경): 보증을 다른 보증으로 변경하고자 하는 경우에는 '이미 설정한 보증의 효력이 있는 기간 중'에 다른 보증을 설정하고 그 증명서류를 갖추어 등록관청에 신고하여야 한다(영 제25조 제1항).

② 보증의 재설정(기간 만료시): 보증기간의 만료로 인하여 다시 보증을 설정하고자 하는 자는 그 보증기간 '만료일까지' 다시 보증을 설정하고 그 증명서류를 갖추어 등록관청에 신고하여야 한다(동조 제2항).

(3) 중개완성시 보증증서 사본의 교부

개업공인중개사는 중개가 완성된 때에는 거래계약서, 중개대상물 확인·설명서와 함께 거래당사자에게 다음의 사항을 설명하고 관계 증서(보증보험증서·공제증서 또는 공탁증서) 사본을 교부하거나 전자문서를 제공하여야 한다(법 제30조 제5항).

> ① 보장금액
> ② 보증보험회사, 공제사업을 행하는 자, 공탁기관 및 그 소재지
> ③ 보장기간

(4) 업무보증규정 위반에 대한 제재

① 행정처분: 등록관청은 개업공인중개사가 손해배상책임을 보장하기 위한 조치, 즉 업무보증설정의무를 이행하지 아니하고 중개업무를 개시한 경우에는 등록을 취소할 수 있다(상대적 등록취소 사유, 법 제38조 제2항 제8호).

② 행정질서벌: 개업공인중개사가 중개가 완성된 때에 거래당사자에게 보증금액 등 손해배상책임에 관한 사항을 설명하지 아니하거나, 보증보험증서, 공제증서, 공탁증서 등의 보증 관계 증서의 사본 또는 보증 관계 증서에 관한 전자문서를 교부하지 아니한 경우에는 100만원 이하의 과태료처분 사유에 해당한다(법 제51조 제3항 제5호).

제6장 개업공인중개사의 보수

> **참고** 기본 개념
>
> 개업공인중개사가 중개대상물을 중개하고 그 댓가로 받는 중개보수는 그 한도가 공인중개사법 령에서 정하고 있다. 즉, 주택의 경우에는 국토교통부령 범위 내에서 시·도 조례에서 정해진 한도를 초과하여 받을 수 없고, 주택 이외의 것은 국토교통부령에서 정하는 한도를 초과할 수 없다.

1 개업공인중개사의 보수

중개업과 관련된 개업공인중개사의 수입으로는 중개보수와 실비가 있다.

(1) 중개보수

부동산 개업공인중개사가 중개의뢰를 받아 거래가 성립되었을 경우에는 의뢰인 쌍방 으로부터 법정보수의 범위 내에서 중개보수를 '각각' 받는다.

(2) 실비

① 개업공인중개사는 중개보수 외에 중개대상물의 확인·설명을 위한 중개대상물의 권리관계 등의 확인에 소요되는 실비를 받을 수 있다(법 제32조 제2항). 이때 실 비는 영수증 등을 첨부하여 매도·임대 그 밖의 권리를 '이전'하고자 하는 중개의 뢰인에게 청구할 수 있다(규칙 제20조 제2항).

② 개업공인중개사는 또한 계약금 등의 반환채무이행의 보장에 소요되는 실비를 받 을 수 있다. 이때 실비는 영수증 등을 첨부하여 매수·임차 그 밖의 권리를 '취득' 하고자 하는 중개의뢰인에게 청구할 수 있다(동조 제2항).

2 중개보수

1. 중개보수청구권

(1) 중개보수청구권 발생시기

중개보수청구권은 중개의뢰인과 개업공인중개사 간의 유효한 중개의뢰계약의 체결에 의하여 발생한다(대판 68다955).

(2) 중개보수 지급시기(영 제27조의2)

① 중개보수의 지급시기는 개업공인중개사와 중개의뢰인 간의 '약정'에 따른다.
② 약정이 없을 때에는 중개대상물의 '거래대금 지급이 완료된 날'로 한다.

(3) 중개보수청구권의 소멸

① 개업공인중개사의 고의 또는 과실로 인하여 거래행위가 무효·취소 또는 해제가 된 경우에는 중개보수청구권은 소멸된다(법 제32조 제1항 단서).
② 다만, 거래당사자의 고의 또는 과실로 의하여 계약이 무효·취소 또는 해제된 경우에는 개업공인중개사의 중개보수청구권은 소멸되지 아니한다.

2. 중개보수의 계산

중개보수는 거래금액에 중개보수 요율을 곱하여 계산한다.

> 중개보수 = 거래금액 × (수수료율)%

(1) 거래금액의 산정

거래금액의 산정은 주택, 상가건물, 토지에 관계없이 모든 중개대상물에 공통적으로 동일하게 적용된다.

① 매매계약: 매매대금이 거래금액이 된다.
② 교환계약: 교환계약의 경우에는 교환대상 중개대상물 중 거래금액이 큰 중개대상물의 가액을 거래금액으로 한다(규칙 제20조 제5항 제2호).
③ 임대차계약(동조 제5항 제1호)
  ㉠ 임대차 보증금이 거래금액이 되며, 다만, 임대차 중 보증금 외에 차임(월세 등)이 있는 경우에는 월 단위의 차임액에 100을 곱한 금액을 보증금에 합산한 금액을 거래금액으로 한다.
  ㉡ 다만, 그 합산한 금액이 5천만원 미만인 경우에는 월 단위의 차임액에 70을 곱한 금액과 보증금을 합산한 금액을 거래금액으로 한다.

(2) 요율의 산정

① 주택의 중개보수 요율

㉠ 주택의 중개에 대한 보수는 중개의뢰인 쌍방으로부터 각각 받되, 그 일방으로부터 받을 수 있는 한도는 다음과 같다(동조 제1항).

▶ 국토교통부령상의 주택 중개보수 상한요율(규칙 [별표 1])

거래내용	거래금액	상한요율	한도액
매매 · 교환	5천만원 미만	1천분의 6	25만원
	5천만원 이상 2억원 미만	1천분의 5	80만원
	2억원 이상 9억원 미만	1천분의 4	
	9억원 이상 12억원 미만	1천분의 5	
	12억원 이상 15억원 미만	1천분의 6	
	15억원 이상	1천분의 7	
임대차 등	5천만원 미만	1천분의 5	20만원
	5천만원 이상 1억원 미만	1천분의 4	30만원
	1억원 이상 6억원 미만	1천분의 3	
	6억원 이상 12억원 미만	1천분의 4	
	12억원 이상 15억원 미만	1천분의 5	
	15억원 이상	1천분의 6	

㉡ ㉠의 국토교통부령의 범위 내에서 정해진 (특 · 광)시 · 도 조례상의 비율을 거래가액에 곱하여 보수를 받되, (특 · 광)시 · 도 조례상의 한도액이 있으면 그 한도액의 범위 내에서 받아야 한다.

② 주택 이외의 중개보수 요율

㉠ 주택 외의 중개대상물에 대한 중개보수는 중개의뢰인 쌍방으로부터 각각 받되, 거래금액의 1천분의 9(0.9%) 이내에서 중개의뢰인과 개업공인중개사가 서로 협의하여 결정한다(규칙 제20조 제4항 제2호). 다만, 일정한 주거용 오피스텔은 제외한다.

㉡ 개업공인중개사는 주택 외의 중개대상물에 대해서는 중개보수 요율의 범위 안에서 실제 자기가 받고자 하는 중개보수의 상한요율을 중개보수 · 실비의 요율 및 한도액표에 명시하여야 하며, 이를 초과하여 중개보수를 받아서는 아니 된다(동조 제7항).

③ 특수한 주거용 오피스텔의 중개보수 요율
  ㉠ 주거전용면적이 85m² 이하이고, 상·하수도 시설이 갖추어진 전용 입식 부엌, 전용 수세식 화장실 및 목욕시설(전용 수세식 화장실에 목욕시설을 갖춘 경우를 포함한다)을 갖춘 주거용 오피스텔의 경우에는 쌍방으로부터 각각 받되, 일방의 한도는 매매·교환의 경우에는 거래금액의 1천분의 5(0.5%) 이내에서 협의하여 결정하며, 임대차 등의 경우에는 거래금액의 1천분의 4(0.4%) 이내에서 협의하여 결정한다(동조 제4항 제1호).
  ㉡ 주거전용면적이 85m²를 초과하거나, 전용 입식 부엌이나 전용 수세실 화장실 등의 시설을 갖추지 못한 경우에는 쌍방으로부터 각각 받되, 일방의 한도는 매매·교환·임대차 등의 거래유형에 관계없이 거래금액의 1천분의 9(0.9%) 이내에서 협의하여 결정한다(동항 제2호).

3. 위반시 제재

법정 한도의 중개보수를 초과하여 받으면, 초과금품수수로서 금지행위(법 제33조 제1항 제3호)로 처벌된다. 개업공인중개사의 등록이 취소될 수 있으며(상대적 등록취소 사유, 법 제38조 제2항 제9호), 1년 이하의 징역 또는 1천만원 이하의 벌금형의 대상이 된다(법 제49조 제1항 제10호).

3 실비청구권

개업공인중개사는 중개보수와 별도의 실비를 청구할 수 있다. 「공인중개사법」에서는 법 제32조 제2항에서 '개업공인중개사는 중개의뢰인으로부터 중개대상물의 권리관계 등의 확인 또는 계약금 등의 반환채무이행 보장에 소요되는 실비를 받을 수 있다.'라고 규정하고 있다.

제7장 개업공인중개사의 상호협력

> **참고** 기본 개념
>
> 개업공인중개사들은 부동산거래정보망을 통하여 정보를 교환하면서 공동중개를 하기도 하고, 공인중개사협회(단체)를 만들어서 중개제도의 개선 등을 위하여 협력하기도 한다.

1 부동산거래정보망

(1) 부동산거래정보망의 의의

'부동산거래정보망'이란 개업공인중개사 상호간에 중개대상물의 중개에 관한 정보를 교환하는 체계를 말한다. 즉, 개업공인중개사들끼리의 정보를 주고받는 정보체계(시스템)이므로 일반인이나 중개의뢰인은 이용할 수 없다.

(2) 거래정보사업자의 지정

① 지정권자: 국토교통부장관은 개업공인중개사 상호간에 부동산 매매 등에 관한 정보의 공개와 유통을 촉진하고 공정한 부동산거래질서를 확립하기 위하여 부동산거래정보망을 설치·운영하는 거래정보사업자를 지정할 수 있다(법 제24조 제1항).

② 지정요건: 거래정보사업자로 지정을 받을 수 있는 자는 「전기통신사업법」의 규정에 의한 '부가통신사업자'로서 국토교통부령으로 정하는 다음의 요건을 갖추어야 한다(동조 제2항 및 규칙 제15조 제2항).

> ㉠ 부동산거래정보망의 가입자가 이용하는 데 지장이 없는 정도로서 국토교통부장관이 정하는 용량 및 성능을 갖춘 컴퓨터 설비를 확보할 것
> ㉡ 정보처리기사 1인 이상을 확보할 것
> ㉢ 공인중개사 1인 이상을 확보할 것
> ㉣ 그 부동산거래정보망의 가입·이용신청을 한 개업공인중개사의 수가 전국적으로 500명 이상이고, 2개 이상의 특별시·광역시·도 및 특별자치도에서 각각 30인 이상의 개업공인중개사가 가입·이용신청을 할 것

③ 지정신청: 부동산거래정보망을 설치·운영할 자로 지정받으려는 자는 거래정보사업자지정신청서(별지 제16호 서식)에 구비서류를 첨부하여 국토교통부장관에게 제출하여야 한다(규칙 제15조 제1항).

④ 지정 및 지정서의 교부
  ㉠ 국토교통부장관은 ③의 지정신청을 받은 때에는 '30일 이내'에 이를 검토하여 지정기준에 적합하다고 인정되는 경우 거래정보사업자 지정대장에 기재하고, 거래정보사업자지정서를 교부하여야 한다(동조 제3항).
  ㉡ 거래정보사업자 지정대장은 전자적 처리가 불가능한 특별한 사유가 없으면 전자적 처리가 가능한 방법으로 작성·관리하여야 한다(동조 제5항).

(3) 부동산거래정보망의 운영과 정보공개

① 운영규정의 제정·승인
  ㉠ 거래정보사업자는 지정을 받은 날로부터 '3개월 이내'에 부동산거래정보망의 이용 및 정보제공방법 등에 관한 운영규정을 정하여 국토교통부장관의 승인을 얻어야 한다. 이를 변경하고자 할 때에도 또한 같다(법 제24조 제3항).
  ㉡ 운영규정에 정하여야 할 사항은 다음과 같다(규칙 제15조 제4항).

> ⓐ 부동산거래정보망에의 등록절차
> ⓑ 자료의 제공 및 이용방법에 관한 사항
> ⓒ 가입자에 대한 회비 및 그 징수에 관한 사항
> ⓓ 거래정보사업자 및 가입자의 권리·의무에 관한 사항
> ⓔ 그 밖에 부동산거래정보망의 이용에 관하여 필요한 사항

② 정보의 공개
  ㉠ 거래정보사업자는 개업공인중개사로부터 공개를 의뢰받은 중개대상물의 정보에 한정하여 이를 공개하여야 하며, 의뢰받은 내용과 다르게 정보를 공개하거나 어떠한 방법으로든지 개업공인중개사에 따라 정보가 차별적으로 공개되도록 하여서는 아니 된다(법 제24조 제4항).
  ㉡ 개업공인중개사는 부동산거래정보망에 중개대상물에 관한 정보를 거짓으로 공개하여서는 아니 되며, 해당 중개대상물의 거래가 완성된 때에는 지체 없이 이를 해당 거래정보사업자에게 통보하여야 한다(동조 제7항).

(4) 거래정보사업자에 대한 지정취소

국토교통부장관은 거래정보사업자가 다음의 어느 하나에 해당하는 경우에는 그 지정을 취소할 수 있다(동조 제5항).

> ① 정당한 사유 없이 지정을 받은 날부터 1년 이내에 부동산거래정보망을 설치·운영하지 아니한 경우
> ② 거짓이나 그 밖의 부정한 방법으로 지정을 받은 경우
> ③ 운영규정의 승인 또는 변경승인을 받지 아니하거나 운영규정을 위반하여 부동산거래정보망을 운영한 경우
> ④ '개업공인중개사로부터 공개를 의뢰받은 중개대상물의 정보에 한정하여 이를 부동산거래정보망에 공개하여야 하며, 의뢰받은 내용과 다르게 정보를 공개하거나 어떠한 방법으로든지 개업공인중개사에 따라 정보가 차별적으로 공개되도록 하여서는 아니 된다.'는 규정을 위반하여 정보를 공개한 경우
> ⑤ 개인인 거래정보사업자의 사망 또는 법인인 거래정보사업자의 해산 그 밖의 사유로 부동산거래정보망의 계속적인 운영이 불가능한 경우

2 공인중개사협회

1. 협회의 설립

(1) 설립 목적

법 제41조 제1항에서는 '개업공인중개사인 공인중개사(부칙상의 개업공인중개사를 포함한다)는 그 자질향상 및 품위유지와 중개업에 관한 제도의 개선 및 운용에 관한 업무를 효율적으로 수행하기 위하여 공인중개사협회를 설립할 수 있다.'고 협회의 설립 목적을 규정하고 있다.

(2) 협회설립의 성격

① 인가주의: 협회의 설립에는 국토교통부장관의 인가를 받아서 주된 사무소의 소재지에서 설립등기를 함으로써 성립하는 인가주의를 취하고 있다.
② 비영리 사단법인: 협회는 개업공인중개사를 사원으로 하는 「민법」상의 비영리 사단법인에 속한다.

(3) 협회설립의 절차

① 발기인의 정관 작성: 개업공인중개사(회원) 300인 이상이 발기인이 되어 정관을 작성하여 서명·날인을 하여야 한다(법 제41조 제3항).
② 창립총회: 개업공인중개사(회원) 600인 이상(서울특별시에서 100인 이상, 광역시·도 및 특별자치도에서 각각 20인 이상의 회원이 참여하여야 한다)이 출석한 창립총회에서 출석한 회원 과반수의 동의를 얻어야 한다(영 제30조 제1항).

③ 설립인가: 창립총회의 의결사항에 대하여 국토교통부장관의 설립인가를 받아야 한다(동조 제1항).

④ 설립등기: 법인은 등기를 하여야 성립하므로 공인중개사협회도 그 주된 사무소의 소재지에서 설립등기를 함으로써 성립하게 된다(법 제41조 제3항).

2. 협회의 구성

(1) 협회의 조직

① 주된 사무소: 협회는 주된 사무소를 두어야 한다.

② 지부 및 지회: 협회는 정관으로 정하는 바에 따라 특별시·광역시·도 및 특별자치도(시·도)에는 지부를, 시·군·구에는 지회를 둘 수 있다(법 제41조 제4항). 협회가 그 지부 또는 지회를 설치한 때에는 그 지부는 시·도지사에게, 지회는 등록관청에 신고하여야 한다(영 제32조 제2항).

(2) 협회의 의결기관

① 총회: 협회에 총회를 두는데, 총회는 회원 전원으로 구성된 최고의결기관에 해당한다.

② 총회의결의 보고의무: 협회는 총회의 의결내용을 지체 없이 국토교통부장관에게 보고하여야 한다(동조 제1항).

3. 협회의 업무

협회의 업무에는 고유업무와 수탁업무가 있다.

(1) 협회의 고유업무

협회는 협회의 설립 목적을 달성하기 위하여 다음의 업무를 수행할 수 있다(영 제31조).

> ① 회원의 품위유지를 위한 업무
> ② 회원의 자질향상을 위한 지도 및 교육·연수에 관한 업무
> ③ 부동산중개제도의 연구·개선에 관한 업무
> ④ 회원의 윤리헌장 제정 및 그 실천에 관한 업무
> ⑤ 부동산 정보제공에 관한 업무
> ⑥ 회원 간의 상호부조를 목적으로 한 공제사업
> ⑦ 그 밖에 협회의 설립 목적 달성을 위하여 필요한 업무

(2) 협회의 수탁업무

협회는 국토교통부장관이나 시·도지사 또는 등록관청으로부터 그 업무의 일부를 위탁받아 수행할 수 있다(법 제45조). 이 경우 위탁을 받아서 수행하는 업무는 협회의 본래의 업무(고유업무)가 아니라 수탁업무가 된다.

> ① 실무교육업무 등(영 제36조 제1항)
> ② 공인중개사 시험의 시행에 관한 업무 등(동조 제2항)

(3) 협회의 공제사업

① 목적 및 성격
  ㉠ 공제사업의 목적: 협회는 개업공인중개사의 중개의뢰인에 대한 손해배상책임을 보장하기 위하여 공제사업을 할 수 있으며(법 제42조 제1항), 이러한 공제사업은 비영리사업으로서 회원(개업공인중개사) 간의 상호부조를 목적으로 한다.
  ㉡ 공제사업의 성격: 공제는 보증보험적 성격을 갖는다(대판 94다47261).

② 공제사업의 범위: 협회가 할 수 있는 공제사업의 범위는 다음과 같다(영 제33조).

> ㉠ 개업공인중개사의 손해배상책임을 보장하기 위한 공제기금의 조성 및 공제금의 지급에 관한 사업
> ㉡ 공제사업의 부대업무로서 공제규정으로 정하는 사업

③ 공제규정
  ㉠ 공제규정의 제정: 협회가 공제사업을 하고자 하는 때에는 공제규정을 제정하여 국토교통부장관의 승인을 얻어야 한다. 공제규정을 변경하고자 할 때에도 또한 같다(법 제42조 제2항).
  ㉡ 공제규정의 내용: 공제규정에는 공제사업의 범위, 공제계약의 내용, 공제금, 공제료, 회계기준 및 책임준비금의 적립비율 등 공제사업의 운용에 관하여 필요한 사항을 정하여야 한다(동조 제3항).

④ 공제사업의 관리: 협회는 공제사업을 다른 회계와 구분하여 별도의 회계로 관리하여야 하며, 책임준비금을 다른 용도로 사용하고자 하는 경우에는 국토교통부장관의 승인을 얻어야 한다(동조 제4항).

⑤ 공제사업 운용실적의 공시: 협회는 공제사업 운용실적의 내용을 매 회계연도 종료 후 3개월 이내에 일간신문 또는 협회보에 공시하고 협회의 인터넷 홈페이지에 게시하여야 한다(영 제35조).

4. 협회에 대한 지도·감독 등

협회에 대한 지도·감독은 국토교통부장관만이 한다. 즉, 국토교통부장관은 협회와 그 지부 및 지회를 지도·감독하기 위하여 필요한 때에는 그 업무에 관한 사항을 보고하게 하거나 자료의 제출, 그 밖에 필요한 명령을 할 수 있다(법 제44조 제1항).

제8장 보칙

1 업무위탁

법 제45조【업무위탁】 국토교통부장관, 시·도지사 또는 등록관청은 대통령령으로 정하는 바에 따라 그 업무의 일부를 협회 또는 대통령령으로 정하는 기관에 위탁할 수 있다.

2 포상금제도

(1) 신고(고발)의 대상

등록관청은 다음의 어느 하나에 해당하는 자를 등록관청, 수사기관이나 법 제47조의2에 따른 부동산거래질서교란행위 신고센터에 신고 또는 고발한 자에 대하여 대통령령으로 정하는 바에 따라 포상금을 지급할 수 있다(법 제46조 제1항).

① 중개사무소의 개설등록을 하지 아니하고 중개업을 한 자
② 거짓이나 그 밖의 부정한 방법으로 중개사무소의 개설등록을 한 자
③ 중개사무소 등록증 또는 공인중개사 자격증을 다른 사람에게 양도·대여하거나 다른 사람으로부터 양수·대여받은 자
④ 법 제18조의2 제3항(주; 개업공인중개사가 '아닌 자'는 중개대상물에 대한 표시·광고를 하여서는 아니 된다)을 위반하여 표시·광고를 한 자
⑤ 법 제33조 제1항 제8호(주; 개업공인중개사 등의 시세조작) 또는 제9호(주; 개업공인중개사 등의 단체 결성 카르텔 담합)에 따른 행위를 한 자
⑥ 법 제33조 제2항을 위반하여 개업공인중개사 등의 업무를 방해한 자

(2) 포상금의 범위 및 확보

① 포상금은 1건당 50만원으로 한다(영 제36조의2 제1항).
② 포상금의 지급에 소요되는 비용은 대통령령으로 정하는 바에 따라 그 일부를 국고에서 보조할 수 있다(법 제46조 제2항). 국고에서 보조할 수 있는 비율은 100분의 50 이내로 한다(영 제36조의2 제3항).

(3) 포상금 지급의 요건

① 포상금은 그 신고대상에 해당하는 자가 행정기관에 의하여 발각되기 전에, 신고·고발한 자에게 지급할 수 있다(동조 제2항).

② 등록관청이나 수사기관, 부동산거래질서교란행위 신고센터에 신고 또는 고발한 자에게 그 신고 또는 고발사건에 대하여 검사가 공소제기 또는 기소유예의 결정을 한 경우에 한하여 등록관청이 지급할 수 있다(동조 제2항).

(4) 포상금의 지급

① 지급신청서의 제출: 포상금을 지급받고자 하는 자는 그 사건에 대하여 검사가 공소제기 또는 기소유예의 결정을 한 후에 등록관청에 포상금지급신청서(별지 제28호 서식)를 제출하여야 한다(규칙 제28조 제1항).

② 포상금의 지급: 등록관청은 포상금 지급의 신청이 있는 때에는 그 사건에 관한 수사기관의 처분내용을 조회한 후 포상금 지급을 결정하고, 그 결정일로부터 1개월 이내에 포상금을 지급하여야 한다(동조 제2항).

③ 공동신고(고발)의 경우: 등록관청은 하나의 사건에 대하여 2인 이상이 공동으로 신고 또는 고발한 경우에는 포상금을 균등하게 배분하여 지급한다. 다만, 포상금을 지급받을 자가 배분방법에 관하여 미리 합의하여 포상금의 지급을 신청한 경우에는 그 합의된 방법에 따라 지급한다(동조 제3항).

④ 중복신고(고발)의 경우: 등록관청은 하나의 사건에 대하여 2건 이상의 신고 또는 고발이 접수된 경우에는 최초로 신고 또는 고발한 자에게 포상금을 지급한다(동조 제4항).

3 행정수수료

(1) 지방자치단체의 조례로 정하는 수수료

다음의 어느 하나에 해당하는 자는 해당 지방자치단체의 조례로 정하는 바에 따라 수수료를 납부하여야 한다(법 제47조 제1항).

① 공인중개사 자격시험에 응시하는 자
② 공인중개사 자격증의 재교부를 신청하는 자
③ 중개사무소의 개설등록을 신청하는 자
④ 중개사무소 등록증의 재교부를 신청하는 자
⑤ 분사무소 설치의 신고를 하는 자
⑥ 분사무소설치신고확인서의 재교부를 신청하는 자

(2) 기타 기준의 수수료
　① 국토교통부장관이 직접 시험을 실시하는 경우: 공인중개사 자격시험을 직접 국토교통부장관이 시행하는 경우 공인중개사 자격시험에 응시하는 자는 국토교통부장관이 결정·공고하는 수수료를 납부하여야 한다(동조 제1항 단서).
　② 업무위탁의 경우: 공인중개사 자격시험 또는 공인중개사 자격증 재교부업무를 위탁한 경우에는 해당 업무를 위탁받은 자가 위탁한 자의 승인을 얻어 결정·공고하는 수수료를 각각 납부하여야 한다(동조 제2항).

4 부동산거래질서교란행위 신고센터

(1) 국토교통부장관은 부동산거래질서교란행위를 방지하기 위하여 부동산거래질서교란행위 신고센터를 설치·운영할 수 있다(법 제47조의2 제1항).

(2) 신고센터는 다음의 업무를 수행한다(동조 제2항).

> ① 부동산거래질서교란행위 신고의 접수 및 상담
> ② 신고사항에 대한 확인 또는 시·도지사 및 등록관청 등에 신고사항에 대한 조사 및 조치 요구
> ③ 신고인에 대한 신고사항 처리 결과 통보

(3) 국토교통부장관은 신고센터의 업무를 대통령령으로 정하는 기관에 위탁할 수 있다(동조 제3항).

(4) 신고센터의 운영 및 신고방법 등에 관한 사항은 대통령령으로 정한다(동조 제4항).

제9장 벌칙 등 각종 규제

> **참고** 기본 개념
>
> 개업공인중개사 등이 공인중개사법령에 부합하여 업무를 수행하지 아니한 경우에는 각종 처벌규정에 따라 규제를 받게 된다. 이에는 행정처분으로서 자격취소, 자격정지, 등록취소, 업무정지 등이 있으며, 행정질서벌로서 과태료를 부과받을 수 있으며, 행정형벌로서 징역 또는 벌금을 선고받을 수도 있다. 중개업무의 수행은 언제나 적법하게 진행되어야 한다.

1 지도 · 감독

국토교통부장관, 시 · 도지사 및 등록관청은 개업공인중개사 또는 거래정보사업자, 무등록 개업공인중개사에 대하여 지도 · 감독을 할 수 있다(법 제37조 제1항).

2 행정처분

1. 서설

「공인중개사법」은 개업공인중개사, 공인중개사 또는 거래정보사업자에게 일정한 의무를 부과하고 이 의무에 위반하였을 때는 다음과 같은 행정처분을 하도록 규정하고 있다.

행정처분권자	대상자	행정처분의 내용		비고
국토교통부장관	거래정보사업자	지정취소		할 수 있다(재량).
(자격증 교부한) 시 · 도지사	공인중개사	자격취소		해야 한다(기속).
	소속공인중개사	자격정지(6개월의 범위 내)		할 수 있다(재량).
등록관청	개업공인중개사	등록취소	절대적 등록취소	해야 한다(기속).
			상대적 등록취소	할 수 있다(재량).
		업무정지(6개월의 범위 내)		할 수 있다(재량).

2. 거래정보사업자에 대한 지정취소

(1) 국토교통부장관은 거래정보사업자가 다음에 열거한 사유 중의 하나에 해당하는 경우에는 그 지정을 취소할 수 있다(법 제24조 제5항).

> ① 정당한 사유 없이 지정받은 날부터 1년 이내에 부동산거래정보망을 설치·운영하지 아니한 경우
> ② 거짓이나 그 밖의 부정한 방법으로 지정을 받은 경우
> ③ 운영규정의 승인 또는 변경승인을 받지 아니하거나 운영규정을 위반하여 부동산거래정보망을 운영한 경우
> ④ 개업공인중개사로부터 공개를 의뢰받은 내용과 다르게 정보를 공개하거나 차별적으로 정보를 공개한 경우
> ⑤ 개인인 거래정보사업자의 사망 또는 법인인 거래정보사업자의 해산 그 밖의 사유로 부동산거래정보망의 계속적인 운영이 불가능한 경우

(2) 국토교통부장관은 거래정보사업자 지정을 취소하고자 하는 경우에는 원칙적으로 청문을 실시하여야 한다(동조 제6항).

3. 공인중개사에 대한 자격취소

(1) 자격취소(사유)

① 시·도지사는 공인중개사가 다음의 어느 하나에 해당하는 경우에는 그 자격을 취소하여야 한다(법 제35조 제1항).

> ㉠ 부정한 방법으로 공인중개사의 자격을 취득한 경우
> ㉡ 다른 사람에게 자기의 성명을 사용하여 중개업무를 하게 하거나 공인중개사 자격증을 양도 또는 대여한 경우
> ㉢ 자격정지처분을 받고 그 자격정지기간 중에 중개업무를 행한 경우(다른 개업공인중개사의 소속공인중개사·중개보조원 또는 법인인 개업공인중개사의 사원·임원이 되는 경우를 포함한다)
> ㉣ 「공인중개사법」을 위반하여 금고 이상의 형의 선고를 받은 경우(집행유예 포함)
> ㉤ 「형법」을 위반하여 범죄단체조직, 사기죄, 사문서 위조·변조·행사죄, 횡령죄, 배임죄 등으로 금고 이상의 형의 선고를 받은 경우(집행유예 포함).

② 시·도지사는 공인중개사의 자격을 취소하고자 하는 경우에는 청문을 실시하여야 한다(동조 제2항).

(2) 자격취소의 처분권자

자격취소의 처분권자는 해당 공인중개사의 자격증을 교부한 시·도지사이다. 자격증을 교부한 시·도지사와 공인중개사 사무소의 소재지를 관할하는 시·도지사가 서로 다른 경우에는 공인중개사 사무소의 소재지를 관할하는 시·도지사가 자격취소처분에 필요한 절차(청문 등)를 모두 이행한 후 자격증을 교부한 시·도지사에게 통보하여야 하고(영 제29조 제2항), 그 통보를 받은 자격증을 교부한 시·도지사가 자격취소처분을 하게 된다(동조 제1항).

(3) 자격증 반납

공인중개사의 자격이 취소된 자는 그 처분을 받은 날로부터 7일 이내에 자격취소처분을 한 시·도지사에게 자격증을 반납하여야 한다(규칙 제21조).

(4) 자격취소처분의 보고·통지

시·도지사는 공인중개사자격의 취소처분을 한 때에는 5일 이내에 이를 국토교통부장관에게 보고하고, 다른 시·도지사에게 통지하여야 한다(영 제29조 제3항).

(5) 공인중개사자격 재취득 금지

공인중개사의 자격이 취소된 자는 그 취소된 날로부터 3년이 지나지 아니한 경우에는 공인중개사가 될 수 없다(법 제6조). 즉, 자격이 취소된 자는 자격증 재취득이 3년간 금지되어 공인중개사 시험에 응시할 수 없게 된다.

4. 소속공인중개사에 대한 자격정지

(1) 자격정지(사유)

① 시·도지사는 공인중개사가 소속공인중개사로서 업무를 수행하는 기간 중에 다음의 어느 하나에 해당하는 경우에는 6개월의 범위 안에서 기간을 정하여 그 자격을 정지할 수 있다(법 제36조 제1항).

> ㉠ (법 제33조 제1항에 규정된) 금지행위를 한 경우
> ㉡ 둘 이상의 중개사무소에 소속된 경우
> ㉢ 거래계약서에 거래금액 등 거래내용을 거짓으로 기재하거나 서로 다른 둘 이상의 거래계약서를 작성한 경우
> ㉣ 거래계약서에 서명 및 날인을 하지 아니한 경우
> ㉤ 중개대상물 확인·설명서에 서명 및 날인을 하지 아니한 경우
> ㉥ 성실·정확하게 중개대상물의 확인·설명을 하지 아니하거나 설명의 근거자료를 제시하지 아니한 경우
> ㉦ 인장등록을 하지 아니하거나 등록하지 아니한 인장을 사용한 경우

② 등록관청은 공인중개사가 ①의 어느 하나에 해당하는 사실을 알게 된 때에는 지체 없이 그 사실을 시·도지사에게 통보하여야 한다(동조 제2항).

(2) 자격정지의 처분권자

자격정지의 처분권자는 해당 공인중개사의 자격증을 교부한 시·도지사이다. 자격증을 교부한 시·도지사와 공인중개사 사무소의 소재지를 관할하는 시·도지사가 서로 다른 경우에는 공인중개사 사무소의 소재지를 관할하는 시·도지사가 자격정지처분에 필요한 절차를 모두 이행한 후 자격증을 교부한 시·도지사에게 통보하여야 하고(영 제29조 제2항), 그 통보를 받은 자격증을 교부한 시·도지사가 자격정지처분을 하게 된다(동조 제1항).

(3) 자격정지의 대상

자격정지는 소속공인중개사를 대상으로 한다.

5. 개업공인중개사에 대한 등록취소

등록의 취소처분에는 취소사유에 해당하면 등록관청이 반드시 등록을 취소하여야 하는 절대적 등록취소와 등록을 취소할 수 있는 상대적 등록취소가 있다.

(1) 절대적 등록취소(필요적 취소)

등록관청은 개업공인중개사가 다음의 어느 하나에 해당하는 경우에는 중개사무소 개설등록을 취소하여야 한다(법 제38조 제1항).

> ① 법 제10조 제1항 제2호부터 제6호까지 또는 같은 항 제11호·제12호에 따른 결격사유에 해당하게 된 경우(다만, 같은 항 제12호에 따른 결격사유에 해당하는 경우로서 그 사유가 발생한 날부터 2개월 이내에 그 사유를 해소한 경우에는 그러하지 아니하다)
> ② 이중으로 중개사무소의 개설등록을 한 경우(이중등록)
> ③ 거짓(허위)이나 그 밖의 부정한 방법으로 중개사무소의 개설등록을 한 경우
> ④ 개인인 개업공인중개사가 사망하거나 개업공인중개사인 법인이 해산한 경우
> ⑤ 다른 개업공인중개사의 소속공인중개사·중개보조원 또는 개업공인중개사인 법인의 사원·임원이 된 경우(이중소속)
> ⑥ 다른 사람에게 자기의 성명 또는 상호를 사용하여 중개업무를 하게 하거나 중개사무소 등록증을 양도 또는 대여한 경우
> ⑦ 업무정지기간 중에 중개업무를 하거나 자격정지처분을 받은 소속공인중개사로 하여금 자격정지기간 중에 중개업무를 하게 한 경우
> ⑧ 최근 1년 이내에 이 법에 의하여 2회 이상 업무정지처분을 받고 다시 업무정지처분에 해당하는 행위를 한 경우
> ⑨ 개업공인중개사가 중개보조원의 채용제한 숫자를 초과하여 고용한 경우

(2) 상대적 등록취소(임의적 취소)

등록관청은 개업공인중개사가 다음의 어느 하나에 해당하는 경우에는 중개사무소의 개설등록을 취소할 수 있다(동조 제2항).

> ① 전속중개계약을 체결한 개업공인중개사가 중개대상물에 관한 정보를 공개하지 아니하거나 중개의뢰인의 비공개요청에도 불구하고 정보를 공개한 경우
> ② 부득이한 사유 없이 6개월을 초과하는 무단 휴업을 한 경우
> ③ 손해배상책임을 보장하기 위한 조치(업무보증)를 이행하지 아니하고 업무를 개시한 경우
> ④ 중개사무소의 등록기준에 미달하게 된 경우
> ⑤ (법 제33조 제1항에 규정된) 금지행위를 한 경우
> ⑥ 둘 이상의 중개사무소를 둔 경우
> ⑦ 임시 중개시설물을 설치한 경우
> ⑧ 거래계약서에 거래금액 등 거래내용을 거짓으로 기재하거나 서로 다른 둘 이상의 거래계약서를 작성한 경우
> ⑨ 법인인 개업공인중개사가 겸업제한을 위반하여 겸업을 한 경우
> ⑩ 최근 1년 이내에 이 법에 의하여 3회 이상 업무정지 또는 과태료의 처분을 받고 다시 업무정지 또는 과태료의 처분에 해당하는 행위를 한 경우(절대적 등록취소 사유에 해당하는 경우는 제외한다. 즉, 최근 1년 이내에 이 법에 의하여 2회 이상 업무정지처분을 받고 다시 업무정지처분에 해당하는 행위를 한 경우는 제외한다)
> ⑪ 개업공인중개사가 조직한 사업자단체 또는 그 구성원인 개업공인중개사가 독점규제법을 위반하여 공정거래위원회로부터 시정조치 또는 과징금처분을 최근 2년 이내에 2회 이상 받은 경우

(3) 청문

등록관청은 중개사무소의 개설등록을 취소하고자 하는 경우에는 청문을 실시하여야 한다(동조 제3항).

(4) 등록증의 반납

① 중개사무소의 개설등록이 취소된 자는 등록취소처분을 받은 날로부터 7일 이내에 등록관청에 중개사무소 등록증을 반납하여야 한다(규칙 제24조 제1항).
② 법인인 개업공인중개사가 해산한 경우에는 그 법인의 대표자이었던 자가 등록취소처분을 받은 날부터 7일 이내에 등록관청에 중개사무소 등록증을 반납하여야 한다(동조 제2항).

6. 개업공인중개사에 대한 업무정지

(1) 업무정지 처분권자

등록관청은 개업공인중개사가 업무정지처분의 사유 중 어느 하나에 해당하는 행위를 한 경우에는 6개월의 범위 안에서 기간을 정하여 업무정지처분을 명할 수 있다(법 제39조 제1항).

(2) 업무정지처분의 사유(동조 제1항)

① 결격사유에 해당하는 자를 소속공인중개사 또는 중개보조원으로 둔 경우(다만, 그 사유가 발생한 날부터 2개월 이내에 그 사유를 해소한 경우에는 그러하지 아니하다)
② 전속중개계약을 체결한 개업공인중개사가 전속중개계약서에 의하지 아니하고 전속중개계약을 체결하거나 계약서를 보존하지 아니한 경우
③ 중개대상물 확인·설명서를 교부하지 아니하거나 보존하지 아니한 경우, 중개대상물 확인·설명서에 서명 및 날인을 하지 아니한 경우
④ 거래계약서를 작성·교부하지 아니하거나 보존하지 아니한 경우, 거래계약서에 서명 및 날인을 하지 아니한 경우
⑤ 최근 1년 이내에 이 법에 의하여 2회 이상 업무정지 또는 과태료의 처분을 받고 다시 과태료의 처분에 해당하는 행위를 한 경우
⑥ 중개대상물에 관한 정보를 거짓으로 공개하거나 거래정보사업자에게 공개를 의뢰한 중개대상물의 거래가 완성된 사실을 해당 거래정보사업자에게 통보하지 아니한 경우
⑦ 부칙(附則)상의 개업공인중개사가 지역적 업무 범위를 위반한 경우(부칙 제6조 제7항)
⑧ 인장등록을 하지 아니하거나 등록하지 아니한 인장을 사용한 경우
⑨ 상대적(임의적) 등록취소 사유의 어느 하나에 해당하는 경우
⑩ 지도·감독기관에 대한 보고, 자료의 제출, 조사 또는 검사를 거부·방해 또는 기피하거나 그 밖의 명령을 이행하지 아니하거나 거짓으로 보고 또는 자료제출을 한 경우, 그 밖에 이 법 또는 이 법에 의한 명령이나 처분을 위반한 경우
⑪ 개업공인중개사가 조직한 사업자단체 또는 그 구성원인 개업공인중개사가 독점규제법을 위반하여 공정거래위원회로부터 시정조치 또는 과징금처분을 받은 경우

7. 행정처분의 승계

(1) 지위의 승계

개업공인중개사가 폐업신고를 한 후 다시 중개사무소의 개설등록을 한 때에는 폐업신고 전의 개업공인중개사의 지위를 승계한다(법 제40조 제1항).

(2) 행정처분의 승계

① 원칙: 재등록 개업공인중개사에 대하여 폐업신고 전의 등록취소·업무정지 사유에 해당하는 행위에 대한 행정처분을 할 수 있다(동조 제3항).
② 예외: 다만, 다음의 어느 하나에 해당하는 경우는 제외한다(동항 단서).

> ㉠ 폐업기간이 3년을 초과한 경우에는 폐업 전의 사유로 등록을 취소할 수 없다.
> ㉡ 폐업기간이 1년을 초과한 경우에는 폐업 전의 사유로 업무정지를 할 수 없다.

3 행정형벌과 행정질서벌

1. 개설

「공인중개사법」상의 의무를 위반하는 경우 등록취소 또는 업무정지 등의 행정처분과는 별도로 행정벌인 행정형벌과 행정질서벌을 과하게 된다.

2. 행정형벌

(1) 3년 이하의 징역 또는 3천만원 이하의 벌금

다음의 사유 중 어느 하나에 해당하는 자는 3년 이하의 징역 또는 3천만원 이하의 벌금에 처한다(법 제48조).
① 거짓이나 그 밖의 부정한 방법으로 중개사무소의 개설등록을 한 자
② 중개사무소 개설등록을 하지 아니하고 중개업을 한 자
③ 법 제33조 제1항 제5호부터 제9호까지의 금지행위를 한 자

> ㉠ 관계 법령에서 양도·알선 등이 금지된 부동산의 분양·임대 등과 관련 있는 증서 등의 매매·교환 등을 중개하거나 그 매매를 업으로 하는 행위를 한 자
> ㉡ 중개의뢰인과 직접 거래를 하거나 거래당사자 쌍방을 대리하는 행위를 한 자
> ㉢ 탈세 등 관계 법령을 위반할 목적으로 소유권보존등기 또는 이전등기를 하지 아니한 부동산이나 관계 법령의 규정에 의하여 전매 등 권리의 변동이 제한된 부동산의 매매를 중개하는 등 부동산투기를 조장하는 행위를 한 자
> ㉣ 부당한 이익을 얻거나 제3자에게 부당한 이익을 얻게 할 목적으로 거짓으로 거래가 완료된 것처럼 꾸미는 등 중개대상물의 시세에 부당한 영향을 주거나 줄 우려가 있는 행위를 한 자
> ㉤ 단체를 구성하여 특정 중개대상물에 대하여 중개를 제한하거나 단체 구성원 이외의 자와 공동중개를 제한하는 행위를 한 자

④ 법 제33조 제2항의 금지행위(개업공인중개사의 업무방해행위)를 한 자

> ㉠ 안내문, 온라인 커뮤니티 등을 이용하여 특정 개업공인중개사 등에 대한 중개의뢰를 제한하거나 제한을 유도하는 행위를 한 자
> ㉡ 안내문, 온라인 커뮤니티 등을 이용하여 중개대상물에 대하여 시세보다 현저하게 높게 표시·광고 또는 중개하는 특정 개업공인중개사 등에게만 중개의뢰를 하도록 유도함으로써 다른 개업공인중개사 등을 부당하게 차별하는 행위를 한 자
> ㉢ 안내문, 온라인 커뮤니티 등을 이용하여 특정 가격 이하로 중개를 의뢰하지 아니하도록 유도하는 행위를 한 자
> ㉣ 정당한 사유 없이 개업공인중개사 등의 중개대상물에 대한 정당한 표시·광고행위를 방해하는 행위를 한 자
> ㉤ 개업공인중개사 등에게 중개대상물을 시세보다 현저하게 높게 표시·광고하도록 강요하거나 대가를 약속하고 시세보다 현저하게 높게 표시·광고하도록 유도하는 행위를 한 자

(2) 1년 이하의 징역 또는 1천만원 이하의 벌금

다음의 사유 중 어느 하나에 해당하는 자는 1년 이하의 징역 또는 1천만원 이하의 벌금에 처한다(법 제49조 제1항).

① 이중으로 중개사무소의 개설등록을 하거나 둘 이상의 중개사무소에 소속된 자
② 다른 사람에게 자기의 성명을 사용하여 중개업무를 하게 하거나 공인중개사 자격증을 양도·대여한 자 또는 다른 사람의 공인중개사 자격증을 양수·대여받은 자
③ 다른 사람에게 자기의 성명 또는 상호를 사용하여 중개업무를 하게 하거나 중개사무소 등록증을 다른 사람에게 양도·대여한 자 또는 다른 사람의 성명·상호를 사용하여 중개업무를 하거나 중개사무소 등록증을 양수·대여받은 자
④ 둘 이상의 중개사무소를 둔 자
⑤ 천막 그 밖에 이동이 용이한 임시 중개시설물을 설치한 자
⑥ 업무상 알게 된 비밀을 누설한 자
⑦ '거래정보사업자는 개업공인중개사로부터 공개를 의뢰받은 중개대상물의 정보에 한정하여 이를 부동산거래정보망에 공개하여야 하며, 의뢰받은 내용과 다르게 정보를 공개하거나 어떠한 방법으로든지 개업공인중개사에 따라 정보가 차별적으로 공개되도록 하여서는 아니 된다.'라는 규정에 위반하여 정보를 공개한 자
⑧ 공인중개사가 아닌 자로서 공인중개사 또는 이와 유사한 명칭을 사용한 자

⑨ 개업공인중개사가 아닌 자로서 '공인중개사 사무소', '부동산중개' 또는 이와 유사한 명칭을 사용한 자
⑩ 개업공인중개사가 아닌 자로서 중개업을 하기 위하여 중개대상물에 대한 표시·광고를 한 자
⑪ 법 제33조 제1항 제1호부터 제4호까지의 금지행위를 한 자

> ㉠ 중개대상물의 매매를 업으로 하는 자
> ㉡ 무등록 개업공인중개사인 사실을 알면서 그를 통하여 중개를 의뢰받거나 그에게 자기의 명의를 이용하게 하는 행위를 한 자
> ㉢ 사례·증여 그 밖의 어떠한 명목으로도 법정중개보수 또는 실비를 초과하여 금품을 받는 행위를 한 자
> ㉣ 해당 중개대상물의 거래상의 중요사항에 관하여 거짓된 언행 그 밖의 방법으로 중개의뢰인의 판단을 그르치게 하는 행위를 한 자

⑫ 개업공인중개사로서, 중개보조원의 채용한도 숫자를 초과하여 고용을 한 자

(3) 양벌규정

소속공인중개사·중개보조원 또는 개업공인중개사인 법인의 사원·임원이 중개업무에 관하여 제48조 또는 제49조의 규정에 해당하는 위반행위로서 징역 또는 벌금형에 해당하면, 그 행위자를 벌하는 외에 그를 고용한 개업공인중개사에 대하여도 해당 조에 규정된 벌금형을 과한다(법 제50조).

3. 행정질서벌

(1) 과태료처분 사유

① 500만원 이하의 과태료: 다음의 어느 하나에 해당하는 자는 500만원 이하의 과태료를 부과한다(법 제51조 제2항).

> ㉠ 거래정보사업자가 운영규정의 승인 또는 변경승인을 얻지 아니하거나 운영규정의 내용을 위반하여 부동산거래정보망을 운영한 경우
> ㉡ 거래정보사업자가 지도·감독에 따른 보고, 자료의 제출, 조사 또는 검사를 거부·방해 또는 기피하거나 그 밖의 명령을 이행하지 아니하거나 거짓으로 보고 또는 자료제출을 한 경우
> ㉢ 정보통신서비스 제공자가 국토교통부장관이 광고 관련 모니터링을 위하여 필요한 때에 요구한 자료의 제출에 불응한 경우
> ㉣ 정보통신서비스 제공자가 국토교통부장관이 모니터링 결과에 따라 이 법 위반이 의심되는 표시·광고에 대한 확인 또는 추가정보의 게재 등 필요한 조치 요구에 불응한 경우

ⓜ 협회가 공제사업 운용실적을 공시하지 아니한 경우
　　ⓗ 협회가 공제사업의 건전성을 해할 우려가 있다고 인정되는 경우에 국토교통부장관으로부터 받은 개선명령을 이행하지 아니한 경우
　　ⓢ 협회가 지도·감독상의 업무보고, 자료의 제출, 조사 또는 검사를 거부·방해 또는 기피하거나 그 밖의 명령을 이행하지 아니하거나 거짓으로 보고 또는 자료제출을 한 경우
　　ⓞ 협회가 임원에 대한 국토교통부장관의 징계·해임의 요구를 이행하지 아니하거나 시정명령을 이행하지 아니한 경우
　　ⓩ 개업공인중개사가 중개대상물에 대하여 부당한 표시·광고를 한 경우
　　ⓒ 개업공인중개사가 성실·정확하게 중개대상물의 확인·설명을 하지 아니하거나 설명의 근거자료를 제시하지 아니한 경우
　　ⓚ 실무교육을 받고 2년마다 연수교육수료의무를 위반한 경우
　　ⓟ 중개보조원이 현장안내 등의 중개업무를 보조할 때, 자신이 중개보조원임을 고지하지 아니한 경우

② 100만원 이하의 과태료: 다음의 어느 하나에 해당하는 자는 100만원 이하의 과태료를 부과한다(동조 제3항).

　　㉠ 개업공인중개사가 중개사무소 등록증·중개보수 요율표·보증설정 증명서류·공인중개사 자격증·사업자등록증 등을 게시하지 아니한 경우
　　㉡ 개업공인중개사가 사무소의 명칭에 '공인중개사 사무소', '부동산중개'라는 문자를 사용하지 아니한 경우 또는 옥외광고물에 성명을 표기하지 아니하거나 거짓으로 표기한 경우
　　㉢ 부칙상 개업공인중개사가 중개사무소 명칭에 '공인중개사 사무소'라는 문자를 사용한 경우
　　㉣ 개업공인중개사가 중개대상물에 대한 광고에 성명(사무소 소재지, 연락처, 명칭 등)을 표기하지 아니한 경우
　　㉤ 개업공인중개사가 중개대상물에 대한 인터넷 광고시 소재지, 면적, 가격 등 명시의무를 위반하여 표시·광고를 한 경우
　　㉥ 개업공인중개사가 중개사무소의 이전신고를 하지 아니한 경우
　　㉦ 개업공인중개사가 휴업, 폐업, 휴업한 중개업의 재개 또는 휴업기간의 변경신고를 하지 아니한 경우
　　㉧ 개업공인중개사가 중개완성시에 손해배상책임에 관한 사항을 설명하지 아니하거나 관계 증서의 사본 또는 관계 증서에 관한 전자문서를 교부하지 아니한 경우
　　㉨ 개업공인중개사가 등록이 취소된 후 7일 이내에 중개사무소 등록증을 반납하지 아니한 경우
　　㉩ 공인중개사가 자격이 취소된 후 7일 이내에 공인중개사 자격증을 반납하지 아니하거나 공인중개사 자격증을 반납할 수 없는 사유서를 제출하지 아니한 경우 또는 거짓으로 공인중개사 자격증을 반납할 수 없는 사유서를 제출한 경우

(2) **과태료의 처분**

거래정보사업자 및 협회에 대한 과태료는 국토교통부장관이, 자격취소된 공인중개사에 대한 과태료는 시·도지사가, 개업공인중개사에 대한 과태료는 등록관청이 대통령령으로 정하는 바에 따라 각각 부과·징수한다.

제 **2** 편

본 론

부동산거래신고법령

제 1 장 | 부동산거래신고제도

제 2 장 | 토지거래허가제도

제 3 장 | 외국인 등의 부동산취득 등의 특례

제1장 부동산거래신고제도

1 부동산거래신고제도 개관

신고대상 계약유형	① 토지 및 건물의 매매계약 ② 토지 및 건물의 공급계약(첫 분양계약) ③ 토지 및 건물의 분양권·(재)입주권의 매매계약
신고기간	(매매)계약 체결일로부터 30일 이내
신고관청	부동산 소재지 관할 시장·군수·구청장에게 신고하여야 함
제재	① 미신고: 500만원 이하 과태료 ② 거짓신고: 취득가액의 10% 이하 과태료
신고필증	부동산거래신고를 하면 신고필증을 '지체 없이' 교부하여야 함

(1) 부동산의 매매계약 체결일로부터 30일 이내 실거래가격을 신고

토지공급계약, 건물(주택 등)공급계약, 토지분양권매매계약, 건물(주택 등)분양권매매계약, 재건축·재개발입주권매매계약, 현존하는 토지매매계약, 현존하는 건물매매계약을 체결한 경우, 매매계약(공급계약 포함) 체결일로부터 30일 이내에 해당 물건이 소재하는 시장·군수 또는 구청장(신고관청)에게 실제 거래된 가격(실거래가격)으로 부동산거래신고를 하여야 한다(법 제3조 제1항).

(2) 신고의무자

거래당사자가 직거래를 한 경우에는 거래당사자가 공동으로 신고를 하여야 하고(일방이 신고거부시에는 다른 일방이 신고), 개업공인중개사가 중개를 한 경우에는 개업공인중개사가 신고(개업공인중개사가 공동중개를 한 경우에는 공동신고)를 하여야 하며, 또한 거래당사자 중의 일방 또는 쌍방이 국가 등인 경우에는 국가 등이 신고하여야 한다(동조 제1항 및 제3항).

(3) 신고기간

매매계약 체결일로부터 30일 이내에 신고하여야 한다. 30일 이내에 신고를 하지 않은 경우에는 '500만원' 이하의 과태료처분의 대상이 되며(법 제28조 제2항 제1호), 거짓으로 신고를 한 경우에는 '취득가액의 10%' 이하의 과태료에 처한다(동조 제3항).

(4) 신고방법

시·군·구청에 방문하여 신고하는 '방문신고'의 방법과 인터넷으로 신고하는 '전자문서'에 의한 신고방법이 있다. 전자문서에 의한 신고는 대리신고를 할 수 없다.

2 부동산거래신고대상

(1) 부동산(현존하는 토지나 건물)의 매매계약(즉, 토지의 매매계약, 건물의 매매계약)

(2) 「택지개발촉진법」, 「주택법」 등 대통령령으로 정하는 법률에 따른 부동산(토지, 건물)에 대한 공급계약[예 택지(토지)공급계약, 건물(주택 등)공급계약 등]

(3) 다음의 어느 하나에 해당하는 지위의 매매계약

> ① 택지·주택 등의 공급계약을 통하여 부동산을 공급받는 자로 선정된 지위[예 택지(토지)분양권매매계약, 주택(건물)분양권매매계약]
> ② 「도시 및 주거환경정비법」 제74조에 따른 관리처분계획의 인가 및 「빈집 및 소규모주택 정비에 관한 특별법」 제29조에 따른 사업시행계획인가로 취득한 입주자로 선정된 지위(예 재건축·재개발입주권의 매매계약)

3 부동산거래신고사항

> ① 거래당사자의 인적사항
> ② 계약 체결일, 중도금 지급일 및 잔금 지급일
> ③ 거래대상 부동산의 면적 및 종류
> ④ 거래대상 부동산의 소재지·지번 및 지목
> ⑤ 실제 거래가격
> ⑥ (개업공인중개사 중개시) 해당 개업공인중개사의 인적사항 및 중개사무소 개설등록에 관한 사항(중개사무소 소재지, 상호, 전화번호)
> ⑦ (계약의 조건이나 기한이 있는 경우에는) 그 조건 또는 기한
> ⑧ 투기과열지구와 조정대상지역 내의 주택 매매의 경우와 비규제지역에서 6억원 이상의 주택 매매의 경우, 추가 신고사항
>   ㉠ 자금의 조달계획(거래대상 주택의 취득에 필요한 자금) 및 지급방식
>   ㉡ 입주계획(거래대상 주택에 매수자 본인이 입주할지 여부와 입주예정시기)
> ⑨ 수도권·광역시·세종특별자치시 내의 1억원 이상의 토지(그 외의 지역은 6억원 이상의 토지)의 경우, 자금조달계획 및 토지이용계획

4 신고내역의 조사 및 신고필증의 교부

(1) 신고내역의 조사

신고관청은 법령의 규정에 따른 신고사항이 누락되어 있거나 정확하지 아니하다고 판단되는 경우 신고인에게 신고내용을 보완하게 하거나 신고한 내용의 사실 여부를 확인하기 위하여, 소속 공무원으로 하여금 거래당사자 또는 개업공인중개사에게 거래계약서, 거래대금 지급을 증명할 수 있는 서면 등 관련 자료의 제출을 요구하는 등 필요한 조치를 취할 수 있다(법 제6조 제1항).

(2) 신고필증의 교부

부동산거래의 신고를 받은 신고관청은 (부동산거래계약)신고필증을 '지체 없이' 교부한다(법 제3조 제5항).

5 신고가격의 검증

(1) 국토교통부장관의 가격검증체계의 구축

'국토교통부장관'은 투명한 부동산거래질서를 확립하기 위하여 부동산거래가격 검증체계를 구축·운영하여야 한다(한국부동산원에 위탁)(법 제5조 제1항).

(2) 신고관청의 적정성 검토 후 통보

'신고관청'은 부동산거래에 관한 신고를 받은 때에는 부동산거래가격 검증체계에 의하여 그 적정성을 검증하여야 하며(동조 제2항), 그 검증결과를 해당 부동산 소재지 관할 세무관서의 장에게 통보하여야 한다. 통보받은 세무관서의 장은 해당 신고내용을 국세 또는 지방세 부과를 위한 과세자료로 활용할 수 있다(동조 제3항).

6 위반시 제재

(1) 500만원 이하의 과태료(법 제28조 제2항)

> ① 부동산거래의 신고를 하지 아니한 자(공동신고를 거부한 자를 포함한다)
> ② 부동산거래의 해제 등의 신고를 하지 아니한 자(공동신고를 거부한 자를 포함한다)
> ③ 개업공인중개사로 하여금 부동산거래신고를 하지 아니하게 하거나 거짓된 내용을 신고하도록 요구한 자
> ④ 부동산거래신고에 대하여 (법 제3조에 따른) 거짓신고를 조장하거나 방조한 자
> ⑤ 신고관청의 조치명령을 위반하여 거래대금지급증명자료 '외의' 자료를 제출하지 아니하거나 거짓으로 자료를 제출한 자

(2) 3천만원 이하의 과태료(동조 제1항)

> ① 신고관청이 요구한 거래대금지급증명자료를 제출하지 아니하거나 거짓으로 제출한 자 또는 신고관청이 요구한 그 밖의 필요한 조치를 이행하지 아니한 자
> ② 법 제4조 제4호를 위반하여 거짓으로 법 제3조에 따라 신고한 자(즉, 신고대상 계약을 체결하지 아니하였음에도 불구하고 거짓으로 부동산거래신고를 하는 행위를 한 자 ⇨ 허위가장 신고자)
> ③ 법 제4조 제5호를 위반하여 거짓으로 법 제3조의2에 따라 신고한 자(즉, 신고한 계약이 해제 등이 되지 아니하였음에도 불구하고 거짓으로 부동산거래해제 등 신고를 한 자 ⇨ 허위가장 해제신고자)
> 🔨 단, ②③의 경우, 부당한 이익을 얻을 목적으로 한 경우에는 3년 이하의 징역 또는 3천만원 이하의 벌금형의 대상이다.

(3) 취득가액의 10% 이하의 과태료(동조 제3항)

부동산거래신고 의무자가 (가격 등을) 거짓으로 신고를 한 경우 또는 부동산거래신고 의무자가 아닌 자가 (가격 등을) 거짓으로 신고를 한 경우

7 기타

(1) 해제신고 · 정정신청 · 변경신고

① 부동산거래신고를 한 후 거래계약이 무효 · 취소 · 해제가 되면 확정일로부터 30일 이내에 신고하여야 한다(법 제3조의2 제1항).
② 신고를 한 내용이 잘못 기재된 경우에는 정정신청을 할 수 있으며(규칙 제3조 제1항), 거래신고한 내용을 등기신청하기 전에 변경한 경우에는 변경신고를 할 수 있다(동조 제3항).

(2) 주택임대차거래신고

대통령령으로 정하는 지역[특별자치시, 특별자치도, 시, 군(경기도와 광역시 소재 군에 한정), 자치구]에서 대통령령으로 정하는 일정한 보증금(6천만원) 또는 월차임(30만원)이 초과되는 주택임대차계약을 체결한 경우에는 임대차계약 체결일로부터 30일 이내에 주택임대차 현황을 신고하여야 한다(법 제6조의2 제1항 및 제2항). 위반시 100만원 이하의 과태료처분의 대상이 된다(법 제28조 제5항 제3호).

제2장 토지거래허가제도

(1) 허가구역의 지정 및 효력 발생
  ① 국토교통부장관 또는 시·도지사는 토지의 투기적인 거래가 성행하거나 지가(地價)가 급격히 상승하는 지역과 그러한 우려가 있는 지역에 대해서는 5년 이내의 기간을 정하여 토지거래계약에 관한 허가구역으로 지정할 수 있다(법 제10조 제1항). 허가구역의 지정은 허가구역의 지정을 공고한 날부터 5일 후에 그 효력이 발생한다(동조 제5항).
  ② 허가구역이 둘 이상의 시·도의 관할 구역에 걸쳐 있는 경우 국토교통부장관이, 허가구역이 동일한 시·도 안의 일부지역인 경우 시·도지사가 지정할 수 있다. 다만, 국가가 시행하는 개발사업 등에 따라 투기적인 거래가 성행하거나 지가가 급격히 상승하는 지역과 그러한 우려가 있는 지역 등 대통령령으로 정하는 경우에는 국토교통부장관이 지정할 수 있다(동조 제1항).

(2) 허가의 대상 및 허가처분
  ① 허가구역 내의 일정한 기준 면적을 초과하는 토지에 대하여 허가를 받아야 한다(법 제11조 제2항).
  ② 토지거래허가구역에 있는 토지에 관한 소유권이나 지상권을 설정하거나 이전하고자 하는 유상의 계약·예약을 하고자 할 때 허가를 받아야 한다(매매계약이나 교환계약은 허가를 받아야 하며, 증여계약이나 법원경매로 취득하는 경우에는 허가를 받을 필요가 없다)(동조 제1항).
  ③ 거래당사자가 공동으로, 시장·군수 또는 구청장의 허가를 받아야 한다(동조 제1항).
  ④ 허가신청을 받은 허가관청(시장·군수 또는 구청장)은 토지취득이 실수요 목적인 경우에는 허가증을 교부하여야 하며, 실수요 목적이 아닌 경우에는 불허가 처분의 통지를 하여야 한다(동조 제4항).
  ⑤ 허가증을 교부받아 토지를 취득한 자는 허가받은 목적대로 그 토지를 일정기간 이용하여야 한다(법 제17조 제1항). 위반시에는 이행명령을 거쳐 이행강제금이 부과될 수 있다(법 제18조 제1항).

(3) 허가의 위반

① 토지거래허가대상임에도 허가를 받지 아니하고 체결한 토지거래계약은 그 효력이 발생하지 아니한다(무효)(법 제11조 제6항).

② 토지거래허가 또는 변경허가를 받지 아니하고 토지거래계약을 체결하거나, 속임수나 그 밖의 부정한 방법으로 토지거래계약 허가를 받은 자는 2년 이하의 징역 또는 계약 체결 당시의 개별공시지가에 따른 해당 토지가격의 100분의 30에 해당하는 금액 이하의 벌금에 처한다(법 제26조 제3항).

제3장 외국인 등의 부동산취득 등의 특례

1 의의

외국인이 대한민국 내의 토지와 건물에 대한 소유권을 취득하는 것을 적절히 규율하기 위한 제도이다. 신고제와 허가제로 운영되며, 외국인 특례는 한국인에게는 적용되지 아니한다.

2 외국인의 부동산취득신고제

(1) 계약을 원인으로 취득한 경우의 취득신고

① 외국인 등이 대한민국 안의 부동산 등(토지·건물)의 소유권을 취득하는 계약을 체결하였을 때에는 계약 체결일부터 60일 이내(매매계약은 제외)에 신고관청(시장·군수 또는 구청장)에 신고하여야 한다(법 제8조 제1항). 위반시 300만원 이하의 과태료에 처한다(법 제28조 제4항).

② 외국인 등이 「부동산 거래신고 등에 관한 법률」 제3조에 따른 부동산거래신고(매매계약의 30일 이내 신고)를 한 경우에는 동법 제8조에 따른 취득신고의무는 적용되지 아니한다.

(2) 계약 이외의 원인으로 취득한 경우의 취득신고

외국인 등이 상속·경매, 그 밖에 계약 이외의 원인으로 대한민국 안의 부동산 등을 취득한 때에는 부동산 등을 취득한 날부터 6개월 이내에 신고관청(시장·군수 또는 구청장)에 신고하여야 한다(법 제8조 제2항). 위반시 100만원 이하의 과태료에 처한다(법 제28조 제5항 제1호).

(3) 국적변경시의 계속보유신고

대한민국 안의 부동산 등을 가지고 있는 대한민국 국민이나 대한민국의 법령에 따라 설립된 법인 또는 단체가 외국인 등으로 변경된 경우, 그 외국인 등이 해당 부동산 등을 계속 보유하려는 경우에는 외국인 등으로 국적이 변경된 날부터 6개월 이내에 신고관청(시장·군수 또는 구청장)에 신고하여야 한다(법 제8조 제3항). 위반시 100만원 이하의 과태료에 처한다(법 제28조 제5항 제2호).

3 외국인취득의 허가제

(1) 외국인 등이 군사시설 보호구역, 문화재보호구역, 야생생물 특별보호구역, 생태 · 경관보전지역 중 어느 하나에 해당하는 토지를 취득하는 계약을 체결하기 전에는 신고관청(시장 · 군수 또는 구청장)으로부터 미리 토지취득의 허가를 받아야 한다(법 제9조 제1항). 위반시 2년 이하의 징역 또는 2천만원 이하의 벌금에 처한다(법 제26조 제2항).

(2) 다만, 외국인 등이 토지거래허가구역에서 토지거래계약에 관한 거래허가를 받은 경우에는 외국인토지취득 허가의무는 적용되지 아니한다(법 제9조 제1항 단서).

제 3 편

답

중개실무

제 1 장 | 중개실무 일반

제 2 장 | 중개계약

제 3 장 | 중개대상물 조사·확인·설명

제 4 장 | 영업활동(판매활동)

제 5 장 | 거래계약의 체결

제 6 장 | 중개실무 관련 법령

제1장 중개실무 일반

1 중개실무의 의의

(1) '중개실무'라 함은 「공인중개사법」에서 정한 내용에 따라서 개업공인중개사가 중개와 관련하여 전개해나가는 일체의 개업공인중개사의 중개활동을 의미한다.

(2) 중개업을 일상의 업무로 하는 개업공인중개사가 중개의뢰인으로부터 중개를 의뢰받아 중개의뢰계약을 시작으로 하여, 중개대상물의 조사·확인을 한 후 중개물건의 설명 및 판매활동을 거쳐 결국 거래계약 체결에 이르기까지 행하는 일련의 중개업무를 말한다.

2 중개실무의 과정

(1) **중개대상물의 의뢰 접수(중개의뢰계약의 체결; 리스팅의 확보)**

개업공인중개사의 중개활동은 중개의뢰인으로부터 부동산의 매도, 매수, 교환, 임대·임차 등의 중개의뢰 접수로 시작된다. 중개의뢰는 중개실무의 실질적인 출발점이 되며, 중개의뢰인은 중개의뢰를 청약하고 개업공인중개사가 이를 승낙함으로써 중개의뢰계약이 체결된다.

(2) **중개활동계획의 수립**

중개의뢰계약이 체결되면 중개활동을 위한 합리적인 계획을 수립함으로써 무계획에서 비롯되는 시행착오와 낭비를 예방할 수 있다. 또한 계획에 따른 진행과정을 체크하여 작업성과를 측정하고 중개의뢰인에게 중개 진행상황을 용이하게 알려줄 수 있다.

(3) **중개대상물의 조사·확인 및 거래예정가격의 산정**

중개활동에 따라 중개대상물에 관한 조사·확인을 한다. 이는 중개대상물에 대하여 여러 가지 장·단점을 파악하여 중개대상물에 대한 셀링포인트를 추출하고 권리취득의뢰인에게 대상물에 대한 정확한 설명을 하기 위함이다.

(4) 중개물건의 판매활동

중개대상물에 대한 여러 가지 조사·확인 등을 한 결과를 가지고 해당 중개대상물의 매수 또는 임차 등을 하려는 고객을 확보하여 해당 부동산이 가지고 있는 장점과 특징 등을 적극적으로 홍보하고 알선하는 단계이다.

(5) 거래계약의 체결(중개완성)

개업공인중개사는 매매계약·교환계약·임대차계약 등의 거래계약이 체결되면 거래계약서를 작성하고 이에 서명·날인 및 교부하여야 한다. 또한 중개대상물 확인·설명서를 작성하여 서명·날인하고 거래당사자 쌍방에게 교부하여야 한다.

(6) 거래계약의 이행(대금지급 및 권리이전)

개업공인중개사의 중개행위는 거래계약이 체결됨으로써 완성되는 것이다. 그러므로 거래계약 체결 후의 중도금 지급·잔금 지급 등의 이행행위는 중개실무의 범위 밖의 업무로서, 개업공인중개사가 중개의뢰인에 대한 서비스차원에서 도와주는 것이지 개업공인중개사의 의무사항은 아니다. 다만, 이 과정에서 개업공인중개사의 고의나 과실로서 중개의뢰인에게 손해가 발생될 경우에 손해배상책임은 져야 한다.

제2장 중개계약

1 의의

중개계약은 중개의뢰인과 개업공인중개사 사이에 중개를 의뢰하고 중개를 약속하는 법률행위를 말한다. 중개의뢰계약이라고도 하며, 그 성격은 민사중개계약으로써 낙성·불요식 계약이고 유상계약(有償契約)이며, 쌍무계약에 속하고 위임계약과 유사한 것으로 본다.

2 중개계약의 유형 및 특징

(1) 독점성의 정도에 따른 구분

중개계약(중개의뢰계약)은 중개의뢰인이 개업공인중개사에게 부여한 중개권한의 독점성의 정도에 따라 일반(보통)중개계약, 전속중개계약, 독점중개계약으로 구분할 수 있다.

(2) 중개보수 지급방식에 따른 구분

중개보수의 지불방법과 범위에 따라 정가중개계약, 정률중개계약, 순가중개계약으로 구분할 수 있다.

(3) 개업공인중개사의 수에 따른 구분

중개행위의 주체인 개업공인중개사의 수에 따라 단독중개계약과 공동중개계약으로 구분할 수 있다.

제3장 중개대상물 조사·확인·설명

1 중개대상물 조사·확인방법

중개대상물의 조사·확인은 각종 공부(公簿)상의 확인과 현장답사(現場踏査)에 의한 확인으로 진행되고 필요한 경우에는 매도의뢰인, 임대의뢰인 등에게 해당 중개대상물의 상태 등에 관한 자료를 요구할 수 있다.

(1) 공부(公簿)상의 확인

개업공인중개사가 해당 부동산의 토지대장·임야대장, 지적도·임야도, 건축물대장, 부동산등기부(등기사항증명서), 토지이용계획확인서 등에 의하여 해당 부동산의 사실관계와 권리관계 및 공법상의 제한사항 등을 조사·확인하는 것을 말한다. 각종 공부는 그 작성 목적에 따라 일정한 사항에 대하여 공적으로 증명하는 기능을 가지고 있기 때문에 개업공인중개사는 각종 공부를 통하여 알 수 있는 중개대상물의 여러 정보들을 조사·확인하여야 한다.

① 중개대상물의 기본적인 사항(사실관계): 토지의 소재지·면적·지목 등 토지의 기본적인 사실관계는 토지대장·임야대장에 의하여 조사·확인한다. 건물의 소재지·면적·건축연도·구조 등 건물의 기본적인 사실관계는 건축물대장에 의해서 조사·확인한다.
② 중개대상물의 권리관계: 소유권과 제한물권에 관한 사항은 등기사항증명서(등기부등본)에 의해서 조사·확인한다.
③ 공법상의 이용제한 및 거래규제: 주요한 공법상의 이용제한 및 거래규제에 관한 사항은 토지이용계획확인서로 조사·확인한다.
④ 토지의 경계·지형·위치: 지적도(임야도)를 통하여 확인한다.

(2) 현장답사에 의한 확인

현장답사에 의한 확인이 필요한 이유는 공부상 확인이 불가능한 정보에 대한 확인과 공부상 확인이 가능하다 하더라도 실제상의 내용과 일치하는가의 여부 및 주변의 시세 등을 조사하기 위함이다.

① 공부상에서 확인이 불가능한 정보
  ㉠ 사실관계: 토지의 경우에 해당 토지의 구체적인 지세, 전반적인 지형, 지반, 토질, 도로상황 등은 공부상으로 정확한 확인이 불가능하므로 개업공인중개사는 현장답사를 통하여 조사·확인하여야 한다. 건물의 경우에는 해당 건물의 외관상의 특징, 건물 기능상의 문제점, 부대설비의 설치상태, 미등기·무허가 건물의 존재 여부 등을 현장답사를 통하여 조사·확인하여야 한다.
  ㉡ 권리관계: 법정지상권이나 유치권·분묘기지권(墳墓基地權)·점유권과 같이 등기를 요하지 않는 권리에 대해서는 공부상으로는 확인할 수 없으므로 현장답사를 통하여 이를 조사·확인하여야 한다.
② 공부상의 내용과 실제 내용의 일치 여부: 공부상의 검토가 되었다고 하더라도 부동산활동은 임장성이 있으므로 공부상의 내용과 실제의 현실상태가 일치하는가의 여부를 현장답사를 통하여 조사·확인하여야 한다.

(3) 중개의뢰인에 대한 자료 요구에 의한 확인

개업공인중개사는 중개대상물의 확인·설명을 위하여 필요한 경우에는 중개대상물의 매도의뢰인 또는 임대의뢰인 등에게 해당 중개대상물의 상태에 관한 자료를 요구할 수 있다(「공인중개사법」 제25조 제2항).

2 중개대상물 조사·확인사항

(1) 중개대상물의 기본적인 사항
① 토지
  ㉠ 소재지(소재와 지번): 각 필지마다 행정구역부터 지번까지 토지대장·임야대장, 지적도·임야도, 토지등기부 표제부에서 확인할 수 있으나, 지번의 가장 정확한 확인은 토지대장·임야대장으로 조사·확인한다.
  ㉡ 지목: '지목(地目)'이라 함은 토지의 주된 사용 목적 또는 용도에 따라 토지의 종류를 구분·표시하는 지적법상의 명칭을 말하는데, 전국의 토지를 1필지(筆地)마다 주된 사용 목적에 따라 28개의 지목으로 정하고 있다. 지목은 토지대장·임야대장으로 조사·확인한다.
  ㉢ 면적
    ⓐ 토지의 면적은 필지별로 토지대장·임야대장에 표시되며, 건물의 면적은 층별로 건축물대장에 표시된다.

ⓑ 토지대장·임야대장·건축물대장의 면적과 등기부상의 면적이 서로 다른 경우에는 대장(臺帳)의 면적을 기준으로 하고, 공부상의 면적과 실제의 면적이 불일치할 경우에 실제면적이 기준이 된다.
　ⓒ 토지의 경계: '경계'라 함은 지적도나 임야도 위에 지적측량에 의하여 지번별로 획정(劃定)하여 등록한 선 또는 경계점좌표등록부에 등록된 좌표의 연결을 말한다. 즉, '경계'란 지적공부에 등록하는 단위토지인 1필지의 구획선인 도면상의 경계를 말하며, 지상에 설치된 담·구거·둑 등의 현실의 경계를 말하는 것이 아니다.
　ⓓ 지형(地形): 토지의 모양을 보통 지형(地形)이라고 하는데, 지형은 정사각형에 가까운 정방형, 길다란 모양의 장방형, 아무렇게나 생긴 부정형, 기타 삼각형, 사다리꼴형 등이 있다. 지적도·임야도를 통해 1필지 토지의 지형을 알 수 있다.
　ⓔ 지세(地勢): 토지의 경사를 지세(地勢)라고 하고 경사가 있으면 경사지, 경사가 없으면 평지라 한다. 1필지 토지의 구체적인 지세는 현장답사를 통해 확인한다.

② 건물의 기본적인 사항
　㉠ 소재지: 중개물건의 소재지는 지번, 건물번호까지, 구분소유권이 있는 경우에는 동·호수까지 구체적으로 건축물대장·건물등기부에서 조사·확인하여야 한다.
　㉡ 건물의 구조: 중개대상 건물의 건축물대장에 의하여 건물의 구조를 파악하고 현장답사를 통하여 일치 여부를 조사·확인한다.
　㉢ 건축연도: 중개대상 건물은 건축물대장에 의하여 건축연도가 파악된다.
　㉣ 건물의 면적
　　ⓐ 건물의 면적은 건축물대장에 표시되는데, 이 공부상에 표시된 면적과 실제면적이 일치되는 것이 원칙이나 차이가 날 수 있다.
　　ⓑ 건물의 공부상 면적과 실제면적의 차이는 거래금액결정에 중요한 요인으로 작용하므로, 해당 건물의 공부상 면적과 실제면적을 조사·확인하여야 한다.
　㉤ 건물의 용도: 「건축법」에서는 건축물의 용도를 단독주택, 공동주택, 근린생활시설, 문화 및 집회시설 등으로 분류하고 있다. 이는 건축물대장으로 확인한다.

(2) 중개대상물의 권리관계에 관한 사항

중개대상물의 권리관계는 등기부를 통하여 확인하여야 하며, 등기부로도 확인이 불가능한 법정지상권 및 유치권 등의 관계는 탐문 등 현장답사를 통하여 반드시 확인하여야 한다. 또한 등기부로 확인이 가능하더라도 부동산등기부에는 공신력이 없기 때문에 현장답사를 통한 확인은 필수적이다.

① 등기부 확인
  ㉠ 등기부: 개업공인중개사가 부동산의 매도의뢰를 받으면 먼저 부동산등기부(토지등기부, 건물등기부)를 열람하거나 등기사항증명서를 발급받아 소유권의 제한사항 및 제한물권의 설정 여부 등에 관하여 확인하여야 한다.
  ㉡ 소유권 조사·확인: 토지등기부와 건물등기부의 갑구란에서 소유권을 확인하고 가족관계등록부 또는 주민등록등본 등에 의하여 그 소유권자의 생존 여부 및 주소의 일체 여부를 확인하여야 한다.
  ㉢ 소유권 이외의 권리조사·확인: 소유권 이외의 제한물권(지상권·지역권·전세권·저당권·임차권 등)이 설정되어 있는지는 등기부 을구란에서 확인하여야 한다.
② 현장답사: 등기부상에 확인이 불가능한 등기되지 아니한 임차권, 법정지상권, 분묘기지권, 유치권 등은 현장답사 및 의뢰인의 협조를 통하여 확인·설명하여야 한다.

(3) 공법상 이용제한 및 거래규제에 관한 사항
① 공법상의 제한내용: 공법상의 제한으로 해당 부동산의 사용·수익권능의 제한이라 할 수 있는 '이용제한'과 처분권능에 대한 규제라고 할 수 있는 '거래규제'가 있다.
② 공법상의 이용제한
  ㉠ '공법상의 이용제한'이란 자신의 부동산에 대한 이용·사용행위에 대한 제한을 말한다. 이에는 「국토의 계획 및 이용에 관한 법률」상의 용도지역·지구·구역 등에 의한 행위제한이 가장 일반적이며 기타 개별법에 의한 이용제한이 있다.
  ㉡ 「수도법」상의 상수원보호구역 안에서의 행위제한, 「도로법」상의 접도구역 안에서의 건축제한, 「자연공원법」상의 공원구역·공원보호구역 안에서의 건축행위제한 등이 있다.

③ 공법상의 거래규제
  ㉠ '공법상의 거래규제'란 부동산투기방지 등의 공익상의 목적으로 부동산에 대한 소유권이 이전될 때 특별한 허가나 증명을 요구함으로써 거래의 자유를 규제하는 것을 말한다.
  ㉡ 대표적인 거래규제로는 「부동산 거래신고 등에 관한 법률」상의 '부동산거래신고제'·'토지거래허가제', 「농지법」상의 '농지취득자격증명제', 「부동산등기 특별조치법」상의 '검인제도' 등이 있다.
④ 확인방법: 주요한 용도지역·용도지구·용도구역 등은 토지이용계획확인서를 통하여 확인하며, 기타 토지이용계획확인서로 확인할 수 없는 내용은 부동산종합정보망 등을 통하여 확인한다.

(4) 수도·전기·가스 등 시설물의 상태와 벽면·바닥면 및 도배상태

수도·전기·가스 등 내·외부시설물의 상태와 벽면·바닥면 및 도배의 상태는 개업공인중개사가 매도·임대 등 권리를 이전하고자 하는 의뢰인에게 자료를 요구하여 확인하며, 또한 현장답사를 통하여도 확인한다.

(5) 일조·소음·진동 등 환경조건과 도로·학교 등의 입지조건

일조·소음·진동 등의 환경조건은 개업공인중개사가 권리이전 의뢰인에게 자료를 요구하여 확인하며, 도로·학교 등의 입지조건은 개업공인중개사가 확인한다.

(6) 거래예정금액, 중개보수 및 실비의 금액과 그 산출내역, 취득 조세

① 거래예정가격(거래예정금액): '거래예정가격'이란 개업공인중개사가 매도 또는 매수를 원하는 중개의뢰인에게 중개대상물에 대한 거래가 가능할 가격을 예상하여 제시하는 금액을 말한다. 즉, 개업공인중개사가 거래가 예상·예정될만한 가격을 산정하여 중개의뢰인에게 제시하는 가격을 말한다.
② 중개보수·실비의 금액과 그 산출내역: 중개보수는 거래예정금액을 기준으로 산출하고, 실비는 중개대상물의 권리관계 등의 확인에 소요되는 비용과 계약금 등의 반환채무이행보장에 소요되는 비용을 산출한다.
③ 취득시 부담할 조세의 종류와 세율: 물건을 취득하는 의뢰인이 부담하여야 할 조세(취득세, 농어촌특별세, 지방교육세 등)의 종류와 세율을 설명하여야 한다. 「지방세법」 등을 확인하여 조사·설명한다.

제4장 영업활동(판매활동)

1 부동산 판매과정

(1) 물건과 고객의 확보

부동산의 판매과정은 물건과 고객의 확보에서부터 시작된다. 이를 위하여는 부동산과 가망고객에 대한 정보수집이 선행되어야 한다.

(2) 판매과정

① 중개의뢰물건의 분석: 의뢰된 물건을 분석하는 것이 우선적으로 요구된다. 이는 물건의 장점(셀링포인트)을 발견하여 그것을 가망고객에게 효과적으로 설명할 계획을 세우기 위함이다.

② 가망고객의 분석: '부동산의 가망고객'이란 부동산을 필요로 하고 현실적으로 부동산을 구입할 수 있을 만한 자금을 가지고 있는 사람을 말한다. 부동산의 경우 금액이 너무 크므로 신중히 비교·검토한 후 구매활동으로 옮기기 때문에 능률적이고도 효과적인 중개활동을 하기 위해서는 가망고객의 선택이 필수적이다.

③ 접근(Approach): 접근 단계에서는 가망고객에게 설명할 자료를 정리하고, 실제로 가망고객에게 접촉하여 물건에 대한 흥미를 일으키도록 한다.

④ 현장안내와 제시: 현장안내는 고객의 구입조건과 욕망의 정도를 파악하여 원활한 중개활동을 수행하게 하고 고객에게 대상 부동산을 보여줌으로써 고객의 선택을 유도하는 역할을 수행하게 된다.

⑤ 클로우징 시도: 질문과 설명으로 불만적인 요소를 제거하면서 장점을 집중적으로 강조하여 마지막 결심을 하도록 유도한다.

⑥ 클로우징(Closing): 마지막 결정을 하여 거래계약에 이르도록 한다.

2 판매기법으로서의 AIDA 원리

사람이 물건을 구입하기까지의 심리적 발전단계를 주목(Attention), 흥미(Interest), 욕망(Desire), 행동(Action)의 4가지 단계로 요약·표현하고, 이 4단계의 영문 머리글자를 따서 만든 판매기술이 AIDA 원리이다. 즉, 먼저 어떤 고객이 물건의 새로운 특징을 발견하면 일단 주목하게 되고, 다음으로 그것의 용법과 장점을 알고 흥미를 가지게 되며, 최종적으로 구입하고 싶다는 욕망과 결심을 거쳐 계약 체결에 나서게 된다는 것이다. 개업공인중개사는 이러한 AIDA 원리를 잘 활용하여 계약 체결을 유도하여야 할 것이다.

3 판매기법으로서의 셀링포인트(판매소구점)

'셀링포인트(Selling Point)'란 해당 중개대상물이 가지는 여러 가지 특징 중에서 구매자에게 만족을 주는 특징을 말하며, 이를 판매소구점이라고도 한다. 개업공인중개사는 의뢰받은 중개대상물에 대한 조사·확인 과정에서 여러 가지 특징 및 장점들을 파악하게 되는데, 이 중에서 구매자에게 가장 만족을 줄 만한 특징을 따로 정리하고 이를 집중적으로 부각시켜 강조하게 되면(특징강조술), 구매자의 구매의욕을 증진시켜서 거래계약의 체결을 쉽게 달성할 수 있게 된다. 그러므로 개업공인중개사는 이러한 셀링포인트를 체계적으로 정리하여 적극적으로 활용하여야 할 것이다.

4 클로우징(Closing)

(1) 클로우징의 개념

'클로우징'이란 거래계약 체결의 마무리 짓기를 말한다. 즉, 거래당사자 쌍방에 대하여 거래계약서에 서명·날인시키는 행위를 말하며, 넓은 의미의 클로우징에는 부동산의 소유권 등을 현실적으로 이전시키는 행위까지를 포함한다.

(2) 클로우징의 시기

개업공인중개사는 클로우징을 시도하는 기회가 꼭 1회뿐이 아니라 여러 차례 있다는 것을 염두에 두고 지속적이고 성실한 중개활동을 하여야 한다.

제5장 거래계약의 체결

1 거래계약 체결시 확인사항

(1) 거래당사자의 확인

① 매도인이 진정한 소유자인지, 계약 체결의 대리권한이 있는 대리인인지, 혹은 중개대상물에 대해 아무런 권한도 없는 자인지를 반드시 조사하여야 한다.
② 실제 소유자와 등기부상의 소유자가 다를 경우에는 인감증명서나 주민등록증, 등기권리증 등에 의하여 실제 소유자를 반드시 확인하여야 한다.

(2) 공동소유관계의 확인

공유(共有)의 경우 공유자는 다른 공유자의 동의 없이 그 지분을 처분할 수 있으나, 공유물의 처분을 위해서는 공유자 전원의 동의가 필요하므로, 공유물 자체의 거래시에는 공유자 전원의 동의 여부를 반드시 확인하여야 한다.

2 거래계약서 작성시 일반적인 유의사항

(1) 거래계약서의 양식

매매계약서 · 교환계약서 · 임대차계약서 등 거래계약서의 양식은 공인중개사법령에서 규정하고 있지 않다. 그러므로 거래당사자나 개업공인중개사는 임의양식으로 자유롭게 작성하면 될 것이다. 다만, 개업공인중개사는 공인중개사법령에서 규정하는 필요적 기재사항을 기재하여야 한다.

(2) 용어와 문자

거래계약서에는 가급적 명확한 용어를 사용하여 문구의 해석을 둘러싼 다툼의 소지를 사전에 예방하도록 한다.

3 부동산거래 전자계약시스템

🔨 국토교통부 부동산거래 전자계약시스템(Integrated Real Estate Trade Support System)

(1) 개념

'부동산거래 전자계약시스템'이란 첨단 ICT 기술과 접목, 공동인증·전자서명, 부인방지 기술을 적용하여 종이·인감 없이도 온라인 서명으로 부동산 전자계약 체결, 실거래신고 및 확정일자 부여 자동화, 거래계약서·중개대상물 확인·설명서 등 계약서류를 공인된 문서보관센터에 보관하는 전자적 방식의 부동산거래계약서 작성 및 체결 시스템을 말한다.

(2) 운영주체

국토교통부장관이며, 현재 한국부동산원에 위탁하여 운영되고 있다.

(3) 장점

부동산전자계약은 종전에 종이로 작성하던 거래계약서를 컴퓨터, 태블릿 PC, 스마트폰 등 전자기기를 사용하여 작성하고 서명하는 것으로, 온라인 네트워크를 통해 실거래신고 및 확정일자가 자동으로 처리되므로, 행정기관을 방문하여 신고할 필요가 없는 편리하고 획기적인 시스템이다.

제6장 중개실무 관련 법령

1 부동산등기 특별조치법(검인제도)

(1) 검인계약서의 제출과 내용

① 계약을 원인으로 소유권이전등기를 신청할 때에는 계약서에 검인신청인을 표시하여 부동산의 소재지를 관할하는 시장·군수·구청장 또는 그 권한의 위임을 받은 자(읍·면·동장)의 검인을 받아 관할등기소에 이를 제출하여야 한다(법 제3조 제1항).

② 등기원인을 증명하는 서면이 집행력 있는 판결서 또는 판결과 같은 효력을 갖는 조서인 때에는 판결서 등에 검인을 받아 제출하여야 한다(동조 제2항).

(2) 검인절차

① 검인신청자: 부동산매매계약서 등에 검인을 신청할 수 있는 자는 계약을 체결한 당사자 중 '1인(매수인 또는 매도인)'이나 그 '위임'을 받은 자뿐만 아니라 계약서를 작성한 부동산 개업공인중개사 또는 변호사·법무사 등이며, 신청자는 계약서 등에 신청인임을 표시하여야 한다(동조 제1항 및 규칙 제1조 제1항).

② 검인신청서면의 제출: 검인신청자는 부동산 매매계약서나 등기원인을 증명하는 집행력 있는 판결서 또는 판결과 같은 효력을 갖는 조서(이하 '판결서 등'이라 한다)의 원본(原本) 또는 정본(正本)을 관할 시장·군수·구청장에게 제출하여야 한다(법 제3조 제2항 및 규칙 제1조 제2항).

③ 검인의 교부: 부동산 매매계약서의 검인신청을 받은 관할 시장·군수·구청장은 계약서 또는 판결서 등의 형식적 요건의 구비 여부만을 확인하고 그 기재에 흠결이 없다고 인정한 때에는 지체 없이 검인을 하여 검인신청인에게 교부하여야 한다(규칙 제1조 제3항).

(3) 계약서 사본의 작성·송부

시장·군수·구청장 또는 그 권한의 위임을 받은 자가 계약서에 검인을 한 때에는 그 계약서 또는 판결서 등의 사본 2통을 작성하여 1통은 보관하고 1통은 부동산의 소재지를 관할하는 세무서장에게 송부하여야 한다(법 제3조 제3항).

2 부동산 실권리자명의 등기에 관한 법률(민사특별법)

(1) 적용범위
① 부동산에 관한 소유권이나 그 밖의 물권에 관한 등기를 할 때에는 실제 권리자 명의로 하여야 하며, 타인의 명의를 빌려서 등기를 하여서는 아니 된다(명의신탁 금지).
② 물권이 아닌 채권등기(임차권 등)에 대하여는 적용되지 않는다.

(2) 명의신탁약정
① '명의신탁약정'이란 부동산에 관한 소유권이나 그 밖의 물권을 보유한 자 또는 사실상 취득하거나 취득하려고 하는 자가 타인과의 사이에서 대내적으로 실권리자가 부동산에 관한 물권을 보유하거나 보유하기로 하고, 그에 관한 등기(가등기를 포함)는 그 타인의 명의로 하기로 하는 약정을 말한다(법 제2조 제1호).
② 명의신탁약정의 무효: 본인이 실제 자신의 명의로 등기를 하지 않고 타인의 명의로 부동산등기를 하는 명의신탁약정을 무효로 하고, 그 명의신탁의 약정에 따라 이루어진 부동산등기도 무효로 하며, 또한 물권변동의 효력도 무효로 한다는 것이 기본 원칙이다.

(3) 명의신탁의 유형과 효력
① 등기명의신탁
  ㉠ 2자 간의 등기명의신탁

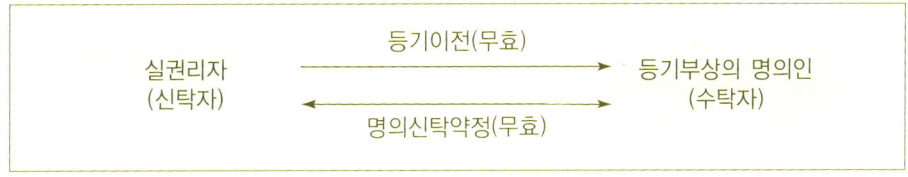

  ㉡ 3자 간의 등기명의신탁

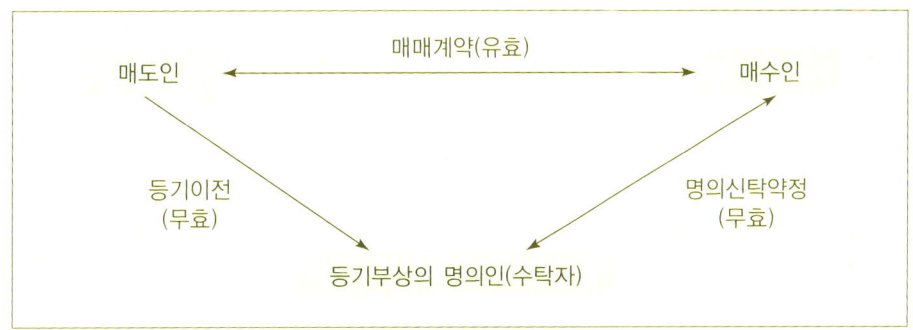

② 계약명의신탁(契約名義信託)

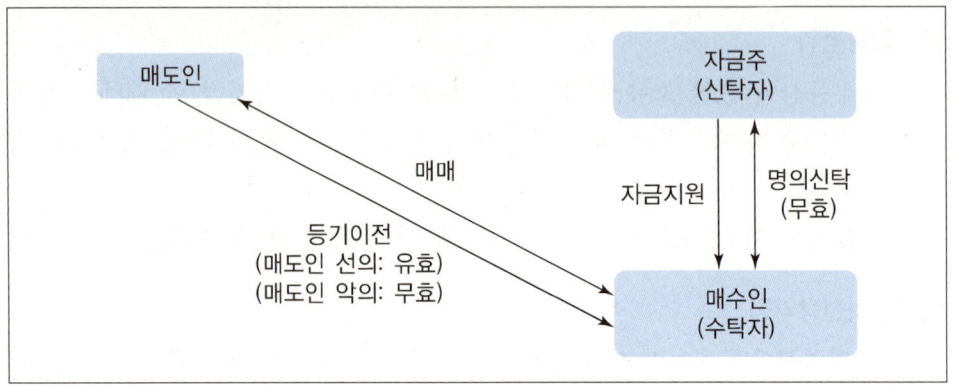

(4) 제3자에 대한 처분의 효력

명의수탁자가 자기 이름으로 등기가 되어 있는 것을 기회삼아, 제3자에게 소유권을 이전하고 소유권이전등기를 넘겨 준 경우에는 제3자가 선의·악의를 불문하고 소유권을 완전하게 취득한다.

(5) 배우자, 종중(宗中) 및 종교단체에 대한 특례

배우자 명의로 부동산에 관한 물권을 등기한 경우와 종중이 보유한 부동산에 관한 물권을 종중 외의 자의 명의로 등기한 경우, 종교단체 명의로 그 산하조직이 보유한 부동산에 관한 물권을 등기한 경우, 조세포탈이나 강제집행의 면탈 또는 법령상 제한의 회피를 목적으로 하는 경우를 제외하고는 명의신탁약정의 효력이 유효하고, 명의수탁자로의 등기이전도 유효하게 된다(법 제8조).

(6) 과징금·이행강제금 및 벌칙

① 과징금: 실명등기의무를 위반한 명의신탁자에게는 해당 부동산의 평가금액의 30% 범위 내에서 과징금이 부과된다(법 제5조 제1항).

② 이행강제금(법 제6조 제2항)
  ㉠ 과징금 부과일로부터 1년이 지난 때에 부동산 평가액의 10%를 부과·징수한다.
  ㉡ 1차 이행강제금 부과일로부터 다시 1년이 지난 때에는 부동산 평가액의 20%를 다시 부과한다.

③ 벌칙(법 제7조)
  ㉠ 명의신탁자는 5년 이하의 징역 또는 2억원 이하의 벌금에 처한다.
  ㉡ 명의수탁자는 3년 이하의 징역 또는 1억원 이하의 벌금에 처한다.

3 주택임대차보호법 및 상가건물 임대차보호법(민사특별법)

(1) 「주택임대차보호법」은 주거용 건물의 임대차에 관하여 임차인의 보호를 위하여 「민법」의 특별법으로 제정(제정 1981.3.5. 법률 제3379호)하였다. 「민법」에 임대차규정이 있음에도 불구하고 「민법」의 규정으로는 임차인 보호에 미흡하다고 보고, 「주택임대차보호법」을 제정하여 경제적인 약자인 임차인을 보호하여 임차인의 지속적인 주거생활 안정을 목적으로 한다.

(2) 「상가건물 임대차보호법」은 「주택임대차보호법」을 모태(母胎)로 하여, 소규모 상가의 임차인(소상인)을 보호하기 위하여 「민법」의 특별법으로 제정(제정 2001.12.29. 법률 제6542호)되었다.

구분	「주택임대차보호법」	「상가건물 임대차보호법」
적용범위	주거용 건물의 임대차	상가건물의 임대차[대통령령으로 정하는 환산보증금액(서울특별시는 9억원)을 초과하는 임대차는 일부만 적용]
대항력	주택의 인도 + 주민등록(전입신고) ① 전입신고: 주민센터(행정복지센터) ② 익일(다음날)부터 대항력 발생	상가건물의 인도 + 사업자등록신청 ① 사업자등록: 관할 세무서장 ② 익일(다음날)부터 대항력 발생
우선변제권 (경매·공매시 후순위보다 우선배당)	대항요건 + 확정일자 확정일자: 주민센터(행정복지센터), 공증인사무소, 등기소	대항요건 + 확정일자 확정일자: 관할 세무서장
최우선변제권 (경매·공매시 선순위보다도 우선배당)	대항요건 + 소액보증금(지역마다 상이) ① 서울특별시: 환산보증금이 1억 6천 5백만원 이하의 소액인 경우, 경매·공매시 5천 5백만원까지 최우선변제 ② 주택 가액의 1/2 범위 내에서 가능	대항요건 + 소액보증금(지역마다 상이) ① 서울특별시: 환산보증금이 6천 5백만원 이하의 소액인 경우, 경매·공매시 2천 2백만원까지 최우선변제 ② 상가건물 가액의 1/2 범위 내에서 가능
임차권 등기명령신청	① 계약만료 + 임대인의 보증금 미반환시 ② 임차인 단독으로 법원에 청구 ③ 등기 후 효력: 대항력, 우선변제권 취득 및 유지 ④ 등기명령에 따른 임차권 등기 이후, 새로운 세입자는 최우선변제권 없음	
최단존속기간	2년	1년
계약갱신요구권	2년(1회에 한함)	10년(최초 기간을 포함)
보증금 증액청구율	① 1/20(5%) 초과 금지 ② 증액 후 1년 이내 증액 제한됨	① 5/100(5%) 초과 금지 ② 증액 후 1년 이내 증액 제한됨

🔨 일시사용을 위한 임대차에는 적용되지 않는다.

임차인 보호	편면적 강행규정

4 법원경매와 매수신청대리업

1. 경매절차 및 개관(민사집행법)

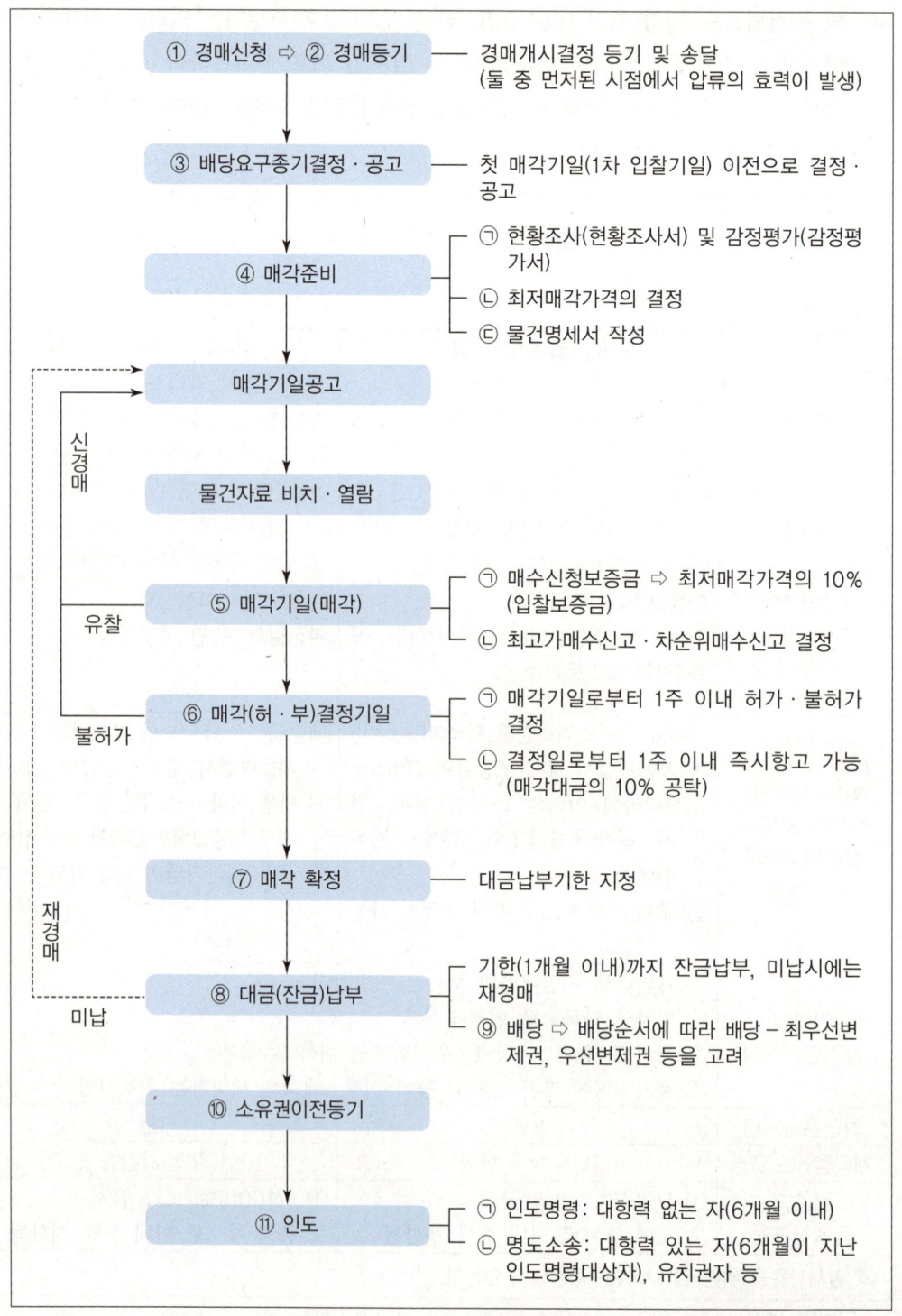

2. 매수신청대리업(매수신청대리인 등록 등에 관한 대법원규칙 및 예규)

법원경매물건에 대한 매수신청(입찰신청)의 대리업을 하려는 개업공인중개사는 경매대리업에 대한 실무교육을 수료하고, 업무보증을 별도로 설정한 이후에 중개사무소가 소재하는 관할 지방법원의 장에게 매수신청대리업자로 등록을 하여야 한다. 매수신청대리업에 대한 자세한 규정은 대법원규칙으로 정하고 있다.

```
개인공인중개사        (경매) 실무교육         매수신청대리인
                →                      →
(등록관청에 등록)     (경매) 업무보증        (지방법원에 등록)
```

(1) 매수신청대리권의 범위

개업공인중개사가 매수신청대리업자로 등록을 하면 다음에 한하여 그 대리업을 할 수 있다(규칙 제2조).

① 매수신청 보증의 제공
② 입찰표의 작성 및 제출
③ 차순위매수신고
④ 매수신청의 보증을 돌려 줄 것을 신청하는 행위
⑤ 공유자의 우선매수신고
⑥ 구「임대주택법」에 따른 임차인의 임대주택 우선매수신고
⑦ 공유자 또는 임대주택 임차인의 우선매수신고에 따라 차순위매수신고인으로 보게 되는 경우 그 차순위매수신고인의 지위를 포기하는 행위

(2) 매수신청대상물의 범위

매수신청대리의 대상물은 다음과 같다(규칙 제3조).

① 토지
② 건물 그 밖의 토지의 정착물
③ 입목
④ 광업재단
⑤ 공장재단

(3) 매수신청대리인의 등록

   ① 등록기관: 중개사무소(법인인 개업공인중개사는 주된 사무소)가 있는 곳을 관할하는 지방법원의 장에게 등록하여야 한다(규칙 제4조).

   ② 등록요건: 공인중개사가 매수신청대리인으로 등록하기 위한 요건은 다음과 같다(규칙 제5조).

> ㉠ 법원행정처장이 지정하는 교육기관에서 부동산 경매에 대한 실무교육을 등록신청일 전 1년 이내에 수료하여야 한다.
> ㉡ 법원경매와 관련하여 업무보증을 미리 설정하여야 한다.
> ㉢ 공인중개사인 개업공인중개사이거나 법인인 개업공인중개사이어야 한다.
>   🔨 그러므로 공인중개사자격이 없는 부칙상의 개업공인중개사는 경매대리업을 할 수 없다.
> ㉣ 대리업등록의 결격사유에 해당하지 아니하여야 한다.

   ③ 손해배상책임의 보장: 개업공인중개사가 손해배상책임을 보장하기 위한 보증을 설정하여야 하는 금액은 다음과 같다(규칙 제13조 제1항).

> ㉠ 법인인 개업공인중개사: 4억원 이상. 다만, 분사무소를 두는 경우에는 분사무소마다 2억원 이상을 추가로 설정하여야 한다.
> ㉡ 공인중개사인 개업공인중개사: 2억원 이상

(4) 대리행위의 방식

   ① 개업공인중개사는 대리행위를 함에 있어서 매각장소 또는 집행법원에 직접 출석하여야 한다(규칙 제14조 제3항). 소속공인중개사나 중개보조원은 경매대리업무를 할 수 없다.

   ② 개업공인중개사는 매수신청대리행위를 하는 경우 각 대리행위마다 대리권을 증명하는 문서(본인의 인감증명서가 첨부된 위임장과 대리인등록증 사본 등)를 제출하여야 한다(동조 제1항).

MEMO

2024 메가랜드 공인중개사

부동산공법 과목에는 「국토의 계획 및 이용에 관한 법률」, 「도시개발법」, 「도시 및 주거환경정비법」, 「건축법」, 「주택법」, 「농지법」 총 6개의 법률이 포함되어 있다.

「국토의 계획 및 이용에 관한 법률」은 국토의 이용·개발·보전을 위한 계획의 수립과 집행 등에 관하여 규정한 법률, 「도시개발법」은 도시를 개발하는 것에 관하여 규정한 법률, 「도시 및 주거환경정비법」은 도시의 기능을 활성화할 필요가 있는 지역을 정리하고 정비가 필요한 건축물을 보수하는 것에 관하여 규정한 법률, 「건축법」은 건축물의 대지·구조·설비 기준·용도 등에 관하여 규정한 법률, 「주택법」은 국민의 주거안정 및 주거수준의 향상에 관하여 규정한 법률, 「농지법」은 농지의 소유·이용 및 보전에 필요한 사항에 관하여 규정한 법률이다.

제2과목
부동산공법

1 국토의 계획 및 이용에 관한 법률
가장 중요한 법률로, 이 법률을 완벽하게 이해하지 않으면 나머지 법률을 이해하기 힘들다. 행정계획과 용도지역·용도지구·용도구역, 지구단위계획, 개발행위허가, 장기미집행 도시·군계획시설 위주로 전략적으로 학습해야 한다.

2 도시개발법
수험생들이 가장 어려워하는 법률로, 절차와 내용 중에 헷갈리는 부분이 많다. 환지계획과 환지처분, 개발구역의 지정과 지정의 효과, 토지상환채권, 시행자의 구분 위주로 학습해야 한다.

3 도시 및 주거환경정비법
정비기본계획과 정비계획, 정비구역의 지정절차, 3가지 사업의 시행자 및 시행방법의 구분, 특례와 관리처분계획, 관리처분기준 위주로 학습해야 한다.

4 건축법
분량은 많지만 가장 쉬운 법이다. 용어 정의, 허가절차·허가대상·허가권자, 대지, 도로, 공개공지 등을 명확하게 학습해야 한다.

5 주택법
용어 정의(주택 관련), 사업계획승인(절차, 권한자, 요건), 주택의 공급(투기과열지구, 조정대상지역, 분양가상한제, 전매 금지, 공급질서교란행위 금지 등) 위주로 학습해야 한다.

6 농지법
농지의 소유·이용·보전 중 소유 부분이 가장 중요하다. 농지 및 농업인, 농지취득자격증명제도, 대리경작제도, 소유상한제, 농업진흥지역 등을 확실하게 정리해야 한다.

제 1 편

총론

부동산공법 입문

제1편 부동산공법 입문

1 부동산공법의 의의

(1) '부동산공법'이란 부동산에 관한 법으로 주로 협의의 부동산을 대상으로 부동산정책의 각 분야의 내용을 다루고 있으며, 행정법의 내용과 원리를 중심으로 구성되어 있는 법이다.

(2) '부동산'과 '공법'의 합성어로, 부동산에 관한 공법적 규율의 총체를 말한다. 부동산에 관하여 규율을 가한다는 점에서 개인의 부동산에 관한 규율인 부동산사법과 구별된다.

(3) 부동산에 대한 사권행사를 국가 등이 공익목적으로 개입하여 이를 규제·제한하는 법을 의미한다.

공법과 사법
1. 공법: 국가적 행정주체와 개인을 모두 규율 ⇨ 공익 보호를 목적으로 제정(예 헌법, 행정법 등)
2. 사법: 개인과 개인 상호간의 수평적 법률관계 규율 ⇨ 사익 보호를 목적으로 제정(예 「민법」 등)

◆ 부동산공법의 체계

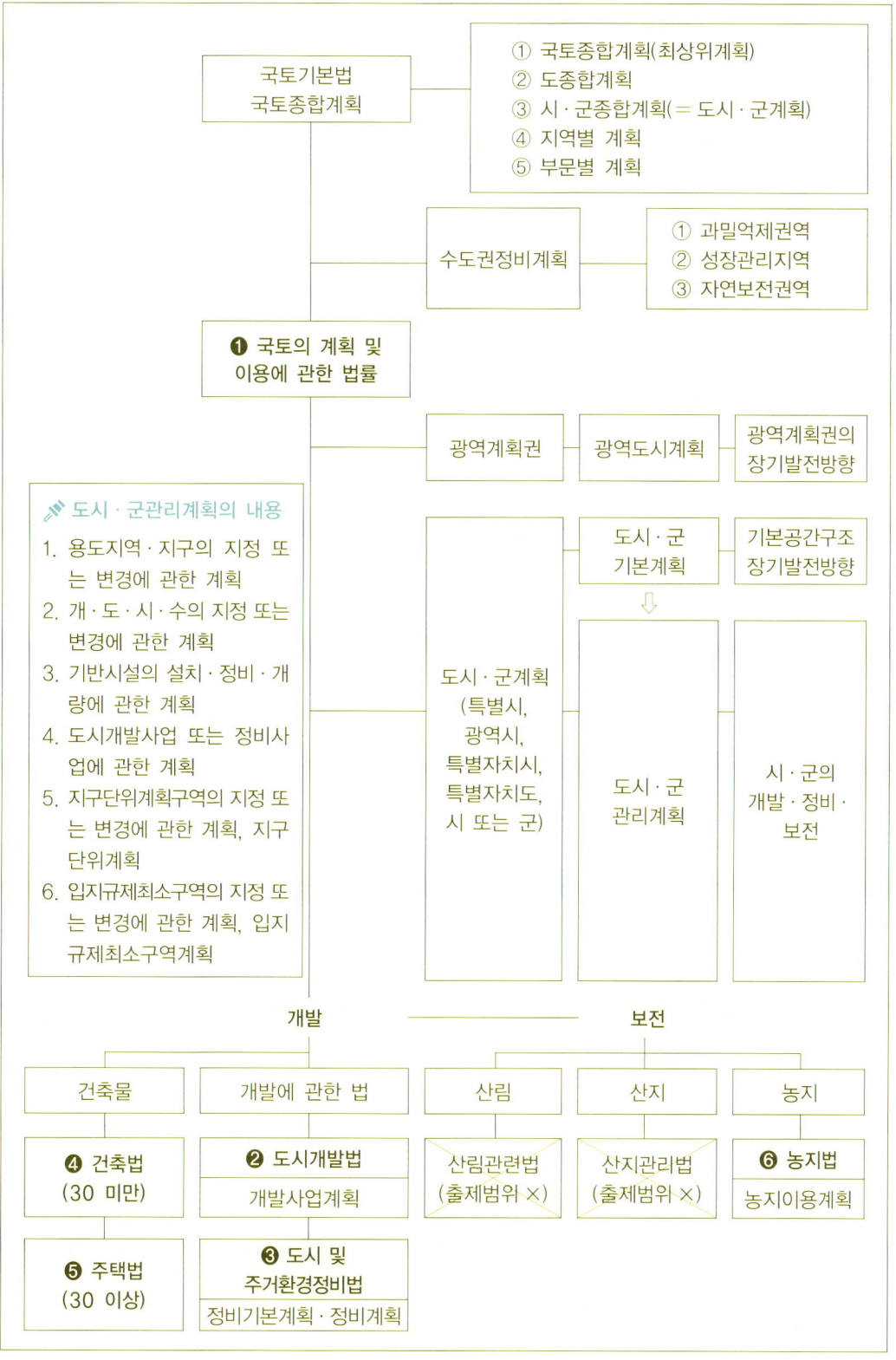

2 부동산공법의 성격

(1) 부동산에 관한 행정법의 일종이다(부동산에 대한 정책 수립·집행).
(2) 부동산에 관한 규제법이다.
(3) 부동산, 즉 '토지에 관한 행정법'이다. 따라서, 행정법의 기초원리 및 내용을 정확하게 파악하여야 한다.

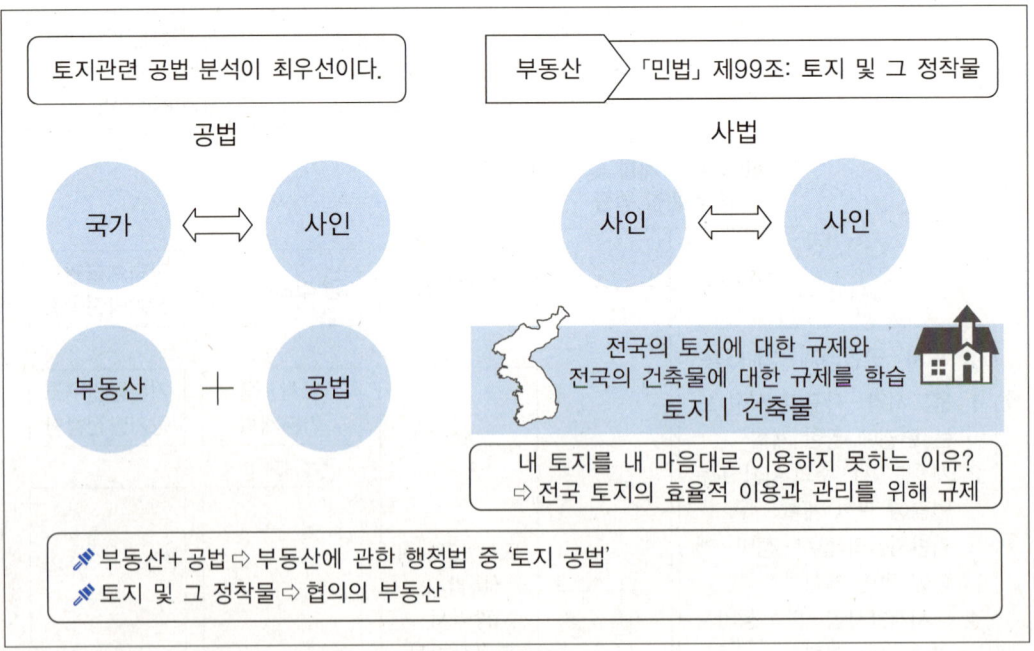

3 행정계획

(1) 계획규범(행정계획)

부동산공법은 계획법규이며, '목적과 수단의 모형으로 구성되는 목적프로그램 규정'으로 '계획재량이 인정'되고, 특정한 경우에는 '형량명령에 의해 기속'되며, 이 경우 '신뢰보호의 원칙'이 강하게 적용된다.

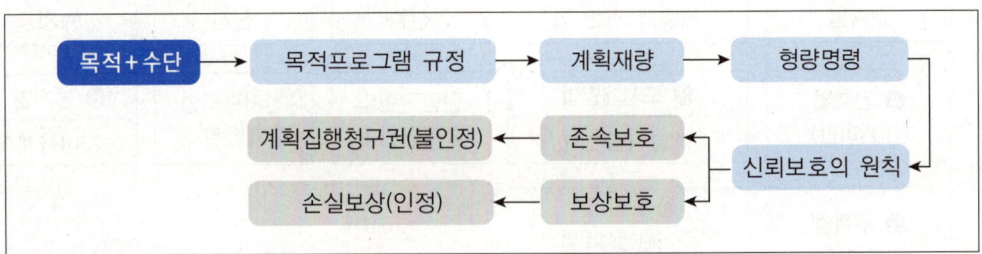

(2) 구속적 계획

① 일반처분성, 행정행위, 법규, 양면적 구속력, 행정쟁송의 대상 ○
② 도시·군관리계획, 지구단위계획, 실시계획, 관리처분계획 등

(3) 비구속적 계획

① 행정규칙의 성질, 행정지도, 행정명령, 행정쟁송의 대상 × ⇨ 광역, 기본, 종합
② 국토기본계획, 광역도시계획, 도시·군기본계획, 도시·주거환경정비기본계획, 주택종합계획 등

> **핵심** 행정계획
>
> 행정계획은 행정청이 수립하는 계획으로, 수립한 행정청은 수립의무가 있다(구속성 있다).
>
> | 구속적 행정계획 | 비구속적 행정계획 |
> |---|---|
> | ① 구속력: 행정기관·일반국민 모두 구속 ○ | ① 구속력: 행정기관만 구속 ○, 일반국민은 구속 × |
> | ② 주민의 절차참여방법: 공람절차(직접적) | ② 주민의 절차참여방법: 공청회(간접적) |
> | ③ 수립절차: 입안 ⇨ 결정 | ③ 수립절차: 수립 ⇨ 승인 |
> | ④ 법적 성격: 행정처분, 행정행위의 성격 (양면적, 대내외적 구속력) | ④ 법적 성격: 행정규칙, 행정명령의 성격 (일면적, 내부구속적 계획) |
> | ⑤ 행정쟁송의 대상 여부: 대상 ○ | ⑤ 행정쟁송의 대상 여부: 제기 불가 |

4 행정청의 체계

우리나라의 행정구역은 광역자치단체가 특별시·광역시·특별자치시·특별자치도·도로 구성되어 있고, 기초자치단체가 시·군·자치구로 구성되어 있으며, 하부행정기관으로는 일반구·읍·면·동으로 구성되어 있다.

❖ 행정조직의 구분

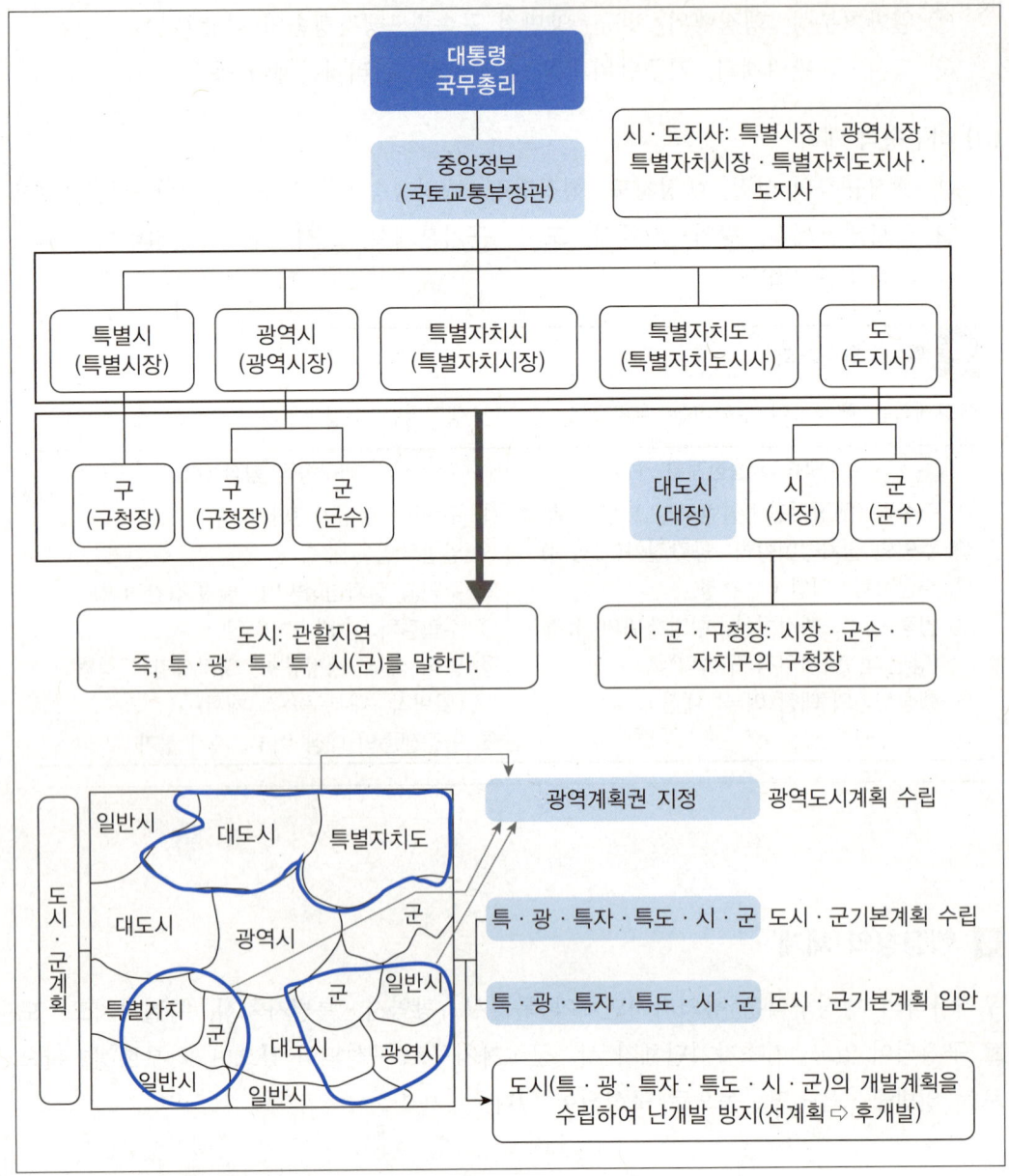

5 용도지역의 지정현황

자료: 국토교통부 도시정책관실 / 단위: km², %

구분	계		육지		해면	
	면적	비율	면적	비율	면적	비율
합계	106,061.3	100.0	100,353.6	100.0	5,707.7	100.0
도시지역	17,613.7	16.6	16,813.7	16.8	800.0	14.0
관리지역	27,171.1	25.6	27,169.7	27.1	1.4	0
농림지역	49,326.4	46.5	49,326.4	49.1	–	–
자연환경보전지역	11,950.1	11.3	7,043.8	7.0	4,906.3	86.0

❯ 국토이용계획의 체계

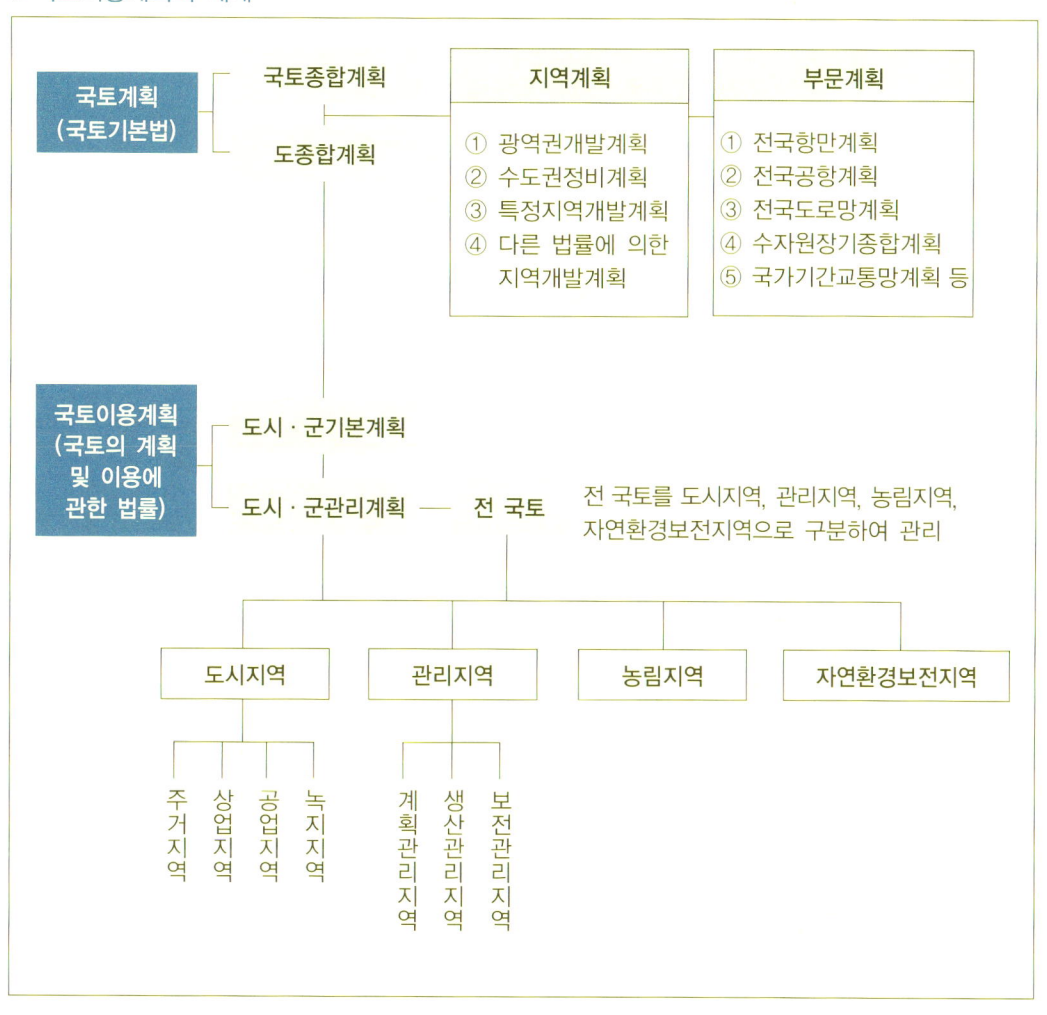

6 전국의 지도현황

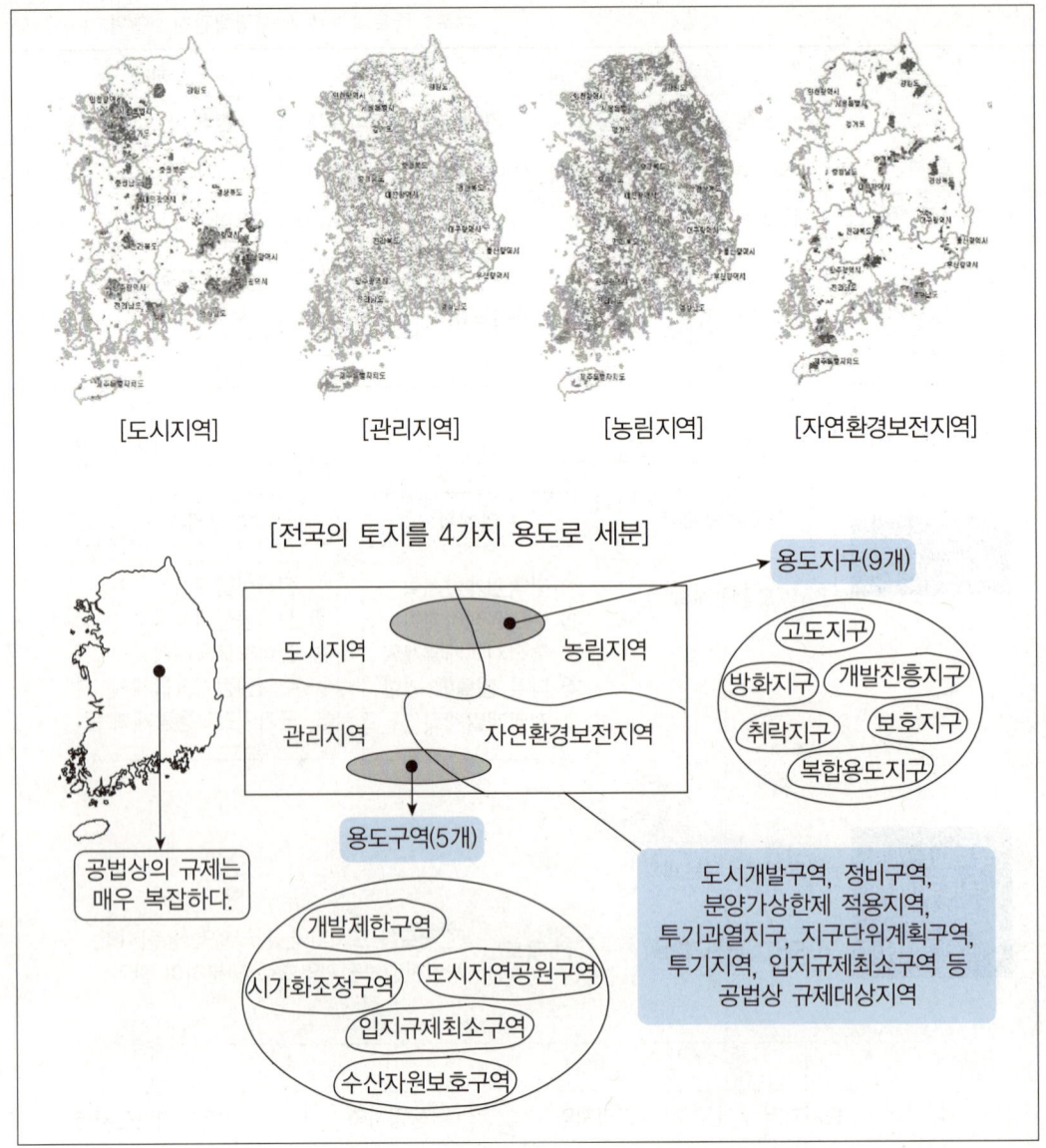

132 · 제2과목 부동산공법

> **[대한민국헌법]**
>
> 전문
> 유구한 역사와 전통에 빛나는 우리 대한국민은 3·1운동으로 … 하면서 1948년 7월 12일에 제정되고 8차에 걸쳐 개정된 헌법을 이제 국회의 의결을 거쳐 국민투표에 의하여 개정한다.
>
> 제1장 총강
> 제1조 ① 대한민국은 민주공화국이다.
>   ② 대한민국의 주권은 국민에게 있고, 모든 권력은 국민으로부터 나온다.
> 제2조 ① 대한민국의 국민이 되는 요건은 법률로 정한다.
> 제3조 대한민국의 영토는 한반도와 그 부속도서로 한다.
>   ⋮
> 제23조 ① 모든 국민의 재산권은 보장된다. 그 내용과 한계는 법률로 정한다.
>   ② 재산권의 행사는 공공복리에 적합하도록 하여야 한다.
>   ③ 공공필요에 의한 재산권의 수용·사용 또는 제한 및 그에 대한 보상은 법률로써 하되, 정당한 보상을 지급하여야 한다.
>   ⋮

> **[국토의 계획 및 이용에 관한 법률]**
>
>   ⋮
> 제43조 【도시·군계획시설의 설치·관리】
>   ① 지상·수상 … 미리 도시·군관리계획으로 결정하여야 한다. …
>   ② 도시·군계획시설의 결정·구조 및 설치의 기준 등에 필요한 사항은 국토교통부령으로 정하고, 그 세부사항은 국토교통부령으로 정하는 범위에서 시·도의 조례로 정할 수 있다. …
> 제47조 【도시·군계획시설부지의 매수청구】 ① 도시·군계획시설에 대한 도시·군관리계획의 결정의 고시일부터 10년 이내에 그 도시·군계획시설의 설치에 관한 도시·군계획시설사업이 시행되지 아니하는 경우 그 도시·군계획시설의 부지로 되어 있는 토지 중 지목(地目)이 대(垈)인 토지(그 토지에 있는 건축물 및 정착물을 포함한다. 이하 이 조에서 같다)의 소유자는 대통령령으로 정하는 바에 따라 특별시장·광역시장·특별자치시장·특별자치도지사·시장 또는 군수에게 그 토지의 매수를 청구할 수 있다.

▶ 헌법: 보상해야 함
▶ 국토계획법: 보상 없음
⇨ 당연히 헌법에 위배됨

> 헌법 불합치와 위헌판결: 위헌 결정은 결정과 동시에 관계 법률이 무효가 되어 효력이 상실되는 것이고, 다시 말하면 그 법률 내지는 법률 규정이 없어져 버리는 것이고, 헌법 불합치 결정이란 위헌인 것은 분명하지만 그 법률이 당장 없어짐으로 인해서 법적 안정성에 문제가 생길 수 있고, 법적 공백으로 인한 더 큰 혼란을 방지하기 위하여 기한을 정하여 효력을 유지시키는 것을 말한다. 이렇게 표현하면 쉽게 이해가 될 것이다. '이 법률은 헌법에 합치되지 아니한다.' 이 법률은 2011년 12월 31일까지 개정하지 않으면 2012년 1월 1일부터 그 효력을 상실한다.

장기화되는 미집행 도시·군계획시설로 인한 시민 피해를 최소화하고자 국토계획법에 '도시·군계획시설 결정 후 20년 경과한 시설의 효력 상실(국토계획법 제48조)' 조항을 신설, 도시·군계획시설 결정일로부터 20년 경과시까지 사업이 시행되지 않을 경우 그 다음 날부터 효력이 상실되는 '도시·군계획시설 자동실효제'가 2020년 7월부터 본격적으로 시행되었다. 앞서 헌법재판소는 1999.10.21.(97헌바26 판결) 도시·군계획시설의 결정·고시로 인한 토지재산권의 제약에 대해 손실보상규정을 두지 않은 것은 헌법에 위배된다는 헌법불합치 판정을 내렸으며, 재산적 손실이 발생하는 경우에는 원칙적으로 사회적 제약의 범위를 넘어서는 수용적 효과를 인정해 국가나 지방자치단체는 이에 대한 보상을 해야 한다고 판시한 바 있다. 또, 2000.1.28.엔 구 도시계획법의 개정이 이루어져 '도시·군계획시설 결정 후 10년이 경과한 시설 중 지목이 집터(垈)인 토지소유자에 대한 매수청구권 부여(국토계획법 제47조)' 조항을 신설했다. 이렇게 되면 해당 토지의 소유자는 시장에게 토지매수를 청구할 수 있다.

❖ 법의 체계

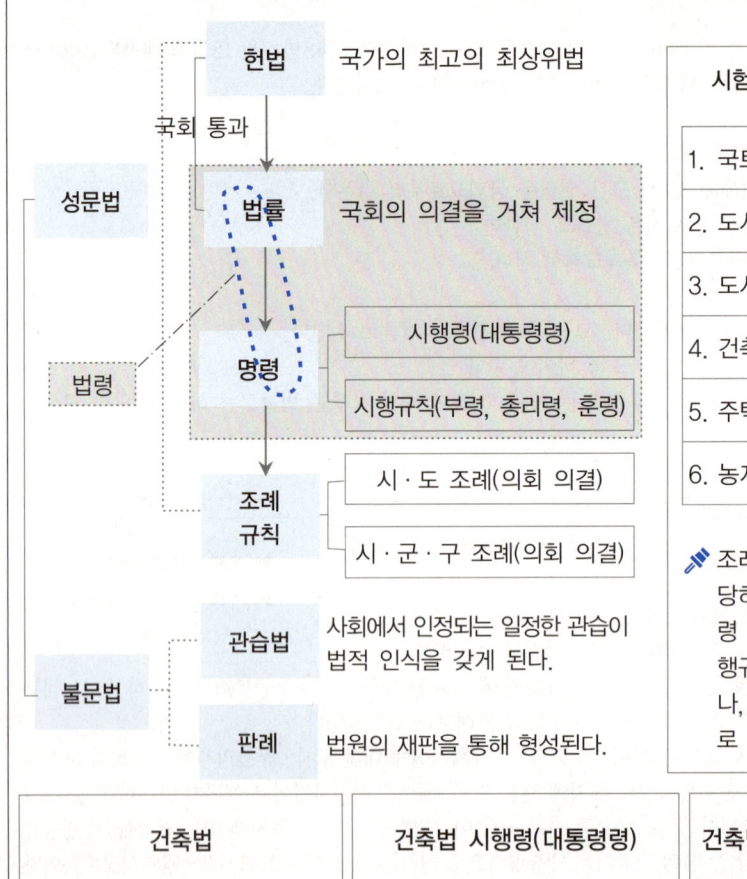

제 2 편

본문

국토의 계획 및 이용에 관한 법률

제1장 | 총설

제2장 | 계획에 관한 사항

제3장 | 개발에 관한 사항

제1장 총설

1 법의 목적

이 법은 국토의 이용·개발과 보전을 위한 계획의 수립 및 집행 등에 필요한 사항을 정하여 공공복리를 증진시키고 국민의 삶의 질을 향상시키는 것을 목적으로 한다.

2 용어 정의

(1) 광역도시계획

지정된 광역계획권의 장기발전방향을 제시하는 계획을 말한다.

(2) 도시·군계획

특별시·광역시·특별자치시·특별자치도·시 또는 군(광역시의 관할구역에 있는 군은 제외한다. 이하 같다)의 관할구역에 대하여 수립하는 공간구조와 발전방향에 대한 계획으로서, 도시·군기본계획과 도시·군관리계획으로 구분한다.

(3) 도시·군기본계획

특별시·광역시·특별자치시·특별자치도·시 또는 군의 관할구역에 대하여 기본적인 공간구조와 장기발전방향을 제시하는 종합계획으로서, 도시·군관리계획 수립의 지침이 되는 계획을 말한다.

(4) 도시·군관리계획

특별시·광역시·특별자치시·특별자치도·시 또는 군의 개발·정비 및 보전을 위하여 수립하는 토지이용, 교통, 환경, 경관, 안전, 산업, 정보통신, 보건, 복지, 안보, 문화 등에 관한 다음의 계획을 말한다.

① 용도지역, 용도지구의 지정 또는 변경에 관한 계획
② 개발제한구역, 도시자연공원구역, 시가화조정구역, 수산자원보호구역의 지정 또는 변경에 관한 계획
③ 기반시설의 설치·정비 또는 개량에 관한 계획

④ 도시개발사업이나 정비사업에 관한 계획
⑤ 지구단위계획구역의 지정 또는 변경에 관한 계획과 지구단위계획
⑥ 입지규제최소구역의 지정 또는 변경에 관한 계획과 입지규제최소구역계획

(5) 지구단위계획

도시·군계획 수립대상지역의 일부에 대하여 토지이용을 합리화하고 그 기능을 증진시키며, 미관을 개선하고 양호한 환경을 확보하며, 그 지역을 체계적·계획적으로 관리하기 위하여 수립하는 도시·군관리계획을 말한다.

(6) 기반시설

다음의 시설로서, 대통령령으로 정하는 시설을 말한다.

교통시설	도로·철도·항만·공항·주차장·자동차정류장·궤도·차량검사 및 면허시설
공간시설	광장·공원·녹지·유원지·공공공지
유통·공급시설	유통업무설비, 수도·전기·가스·열공급설비, 방송·통신시설, 공동구·시장, 유류저장 및 송유설비
공공·문화체육시설	학교·공공청사·문화시설·공공필요성이 인정되는 체육시설·연구시설·사회복지시설·공공직업훈련시설·청소년수련시설
방재시설	하천·유수지·저수지·방화설비·방풍설비·방수설비·사방설비·방조설비
보건위생시설	장사시설·도축장·종합의료시설
환경기초시설	하수도·폐기물처리 및 재활용시설·빗물저장 및 이용시설·수질오염방지시설·폐차장

> **참고** 도로·자동차정류장·광장
>
> 기반시설 중 도로·자동차정류장·광장은 다음과 같이 세분할 수 있다.
>
> | 도로 | ① 일반도로
② 자동차전용도로
③ 보행자전용도로
④ 보행자우선도로
⑤ 자전거전용도로
⑥ 고가도로
⑦ 지하도로 |
> |---|---|

자동차정류장	① 여객자동차터미널 ② 물류터미널 ③ 공영차고지 ④ 공동차고지 ⑤ 화물자동차휴게소 ⑥ 복합환승센터 ⑦ 환승센터
광장	① 교통광장 ② 일반광장 ③ 경관광장 ④ 지하광장 ⑤ 건축물부설광장

(7) 도시·군계획시설

기반시설 중 도시·군관리계획으로 결정된 시설을 말한다.

> **참고** 도시·군계획시설의 정의
>
> 도로의 경우, 해당 시에서 도로를 설치하고자 할 경우에 도시·군관리계획을 작성하여야 한다. 여기서 도로를 설치하기 위한 계획을 입안한 후에 결정권자로부터 결정신청한 후 결정이 되면 그때부터는 기반시설이라 하지 아니하고 도시·군계획상에서 확정이 된 시설이란 의미로 도시·군계획시설이라 부른다. 즉, 도로를 설치할 지역으로 확정되었으므로 그 해당 지역에서는 건축 등의 행위를 금지시키고 공익사업을 시행한다.

(8) 광역시설

기반시설 중 광역적인 정비체계가 필요한 다음의 시설을 말한다.

둘 이상의 특별시·광역시·특별자치시·특별자치도·시 또는 군의 관할구역에 걸치는 시설	도로·철도·광장·녹지, 수도·전기·가스·열공급설비, 방송·통신시설, 공동구, 유류저장 및 송유설비, 하천·하수도(하수종말처리시설을 제외한다)
둘 이상의 특별시·광역시·특별자치시·특별자치도·시 또는 군이 공동으로 이용하는 시설	항만·공항·자동차정류장·공원·유원지·유통업무설비·문화시설·공공필요성이 인정되는 체육시설·사회복지시설·공공직업훈련시설·청소년수련시설·유수지·장사시설·도축장·하수도(하수종말처리시설에 한한다)·폐기물처리 및 재활용시설·수질오염방지시설·폐차장

(9) 공동구

전기 · 가스 · 수도 등의 공급설비, 통신시설, 하수도시설 등 지하매설물을 공동 수용함으로써 미관의 개선, 도로구조의 보전 및 교통의 원활한 소통을 위하여 지하에 설치하는 시설물을 말한다.

(10) 도시 · 군계획시설사업

도시 · 군계획시설을 설치 · 정비 또는 개량하는 사업을 말한다.

(11) 도시 · 군계획사업

도시 · 군관리계획을 시행하기 위한 다음의 사업을 말한다.

① 도시 · 군계획시설사업
② 「도시개발법」에 따른 도시개발사업
③ 「도시 및 주거환경정비법」에 따른 정비사업

(12) 도시 · 군계획사업 시행자

이 법 또는 다른 법률에 따라 도시 · 군계획사업을 하는 자를 말한다.

(13) 공공시설

도로 · 공원 · 철도 · 수도, 그 밖에 다음의 대통령령으로 정하는 공공용시설을 말한다.

① 항만 · 공항 · 광장 · 녹지 · 공공공지 · 공동구 · 하천 · 유수지 · 방화설비 · 방풍설비 · 방수설비 · 사방설비 · 방조설비 · 하수도 · 구거(도랑)
② 행정청이 설치하는 시설로서, 주차장 · 저수지 및 운동장 · 화장장 · 공동묘지 · 봉안시설
③ 「스마트도시 조성 및 산업진흥 등에 관한 법률」 제2조 제3호 다목에 따른 시설

(14) 국가계획

중앙행정기관이 법률에 따라 수립하거나 국가의 정책적인 목적을 이루기 위하여 수립하는 계획 중 법 제19조 제1항 제1호부터 제9호까지에 규정된 사항(도시 · 군기본계획의 내용)이나 도시 · 군관리계획으로 결정하여야 할 사항이 포함된 계획을 말한다.

(15) 용도지역

토지의 이용 및 건축물의 용도·건폐율·용적률·높이 등을 제한함으로써 토지를 경제적·효율적으로 이용하고 공공복리의 증진을 도모하기 위하여 서로 중복되지 아니하게 도시·군관리계획으로 결정하는 지역을 말한다.

- 전국의 토지를 4개 용도 9개 지역(총 21개 지역)으로 구분하여 지정하고 있다[도시지역(주거·상업·공업·녹지), 관리지역(보전·생산·계획), 농림지역, 자연환경보전지역].
- 서울시의 경우, 행정구역 전체가 용도지역상 도시지역이다. 세부적으로는 주거지역 50%, 상업지역 4%, 공업지역 6%, 녹지지역 40% 가량으로 분포하고 있다.

(16) 용도지구

토지의 이용 및 건축물의 용도·건폐율·용적률·높이 등에 대한 용도지역의 제한을 강화하거나 완화하여 적용함으로써 용도지역의 기능을 증진시키고 미관·경관·안전 등을 도모하기 위하여 도시·군관리계획으로 결정하는 지역을 말한다. 용도지구의 종류는 다음과 같다.

경관지구	경관의 보전·관리 및 형성을 위하여 필요한 지구
고도지구	쾌적한 환경 조성 및 토지의 효율적 이용을 위하여 건축물 높이의 최고한도를 규제할 필요가 있는 지구
방화지구	화재의 위험을 예방하기 위하여 필요한 지구
방재지구	풍수해, 산사태, 지반의 붕괴, 그 밖의 재해를 예방하기 위하여 필요한 지구
보호지구	국가유산, 중요시설물(항만, 공항 등 대통령령으로 정하는 시설물을 말한다) 및 문화적·생태적으로 보존가치가 큰 지역의 보호와 보존을 위하여 필요한 지구
취락지구	녹지지역·관리지역·농림지역·자연환경보전지역·개발제한구역 또는 도시자연공원구역의 취락을 정비하기 위한 지구
개발진흥지구	주거기능·상업기능·공업기능·유통물류기능·관광기능·휴양기능 등을 집중적으로 개발·정비할 필요가 있는 지구
특정용도제한지구	주거 및 교육환경 보호나 청소년 보호 등의 목적으로 오염물질배출시설, 청소년유해시설 등 특정시설의 입지를 제한할 필요가 있는 지구
복합용도지구	지역의 토지이용상황, 개발 수요 및 주변 여건 등을 고려하여 효율적이고 복합적인 토지이용을 도모하기 위하여 특정시설의 입지를 완화할 필요가 있는 지구

- 그 밖에 대통령령으로 정하는 지구가 있다.

(17) **용도구역**

토지의 이용 및 건축물의 용도·건폐율·용적률·높이 등에 대한 용도지역 및 용도지구의 제한을 강화하거나 완화하여 따로 정함으로써 시가지의 무질서한 확산 방지, 계획적이고 단계적인 토지이용의 도모, 토지이용의 종합적 조정·관리 등을 위하여 도시·군관리계획으로 결정하는 지역을 말한다.

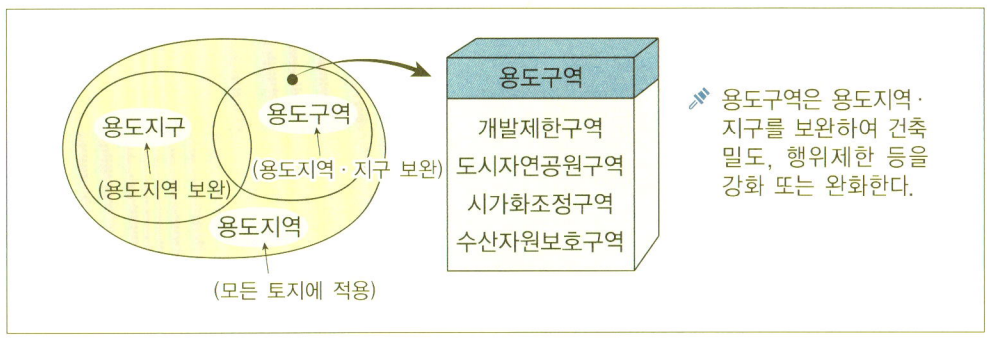

(18) **개발밀도관리구역**

개발로 인하여 기반시설이 부족할 것으로 예상되나 기반시설을 설치하기 곤란한 지역을 대상으로 건폐율이나 용적률을 강화하여 적용하기 위하여 지정하는 구역을 말한다.

(19) **기반시설부담구역**

개발밀도관리구역 외의 지역으로서, 개발로 인하여 도로, 공원, 녹지 등 대통령령으로 정하는 기반시설의 설치가 필요한 지역을 대상으로 기반시설을 설치하거나 그에 필요한 용지를 확보하게 하기 위하여 지정·고시하는 구역을 말한다.

(20) **기반시설설치비용**

단독주택 및 숙박시설 등 대통령령으로 정하는 시설의 신축·증축행위로 인하여 유발되는 기반시설을 설치하거나 그에 필요한 용지를 확보하기 위하여 부과·징수하는 금액을 말한다.

(21) **토지형질변경**

경작을 위한 행위 이외의 절토·성토·정지·포장 등의 방법으로 토지의 형상을 변경하는 행위와 공유수면을 매립하는 행위로서, 「국토의 계획 및 이용에 관한 법률」에 의한 개발행위 중 하나이다.

> 경작을 위한 행위: 조성이 완료된 농지에서의 농작물 재배행위, 해당 농지의 지력증진을 위한 단순한 객토나 정지작업을 말하며, 농지의 생산성을 높이기 위하여 농지의 형질을 변경하는 행위로서 인근 농지의 관개·배수·통풍 및 농작업에 영향을 미치지 않는 것을 말한다.

▸ 토지의 형상을 변경하는 행위나 공유수면을 매립하는 행위를 토지의 형질변경이라 하며, 개발행위에 포함된다.

▸ 일정범위 이상의 토지형질변경시에는 개발행위허가를 받아야 하며, 용도지역에 따라 개발상한면적이 정해져 있다.

제2장 계획에 관한 사항

제1절 도시계획 등

1 광역도시계획

기초조사
수립권자가 기초조사를 하여야 한다.
📎 광역계획권의 지정권자는 국토교통부장관, 도지사이다. 특별시장, 광역시장은 지정권자가 되지 못한다.

⇩

공청회 개최
① 공청회 개최: 주민과 관계 전문가 등으로부터 의견을 들어야 하며, 공청회에서 제시된 의견이 타당하다고 인정하는 때에는 지방의회의 의견청취를 반영하여야 한다.
② 국토교통부장관이 수립시: 시·도지사에게 광역도시계획안을 송부하여야 하며, 시·도지사는 시·도의회와 관계 시장·군수의 의견청취 후 국토교통부장관에게 송부하여 제출하여야 한다.

⇩

지방의회 의견청취
① 관계 시·도, 시·군 의회와 관계 시장·군수의 의견을 청취하여야 한다.
② 국토교통부장관 ―광역도시계획안 송부→ 시·도지사 ⇨ 시·도 의회와 시장·군수의 의견을 청취하여야 한다.
   ←결과 송부―

⇩

수립

시장·군수 공동수립	광역계획권이 같은 도의 관할구역에 속하여 있는 경우	
시·도지사 공동수립	광역계획권이 둘 이상의 시·도의 관할구역에 걸쳐 있는 경우	
도지사 수립	① 광역계획권을 지정한 날부터 3년이 지날 때까지 관할 시장 또는 군수로부터 광역도시계획의 승인신청이 없는 경우 ② 시장·군수가 협의를 거쳐 요청하는 경우	
국토교통부장관 수립	① 국가계획과 관련된 광역도시계획의 수립이 필요한 경우 ② 광역계획권을 지정한 날부터 3년이 지날 때까지 관할 시·도지사로부터 광역도시계획의 승인신청이 없는 경우	
국토교통부장관, 시·도지사 공동수립	① 시·도지사가 요청하는 경우 ② 그 밖에 필요하다고 인정되는 경우	
도지사, 시장·군수 공동수립	① 시장·군수가 요청하는 경우 ② 그 밖에 필요하다고 인정하는 경우	

⇩	
협의	관계 중앙(지방)행정기관장과 협의하여야 한다.

⇩

심의	중앙(지방)도시계획위원회의 심의를 거쳐야 한다.

⇩

승인	① 승인신청 　㉠ 시·도지사 수립: 국토교통부장관의 승인을 받아야 한다(도지사 단독 수립시에는 국토교통부장관의 승인을 받지 않는다). 　㉡ 시장·군수 수립: 도지사의 승인을 받아야 한다. ② 협의: 국토교통부장관이 수립 또는 승인시 관계 중앙행정기관의 장과 협의하여야 한다. ③ 심의: 중앙(지방)도시계획위원회의 심의를 거쳐야 한다.

⇩

송부 후 공고·공람	① 국토교통부장관은 승인 후 관계 중앙행정기관의 장과 시·도지사에게 관계 서류를 송부하여야 하고, 송부받은 시·도지사는 시·도 공보에 공고 후 30일 이상 일반에 열람하게 한다. ② 도지사는 승인한 후 관계 지방행정기관의 장과 시장·군수에게 관계 서류를 송부하여야 하고, 송부받은 시장·군수는 시·군 공보에 공고 후 30일 이상 일반에 열람하게 한다.

2 도시·군기본계획

(1) 의의

① 도시의 기본적인 공간구조와 장기발전방향을 제시하는 종합계획(추상적 방향제시)을 말한다.
② 도시·군관리계획 수립의 지침이 되는 계획으로, 방향성을 제시하는 계획이다.

(2) 성격

① 비구속적 행정계획으로 행정쟁송의 대상이 되지 않고, 실효의 문제가 없다.
② 장기적인 도시·군관리계획 수립의 지침을 마련한 것으로, 그것 자체는 일반인에 대하여는 구속력을 가지지 아니한다.
③ 수립단위 기간이 정해져 있지는 않으나, 5년마다 타당성을 재검토하여 정비하여야 한다.
④ 광역도시계획이 수립되어 있는 지역에 대해서는 광역도시계획에 부합되게 수립하여야 한다.

⑤ 시·도지사, 시장 또는 군수는 기초조사의 내용에 국토교통부장관이 정하는 바에 따라 실시하는 토지의 토양, 입지, 활용가능성 등 토지적성평가와 재해취약성분석을 포함하여야 한다.
⑥ 도시·군기본계획 입안일부터 5년 이내에 토지적성평가를 실시한 경우 등 특정한 경우에는 토지적성평가 또는 재해취약성분석을 하지 아니할 수 있다.

(3) 내용

특별시장·광역시장·특별자치시장·특별자치도지사·시장·군수는 다음의 사항에 대한 정책방향을 정하여야 한다.

> ① 지역적인 특성 및 계획방향·목표
> ② 도시의 공간구조, 생활권 설정 및 인구의 배분
> ③ 공원, 녹지 및 경관
> ④ 토지의 이용·개발 및 용도별 수요·공급
> ⑤ 환경보전 및 관리, 기반시설
> ⑥ ②~⑤에 규정된 사항의 단계별 추진
> ⑦ 기타 대통령령으로 정하는 사항

(4) 수립권자 및 대상지역

① 특별시장·광역시장·특별자치시장·특별자치도지사·시장·군수는 관할구역에 대하여 수립하여야 한다. 다만, ㉠ 수도권에 속하지 아니하고 광역시와 경계가 아닌 시·군 중 인구 10만 이하의 시·군과 ㉡ 관할구역 전부에 대하여 광역도시계획이 수립되어 있는 시·군은 수립하지 아니할 수 있다.

② 특별시장·광역시장·특별자치시장·특별자치도지사·시장·군수는 지역 여건상 필요한 경우에는 관할구역의 일부에 대해서 수립하거나, 인접 시·군의 관할구역을 포함하여 수립할 수 있다(단, 사전에 해당 행정기관장과 협의는 하여야 한다).

3 도시·군관리계획

입안

① 입안기준: 도시·군기본계획과 광역도시계획에 부합되어야 한다.
② 입안권자
  ㉠ 원칙: 특별시장·광역시장·특별자치시장·특별자치도지사·시장·군수
  ㉡ 인접지역 포함시
    ⓐ 지역여건상 필요하다고 인정하여 미리 인접한 특별시장·광역시장·특별자치시장·특별자치도지사·시장·군수와 협의한 경우
    ⓑ 인접한 특별시·광역시·특별자치시·특별자치도·시 또는 군의 관할구역을 포함하여 도시·군기본계획을 수립한 경우

  ◈ **공동입안과 지정입안**
    1. 공동입안: 둘 이상의 시·도 관할구역에 걸친 경우에는 특·광·특·특·시장·군수가 협의하여 입안 또는 입안할 자를 지정한다.
    2. 지정입안: 협의 미성립시 같은 도의 관할구역에 속할 경우에는 관할 도지사가, 둘 이상의 시·도 관할구역에 걸친 경우에는 국토교통부장관이 입안할 자를 지정·고시한다.

  ㉢ 국토교통부장관
    ⓐ 국가계획과 관련시
    ⓑ 둘 이상의 시·도
    ⓒ 조정요구에 따라 재정비를 하지 않은 경우
  ㉣ 도지사
    ⓐ 광역도시계획과 관련시
    ⓑ 둘 이상의 시·군
③ 입안제안
  ㉠ 제안자: 주민은 입안은 할 수 없으나, 제안을 할 수는 있다.
  ㉡ 제안사항
    ⓐ 기반시설의 설치·정비·개량에 관한 사항
    ⓑ 지구단위계획구역의 지정·변경과 지구단위계획 수립에 관한 사항
    ⓒ 개발진흥지구 중 공업기능 또는 유통물류기능 등을 집중적으로 개발·정비하기 위한 개발진흥지구
    ⓓ 용도지구 중 해당 용도지구에 따른 건축물이나 그 밖의 시설의 용도·종류 및 규모 등의 제한을 지구단위계획으로 대체하기 위한 용도지구
    ⓔ 입지규제최소구역의 지정·변경, 입지규제최소구역계획 수립·변경에 관한 사항
  ㉢ 입안권자는 제안일로부터 45일 이내에 처리 결과를 제안자에게 통보한다.
    ◈ 다만, 부득이한 사정이 있는 경우에는 1회에 한하여 30일 연장 가능하다.
    ◈ 입안권자는 제안자와 협의하여 제안된 도시·군관리계획의 입안 및 결정에 필요한 비용의 전부 또는 일부를 제안자에게 부담시킬 수 있다(사업비용이 아님에 유의).
④ 기초조사: 상위계획 준용(단, 토지적성평가 + 환경성검토 + 재해취약성분석 포함)

의견 청취	① 주민 의견청취 　㉠ 원칙: 14일 이상 공람기간을 주고, 그 기간 내 의견제출 ⇨ 60일 내 결과 통보한다. 　㉡ 예외: 국방상 기밀사항(국방부장관 요청이 있는 경우에 한한다), 경미한 사항 　　ⓐ 주민 의견청취기한을 명시하여 도시·군관리계획안을 특별시장·광역시장·특별자치시장·특별자치도지사·시장·군수에게 송부한다. 　　ⓑ 특별시장·광역시장·특별자치시장·특별자치도지사·시장·군수는 기한 내에 의견청취 ⇨ 결과를 국토교통부장관·도지사에게 제출한다. ② 지방의회 의견청취 　㉠ 용도지역·용도지구·용도구역의 지정·변경내용 　㉡ 광역도시계획에 포함된 광역시설의 설치·정비·개량에 관한 도시·군관리계획의 결정 또는 변경결정 　㉢ 도시의 주요구조에 미치는 영향이 큰 기반시설의 설치·정비·개량에 관한 도시·군관리계획의 결정 또는 변경결정
결정 신청	① 결정신청: 입안자가 결정권자[시·도지사(대도시 시장), 국토교통부장관]에게 　📝 **국토교통부장관만 결정하는 사항** 　　1. 국토교통부장관이 입안한 도시·군관리계획(3가지) 　　2. 개발제한구역, 시가화조정구역(국가계획과 연계된 경우)의 지정(수산자원보호구역은 해양수산부장관이 지정한다) ② 협의 　㉠ 국토교통부장관 – 관계 중앙행정기관장 　㉡ 시·도(대도시 시장) – 관계 행정기관장 ③ 심의 　㉠ 국토교통부장관 – 중앙도시계획위원회 　㉡ 시·도지사(대도시 시장) – 지방도시계획위원회(시·도, 대도시에 설치) 　📝 지구단위계획 결정시(시·도지사가 결정권자인 경우에는 지구단위계획 전부에 대하여) 　　⇨ 시·도 건축위원회와 도시계획위원회(공동심의)
결정· 고시	① 결정·고시 　㉠ 원칙: 시·도지사, 대도시 시장(지구단위계획 관련하여 시장·군수가 입안한 내용은 시장·군수가 직접 결정한다) 　㉡ 예외: 국토교통부장관 ② 효력발생시기: 지형도면의 고시 후 즉시 효력이 발생한다. ③ 기득권 보호 　㉠ 결정 당시 이미 착수한 자는 계속시행 가능하다. 　㉡ 시가화조정구역 또는 수산자원보호구역의 지정에 관한 도시·군관리계획의 결정 고시일로부터 3개월 이내 특·광·특·특·시장·군수에 신고하고 계속시행 가능하다.
공람	시·군(국토교통부장관·도지사가 결정한 도시·군관리계획 ⇨ 특·광·특·특·시장·군수에게 송부 ⇨ 공람)

제2절 용도지역 · 용도지구 · 용도구역

1 용도지역

국토교통부장관 또는 시 · 도지사, 대도시 시장은 용도지역의 지정 또는 변경을 도시 · 군관리계획으로 결정한다.

용도지역		지역의 세분	건폐율 한도	용적률 한도	비고(법률 ⇨ 대통령령 ⇨ 조례)
도시지역	주거지역	제1종 전용	50% 이하	50 ~ 100%	단독 중심(양호성)
		제2종 전용	50% 이하	50 ~ 150%	공동 중심(양호성)
		제1종 일반	60% 이하	100 ~ 200%	저층(4층 이하) 중심(편리성)
		제2종 일반	60% 이하	100 ~ 250%	중층(조례가 정하는 높이) 중심(편리성)
		제3종 일반	50% 이하	100 ~ 300%	중고층(층수제한 ×) 중심
		준주거지역	70% 이하	200 ~ 500%	주거 + 업무 + 상업
	상업지역	중심상업지역	90% 이하	200 ~ 1,500%	도심 · 부도심의 업무 및 상업기능의 확충
		일반상업지역	80% 이하	200 ~ 1,300%	일반적인 상업 및 업무기능을 담당
		유통상업지역	80% 이하	200 ~ 1,100%	도시 안 및 지역 간의 유통기능 증진
		근린상업지역	70% 이하	200 ~ 900%	근린지역에서의 일용품 및 서비스의 공급
	공업지역	전용공업지역	70% 이하	150 ~ 300%	주로 중화학공업, 공해성공업 등을 수용
		일반공업지역	70% 이하	150 ~ 350%	환경을 저해하지 않는 공업의 배치
		준공업지역	70% 이하	150 ~ 400%	경공업 수용 / 주거 · 상업 · 업무기능의 보완
	녹지지역	보전녹지지역	20% 이하	50 ~ 80%	도시의 자연환경 · 경관 · 산림, 녹지공간 보전
		생산녹지지역	20% 이하	50 ~ 100%	주로 농업적 생산을 위하여 개발 유보 필요시
		자연녹지지역	20% 이하	50 ~ 100%	불가피한 경우 제한적 개발 가능
관리지역		보전관리지역	20% 이하	50 ~ 80%	자연환경지역에 준하는 관리지역
		생산관리지역	20% 이하	50 ~ 80%	농림에 준하는 관리지역
		계획관리지역	40% 이하	50 ~ 100%	도시지역으로 편입이 예상되는 지역
농림지역			20% 이하	50 ~ 80%	농림업의 진흥과 산림의 보전
자연환경보전지역			20% 이하	50 ~ 80%	자연환경 · 수자원 · 해안 · 생태계 · 상수원 및 국가유산의 보전과 수산자원의 보호 · 육성

① 용도지역의 행위제한은 「국토의 계획 및 이용에 관한 법률 시행령」에 정해져 있는 것이지, 도시 · 군관리계획이 정하는 것이 아니다.
② 단, ①의 행위제한의 예외로 개별법을 적용하는 것이 있음을 반드시 정리하여 둔다.
③ 자연녹지지역에 설치되는 도시 · 군계획시설 중 유원지의 건폐율은 30%의 범위에서 도시 · 군계획 조례로 정하는 비율을 초과하여서는 아니 되며, 공원의 건폐율은 20%의 범위에서 도시 · 군계획 조례로 정하는 비율을 초과하여서는 아니 된다.

2 용도지구

(1) 법률상 용도지구의 종류

국토교통부장관 또는 시·도지사, 대도시 시장은 다음의 어느 하나에 해당하는 용도지구의 지정 또는 변경을 도시·군관리계획으로 결정한다.

① 경관지구: 경관의 보전·관리 및 형성을 위하여 필요한 지구
② 고도지구: 쾌적한 환경조성 및 토지의 효율적 이용을 위하여 건축물 높이의 최고한도를 규제할 필요가 있는 지구
③ 방화지구: 화재의 위험을 예방하기 위하여 필요한 지구
④ 방재지구: 풍수해, 산사태, 지반의 붕괴, 그 밖의 재해를 예방하기 위하여 필요한 지구
⑤ 보호지구: 국가유산, 중요시설물(항만, 공항 등 대통령령으로 정하는 시설물을 말한다) 및 문화적·생태적으로 보존가치가 큰 지역의 보호와 보존을 위하여 필요한 지구
⑥ 취락지구: 녹지지역·관리지역·농림지역·자연환경보전지역·개발제한구역 또는 도시자연공원구역의 취락을 정비하기 위한 지구
⑦ 개발진흥지구: 주거기능·상업기능·공업기능·유통물류기능·관광기능·휴양기능 등을 집중적으로 개발·정비할 필요가 있는 지구
⑧ 특정용도제한지구: 주거 및 교육환경 보호나 청소년 보호 등의 목적으로 오염물질배출시설, 청소년유해시설 등 특정시설의 입지를 제한할 필요가 있는 지구
⑨ 복합용도지구: 지역의 토지이용상황, 개발 수요 및 주변 여건 등을 고려하여 효율적이고 복합적인 토지이용을 도모하기 위하여 특정시설의 입지를 완화할 필요가 있는 지구
⑩ 그 밖에 대통령령으로 정하는 지구

(2) 시행령상 용도지구의 세분

국토교통부장관, 시·도지사 또는 대도시 시장은 도시·군관리계획 결정으로 경관지구·방재지구·보호지구·취락지구 및 개발진흥지구를 다음과 같이 세분하여 지정할 수 있다.

경관지구	자연경관지구	산지·구릉지 등 자연경관을 보호하거나 유지하기 위하여 필요한 지구
	시가지경관지구	지역 내 주거지, 중심지 등 시가지의 경관을 보호 또는 유지하거나 형성하기 위하여 필요한 지구
	특화경관지구	지역 내 주요 수계의 수변 또는 문화적 보존가치가 큰 건축물 주변의 경관 등 특별한 경관을 보호 또는 유지하거나 형성하기 위하여 필요한 지구

방재지구	시가지방재지구	건축물·인구가 밀집되어 있는 지역으로서 시설 개선 등을 통하여 재해 예방이 필요한 지구
	자연방재지구	토지의 이용도가 낮은 해안변, 하천변, 급경사지 주변 등의 지역으로서, 건축제한 등을 통하여 재해 예방이 필요한 지구
보호지구	역사문화환경 보호지구	문화재·전통사찰 등 역사·문화적으로 보존가치가 큰 시설 및 지역의 보호와 보존을 위하여 필요한 지구
	중요시설물 보호지구	중요시설물의 보호와 기능의 유지 및 증진 등을 위하여 필요한 지구
	생태계보호지구	야생동식물 서식처 등 생태적으로 보존가치가 큰 지역의 보호와 보존을 위하여 필요한 지구
취락지구	자연취락지구	녹지지역·관리지역·농림지역 또는 자연환경보전지역 안의 취락을 정비하기 위하여 필요한 지구
	집단취락지구	개발제한구역 안의 취락을 정비하기 위하여 필요한 지구
개발진흥 지구	주거 개발진흥지구	주거기능을 중심으로 개발·정비할 필요가 있는 지구
	산업·유통 개발진흥지구	공업기능 및 유통·물류기능을 중심으로 개발·정비할 필요가 있는 지구
	관광·휴양 개발진흥지구	관광·휴양기능을 중심으로 개발·정비할 필요가 있는 지구
	복합 개발진흥지구	주거기능, 공업기능, 유통·물류기능 및 관광·휴양기능 중 둘 이상의 기능을 중심으로 개발·정비할 필요가 있는 지구
	특정 개발진흥지구	주거기능, 공업기능, 유통·물류기능 및 관광·휴양기능 외의 기능을 중심으로 특정한 목적을 위하여 개발·정비할 필요가 있는 지구

(3) 용도지구의 행위제한

원칙은 도시·군계획 조례이나, 개별법을 적용하는 경우를 알아둔다.

고도지구	도시·군관리계획	경관지구	도시·군계획 조례
개발진흥지구	계획 ○ ⇨ 계획, 없으면 조례	보호지구	도시·군계획 조례
방화지구	도시·군계획 조례	방재지구	도시·군계획 조례
		복합용도지구	도시·군계획 조례
취락지구	자연취락지구: 「국토의 계획 및 이용에 관한 법률 시행령」	특정용도제한지구	도시·군계획 조례
	집단취락지구: 「개발제한구역의 지정 및 관리에 관한 특별조치법」		

3 용도구역

(1) 개발제한구역

국토교통부장관은 도시의 무질서한 확산을 방지하고 도시주변의 자연환경을 보전하여 도시민의 건전한 생활환경을 확보하기 위하여 도시의 개발을 제한할 필요가 있거나 국방부장관의 요청이 있어 보안상 도시의 개발을 제한할 필요가 있다고 인정되면 개발제한구역의 지정 또는 변경을 도시·군관리계획으로 결정할 수 있다.

(2) 시가화조정구역

① 지정권자 및 지정목적
   ㉠ 시·도지사는 직접 또는 관계 행정기관의 장의 요청을 받아 도시지역과 그 주변지역의 무질서한 시가화를 방지하고 계획적·단계적인 개발을 도모하기 위하여 대통령령으로 정하는 기간 동안 시가화를 유보할 필요가 있다고 인정되면 시가화조정구역의 지정 또는 변경을 도시·군관리계획으로 결정할 수 있다.
   ㉡ 국가계획과 연계하여 시가화조정구역의 지정 또는 변경이 필요한 경우에는 국토교통부장관이 직접 시가화조정구역의 지정 또는 변경을 도시·군관리계획으로 결정할 수 있다.

② 시가화유보기간 및 실효
   ㉠ 국토교통부장관이 해당 도시지역과 그 주변지역의 안의 인구의 동태, 토지의 이용상황 및 산업발전상황 등을 고려하여 5년 이상 20년 이내의 범위 안에서 정한다.
   ㉡ 시가화조정구역의 지정에 관한 도시·군관리계획의 결정은 유보기간이 만료된 날의 다음 날부터 그 효력을 상실한다. 이 경우, 국토교통부장관은 대통령령이 정하는 바에 따라 그 사실을 고시하여야 한다.

(3) 수산자원보호구역

해양수산부장관은 직접 또는 관계 행정기관의 장의 요청을 받아 수산자원의 보호·육성을 위하여 필요한 공유수면이나 그에 인접된 토지에 대한 수산자원보호구역의 지정 또는 변경을 도시·군관리계획으로 결정할 수 있다.

(4) 도시자연공원구역

시·도지사 또는 대도시 시장은 도시의 자연환경 및 경관을 보호하고 도시민에게 건전한 여가·휴식공간을 제공하기 위하여 도시지역 안의 식생이 양호한 산지(山地)의 개발을 제한할 필요가 있다고 인정하는 경우에는 도시자연공원구역의 지정 또는 변경을 도시·군관리계획으로 결정할 수 있다.

4 입지규제최소구역

(1) 국토교통부장관은 도시지역에서 복합적인 토지이용을 증진시켜 도시정비를 촉진하고 지역 거점을 육성할 필요가 있다고 인정되면 다음의 어느 하나에 해당하는 지역과 그 주변지역의 전부 또는 일부를 입지규제최소구역으로 지정할 수 있다.

> ① 도시·군기본계획에 따른 도심·부도심 또는 생활권의 중심지역
> ② 철도역사, 터미널, 항만, 공공청사, 문화시설 등의 기반시설 중 지역의 거점 역할을 수행하는 시설을 중심으로 주변지역을 집중적으로 정비할 필요가 있는 지역
> ③ 세 개 이상의 노선이 교차하는 대중교통 결절지로부터 1km 이내에 위치한 지역
> ④ 「도시 및 주거환경정비법」에 따른 노후·불량건축물이 밀집한 주거지역 또는 공업지역으로 정비가 시급한 지역
> ⑤ 「도시재생 활성화 및 지원에 관한 특별법」에 따른 도시재생활성화지역 중 도시경제기반형 활성화계획을 수립하는 지역
> ⑥ 그 밖에 창의적인 지역개발이 필요한 지역
>   ㉠ 「산업입지 및 개발에 관한 법률」 제2조 제8호 다목에 따른 도시첨단산업단지
>   ㉡ 「빈집 및 소규모주택 정비에 관한 특례법」 제2조 제3호에 따른 소규모주택정비사업의 시행구역
>   ㉢ 「도시재생 활성화 및 지원에 관한 특별법」 제2조 제1항 제6호 나목에 따른 근린재생형 활성화계획을 수립하는 지역

(2) 입지규제최소구역계획에는 입지규제최소구역의 지정목적을 이루기 위하여 다음에 관한 사항이 포함되어야 한다.

> ① 건축물의 용도·종류 및 규모 등에 관한 사항
> ② 건축물의 건폐율·용적률·높이에 관한 사항
> ③ 간선도로 등 주요 기반시설의 확보에 관한 사항
> ④ 용도지역·용도지구, 도시·군계획시설 및 지구단위계획의 결정에 관한 사항
> ⑤ 법 제83조의2 제1항·제2항에 따른 다른 법률 규정 적용의 완화 또는 배제에 관한 사항
> ⑥ 그 밖에 입지규제최소구역의 체계적 개발과 관리에 필요한 사항
> 📌 건축물의 배치·형태·색채·건축선은 입지규제최소구역계획에 포함되는 사항이 아니다.

(3) 입지규제최소구역의 지정 및 변경과 입지규제최소구역계획은 다음의 사항을 종합적으로 고려하여 도시·군관리계획으로 결정한다.

> ① 입지규제최소구역의 지정목적
> ② 해당 지역의 용도지역·기반시설 등 토지이용현황
> ③ 도시·군기본계획과의 부합성
> ④ 주변지역의 기반시설, 경관, 환경 등에 미치는 영향 및 도시환경 개선·정비효과
> ⑤ 도시의 개발 수요 및 지역에 미치는 사회적·경제적 파급효과

(4) 입지규제최소구역계획 수립시 용도, 건폐율, 용적률 등의 건축제한 완화는 기반시설의 확보현황 등을 고려하여 적용할 수 있도록 계획하고, 시·도지사, 시장, 군수 또는 구청장은 입지규제최소구역에서의 개발사업 또는 개발행위에 대하여 입지규제최소구역계획에 따른 기반시설 확보를 위하여 필요한 부지 또는 설치비용의 전부 또는 일부를 부담시킬 수 있다. 이 경우, 기반시설의 부지 또는 설치비용의 부담은 건축제한의 완화에 따른 토지가치 상승분(「감정평가 및 감정평가사에 관한 법률」에 따른 감정평가법인 등이 건축제한 완화 전·후에 대하여 각각 감정평가한 토지가액의 차이를 말한다)을 초과하지 아니하도록 한다.

(5) 국토교통부장관이 도시·군관리계획을 결정하기 위하여 관계 행정기관의 장과 협의하는 경우, 협의요청을 받은 기관의 장은 그 요청을 받은 날부터 10일(근무일 기준) 이내에 의견을 회신하여야 한다.

(6) 다른 법률에서 도시·군관리계획의 결정을 의제하고 있는 경우에도 이 법에 따르지 아니하고 입지규제최소구역의 지정과 입지규제최소구역계획을 결정할 수 없다.

(7) 입지규제최소구역계획의 수립기준 등 입지규제최소구역의 지정·변경과 입지규제최소구역계획의 수립·변경에 관한 세부적인 사항은 국토교통부장관이 정하여 고시한다.

5 지구단위계획과 지구단위계획구역

(1) **지구단위계획**

도시·군계획 수립대상지역 안의 일부에 대하여 토지이용을 합리화하고 그 기능을 증진시키며 미관을 개선하고 양호한 환경을 확보하며, 해당 지역을 체계적·계획적으로 관리하기 위하여 수립하는 도시·군관리계획을 말한다.

(2) **지구단위계획구역**

국토교통부장관, 시·도지사, 시장·군수가 도시·군관리계획으로 결정한다. 고시일로부터 3년 이내에 결정·고시되지 아니하면 3년이 되는 날의 다음 날에 효력을 잃는다.

지구단위계획구역 지정 대상	임의적 지정 (할 수 있다)	① 용도지구 ② 도시개발구역 ③ 정비구역 ④ 택지개발지구 ⑤ 대지조성사업지구 ⑥ 산업단지와 준산업단지 ⑦ 관광단지와 관광특구 ⑧ 개발제한구역·도시자연공원구역·시가화조정구역 또는 공원에서 해제되는 구역, 녹지지역에서 주거·상업·공업지역으로 변경되는 구역과 새로 도시지역으로 편입되는 구역 중 계획적인 개발 또는 관리가 필요한 지역 ⑨ 도시지역 내 주거·상업·업무 등의 기능을 결합하는 등 복합적인 토지 이용을 증진시킬 필요가 있는 지역으로서 요건에 해당하는 지역 ⑩ 도시지역 내 유휴토지를 효율적으로 개발하거나 교정시설, 군사시설, 그 밖에 시설을 이전 또는 재배치하여 토지 이용을 합리화하고, 그 기능을 증진시키기 위하여 집중적으로 정비가 필요한 지역으로서, 요건에 해당하는 지역 ⑪ 도시지역의 체계적·계획적인 관리 또는 개발이 필요한 지역 🔨 개발밀도관리구역, 개발제한구역은 지정 ×
	필수적 지정 (하여야 한다)	① 다음 지역 중 사업완료 10년 경과 지역 　㉠「도시 및 주거환경정비법」상 정비구역 　㉡「택지개발촉진법」상 택지개발지구 ② 다음 지역 중 면적 30만m² 이상인 지역 　㉠ 시가화조정구역 또는 공원에서 해제된 지역(단, 녹지지역으로 지정 또는 존치되거나 개발계획이 수립되지 아니한 경우 제외) 　㉡ 녹지지역에서 주거·상업·공업지역으로 변경된 지역
도시지역 외 지역 지정 요건	계획관리지역 (50% 이상)	① 계획관리지역 외 지구단위계획구역으로 포함할 수 있는 나머지 용도지역은 생산관리지역 또는 보전관리지역일 것 ② 다만, 지구단위계획구역에 포함되는 보전관리지역의 면적은 다음에 따른 면적 요건을 충족할 것 　㉠ 전체 지구단위계획구역 면적이 10만m² 이하인 경우: 전체 지구단위계획구역 면적의 20% 이내 　㉡ 전체 지구단위계획구역 면적이 10만m² 초과 20만m² 이하인 경우: 2만m² 　㉢ 전체 지구단위계획구역 면적이 20만m²를 초과하는 경우: 전체 지구단위계획구역 면적의 10% 이내

도시지역 외 지역 지정 요건	계획관리지역 (50% 이상)	③ 지구단위계획구역으로 지정하고자 하는 토지의 면적이 요건에 해당할 것 　㉠ 아파트 또는 연립주택의 건설계획이 포함되는 경우, 30만㎡ 이상일 것. 이 경우, 다음 요건에 해당하는 때에는 일단의 토지를 통합하여 하나의 지구단위계획구역으로 지정할 수 있다. 　　ⓐ 아파트 또는 연립주택건설계획 포함 각각 토지면적이 10만㎡ 이상, 총면적이 30만㎡ 이상 　　ⓑ ⓐ의 각 토지는 국토교통부장관이 정하는 범위 안에 위치, 국토교통부장관이 정하는 규모 이상의 도로연결 　㉡ 아파트 또는 연립주택의 건설계획이 포함되는 경우로서 다음 어느 하나에 해당하는 경우에는 10만㎡ 이상일 것 　　ⓐ 지구단위계획구역이 「수도권정비계획법」의 규정에 의한 자연보전권역인 경우 　　ⓑ 지구단위계획구역 안에 초등학교 용지를 확보하여 관할 교육청의 동의를 받은 경우 　㉢ 위의 경우를 제외하고는 3만㎡ 이상일 것 ④ 해당 지역에 도로·수도공급설비·하수도 등 기반시설을 공급할 수 있을 것 ⑤ 자연환경·경관·미관 등을 해치지 아니하고 문화재의 훼손 우려가 없을 것
	개발진흥지구	위의 계획관리지역의 지정 요건에 해당하면서, 동시에 해당 개발진흥지구가 다음 지역에 위치할 것 ① 주거·복합(주거기능 포함시만)·특정개발진흥지구 ⇨ 계획관리지역 ② 산업유통·복합개발진흥지구(주거기능 포함되지 않는 경우에 한한다) 　⇨ 계획·생산관리지역, 농림지역 ③ 관광·휴양개발진흥지구 ⇨ 도시지역 외 지역
	기존의 용도지구를 폐지하고 지구단위계획으로 대체하려는 지역	

(3) 지구단위계획의 내용

지구단위계획구역의 지정목적을 이루기 위하여 지구단위계획에는 다음의 사항 중 ③과 ⑤의 사항을 포함한 둘 이상의 사항이 포함되어야 한다. 다만, ②를 내용으로 하는 지구단위계획의 경우에는 그러하지 아니하다.

① 용도지역이나 용도지구를 대통령령으로 정하는 범위에서 세분하거나 변경하는 사항
② 기존의 용도지구를 폐지하고 그 용도지구에서의 건축물이나 그 밖의 시설의 용도·종류 및 규모 등의 제한을 대체하는 사항
③ 대통령령으로 정하는 기반시설의 배치와 규모
④ 도로로 둘러싸인 일단의 지역 또는 계획적인 개발·정비를 위하여 구획된 일단의 토지의 규모와 조성계획

⑤ 건축물의 용도제한, 건축물의 건폐율 또는 용적률, 건축물 높이의 최고한도 또는 최저한도
⑥ 건축물의 배치·형태·색채 또는 건축선에 관한 계획
⑦ 환경관리계획 또는 경관계획
⑧ 보행안전 등을 고려한 교통처리계획
⑨ 그 밖에 토지이용의 합리화, 도시나 농·산·어촌의 기능 증진 등에 필요한 사항으로서 대통령령으로 정하는 사항

(4) 지구단위계획구역의 지정에 관한 도시·군관리계획 결정의 실효 등

① 실효사유

㉠ 지구단위계획의 미결정·미고시(원칙): 지구단위계획구역의 지정에 관한 도시·군관리계획 결정의 고시일부터 3년 이내에 그 지구단위계획구역에 관한 지구단위계획이 결정·고시되지 아니하면 그 3년이 되는 날의 다음 날에 그 지구단위계획구역의 지정에 관한 도시·군관리계획 결정은 효력을 잃는다. 다만, 다른 법률에서 지구단위계획의 결정(결정된 것으로 보는 경우를 포함한다)에 관하여 따로 정한 경우에는 그 법률에 따라 지구단위계획을 결정할 때까지 지구단위계획구역의 지정은 그 효력을 유지한다.

㉡ 사업·공사의 미착수: 지구단위계획(주민이 입안을 제안한 것에 한정한다)에 관한 도시·군관리계획 결정의 고시일부터 5년 이내에 이 법 또는 다른 법률에 따라 허가·인가·승인 등을 받아 사업이나 공사에 착수하지 아니하면 그 5년이 된 날의 다음 날에 그 지구단위계획에 관한 도시·군관리계획 결정은 효력을 잃는다. 이 경우, 지구단위계획과 관련한 도시·군관리계획 결정에 관한 사항은 해당 지구단위계획구역 지정 당시의 도시·군관리계획으로 환원된 것으로 본다.

② 실효고시: 지구단위계획구역 지정의 실효고시는 국토교통부장관이 하는 경우에는 관보와 국토교통부의 홈페이지에, 시·도지사 또는 시장·군수가 하는 경우에는 해당 시·도 또는 시·군의 공보와 인터넷 홈페이지에 다음의 사항을 게재하는 방법으로 한다.

㉠ 실효일자
㉡ 실효사유
㉢ 실효된 지구단위계획구역의 내용

제3장 개발에 관한 사항

제1절 개발행위허가제도

1 개발행위의 허가대상

다음의 행위를 하고자 하는 자는 특별시장·광역시장·특별자치시장·특별자치도지사·시장 또는 군수의 허가(이하 '개발행위허가'라 한다)를 받아야 한다. 단, 도시·군계획사업(다른 법률에 따라 도시·군계획사업을 의제한 사업을 포함한다)에 의하는 경우에는 그러하지 아니하다.

건축 및 공작물의 설치	「건축법」상 건축물의 건축
토지의 형질변경	절토·성토·정지·포장 등의 방법으로 토지의 형상을 변경하는 행위와 공유수면의 매립(경작을 위한 토지의 형질변경은 제외한다)
토석의 채취	흙, 모래, 자갈, 바위 등의 토석을 채취하는 행위(토지의 형질변경을 위한 것은 제외한다)
토지분할	① 녹지지역, 관리지역, 농림지역, 자연환경보전지역 안에서 관계 법령에 따른 허가·인가 등을 받지 아니하고 행하는 토지분할 ② 「건축법」에 의한 분할제한면적 미만의 토지분할(「건축법」에 따른 건축물이 있는 대지를 제외한다) ③ 관계 법령에 의한 허가·인가 등을 받지 아니하고 행하는 너비 5m 이하로의 토지분할
물건을 쌓아놓는 행위	녹지지역, 관리지역, 자연환경보전지역 안에서 건축물의 울타리 아닌 토지에 물건을 1개월 이상 쌓아놓는 행위(농림지역은 포함되지 않는다)

2 개발행위허가의 제외대상

다음에 해당하는 행위는 **1**의 규정에도 불구하고, 개발행위허가를 받지 아니하고 이를 할 수 있다.

> ① 재해복구 또는 재난수습을 위한 응급조치(1개월 내 사후신고)
> ② 「건축법」에 의하여 신고하고 설치할 수 있는 건축물($85m^2$ 이하)의 개축·증축 또는 재축
> ③ 그 밖에 대통령령으로 정하는 경미한 행위
>   ㉠ 건축물의 건축
>   ㉡ 공작물의 설치
>   ㉢ 토지의 형질변경
>   ㉣ 토석채취
>   ㉤ 토지분할
>   ㉥ 물건을 쌓아놓는 행위

3 개발행위허가의 절차

(1) 신청서의 제출

기반시설의 설치·그에 필요한 용지의 확보·위해방지·환경오염방지·경관·조경 등에 관한 계획서를 첨부한 신청서를 개발행위허가권자에게 제출하여야 한다.

📌 개발밀도관리구역에서는 기반시설에 관한 계획서는 제출하지 아니한다.

(2) 허가·불허가처분

① 특별시장·광역시장·특별자치시장·특별자치도지사·시장 또는 군수는 개발행위허가의 신청에 대하여 특별한 사유가 없는 한 15일 이내(도시계획위원회의 심의 또는 행정기관의 장과 협의하는 경우에는 심의 또는 협의기간은 제외한다)에 허가 또는 불허가의 처분을 하여야 한다.
② 특별시장·광역시장·특별자치시장·특별자치도지사·시장 또는 군수는 허가 또는 불허가의 처분을 할 때에는 지체 없이 그 신청인에게 허가내용이나 불허가처분의 사유를 서면 또는 국토이용정보체계를 통하여 알려야 한다.

(3) 조건부 허가

특별시장·광역시장·특별자치시장·특별자치도지사·시장 또는 군수는 개발행위허가를 하는 경우에는 해당 개발행위에 따른 기반시설의 설치·그에 필요한 용지의 확보·위해방지·환경오염방지·경관·조경 등에 관한 조치를 할 것을 조건으로 개발행위허가를 할 수 있다.

4 개발행위허가의 기준 등

(1) 개발행위허가의 기준

특별시장·광역시장·특별자치시장·특별자치도지사·시장 또는 군수는 개발행위허가의 신청내용이 다음의 기준에 적합한 경우에 한하여 개발행위허가를 하여야 한다.

① 개발행위의 규모에 적합할 것
② 도시·군관리계획 및 성장관리계획의 내용에 어긋나지 아니할 것
③ 도시·군계획사업의 시행에 지장이 없을 것
④ 주변지역의 토지이용실태 또는 토지이용계획, 건축물의 높이, 토지의 경사도, 수목의 상태, 물의 배수, 하천·호소·습지의 배수 등 주변환경 또는 경관과 조화를 이룰 것
⑤ 해당 개발행위에 따른 기반시설의 설치 또는 그에 필요한 용지의 확보계획이 적정할 것

(2) 개발행위의 규모

면적 규모	대상 용도지역
5천m² 미만	보전녹지지역·자연환경보전지역
1만m² 미만	주거지역·상업지역·생산녹지지역·자연녹지지역
3만m² 미만	공업지역·관리지역·농림지역

제2절　개발밀도관리구역과 기반시설부담구역

1 개발밀도관리구역

(1) 의의

개발로 인하여 기반시설이 부족할 것이 예상되나 기반시설의 설치가 곤란한 지역을 대상으로 건폐율 또는 용적률을 강화하여 적용하기 위해 지정하는 구역을 말한다.

(2) 지정권자 및 지정대상지역

특별시장·광역시장·특별자치시장·특별자치도지사·시장 또는 군수는 주거·상업 또는 공업지역에서의 개발행위로 기반시설(도시·군계획시설을 포함한다)의 처리·공급 또는 수용능력이 부족할 것으로 예상되는 지역 중 기반시설의 설치가 곤란한 지역을 개발밀도관리구역으로 지정할 수 있다.

(3) 지정절차

① 심의: 특별시장·광역시장·특별자치시장·특별자치도지사·시장 또는 군수는 개발밀도관리구역을 지정하거나 변경하려면 다음의 사항을 포함하여 해당 지방자치단체에 설치된 지방도시계획위원회의 심의를 거쳐야 한다.

> ㉠ 개발밀도관리구역의 명칭
> ㉡ 개발밀도관리구역의 범위
> ㉢ 건폐율 또는 용적률의 강화범위

② 고시: 특별시장·광역시장·특별자치시장·특별자치도지사·시장 또는 군수는 개발밀도관리구역을 지정 또는 변경한 경우에는 이를 공보에 게재하는 방법에 의하여 고시하여야 한다.

(4) 지정기준

개발밀도관리구역의 지정기준, 개발밀도관리구역의 관리 등에 관하여 필요한 사항은 다음에 정하는 바에 따라 국토교통부장관이 정한다.

> ① 개발밀도관리구역은 도로·수도공급설비·하수도·학교 등 기반시설의 용량이 부족할 것으로 예상되는 지역 중 기반시설의 설치가 곤란한 지역으로서 다음에 해당하는 지역에 대하여 지정할 수 있도록 할 것

㉠ 해당 지역의 도로서비스 수준이 매우 낮아 차량통행이 현저하게 지체되는 지역. 이 경우, 도로서비스 수준의 측정에 관하여는 「도시교통정비 촉진법」에 따른 교통영향분석 · 개선대책의 예에 따른다.
㉡ 해당 지역의 도로율이 국토교통부령이 정하는 용도지역별 도로율에 20% 이상 미달하는 지역
㉢ 향후 2년 이내에 해당 지역의 수도에 대한 수요량이 수도시설의 시설용량을 초과할 것으로 예상되는 지역
㉣ 향후 2년 이내에 해당 지역의 하수발생량이 하수시설의 시설용량을 초과할 것으로 예상되는 지역
㉤ 향후 2년 이내에 해당 지역의 학생 수가 학교수용능력을 20% 이상 초과할 것으로 예상되는 지역
② 개발밀도관리구역의 경계는 도로 · 하천 그 밖에 특색 있는 지형지물을 이용하거나 용도지역의 경계선을 따라 설정하는 등 경계선이 분명하게 구분되도록 할 것
③ 용적률의 강화범위는 기반시설의 부족정도를 고려하여 결정할 것
④ 개발밀도관리구역 안의 기반시설의 변화를 주기적으로 검토하여 용적률을 강화 또는 완화하거나 개발밀도관리구역을 해제하는 등 필요한 조치를 취하도록 할 것

(5) 지정효과

특별시장 · 광역시장 · 특별자치시장 · 특별자치도지사 · 시장 또는 군수는 개발밀도관리구역 안에서는 해당 용도지역에 적용되는 건폐율 또는 용적률을 대통령령으로 정하는 범위 안에서 강화하여 적용한다.

2 기반시설부담구역

(1) 의의

개발밀도관리구역 외의 지역으로서, 개발로 인하여 도로, 공원, 녹지 등 대통령령으로 정하는 기반시설의 설치가 필요한 지역을 대상으로 기반시설을 설치하거나 그에 필요한 용지를 확보하게 하기 위하여 지정 · 고시하는 구역을 말한다. '도로, 공원, 녹지 등 대통령령으로 정하는 기반시설'이란 다음의 기반시설(해당 시설의 이용을 위하여 필요한 부대시설 및 편의시설을 포함한다)을 말한다.

> ① 도로(인근의 간선도로로부터 기반시설부담구역까지의 진입도로를 포함한다)
> ② 공원
> ③ 녹지
> ④ 학교(「고등교육법」제2조에 따른 학교인 대학은 제외한다)
> ⑤ 수도(인근의 수도로부터 기반시설부담구역까지 연결하는 수도를 포함한다)
> ⑥ 하수도(인근의 하수도로부터 기반시설부담구역까지 연결하는 하수도를 포함한다)
> ⑦ 폐기물처리 및 재활용시설
> ⑧ 그 밖에 특별시장·광역시장·특별자치시장·특별자치도지사·시장 또는 군수가 기반시설부담계획에서 정하는 시설

(2) 기반시설부담구역의 지정

① 의무적 지정대상지역: 특별시장·광역시장·특별자치시장·특별자치도지사·시장 또는 군수는 다음의 어느 하나에 해당하는 지역에 대하여는 기반시설부담구역으로 지정하여야 한다.

> ㉠ 이 법 또는 다른 법령의 제정·개정으로 인하여 행위제한이 완화되거나 해제되는 지역
> ㉡ 이 법 또는 다른 법령에 따라 지정된 용도지역 등이 변경되거나 해제되어 행위제한이 완화되는 지역
> ㉢ 개발행위허가 현황 및 인구증가율 등을 고려하여 대통령령으로 정하는 지역
>   ⓐ 해당 지역의 전년도 개발행위허가 건수가 전전년도 개발행위허가 건수보다 20% 이상 증가한 지역
>   ⓑ 해당 지역의 전년도 인구증가율이 그 지역이 속하는 특별시·광역시·특별자치시·특별자치도·시 또는 군(광역시의 관할구역에 있는 군은 제외한다)의 전년도 인구증가율보다 20% 이상 높은 지역

② 임의적 지정대상지역: 개발행위가 집중되어 특별시장·광역시장·특별자치시장·특별자치도지사·시장 또는 군수가 해당 지역의 계획적 관리를 위하여 필요하다고 인정하는 경우에는 위 ①에 해당하지 아니하는 경우라도 기반시설부담구역으로 지정할 수 있다.

③ 지정절차: 특별시장·광역시장·특별자치시장·특별자치도지사·시장 또는 군수는 기반시설부담구역을 지정 또는 변경하려면 주민의 의견을 들어야 하며, 해당 지방자치단체에 설치된 지방도시계획위원회의 심의를 거쳐 대통령령으로 정하는 바에 따라 이를 고시하여야 한다.

제3절 기반시설

1 기반시설

다음의 시설로서, 대통령으로 정하는 시설을 말한다.

교통시설	도로·철도·항만·공항·주차장·자동차정류장·궤도·차량검사 및 면허시설
공간시설	광장·공원·녹지·유원지·공공공지
유통·공급시설	유통업무설비, 수도·전기·가스·열공급설비, 방송·통신시설, 공동구·시장, 유류저장 및 송유설비
공공·문화체육시설	학교·공공청사·문화시설·공공필요성이 인정되는 체육시설·연구시설·사회복지시설·공공직업훈련시설·청소년수련시설
방재시설	하천·유수지·저수지·방화설비·방풍설비·방수설비·사방설비·방조설비
보건위생시설	장사시설·도축장·종합의료시설
환경기초시설	하수도·폐기물처리 및 재활용시설·빗물저장 및 이용시설·수질오염방지시설·폐차장

🔖 기반시설이 아닌 것: 의원, 군사시설, 학원, 공장, 교회, 백화점, 아파트

2 도시·군계획시설

기반시설 중 도시·군관리계획으로 결정된 시설을 말한다.

3 광역시설

기반시설 중 광역적인 정비체계가 필요한 다음의 시설을 말한다.

둘 이상의 특별시·광역시·특별자치시·특별자치도·시 또는 군의 관할구역에 걸치는 시설	도로·철도·광장·녹지, 수도·전기·가스·열공급설비, 방송·통신시설, 공동구, 유류저장 및 송유설비, 하천·하수도(하수종말처리시설을 제외한다)
둘 이상의 특별시·광역시·특별자치시·특별자치도·시 또는 군이 공동으로 이용하는 시설	항만·공항·자동차정류장·공원·유원지·유통업무설비·문화시설·공공필요성이 인정되는 체육시설·사회복지시설·공공직업훈련시설·청소년수련시설·유수지·장사시설·도축장·하수도(하수종말처리시설에 한한다)·폐기물처리 및 재활용시설·수질오염방지시설·폐차장

🔖 지방자치단체는 광역시설을 다른 지방자치단체의 관할구역에 설치할 때에는 환경오염방지사업 또는 주민편익증진사업을 함께 시행하거나, 이에 필요한 자금을 해당 지방자치단체에 지원하여야 한다.

심화 기반시설 등

기반시설 등의 내용은 다음 표를 통해 정리한다.

종류	내용	관리
기반시설	도로, 철도, 학교, 공원 등 46가지	
도시·군 계획시설	① 도시·군계획시설의 설치 　㉠ 원칙: 지상, 수상, 공중, 수중, 지하에 기반시설을 설치시 미리 도시·군관리계획으로 결정한다. 　㉡ 예외: 대통령령으로 정하는 기반시설(시장, 장례식장, 공공청사, 문화시설, 저수지, 공원 안의 기반시설 등) ② 도시·군계획시설의 결정, 구조 및 설치의 기준 등에 관하여 필요한 사항은 국토교통부령으로 정한다.	① 설치·관리의무자 　㉠ 국가 관리: 대통령령으로 정한다 (중앙관서의 장). 　㉡ 지방자치단체 관리: 조례로 정한다. ② 도시·군계획시설의 공중 및 지하에의 설치기준과 보상: 따로 법률(개별법을 의미한다)로 정한다.
광역시설	① 둘 이상 특별시·광역시·특별자치시·특별자치도·시·군에 걸치는 시설 ② 둘 이상 특별시·광역시·특별자치시·특별자치도·시·군에서 이용하는 시설	① 협약 체결, 협의회 구성 미성립시: 같은 도 도지사가 설치·관리한다. ② 국가계획 설치시: 목적으로 하는 법인이 설치·관리한다. ③ 개발위축·환경오염우려시설 이전 설치시: 환경오염방지사업, 주민지원사업을 해당 지방자치단체와 공동시행 또는 자금 지원한다.
공동구	지하매설물을 공동수용함으로써 지하에 설치하는 시설물을 말하며, 공동구가 설치된 경우에는 대통령령으로 정하는 바에 따라 공동구에 수용하여야 할 시설이 모두 수용되도록 하여야 한다.	① 특별시장·광역시장·특별자치시장·특별자치도지사·시장·군수가 관리(안전점검)한다. ② 설치비 미부담자는 점용료·사용료를 부담한다(허가 없이 점용한 경우에는 1천만원 이하의 과태료).

제4절 도시·군계획시설사업

1 도시·군계획시설사업의 절차도

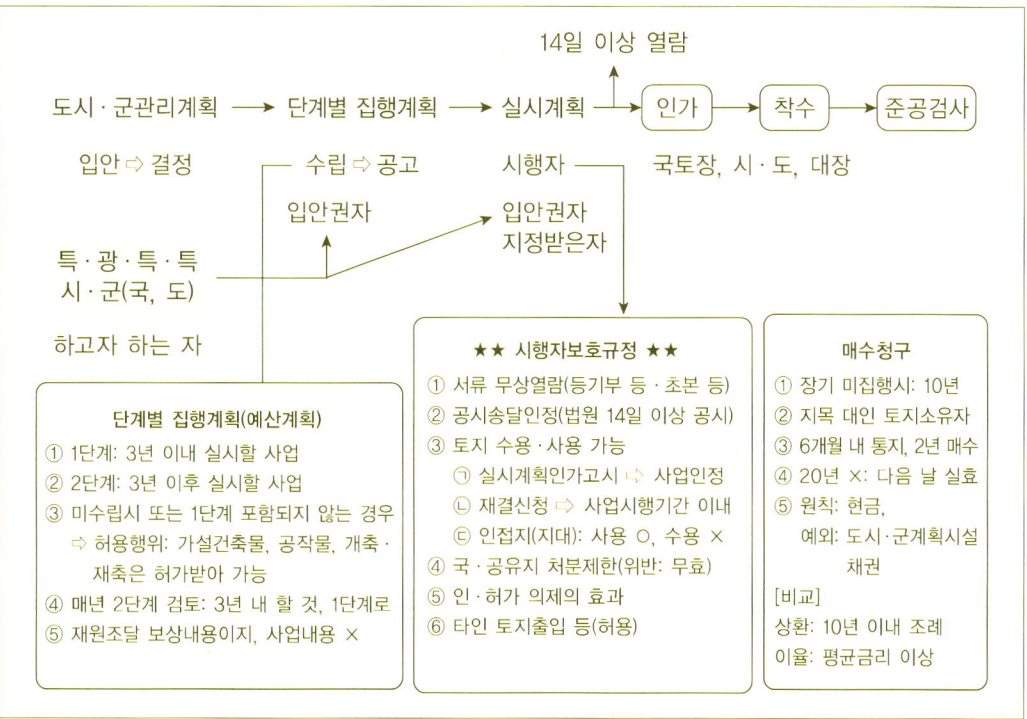

2 토지 등의 수용·사용

(1) 모든 사업시행자는 수용·사용이 가능하다(비행정청인 시행자도 행정청의 지위 획득으로 간주한다).

(2) 특칙으로는 수용의 절차상 특례와 수용의 유형상 특례가 있다. 이 법에 특별한 규정이 있는 경우를 제외하고는 일반법인 「공익사업을 위한 토지 등의 취득 및 보상에 관한 법률」을 준용한다.

3 도시·군계획시설부지에서의 매수청구

(1) 매수청구제도의 도입 당시 배경

도시·군계획시설 결정 이후 10년 이상 사업이 시행되지 않은 도시·군계획시설부지 중 지목이 대인 토지의 경우, 보상규정 없이 행위제한을 가하고 있는 당시 도시계획법 해당 조항은 위헌이라고 헌법불합치 판정을 받아 새로 도입된 제도이다.

(2) 매수청구의 요건

10년 이내에 해당 도시·군계획시설사업이 시행되지 아니하였다 하더라도, 실시계획의 인가 또는 그에 상당하는 절차가 행하여진 경우는 매수청구 할 수 없다.

(3) 매수의무자

① 원칙: 특별시장·광역시장·특별자치시장·특별자치도지사·시장 또는 군수
② 예외

> ㉠ 이 법에 의하여 해당 도시·군계획시설사업의 시행자가 정하여진 경우에는 그 시행자
> ㉡ 이 법 또는 다른 법률에 의하여 도시·군계획시설을 설치하거나 관리하여야 할 의무가 있는 자가 있는 경우에는 그 의무가 있는 자(서로 다른 경우에는 설치의무자에게 매수청구)

(4) 매수결정 및 통지

① 매수 여부 결정: 매수청구가 있은 날부터 6개월 이내에 통지하여야 한다.
② 매수: 매수결정을 통지한 날부터 2년 이내에 매수하여야 한다.

(5) 매수대금의 지급방법

① 원칙: 현금으로 그 대금을 지급한다.
② 예외: 도시·군계획시설채권을 발행하여 지급할 수 있다.

> ㉠ 발행자: 지방자치단체(비행정청인 시행자는 발행할 수 없다)
> ㉡ 발행사유
>   ⓐ 토지소유자가 원하는 경우
>   ⓑ 부재부동산 소유자의 토지 또는 비업무용 토지로서 매수대금이 대통령령이 정하는 일정금액(3천만원)을 초과하는 경우, 그 초과하는 금액에 대하여 지급하는 경우(소유자 의사에 반하여 발행 가능하다)
> ㉢ 발행절차: 「지방재정법」을 준용한다.
> ㉣ 상환기간 및 이율: 조례로 정한다(상환기간은 10년 이내, 이율은 전국대상 은행의 예금금리 평균 이상).

(6) 가격 및 절차

「공익사업을 위한 토지 등의 취득 및 보상에 관한 법률」을 준용한다(공시지가가 아님에 유의한다).

(7) 매수거부 등

매수거부 또는 매수지연시 허가를 받아 대통령령으로 정하는 다음의 건축물 또는 공작물을 설치할 수 있다.

> ① 단독주택으로서 3층 이하인 것(다가구주택, 다중주택은 포함되지 않음에 유의한다)
> ② 제1종 근린생활시설, 제2종 근린생활시설[단란주점, 안마시술소, 노래연습장, 다중생활시설($500m^2$ 미만) 제외]로서 3층 이하인 것
> ③ 공작물

(8) 도시·군계획시설 결정 실효

도시·군계획시설 결정이 고시된 도시·군계획시설에 대하여 그 고시일로부터 20년이 지날 때까지 해당 시설의 설치에 관한 도시·군계획시설사업이 시행되지 아니하는 경우, 그 도시·군계획시설 결정은 그 고시일로부터 20년이 되는 날의 다음 날에 그 효력을 상실한다.

(9) 해제 권고 등

① 미집행 사업의 지방의회 보고: 특·광·특·특·시장 또는 군수는 도시·군계획시설 결정이 고시된 도시·군계획시설(국장이 결정·고시한 도시·군계획시설은 제외)을 설치할 필요성이 없어진 경우 또는 그 고시일부터 10년이 지날 때까지 해당 시설의 설치에 관한 도시·군계획시설사업이 시행되지 아니하는 경우에는 그 현황과 단계별 집행계획을 해당 지방의회에 보고하여야 한다.
② 해제 권고: 보고를 받은 지방의회는 보고 접수받은 날로부터 90일 이내에 특·광·특·특·시장 또는 군수에게 도시·군계획시설 결정의 해제를 권고할 수 있다.
③ 해제 결정 및 신청: 도시·군계획시설 결정의 해제를 권고받은 특·광·특·특·시장 또는 군수는 특별한 사유가 없으면 1년 이내에 그 도시·군계획시설 결정의 해제를 위한 도시·군관리계획을 결정하거나 도지사에게 그 결정을 신청하여야 한다. 이 경우, 신청을 받은 도지사는 특별한 사유가 없으면 그 도시·군계획시설 결정의 해제를 위한 도시·군관리계획을 결정하여야 한다(만약 해제할 수 없으면 6개월 이내에 소명한다).

제 **3** 편

도시개발법

제 1 장 | **용어 정의**

제 2 장 | **도시개발구역의 지정 등**

제 3 장 | **도시개발사업계획(개발계획)**

제 4 장 | **도시개발사업의 시행자와 시행방식**

제1장 용어 정의

1 도시개발구역

도시개발사업을 시행하기 위하여 법 제3조 및 제9조의 규정에 의하여 지정·고시된 구역을 말한다.

2 도시개발사업

도시개발구역 안에서 주거·상업·산업·유통·정보통신·생태·문화·보건 및 복지 등의 기능을 가지는 단지 또는 시가지를 조성하기 위하여 시행하는 사업을 말한다.

3 국토의 계획 및 이용에 관한 법률 준용

「국토의 계획 및 이용에 관한 법률」에서 사용하는 용어는 이 법으로 특별히 정하는 경우 외에는 이 법에서 이를 적용한다.

4 환지

(1) 환지란 예전 토지구획정리사업이나 환지방식의 도시개발사업시 대상토지의 위치, 지목, 면적, 이용도, 기타 여러 사항을 고려하여 사업시행 후 소유주에게 재배분하는 택지, 혹은 이에 따른 행위를 말한다.

(2) 현재에는 「도시개발법」에 의한 개발사업의 시행수단으로서 환지방식에 의한 사업시행시 적용되고 있다. 환지방식의 사업은 주로 다음의 경우에 시행한다.

> ① 대지로서의 효용증진과 공공시설의 정비를 위하여 토지의 교환·분할·합병, 그 밖의 구획변경, 지목 또는 형질의 변경이나 공공시설의 설치·변경이 필요한 경우
> ② 도시개발사업을 시행하는 지역의 지가가 인근의 다른 지역에 비하여 현저히 높아 수용 또는 사용방식으로 시행하는 것이 어려운 경우

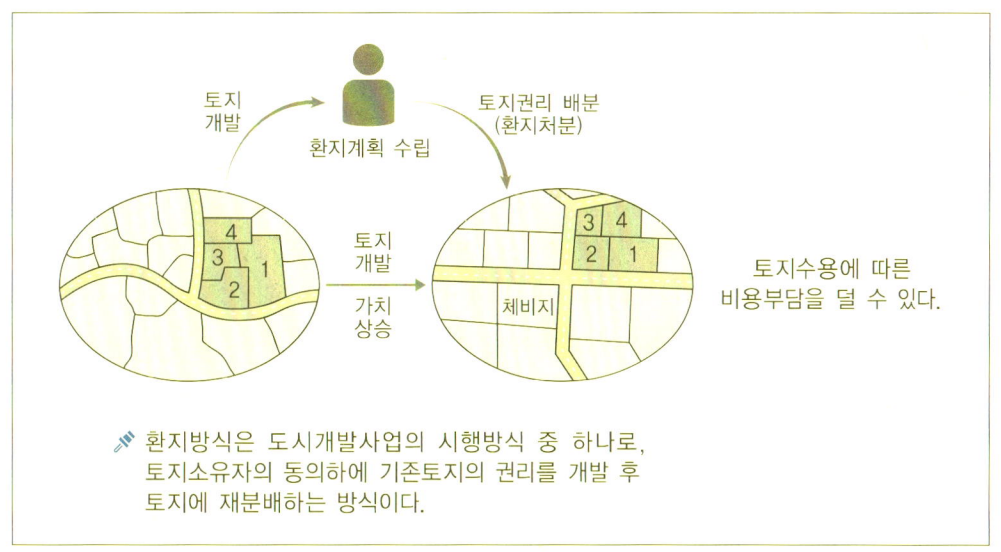

5 체비지

도시개발사업을 환지방식으로 시행하는 경우(구 토지구획정리사업), 해당 사업에 필요한 재원을 확보하기 위하여 사업주가 토지소유주로부터 취득하여 처분할 수 있는 토지도시개발사업을 환지방식(사업 후 필지정리를 통해 토지소유권을 재분배하는 방식)으로 시행하는 경우에는 시행자가 사업에 필요한 경비에 충당하거나 사업계획에서 정한 목적으로 사용하기 위하여 일정한 토지를 정하여 처분할 수 있으며, 이러한 토지를 보류지라고 한다. 이러한 보류지 중 공동시설 설치 등을 위한 용지로 사용하기 위한 토지를 제외한 부분, 즉 시행자가 경비충당 등을 위해 매각처분할 수 있는 토지가 바로 체비지이다.

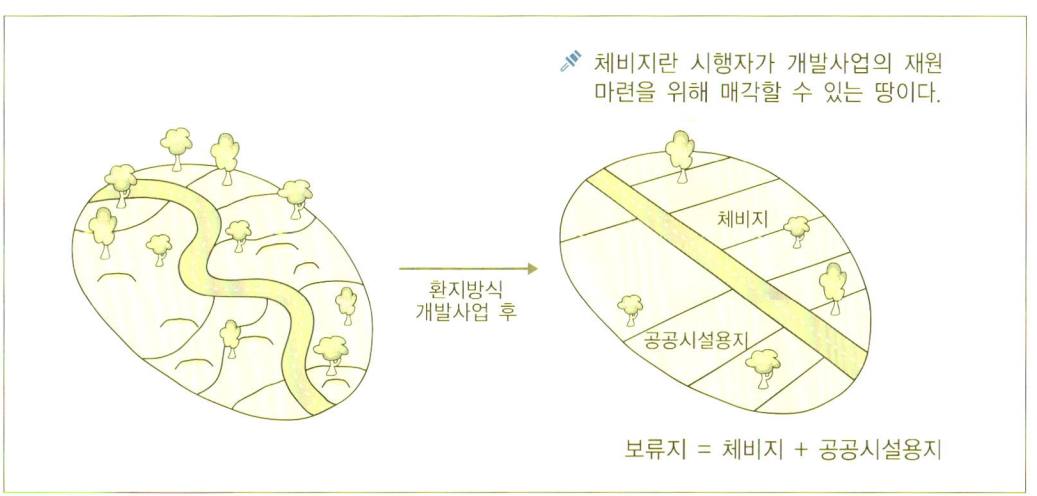

6 입체환지

(1) 도시개발사업을 원활히 시행하기 위하여 특히 필요한 경우에는 토지소유자와 건축물 소유자의 신청을 받아 환지의 목적인 토지를 갈음하여 시행자에게 처분할 권한이 있는 건축물의 일부와 그 건축물이 있는 토지의 공유지분을 부여하는 것을 말한다.

(2) 입체환지 개념은 예전 토지구획정리사업법에 의해서 처음 도입되었다. 이 법에서 토지구획정리사업 시행자는 환지계획에 있어서 과소(寡少)필지가 발생하지 않도록 하기 위하여 필요시 토지소유자의 동의를 받아 환지의 목적인 토지 대신에 시행자가 처분할 권한을 갖는 건축물의 일부와 그 건축물이 있는 토지의 공유지분을 줄 수 있도록 환지계획을 작성할 수 있게 하였다. 이후 「도시개발법」에 의해 입체환지의 범위가 확장되어, 도시개발사업 시행자는 도시개발사업을 원활히 시행하기 위하여 필요한 경우에는 입체환지를 포함하는 환지계획을 작성할 수 있다.

(3) 일반적인 환지는 토지만에 대한 환지로서 평면환지라고 한다면, 입체환지는 건축물과 부지를 동시에 환지의 대상으로 한다는 점에서 입체인 환지라고 할 수 있으며, 도시·군계획사업을 원활하게 추진하면서 지지대상에 대한 다양한 요구를 수용할 수 있다는 점에서 유용한 제도라고 할 수 있다.

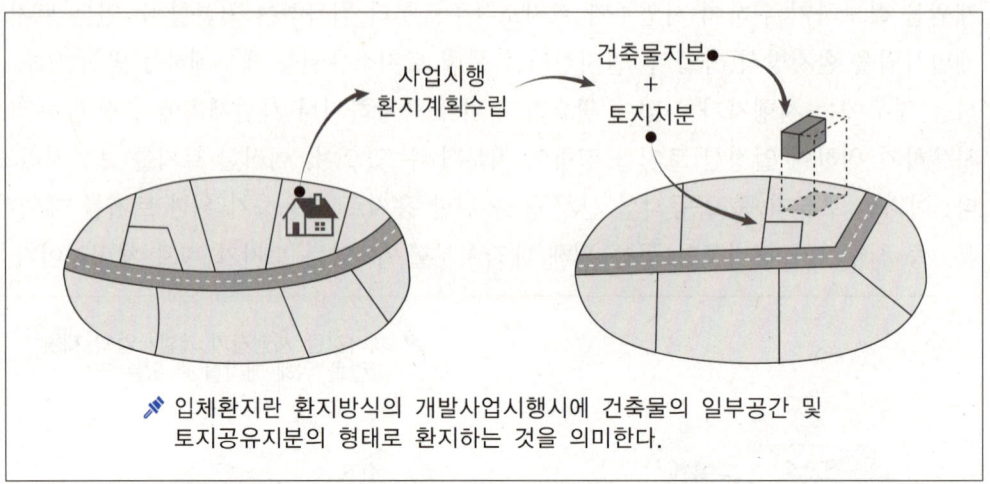

입체환지란 환지방식의 개발사업시행시에 건축물의 일부공간 및 토지공유지분의 형태로 환지하는 것을 의미한다.

7 감보율(토지부담률)

(1) 도시개발사업을 환지방식으로 시행하는 경우, 도로·공원·학교 등 공공용지 및 공동시설 확보 및 공사비 충당을 위하여 사업계획구역 안의 토지소유자가 부담하는 토지의 비율을 말한다. 도시개발사업의 시행방식 중 환지방식은 기존 토지소유자의 소유권을 유지한 채로 개발사업을 시행하여 개발된 토지를 토지소유자에게 다시 나누어 주는 사업방식에서 사용된다.

(2) 도시개발사업을 환지방식으로 시행하는 경우, 시행자는 필요한 경비에 충당하거나 규약·정관·시행규정 또는 실시계획으로 정하는 목적으로 사용하기 위해 개발된 토지 가운데 일부를 토지소유자에게 다시 나누어 주지 않을 수 있으며, 이러한 토지를 보류지라 한다. 따라서, 환지방식으로 사업을 시행하는 경우 기존의 토지소유자는 기존 토지면적보다 줄어든 토지를 돌려받게 되며, 이러한 줄어든 토지면적의 비율을 감보율이라 한다.

(3) 예를 들어, 전체 토지면적 $1,000m^2$를 보유한 사람이 환지방식의 사업 후 $800m^2$ 면적의 토지를 돌려받았다면 보류지로 떼어준 땅의 면적은 $200m^2$이고, 감보율은 $1,000 - 800 / 1,000 \times 100 = 20\%$가 된다. 이같은 감보율은 같은 환지계획구역에서도 토지이용도 및 개개 소유지의 위치에 따라 필지별로 다르게 적용될 수 있으며, 계획구역 전체에 대한 감보율은 다음과 같은 평균토지부담률로 계산된다.

$$평균토지부담률 = \frac{(보류지면적 - 시행자에게 무상으로 귀속되는 공공시설면적)}{(환지계획구역면적 - 시행자에게 무상으로 귀속되는 공공시설면적)} \times 100$$

이러한 감보율은 도시개발사업 시행자가 법률의 기준에 따라 산정하며, 토지소유자의 권리 보호를 위해 평균토지부담률은 50%를 초과할 수 없게 되어 있으나, 불가피한 경우 지정권자의 승인을 받아 60%까지 가능하며 환지계획구역 안의 토지소유자 총수의 3분의 2 이상의 동의를 받으면 60%를 초과하여 정할 수도 있다.

(4) 환지방식으로 도시개발사업을 시행하는 경우 일반적으로 사업 전에 비해 돌려받는 토지면적은 줄어들지만, 도시개발사업으로 인한 지가 상승이 있으므로 토지소유자가 손해를 보는 것은 아니다.

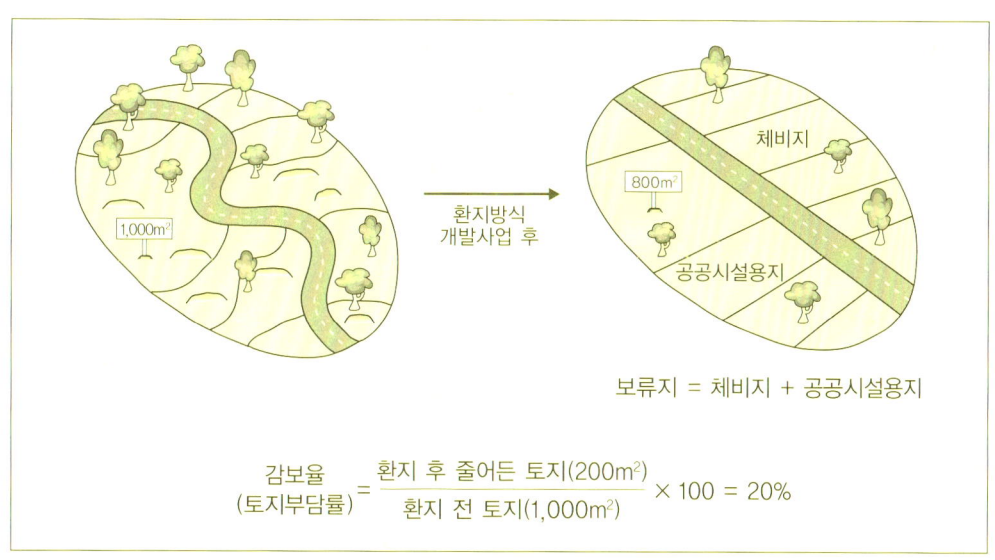

제2장 도시개발구역의 지정 등

1 개발구역의 지정권자

(1) 원칙적 지정권자

① 시·도지사 또는 대도시 시장이 단독지정한다.

② 둘 이상의 시·도, 대도시에 걸친 경우에는 협의하여 도시개발구역을 지정할 자를 정한다.

> 협의하여 공동으로 지정하는 것이 아니라, 지정할 자를 정하는 것임에 유의한다. 쉽게 표현해서, 가위바위보 해서 이긴 사람이 지정한다고 보면 된다.

(2) 예외적 지정권자

국토교통부장관은 다음의 어느 하나에 해당하면 원칙 규정에도 불구하고 도시개발구역을 지정할 수 있다.

① 국가가 도시개발사업을 실시할 필요가 있는 경우
② 관계 중앙행정기관의 장이 요청하는 경우
③ 공공기관의 장, 정부출연기관의 장이 30만m^2 이상 국가계획과 밀접한 사항으로서 도시개발구역의 지정을 제안하는 경우(지방공사가 없음에 유의한다)
④ 둘 이상의 시·도 또는 대도시의 행정구역에 걸칠 때 시·도지사 또는 대도시 시장 간 협의가 성립하지 아니하는 경우
⑤ 천재지변, 기타의 사유로 인하여 긴급히 도시개발사업의 시행이 필요한 경우

2 개발구역의 지정절차

구역 지정
① 요청: 시장(대도시 시장 제외)·군수·구청장 ⇨ 시·도지사
② 제안: 시행자가 될 수 있는 자 ⇨ 특별자치도지사, 시장·군수·구청장(단, 국가, 지방자치단체, 조합은 제외)
  ㉠ 민간시행자: 토지면적의 3분의 2 이상에 해당하는 토지소유자의 동의 필요
  ㉡ 공공기관, 정부출연기관의 장: 30만m^2 이상 + 국가계획과 밀접한 관련 ⇨ 국토교통부장관에게 제안 가능

⇩

기초조사
① 임의적 사항(할 수 있다)
② 시행자 또는 시행자가 되고자 하는 자가 실시한다.

⇩

공람 또는 공청회
① 주민, 관계 전문가의 의견청취: 공람(14일 이상) 후 ⇨ 공청회를 개최하여야 한다 (100만m^2 이상일 경우 의무사항).
② 공람절차상 일간신문에 공고하여야 하나, 면적이 10만m^2 미만인 경우에는 신문에 공고하지 아니하고 공보에 의한다.

⇩

협의
지정권자(국토교통부장관, 시·도지사, 대도시 시장)와 관계 행정기관의 장

⇩

심의
① 국토교통부장관 ⇨ 중앙도시계획위원회
② 시·도지사(대도시 시장) ⇨ 시·도(대도시) 도시계획위원회

⇩

지정·고시
① 지정·고시: 시·도지사, 대도시 시장 ⇨ 공보 / 국토교통부장관 ⇨ 관보
② 효과 ┬ 도시지역, 지구단위계획구역 결정·고시 의제
       │ (지구단위구역과 취락지구는 의제되지 않음에 유의한다)
       └ 행위제한 - 도시개발사업을 제외하고 개발행위허가
          (특·광·특·시·군)
  ㉠ 도시·군관리계획에 관한 지형도면의 고시기간은 사업시행기간 내
  ㉡ 건축(건축 + 대수선 + 용도변경), 공작물 설치, 물건을 쌓아놓는 행위, 토지형질변경, 토석채취, 토지분할, 죽목벌채·식재(개발행위)는 허가를 받아야 한다. 단, 천재지변 등의 사유는 허가 없이도 가능하다.
  ㉢ 기득권 보호(30일 이내 신고 후 계속시행 가능, 정비구역도 같다)
③ 구역의 해제: 5가지 사유(완료 2가지, 사업시행 전 3가지 실효규정)

⇩

공람
시장·군수 또는 구청장 ⇨ 14일 이상 일반에게 공람시켜야 한다.

3 도시개발사업 전체 절차도

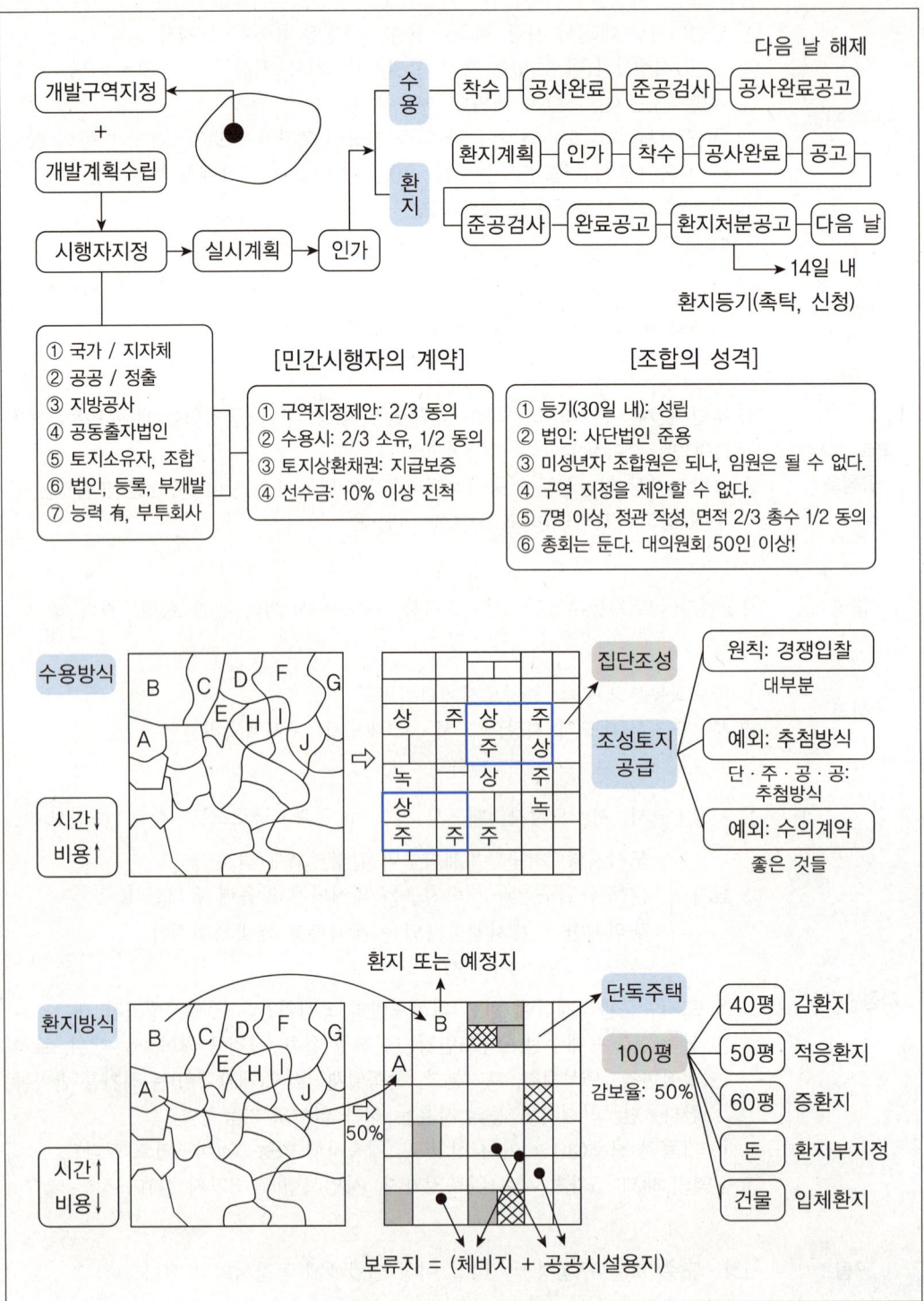

4 도시개발사업의 절차

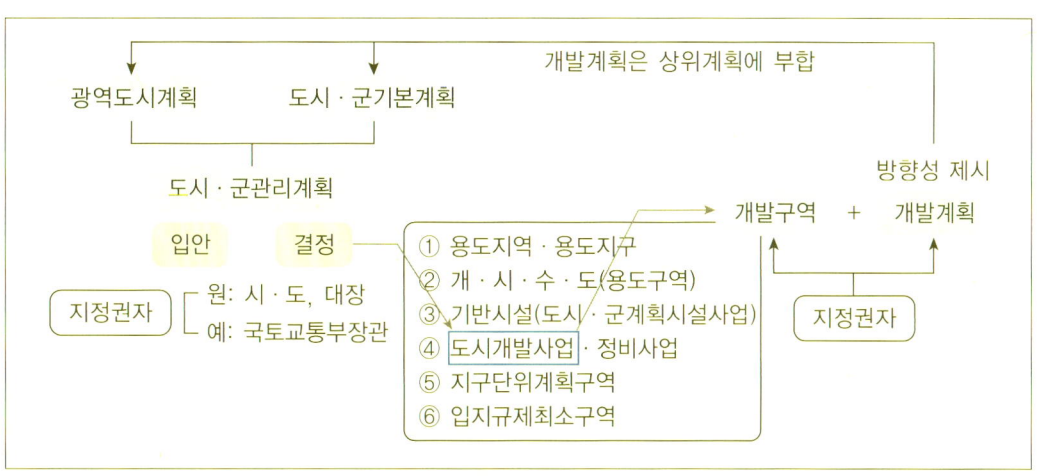

제3장 도시개발사업계획(개발계획)

1 개발계획의 내용(지구단위계획 미포함)

개발계획의 내용에는 다음의 사항이 포함되어야 한다.

① 도시개발구역의 명칭·위치 및 면적
② 도시개발구역의 지정목적과 도시개발사업의 시행기간
③ 도시개발구역을 둘 이상의 사업시행지구로 분할하거나 서로 떨어진 둘 이상의 지역을 하나의 구역으로 결합하여 도시개발사업을 시행하는 경우에는 그 분할이나 결합
④ 도시개발사업의 시행자에 관한 사항
⑤ 도시개발사업의 시행방식
⑥ 인구수용계획
⑦ 토지이용계획
⑧ 원형지로 공급될 대상토지 및 개발방향
⑨ 교통처리계획
⑩ 환경보전계획
⑪ 보건의료시설 및 복지시설의 설치계획
⑫ 도로, 상하수도 등 주요 기반시설의 설치계획
⑬ 재원조달계획
⑭ 도시개발구역 밖의 지역에 기반시설을 설치하여야 하는 경우에는 그 시설의 설치에 필요한 비용의 부담계획
⑮ 수용(收用) 또는 사용의 대상이 되는 토지·건축물 또는 토지에 정착한 물건과 이에 관한 소유권 외의 권리, 광업권, 어업권, 양식업권, 물의 사용에 관한 권리가 있는 경우에는 그 세부목록
⑯ 임대주택건설계획 등 세입자 등의 주거 및 생활안정대책
⑰ 순환개발 등 단계적 사업추진이 필요한 경우, 사업추진계획 등에 관한 사항
⑱ 그 밖에 대통령령으로 정하는 사항

⑭부터 ⑰까지에 해당하는 사항은 도시개발구역을 지정한 후에 포함하여 수립할 수 있다.

2 개발계획의 수립기준 등

(1) 수립기준

개발계획의 내용이 해당 광역도시계획과 도시·군기본계획에 들어맞도록 수립하여야 한다.

(2) 대규모 개발계획 수립시 복합기능상 상호조화

330만m^2 이상의 도시개발구역에 관한 개발계획을 수립함에 있어서 해당 구역 안에서 주거, 생산, 교육, 유통, 위락 등의 기능이 상호조화를 이루도록 노력하여야 한다.

(3) 작성기준 및 방법

개발계획의 작성기준 및 작성방법은 국토교통부장관이 정한다.

제4장 도시개발사업의 시행자와 시행방식

1 도시개발사업의 시행자

공공시행자	① 국가 또는 지방자치단체 ② 공공기관(한국토지주택공사, 한국수자원공사, 한국농어촌공사, 한국관광공사, 한국철도공사, 매입공공기관), 정부출연기관 ③ 지방공사
공공 또는 민간시행자	④ 공동출자법인(출자비율 50% 기준에 따라)
민간시행자	⑤ 토지소유자 또는 조합(조합은 전부를 환지방식으로만 시행 가능) ⑥ 수도권 외 지역 이전법인, 등록업자, 부동산개발업자 ⑦ 시행능력이 인정되는 자, 자기관리부동산투자회사 또는 위탁관리부동산투자회사 🔖 **민간시행자 규정** 1. 개발구역의 지정 제안시: 면적 2/3 이상의 동의를 요한다. 2. 토지상환채권 발행: 지급보증을 받아야 한다. 3. 수용방식: 면적 2/3 소유, 총수 1/2 동의를 요한다. 4. 선수금: 공사가 10% 이상 진척되어야 한다.

2 수용방식

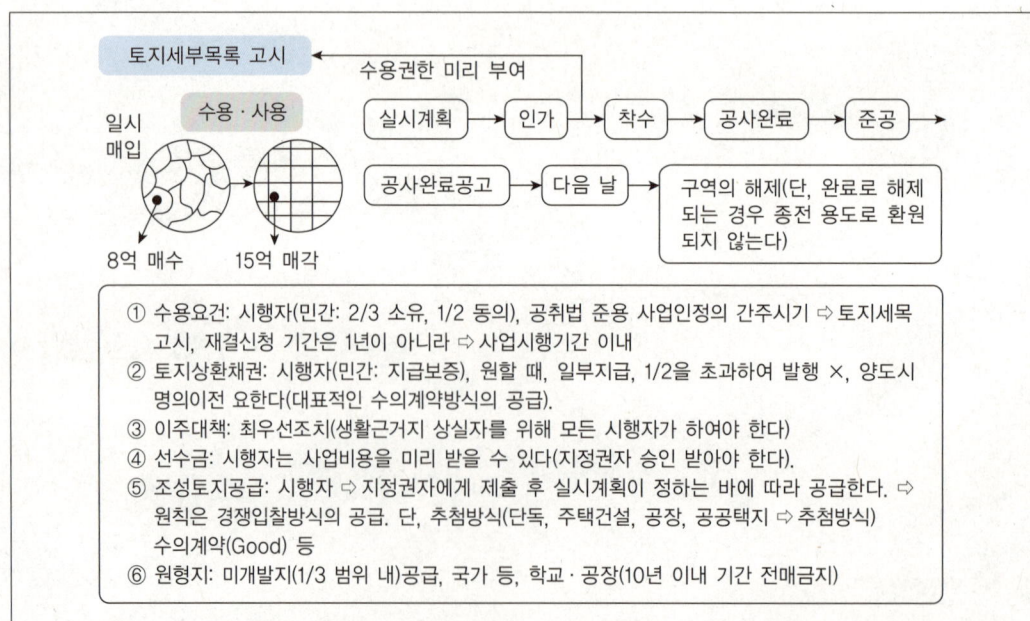

① 수용요건: 시행자(민간: 2/3 소유, 1/2 동의), 공취법 준용 사업인정의 간주시기 ⇨ 토지세목 고시, 재결신청 기간은 1년이 아니라 ⇨ 사업시행기간 이내
② 토지상환채권: 시행자(민간: 지급보증), 원할 때, 일부지급, 1/2을 초과하여 발행 ×, 양도시 명의이전 요한다(대표적인 수의계약방식의 공급).
③ 이주대책: 최우선조치(생활근거지 상실자를 위해 모든 시행자가 하여야 한다)
④ 선수금: 시행자는 사업비용을 미리 받을 수 있다(지정권자 승인 받아야 한다).
⑤ 조성토지공급: 시행자 ⇨ 지정권자에게 제출 후 실시계획이 정하는 바에 따라 공급한다. ⇨ 원칙은 경쟁입찰방식의 공급. 단, 추첨방식(단독, 주택건설, 공장, 공공택지) ⇨ 추첨방식) 수의계약(Good) 등
⑥ 원형지: 미개발지(1/3 범위 내)공급, 국가 등, 학교·공장(10년 이내 기간 전매금지)

3 환지방식

(1) 환지방식의 전체 사업절차

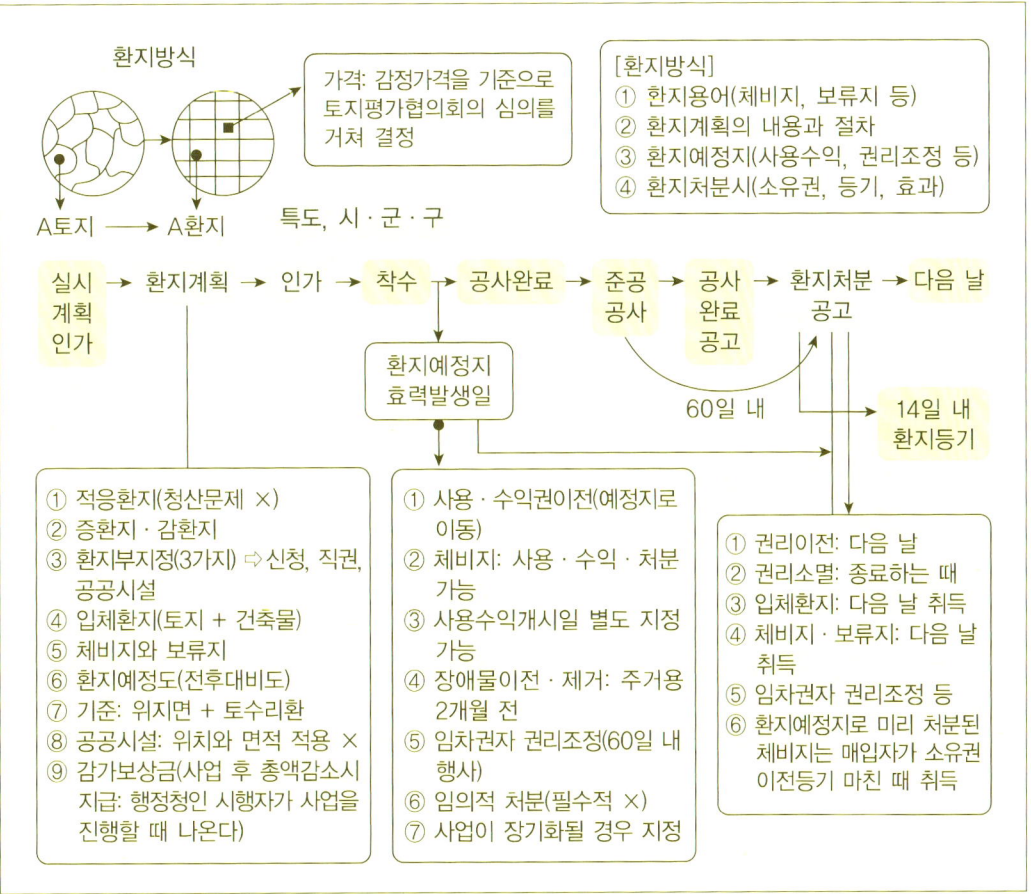

(2) 환지방식의 내용

① 원칙: 환지계획은 종전의 토지 및 환지의 위치·지목·면적·토질·수리·이용 상황·환경 기타의 사항을 고려하여 정하여야 한다.

㉠ 면적주의: 위치·지목·면적
㉡ 평가주의: 토질·수리·이용 상황·환경 ⇨ 절충주의(종합적 고려)

② 적응환지에 대한 특례
  ㉠ 환지의 부지정: 임차권자 등의 동의를 받아야 한다.

  ```
  환지부지정 ┬ 신청·동의에 의한 환지부지정(임차권자 동의) ┐ 사전 현금청산
             ├ 과소토지에 대한 환지부지정                    ┘ (환지계획인가 후)
             └ 용도폐지되는 공공시설부지에 대한 환지부지정
               ⇨ 다른 토지의 환지대상으로 정한다.
  ```

  📌 공공시설용지는 환지계획의 기준 부적용(위치, 면적 등)

  ㉡ 증환지·감환지: 토지면적을 고려하여 정한다.
  ㉢ 입체환지(학문상 공용환권): 토지소유자와 건축물소유자의 신청에 의한다.
  ㉣ 공공시설의 용지에 대한 조치: 환지기준 중에 '위치와 면적'은 적용하지 않는다.
  ㉤ 체비지·보류지(시행자 지정): 경비에 충당하거나 규약·정관·시행규정 또는 실시계획이 정하는 목적을 위하여 일정한 토지를 환지에서 제외한다.

  📌 보류지 = 공공시설용지 + 체비지

> **심화** 환지처분의 예
>
> 개발구역에서 감보율이 50%이고 시행자가 정한 과소토지의 기준이 200m²인 경우이다.
>
> (단위: m²)
>
> | 구분 | A | B | C | D | | E(공공시설) |
> |---|---|---|---|---|---|---|
> | 본래 토지면적 | 400 | 500 | 300 | 100 | | 300 |
> | 감보율 적용면적 | 200 | 250 | 150 | 50 | | 150 |
> | 환지처분 면적 | 200 | 200(-50) | 200(+50) | (건물+공유지분) | ×(신청, 동의) | 400 |
> | 환지내용 | 적응환지 (청산금 ×) | 감환지처분 (청산금지급) | 증환지처분 (청산금징수) | 입체환지 처분 | 환지부지정 (사전청산) | 환지기준 부적용 (위치, 면적 ×) |
> | 법적성격 | | 손실보상금 | 부당이득 반환금 | 소유자 신청 | 임차인 동의 | |

MEMO

제 **4** 편

방

도시 및 주거환경정비법

제1장 | 용어 정의

제2장 | 정비사업의 체계

제3장 | 정비사업의 절차

제4장 | 정비사업의 시행자와 시행방식

제1장 용어 정의

1 정비구역

정비사업을 계획적으로 시행하기 위하여 법 제4조의 규정에 의하여 지정·고시된 구역을 말한다.

2 정비사업

이 법에서 정한 절차에 따라 도시기능을 회복하기 위하여 정비구역에서 정비기반시설을 정비하거나 주택 등 건축물을 개량 또는 건설하는 다음의 사업을 말한다.

주거환경 개선사업	도시저소득 주민이 집단거주하는 지역으로서 정비기반시설이 극히 열악하고 노후·불량건축물이 과도하게 밀집한 지역의 주거환경을 개선하거나 단독주택 및 다세대주택이 밀집한 지역에서 정비기반시설과 공동이용시설 확충을 통하여 주거환경을 보전·정비·개량하기 위한 사업
재개발사업	정비기반시설이 열악하고 노후·불량건축물이 밀집한 지역에서 주거환경을 개선하거나 상업지역·공업지역 등에서 도시기능의 회복 및 상권활성화 등을 위하여 도시환경을 개선하기 위한 사업. 이 경우, 다음 요건을 모두 갖추어 시행하는 재개발사업을 '공공재개발사업'이라 한다. ① 특별자치시장, 특별자치도지사, 시장, 군수, 자치구의 구청장(이하 '시장·군수 등'이라 한다) 또는 토지주택공사 등(조합과 공동으로 시행하는 경우를 포함)이 주거환경개선사업의 시행자, 법 제25조 제1항(재개발사업의 시행자) 또는 법 제26조 제1항(공공시행자)에 따른 재개발사업의 시행자나 재개발사업의 대행자(이하 '공공재개발사업 시행자'라 한다)일 것 ② 건설·공급되는 주택의 전체 세대수 또는 전체 연면적 중 토지등소유자 대상분양분(지분형주택은 제외)을 제외한 나머지 주택의 세대수 또는 연면적의 100분의 20 이상 100분의 50 이하의 범위에서 대통령령으로 정하는 기준에 따라 시·도 조례로 정하는 비율 이상을 지분형주택, 공공임대주택 또는 공공지원민간임대주택으로 건설·공급할 것. 이 경우, 주택 수 산정방법 및 주택 유형별 건설비율은 대통령령으로 정한다.

재건축사업	정비기반시설은 양호하나 노후·불량건축물에 해당하는 공동주택이 밀집한 지역에서 주거환경을 개선하기 위한 사업. 이 경우, 다음 요건을 모두 갖추어 시행하는 재건축사업을 '공공재건축사업'이라 한다. ① 시장·군수 등 또는 토지주택공사 등(조합과 공동으로 시행하는 경우를 포함)이 법 제25조 제2항(재건축사업 시행자) 또는 법 제26조 제1항(공공시행자)에 따른 재건축사업의 시행자나 재건축사업의 대행자(이하 '공공재건축사업 시행자'라 한다)일 것 ② 종전의 용적률, 토지면적, 기반시설 현황 등을 고려하여 대통령령으로 정하는 세대수 이상을 건설·공급할 것. 다만, 정비구역의 지정권자가「국토의 계획 및 이용에 관한 법률」에 따른 도시·군기본계획, 토지이용 현황 등 대통령령으로 정하는 불가피한 사유로 해당하는 세대수를 충족할 수 없다고 인정하는 경우에는 그러하지 아니하다.

3 노후·불량건축물

(1) 건축물이 훼손되거나 일부가 멸실되어 붕괴, 그 밖의 안전사고의 우려가 있는 건축물을 말한다.

(2) 내진성능이 확보되지 아니한 건축물 중 중대한 기능적 결함 또는 부실설계·시공으로 인한 구조적 결함 등이 있는 건축물로서, 대통령령으로 정하는 건축물을 말한다.

> ① 급수·배수·오수설비 등의 설비 또는 지붕·외벽 등 마감의 노후화나 손상으로 그 기능을 유지하기 곤란할 것으로 우려되는 건축물
> ② 건축물의 내구성·내하력 등이 법 제12조 제4항에 따라 국토교통부장관이 정하는 기준에 미치지 못할 것으로 예상되어 구조 안전의 확보가 곤란할 것으로 우려되는 건축물

(3) 요건(주변 토지의 이용상황 등에 비추어 주거환경이 불량한 곳에 위치할 것, 건축물을 철거하고 새로운 건축물을 건설하는 경우 건설에 드는 비용과 비교하여 효용의 현저한 증가가 예상될 것)을 모두 충족하는 건축물로서, 대통령령으로 정하는 바에 따라 시·도 조례로 정하는 건축물을 말한다.

> ①「건축법」상 대지분할면적의 규정에 의하여 해당 지방자치단체의 조례가 정하는 면적에 미달되거나 도시·군계획시설 등의 설치로 인하여 효용을 다할 수 없게 된 대지에 있는 건축물
> ② 공장의 매연·소음 등으로 인하여 위해를 초래할 우려가 있는 지역 안에 있는 건축물
> ③ 해당 건축물을 준공일 기준으로 40년까지 사용하기 위해 보수·보강하는 데 드는 비용이 철거 후 새로운 건축물을 건설하는 데 드는 비용보다 클 것으로 예상되는 건축물

(4) 도시미관을 저해하거나 노후화된 건축물로서, 대통령령으로 정하는 바에 따라 시 · 도 조례로 정하는 건축물을 말한다.

> ① 준공된 후 20년 이상 30년 이하의 범위에서 조례로 정하는 기간이 지난 건축물
> ②「국토의 계획 및 이용에 관한 법률」제19조 제1항 제8호의 규정에 의한 도시 · 군기본계획의 경관에 관한 사항에 어긋나는 건축물

4 정비기반시설

도로 · 상하수도 · 구거(도랑) · 공원 · 공용주차장 · 공동구(「국토의 계획 및 이용에 관한 법률」규정에 의한 공동구를 말한다), 그 밖에 주민의 생활에 필요한 가스 등의 공급시설로서 대통령령이 정하는 시설(녹지, 하천, 공공공지, 광장, 소방용수시설, 비상대피시설, 가스공급시설, 지역난방시설, 주거환경개선사업을 위하여 지정 · 고시된 정비구역 안에 설치하는 공동이용시설로서 사업시행계획서에 해당 시장 · 군수 또는 자치구의 구청장이 관리하는 것으로 포함된 것)을 말한다.

5 공동이용시설

주민이 공동으로 사용하는 놀이터 · 마을회관 · 공동작업장, 그 밖에 대통령령이 정하는 시설을 말한다.

> ① 공동으로 사용하는 구판장 · 세탁장 · 화장실 및 수도
> ② 탁아소 · 어린이집 · 경로당 등 노유자시설
> ③ 그 밖에 주민이 공동으로 사용하는 시설로서 ① 및 ②의 시설과 유사한 용도의 시설

6 대지

정비사업에 의하여 조성된 토지를 말한다.

7 사업시행자

정비사업을 시행하는 자를 말한다.

8 토지등소유자

다음의 어느 하나에 해당하는 자를 말한다. 다만, 「자본시장과 금융투자업에 관한 법률」에 따른 신탁업자가 사업시행자로 지정된 경우, 토지등소유자가 정비사업을 목적으로 신탁업자에게 신탁한 토지 또는 건축물에 대하여는 위탁자를 토지등소유자로 본다.

① 주거환경개선사업 및 재개발사업의 경우에는 정비구역에 위치한 토지 또는 건축물의 소유자 또는 그 지상권자
② 재건축사업의 경우에는 정비구역에 위치한 건축물 및 그 부속토지의 소유자

9 토지주택공사 등

「한국토지주택공사법」에 따라 설립된 한국토지주택공사 또는 「지방공기업법」에 따라 주택사업을 수행하기 위하여 설립된 지방공사를 말한다.

10 정관 등

다음의 것을 말한다.

① 조합의 정관
② 사업시행자인 토지등소유자가 자치적으로 정한 규약
③ 특별자치시장, 특별자치도지사, 시장, 군수, 자치구의 구청장, 토지주택공사 등 또는 신탁업자가 작성한 시행규정

제2장 정비사업의 체계

1 정비법 체계도

```
① 저소득~임시조치법    주거환경개선사업 ┐
② 주택건설촉진법       주택재건축사업  ├─ 주거환경정비사업 ┐
                      주택재개발사업  ┘                  ├→ 도시 및 주거환경정비법
③ 도시재개발법         도심재개발사업(상업) ┐              │
                      공장재개발사업(공업) ┴─ 도시환경정비사업 ┘
                                  추가 2가지: 주거환경관리사업
                                            가로주택정비사업
```

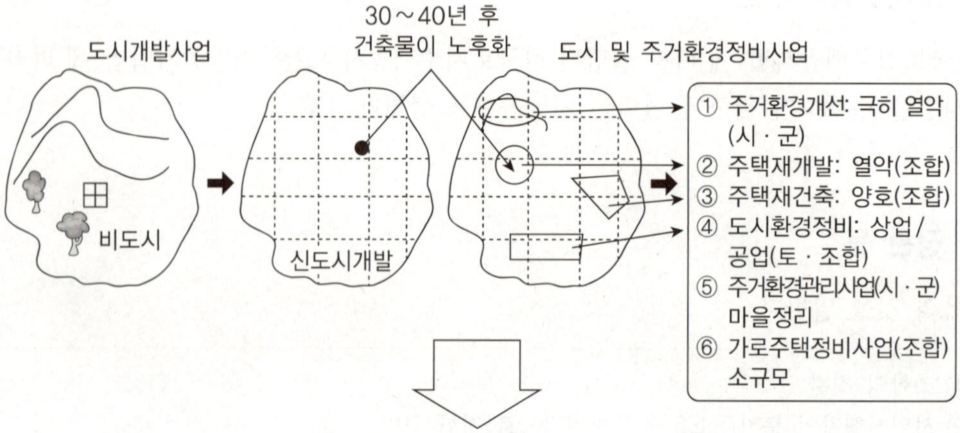

```
                    30~40년 후
                    건축물이 노후화      도시 및 주거환경정비사업
  도시개발사업                           ┌─────────────────────────┐
                                        │ ① 주거환경개선: 극히 열악  │
                   →           →        │    (시·군)              │
    비도시            신도시개발         │ ② 주택재개발: 열악(조합)  │
                                        │ ③ 주택재건축: 양호(조합)  │
                                        │ ④ 도시환경정비: 상업/    │
                                        │    공업(토·조합)        │
                                        │ ⑤ 주거환경관리사업(시·군)│
                                        │    마을정리             │
                                        │ ⑥ 가로주택정비사업(조합) │
                                        │    소규모               │
                                        └─────────────────────────┘
                        ↓

  ① 주거환경개선사업 + 주거환경관리사업 ⇨ 주거환경개선사업
  ② 주택재개발사업 + 도시환경정비사업 ⇨ 재개발사업
  ③ 주택재건축사업 ⇨ 재건축사업
  ④ 가로주택정비사업 ⇨ 다른 법률로 이관
  ∴ 현재 3가지 사업으로 통합되었다.
```

🔨 '노후불량건축물'과 '토지등소유자'의 개념은 반드시 정리한다.

2 정비구역

(1) 정비구역 지정 3단계 절차도

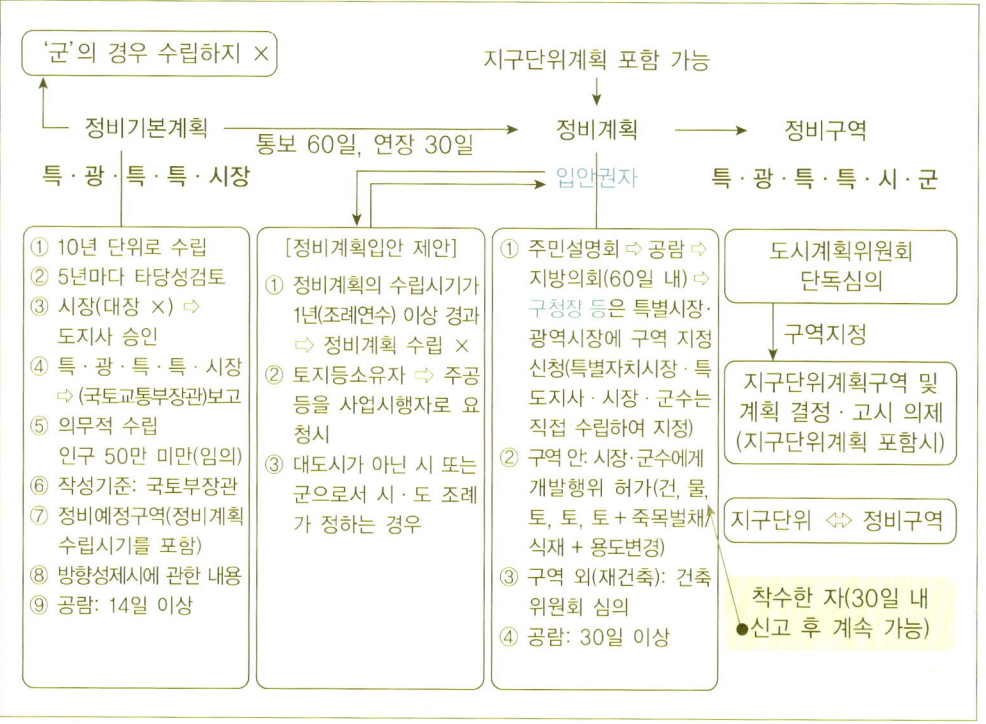

(2) 정비구역의 지정

① 특별시장·광역시장·특별자치시장·특별자치도지사·시장 또는 군수(광역시의 군수는 제외하며, 이하 '정비구역의 지정권자'라 한다)는 기본계획에 적합한 범위에서 노후·불량건축물이 밀집하는 등 대통령령으로 정하는 요건에 해당하는 구역에 대하여 정비계획을 결정하여 정비구역을 지정(변경지정을 포함한다)할 수 있다.

② 정비사업을 시행하려는 경우에는 기본계획을 수립하거나 변경하지 아니하고 정비구역을 지정할 수 있다.

③ 정비구역의 지정권자는 정비구역의 진입로 설치를 위하여 필요한 경우에는 진입로지역과 그 인접지역을 포함하여 정비구역을 지정할 수 있다.

④ 정비구역의 지정권자는 정비구역 지정을 위하여 직접 정비계획을 입안할 수 있다.

⑤ 자치구의 구청장 또는 광역시의 군수는 정비계획을 입안하여 특별시장·광역시장에게 정비구역 지정을 신청하여야 한다. 이 경우, 지방의회의 의견을 첨부하여야 한다.

제3장 정비사업의 절차

1 정비사업의 전체 절차

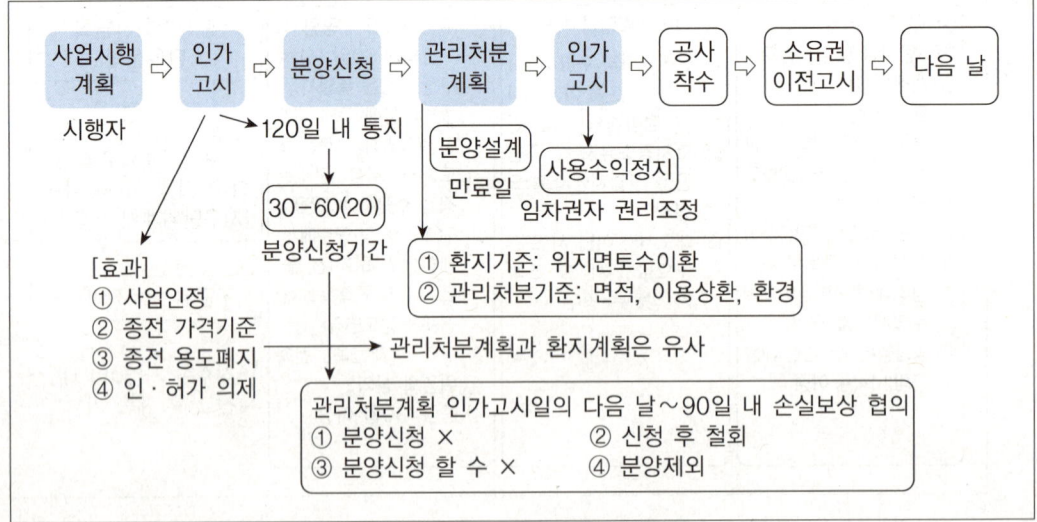

2 재건축사업 정비계획 입안을 위한 안전진단

(1) 정비계획의 입안권자는 재건축사업 정비계획의 입안을 위하여 정비예정구역별 정비계획의 수립시기가 도래한 때에 안전진단을 실시하여야 한다.

(2) 정비계획의 입안권자는 다음의 어느 하나에 해당하는 경우에는 안전진단을 실시하여야 한다. 이 경우, 정비계획의 입안권자는 안전진단에 드는 비용을 해당 안전진단의 실시를 요청하는 자에게 부담하게 할 수 있다.

> ① 정비계획의 입안을 제안하려는 자가 입안을 제안하기 전에 해당 정비예정구역에 위치한 건축물 및 그 부속토지의 소유자 10분의 1 이상의 동의를 받아 안전진단의 실시를 요청하는 경우
> ② 정비예정구역을 지정하지 아니한 지역에서 재건축사업을 하려는 자가 사업예정구역에 있는 건축물 및 그 부속토지의 소유자 10분의 1 이상의 동의를 받아 안전진단의 실시를 요청하는 경우

③ 법 제2조 제3호 나목에 해당하는 건축물의 소유자로서 재건축사업을 시행하려는 자가 해당 사업예정구역에 위치한 건축물 및 그 부속토지의 소유자 10분의 1 이상의 동의를 받아 안전진단의 실시를 요청하는 경우

(3) 재건축사업의 안전진단은 주택단지의 건축물을 대상으로 한다. 다만, 대통령령으로 정하는 주택단지의 건축물인 경우에는 안전진단 대상에서 제외할 수 있다.

(4) 정비계획의 입안권자는 현지조사 등을 통하여 해당 건축물의 구조안전성, 건축마감, 설비노후도 및 주거환경 적합성 등을 심사하여 안전진단의 실시 여부를 결정하여야 하며, 안전진단의 실시가 필요하다고 결정한 경우에는 대통령령으로 정하는 안전진단기관에 안전진단을 의뢰하여야 한다.

(5) 안전진단을 의뢰받은 안전진단기관은 국토교통부장관이 정하여 고시하는 기준(건축물의 내진성능 확보를 위한 비용을 포함한다)에 따라 안전진단을 실시하여야 하며, 국토교통부령으로 정하는 방법 및 절차에 따라 안전진단결과보고서를 작성하여 정비계획의 입안권자 및 안전진단의 실시를 요청한 자에게 제출하여야 한다.

(6) 정비계획의 입안권자는 안전진단의 결과와 도시계획 및 지역여건 등을 종합적으로 검토하여 정비계획의 입안 여부를 결정하여야 한다.

(7) 안전진단의 대상·기준·실시기관·지정절차 및 수수료 등에 필요한 사항은 대통령령으로 정한다.

3 재건축사업에서의 매도청구

(1) 재건축사업의 사업시행자는 사업시행계획인가의 고시가 있는 날부터 30일 이내에 다음의 자에게 조합설립 또는 사업시행자의 지정에 관한 동의 여부를 회답할 것을 서면으로 촉구하여야 한다.

① 조합설립에 동의하지 아니한 자
② 시장·군수 등, 토지주택공사 등 또는 신탁업자의 사업시행자 지정에 동의하지 아니한 자

(2) (1)의 촉구를 받은 토지등소유자는 촉구를 받은 날부터 2개월 이내에 회답하여야 한다.

(3) 기간 내에 회답하지 아니한 경우, 그 토지등소유자는 조합설립 또는 사업시행자의 지정에 동의하지 아니하겠다는 뜻을 회답한 것으로 본다.

(4) 기간이 지나면 사업시행자는 그 기간이 만료된 때부터 2개월 이내에 조합설립 또는 사업시행자 지정에 동의하지 아니하겠다는 뜻을 회답한 토지등소유자와 건축물 또는 토지만 소유한 자에게 건축물 또는 토지의 소유권과 그 밖의 권리를 매도할 것을 청구할 수 있다.

제4장 정비사업의 시행자와 시행방식

1 정비사업의 시행자

(1) 주거환경개선사업의 시행자

① 스스로개량방식으로 시행하는 주거환경개선사업은 시장·군수 등이 직접 시행하되, 토지주택공사 등을 사업시행자로 지정하여 시행하게 하려는 경우에는 공람공고일 현재 토지등소유자의 과반수의 동의를 받아야 한다.

② 스스로개량방식 이외의 방식으로 시행하는 주거환경개선사업은 시장·군수 등이 직접 시행하거나 다음에서 정한 자에게 시행하게 할 수 있다.

> ㉠ 시장·군수 등이 다음의 어느 하나에 해당하는 자를 사업시행자로 지정하는 경우
>   ⓐ 토지주택공사 등
>   ⓑ 주거환경개선사업을 시행하기 위하여 국가, 지방자치단체, 토지주택공사 등 또는 「공공기관의 운영에 관한 법률」에 따른 공공기관이 총지분의 100분의 50을 초과하는 출자로 설립한 법인
> ㉡ 시장·군수 등이 ㉠에 해당하는 자와 다음의 어느 하나에 해당하는 자를 공동시행자로 지정하는 경우
>   ⓐ 「건설산업기본법」에 따른 건설업자(이하 '건설업자'라 한다)
>   ⓑ 「주택법」에 따라 건설업자로 보는 등록사업자(이하 '등록사업자'라 한다)

③ 시행하려는 경우에는 공람공고일 현재 해당 정비예정구역의 토지 또는 건축물의 소유자 또는 지상권자의 3분의 2 이상의 동의와 세입자(공람공고일 3개월 전부터 해당 정비예정구역에 3개월 이상 거주하고 있는 자를 말한다) 세대수의 과반수의 동의를 각각 받아야 한다. 다만, 세입자의 세대수가 토지등소유자의 2분의 1 이하인 경우 등 대통령령으로 정하는 사유가 있는 경우에는 세입자의 동의절차를 거치지 아니할 수 있다.

④ 시장·군수 등은 천재지변, 그 밖의 불가피한 사유로 건축물이 붕괴할 우려가 있어 긴급히 정비사업을 시행할 필요가 있다고 인정하는 경우에는 토지등소유자 및 세입자의 동의 없이 자신이 직접 시행하거나 토지주택공사 등을 사업시행자로 지정하여 시행하게 할 수 있다. 이 경우, 시장·군수 등은 지체 없이 토지등소유자에게 긴급한 정비사업의 시행사유·방법 및 시기 등을 통보하여야 한다.

(2) 재개발사업의 시행자

재개발사업은 다음의 어느 하나에 해당하는 방법으로 시행할 수 있다.

① 조합이 시행하거나 조합이 조합원의 과반수의 동의를 받아 시장·군수 등, 토지주택공사 등, 건설업자, 등록사업자 또는 대통령령으로 정하는 요건을 갖춘 자와 공동으로 시행하는 방법
② 토지등소유자가 20인 미만인 경우에는 토지등소유자가 시행하거나 토지등소유자가 토지등소유자의 과반수의 동의를 받아 시장·군수 등, 토지주택공사 등, 건설업자, 등록사업자 또는 대통령령으로 정하는 요건을 갖춘 자와 공동으로 시행하는 방법

(3) 재건축사업의 시행자

재건축사업은 조합이 시행하거나 조합이 조합원의 과반수의 동의를 받아 시장·군수 등, 토지주택공사 등, 건설업자 또는 등록사업자와 공동으로 시행할 수 있다.

2 정비사업의 시행방식

(1) 주거환경개선사업의 시행방식

주거환경개선사업은 다음에 해당하는 방법 또는 이를 혼용하는 방법에 따른다.

① 사업시행자가 정비구역에서 정비기반시설 및 공동이용시설을 새로 설치하거나 확대하고 토지등소유자가 스스로 주택을 보전·정비하거나 개량하는 방법
② 사업시행자가 정비구역의 전부 또는 일부를 수용하여 주택을 건설한 후 토지등소유자에게 우선공급하거나 대지를 토지등소유자 또는 토지등소유자 외의 자에게 공급하는 방법
③ 사업시행자가 환지로 공급하는 방법
④ 사업시행자가 정비구역에서 인가받은 관리처분계획에 따라 주택 및 부대시설·복리시설을 건설하여 공급하는 방법

(2) 재개발사업의 시행방식

재개발사업은 정비구역에서 인가받은 관리처분계획에 따라 건축물을 건설하여 공급하거나 환지로 공급하는 방법으로 한다.

(3) 재건축사업의 시행방식

① 정비구역에서 인가받은 관리처분계획에 따라 주택, 부대시설·복리시설 및 오피스텔(「건축법」에 따른 오피스텔을 말한다)을 건설하여 공급하는 방법으로 한다.

② 다만, 주택단지에 있지 아니하는 건축물의 경우에는 지형여건·주변의 환경으로 보아 사업 시행상 불가피한 경우로서 정비구역으로 보는 사업에 한정한다(단, 오피스텔을 건설하여 공급하는 경우에는 「국토의 계획 및 이용에 관한 법률」에 따른 준주거지역 및 상업지역에서만 건설할 수 있다. 이 경우, 오피스텔의 연면적은 전체 건축물 연면적의 100분의 30 이하이어야 한다).

핵심 시행자 및 시행방식

정비사업의 시행자 및 시행방식은 다음의 표를 통해 정리한다.

사업종류	기반시설	시행자		시행방식
주거환경 개선사업	극히 열악	① 스스로개량방식: 시장·군수 등, 주공 등 ② 수용·환지·관리처분방식 ㉠ 시장·군수 등이 직접시행 ㉡ 시장·군수 등이 지정시행 　(주공 등, 법인) ㉢ 시장·군수 등이 공동시행 　(건설업자, 등록사업자)		① 스스로개량 ② 수용 ③ 환지 ④ 관리처분 ○(주택)
재개발사업	열악	조합(원칙)	과반수 동의 공동시행 ① 시장·군수 등 ② 주공 등 ③ 건설업자, 등록사업자, 　신탁업자, 한국부동산원	① 환지 ○ ② 관리처분 ○(건축물)
		토지등소유자 (20인 미만)		
재건축사업 (안전진단, 토지 ×, 수용 ×)	양호	조합(원칙)	과반수 동의 공동시행 ① 시장·군수 등 ② 주공 등 ③ 건설업자, 등록사업자	① 환지 × ② 관리처분 ○ 　⇨ 주택, 부대·복리 + 　　오피스텔(준주거, 　　상업)

3 정비사업의 시행자 중 조합

(1) 조합설립의 대상
시장·군수 등, 토지주택공사 등 또는 지정개발자가 아닌 자가 정비사업을 시행하려는 경우에는 토지등소유자로 구성된 조합을 설립하여야 한다. 다만, 토지등소유자가 재개발사업을 시행하려는 경우에는 그러하지 아니하다.

(2) 조합설립의 동의요건
① 재개발사업의 추진위원회(추진위원회를 구성하지 아니하는 경우에는 토지등소유자를 말한다)가 조합을 설립하려면 토지등소유자의 4분의 3 이상 및 토지면적의 2분의 1 이상의 토지소유자의 동의를 받아 다음의 사항을 첨부하여 시장·군수 등의 인가를 받아야 한다.

> ㉠ 정관
> ㉡ 정비사업비와 관련된 자료 등 국토교통부령으로 정하는 서류
> ㉢ 그 밖에 시·도 조례로 정하는 서류

② 재건축사업의 추진위원회(추진위원회를 구성하지 아니하는 경우에는 토지등소유자를 말한다)가 조합을 설립하려는 때에는 주택단지의 공동주택의 각 동(복리시설의 경우에는 주택단지의 복리시설 전체를 하나의 동으로 본다)별 구분소유자의 과반수 동의(공동주택의 각 동별 구분소유자가 5 이하인 경우는 제외한다)와 주택단지의 전체 구분소유자의 4분의 3 이상 및 토지면적의 4분의 3 이상의 토지소유자의 동의를 받아 ①의 사항을 첨부하여 시장·군수 등의 인가를 받아야 한다.
③ 주택단지가 아닌 지역이 정비구역에 포함된 때에는 주택단지가 아닌 지역의 토지 또는 건축물소유자의 4분의 3 이상 및 토지면적의 3분의 2 이상의 토지소유자의 동의를 받아야 한다. 이 경우, 인가받은 사항을 변경하려는 때에도 또한 같다.

(3) 인가의 변경
설립된 조합이 인가받은 사항을 변경하고자 하는 때에는 총회에서 조합원의 3분의 2 이상의 찬성으로 의결하고, (2)의 ①의 사항을 첨부하여 시장·군수 등의 인가를 받아야 한다. 다만, 대통령령으로 정하는 경미한 사항을 변경하려는 때에는 총회의 의결 없이 시장·군수 등에게 신고하고 변경할 수 있다.

제 5 편

명

건축법

제1장 | 용어 정의
제2장 | 면적에 관한 정리
제3장 | 건축허가 등
제4장 | 건축물의 대지와 도로
제5장 | 건축물의 높이와 층수

제1장 용어 정의

1 대지

(1) 원칙

「공간정보의 구축 및 관리 등에 관한 법률」에 따라 각 필지(筆地)로 나눈 토지를 말한다(1필지 1대지의 원칙).

(2) 예외

다음의 경우는 둘 이상의 필지를 하나의 대지로 하거나, 하나 이상의 필지의 일부를 하나의 대지로 할 수 있다.

둘 이상의 필지를 하나의 대지로 하는 경우	하나 이상의 필지의 일부를 하나의 대지로 할 수 있는 경우

① 하나의 건축물을 2필지 이상에 걸쳐 건축하는 경우
② 합병이 불가능한 경우를 합병한 토지(소유자가 동일할 것)
  ㉠ 지번부여지역이 서로 다른 경우
  ㉡ 도면의 축척이 다른 경우
  ㉢ 지반이 연속되지 아니한 경우
📌 지목은 없음에 유의한다.
③ 도시 · 군계획시설에 해당하는 건축물
④ 주택단지(「주택법」)
⑤ 도로의 지표 아래에 건축하는 건축물
⑥ 사용승인을 신청하는 때에 둘 이상의 필지를 하나의 필지로 합칠 것을 조건으로 건축허가를 하는 경우
	① 하나 이상의 필지의 일부에 대하여 도시 · 군계획시설이 결정 · 고시한 경우
	② 하나 이상의 필지의 일부에 대하여 농지전용허가를 받은 경우
	③ 하나 이상의 필지의 일부에 대하여 산지전용허가를 받은 경우
	④ 하나 이상의 필지의 일부에 대하여 토지형질변경허가를 받은 경우
	⑤ 사용승인을 신청하는 때 나눌 것을 조건으로 건축허가를 하는 경우

2 건축물

(1) 토지에 정착하는 공작물 중 지붕과 기둥 또는 벽이 있는 것(지붕은 필수 요소이다)과 이에 딸린 시설물(대문, 담장 등)을 말한다.
(2) 지하 또는 고가의 공작물에 설치하는 사무소, 공연장, 점포, 차고, 창고를 말한다.
(3) 기타 대통령령이 정하는 것을 말한다.

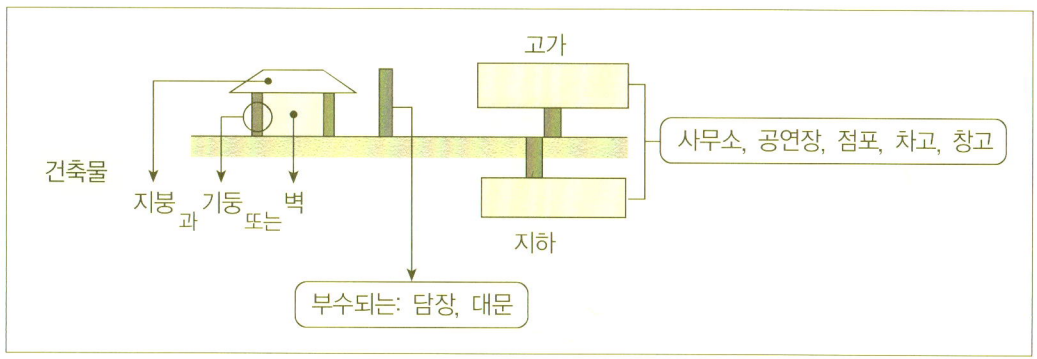

3 축조신고대상 공작물

구분	규모
① 옹벽, 담장	높이 2m를 넘는 것
② 광고판, 광고탑, 장식탑, 기념탑, 첨탑	높이 4m를 넘는 것
③ 굴뚝 ④ 골프연습장 등의 운동시설을 위한 철탑 ⑤ 주거지역 및 상업지역 안에 설치하는 통신용 철탑	높이 6m를 넘는 것
⑥ 고가수조	높이 8m를 넘는 것
⑦ 기계식 주차장 및 철골조립식 주차장으로서 외벽이 없는 것 (단, 위험방지를 위한 난간높이 제외, 바닥조립식 아닌 것 포함)	높이 8m 이하인 것
⑧ 지하대피호	바닥면적이 30m²를 넘는 것
⑨ 제조시설, 저장시설(시멘트저장용 사일로를 포함), 유희시설 ⑩ 건축물구조에 심대한 영향을 줄 수 있는 중량물	건축 조례로 정하는 것
⑪ 「신에너지 및 재생에너지 개발·이용·보급 촉진법」에 따른 태양에너지를 이용하는 발전설비와 그 밖에 이와 비슷한 것	높이 5m를 넘는 것

4 지하층

(1) 건축물의 바닥이 지표면 아래에 있는 층으로서, 해당 층의 바닥으로부터 지표면까지의 평균높이가 층높이의 2분의 1 이상인 것이다.

(2) 지하층은 층수에 포함되지 않는다.

> 시험에 자주 출제되는 부분이다. 용적률 산정시 연면적에는 포함되지 않으나, 일반적인 연면적에는 지하층 면적이 포함된다.

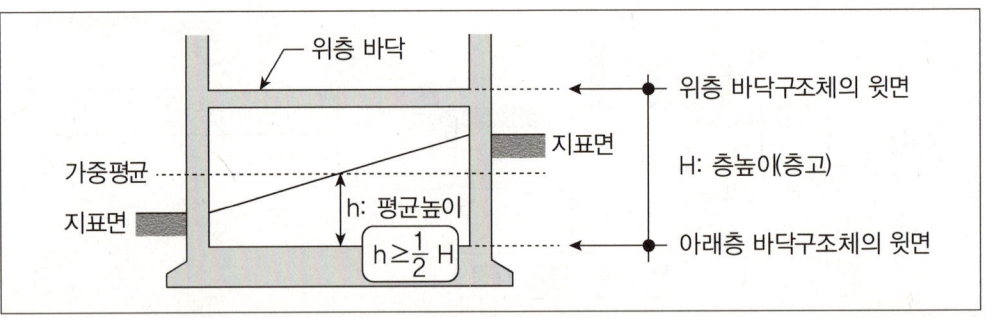

5 건폐율과 용적률

(1) **건축물의 건폐율**

대지면적에 대한 건축면적(대지에 건축물이 둘 이상 있는 경우에는 이들 건축면적의 합계로 한다)의 비율(이하 '건폐율'이라 한다)의 최대한도는 「국토의 계획 및 이용에 관한 법률」에 따른 건폐율의 기준에 따른다.

> 다만, 이 법에서 기준을 완화하거나 강화하여 적용하도록 규정한 경우에는 그에 따른다.

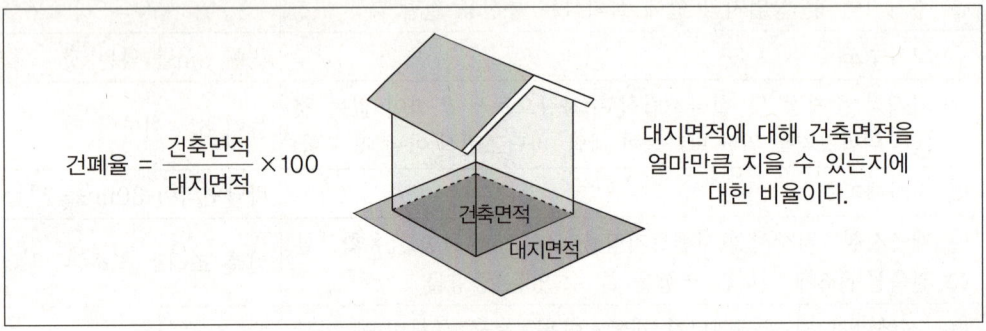

(2) 건축물의 용적률

대지면적에 대한 연면적(대지에 건축물이 둘 이상 있는 경우에는 이들 연면적의 합계로 한다)의 비율(이하 '용적률'이라 한다)의 최대한도는 「국토의 계획 및 이용에 관한 법률」에 따른 용적률의 기준에 따른다.

다만, 이 법에서 기준을 완화하거나 강화하여 적용하도록 규정한 경우에는 그에 따른다.

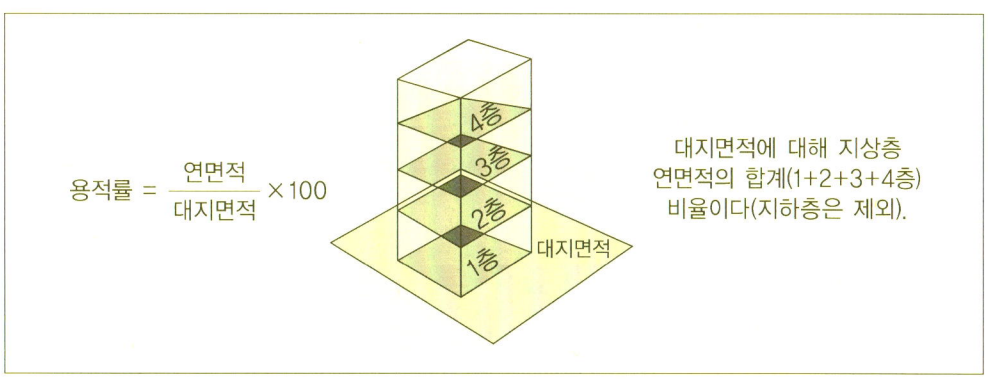

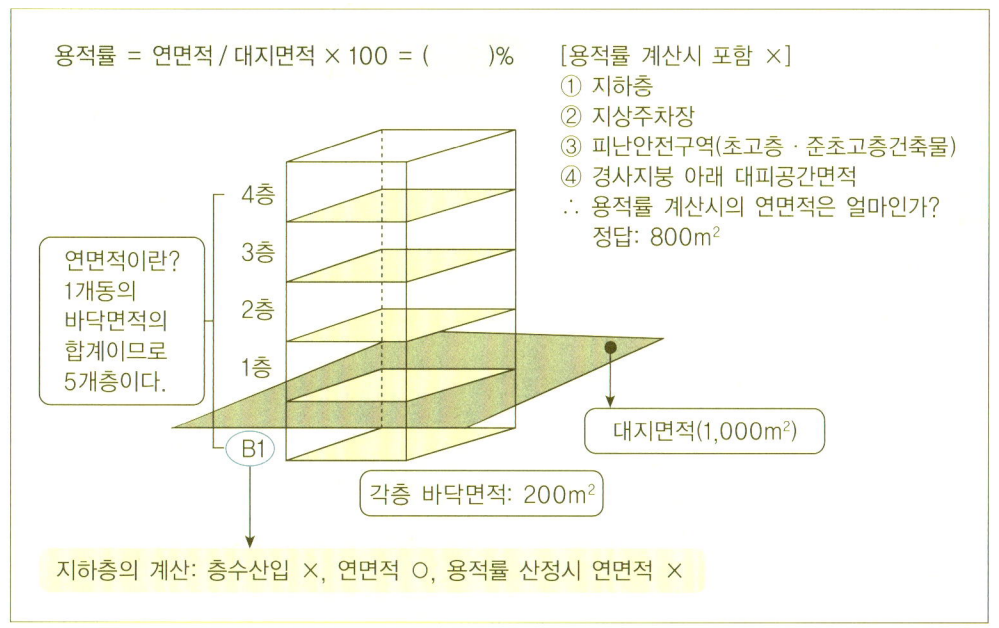

6 주요구조부

내력벽(耐力壁), 기둥, 바닥, 보, 지붕틀 및 주계단(主階段)을 말한다. 다만, 사이기둥, 최하층 바닥, 작은 보, 차양, 옥외 계단, 그 밖에 이와 유사한 것으로 건축물의 구조상 중요하지 아니한 부분은 제외한다.

📌 시험에 자주 출제되므로 '내기바보지주'로 암기한다.

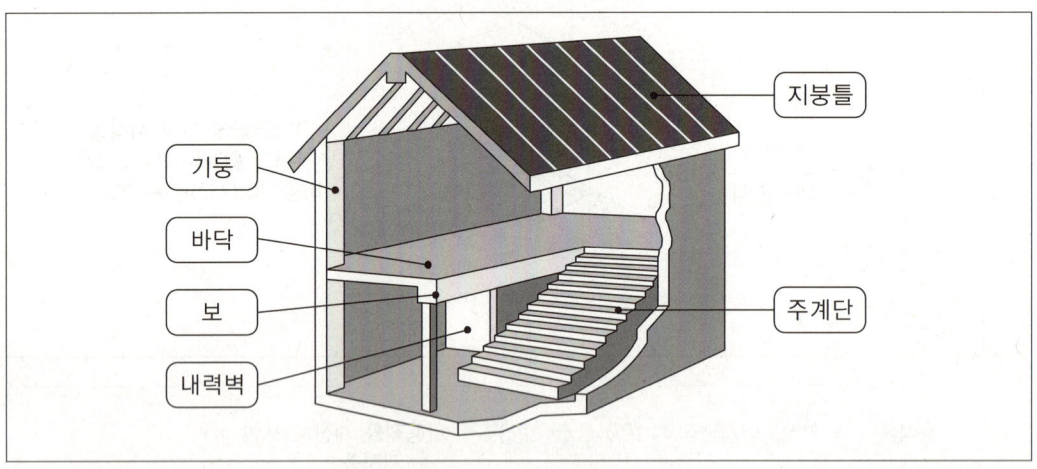

7 고층건축물 등

(1) 고층건축물

층수가 30층 이상이거나, 높이가 120m 이상인 건축물을 말한다.

(2) 초고층건축물

① 층수가 50층 이상이거나, 높이가 200m 이상인 건축물을 말한다.
② 초고층건축물에는 피난층 또는 지상으로 통하는 직통계단과 직접 연결되는 피난안전구역(초고층건축물의 피난·안전을 위하여 지상층으로부터 최대 30개층마다 설치하는 대피공간을 말한다)을 설치하여야 한다.

(3) 준초고층건축물

고층건축물 중 초고층건축물이 아닌 것을 말한다.

8 리모델링

(1) 의의

건축물의 노후화를 억제하거나 기능 향상 등을 위하여 대수선하거나 일부 증축 또는 개축하는 행위를 말한다.

(2) 리모델링에 대비한 특례

리모델링이 쉬운 구조의 공동주택의 건축을 촉진하기 위하여 공동주택을 '대통령령으로 정하는 구조'로 하여 건축허가를 신청하면 건축물의 용적률, 건축물의 높이제한, 일조 등의 확보를 위한 높이제한에 따른 기준을 100분의 120의 범위에서 대통령령으로 정하는 비율로 완화하여 적용할 수 있다.

9 발코니

건축물의 내부와 외부를 연결하는 완충공간으로서, 전망이나 휴식 등의 목적으로 건축물 외벽에 접하여 부가적으로 설치되는 공간을 말한다.

10 다중이용건축물

불특정한 다수의 사람들이 이용하는 건축물로서, 다음의 건축물을 말한다.

① 다음의 어느 하나에 해당하는 용도로 쓰는 바닥면적의 합계가 5천m^2 이상인 건축물
  ㉠ 문화 및 집회시설(동물원 및 식물원은 제외한다)
  ㉡ 종교시설
  ㉢ 판매시설
  ㉣ 운수시설 중 여객용시설
  ㉤ 의료시설 중 종합병원
  ㉥ 숙박시설 중 관광숙박시설
② 16층 이상인 건축물

🔨 문/종/판/운/숙/종 + 5천으로 암기한다.

11 준다중이용건축물

다중이용건축물 외의 건축물로서, 다음의 어느 하나에 해당하는 용도로 쓰는 바닥면적의 합계가 1천m² 이상인 건축물을 말한다.

> ① 문화 및 집회시설(동물원 및 식물원은 제외한다)
> ② 종교시설
> ③ 판매시설
> ④ 운수시설 중 여객용시설
> ⑤ 의료시설 중 종합병원
> ⑥ 교육연구시설
> ⑦ 노유자시설
> ⑧ 운동시설
> ⑨ 숙박시설 중 관광숙박시설
> ⑩ 위락시설
> ⑪ 관광휴게시설
> ⑫ 장례시설

12 특수구조건축물

(1) 한쪽 끝은 고정되고 다른 끝은 지지(支持)되지 아니한 구조로 된 보·차양 등이 외벽의 중심선으로부터 3m 이상 돌출된 건축물을 말한다.

(2) 기둥과 기둥 사이의 거리(기둥의 중심선 사이의 거리를 말하며, 기둥이 없는 경우에는 내력벽과 내력벽의 중심선 사이의 거리를 말한다)가 20m 이상인 건축물을 말한다.

(3) 특수한 설계·시공·공법 등이 필요한 건축물로서, 국토교통부장관이 정하여 고시하는 구조로 된 건축물을 말한다.

13 건축(건축물을 신축·증축·개축·재축하거나 건축물을 이전하는 것)

(1) 신축

건축물이 없는 대지(기존 건축물이 해체되거나 멸실된 대지를 포함한다)에 새로 건축물을 축조하는 것(부속건축물만 있는 대지에 새로 주된 건축물을 축조하는 것을 포함하되, 개축 또는 재축하는 것은 제외한다)을 말한다.

(2) 증축

기존 건축물이 있는 대지 안에서 건축물의 건축면적, 연면적 또는 높이를 증가시키는 것을 말한다.

> 기존 건축물이 있는 대지에 건축하는 것은 기존 건물에 붙여서 건축하거나 별도로 건축하거나에 관계없이 증축이 된다.

(3) 개축

기존 건축물의 전부 또는 일부[내력벽·기둥·보·지붕틀(한옥의 경우에는 지붕틀의 범위에서 서까래는 제외한다) 중 셋 이상이 포함되는 경우를 말한다]를 해체하고 그 대지 안에 종전과 같은 규모의 범위 안에서 건축물을 다시 축조하는 것을 말한다.

(4) 재축

건축물이 천재지변이나 그 밖의 재해로 멸실된 경우, 그 대지에 다음의 요건을 모두 갖추어 다시 축조하는 것을 말한다.

> ① 연면적 합계는 종전 규모 이하로 할 것
> ② 동(棟)수, 층수 및 높이는 다음의 어느 하나에 해당할 것
>   ㉠ 동수, 층수 및 높이가 모두 종전 규모 이하일 것
>   ㉡ 동수, 층수 또는 높이의 어느 하나가 종전 규모를 초과하는 경우에는 해당 동수, 층수 및 높이가 「건축법」, 이 영 또는 건축조례에 모두 적합할 것

(5) 이전

건축물을 그 주요구조부를 해체하지 아니하고, 같은 대지 안의 다른 위치로 옮기는 것을 말한다.

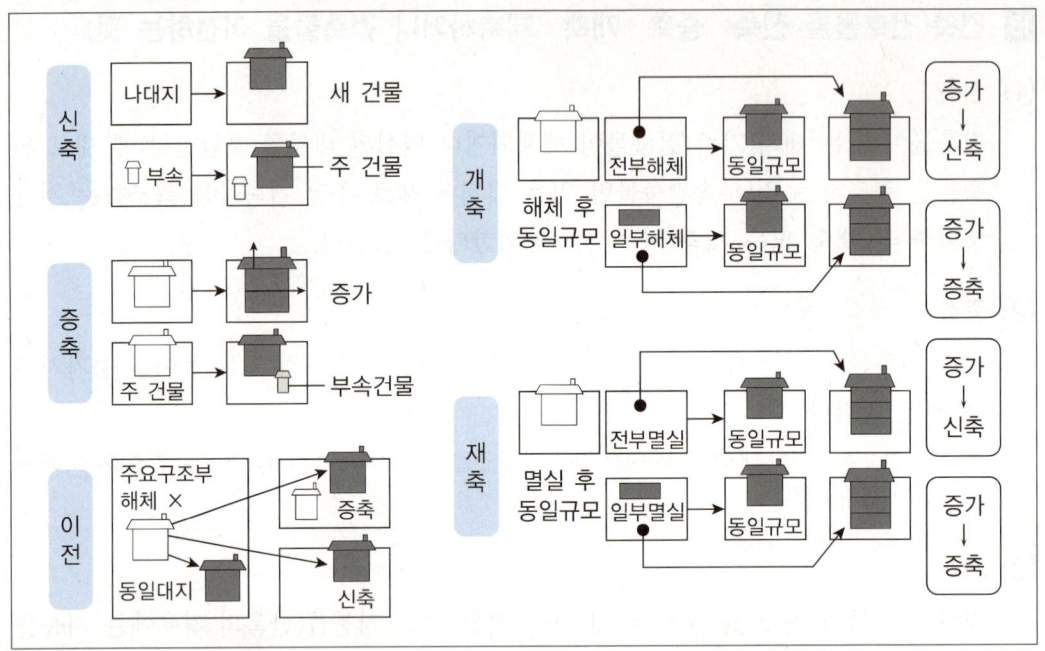

14 대수선

건축물의 기둥, 보, 내력벽, 주계단 등의 구조나 외부형태를 수선·변경하거나 증설하는 것으로서, 대통령령으로 정하는 다음의 것을 말한다.

① 내력벽을 증설·해체하거나 벽면적을 30m² 이상 수선·변경하는 것
② 기둥을 증설·해체하거나 3개 이상 수선·변경하는 것
③ 보를 증설·해체하거나 3개 이상 수선·변경하는 것
④ 지붕틀(한옥의 경우에는 지붕틀의 범위에서 서까래는 제외)을 증설·해체하거나 3개 이상 수선·변경하는 것
⑤ 방화벽 또는 방화구획을 위한 바닥 또는 벽을 증설·해체하거나 수선·변경하는 것
⑥ 주계단·피난계단 또는 특별피난계단을 증설·해체하거나 수선·변경하는 것
⑦ 다가구주택의 가구 간 경계벽 또는 다세대주택의 세대 간 경계벽을 증설·해체하거나 수선·변경하는 것
⑧ 건축물의 외벽에 사용하는 마감재료를 증설·해체하거나 벽면적 30m² 이상 수선·변경하는 것

15 도로

(1) 원칙

「도로법」상의 도로가 아닌 「건축법」상의 도로는 보행 및 자동차 통행이 가능한 너비 4m 이상의 도로(지형적으로 자동차 통행이 불가능한 경우와 막다른 도로의 경우에는 대통령령으로 정하는 구조 및 너비의 도로)로서, 다음에 해당하는 도로 또는 그 예정도로를 말한다.

> ① 「국토의 계획 및 이용에 관한 법률」, 「도로법」, 「사도법」, 기타 관계 법령에 의하여 신설 또는 변경에 관한 고시가 된 도로
> ② 건축허가 또는 신고시 특별시장·광역시장·특별자치시장·도지사·특별자치도지사 또는 시장·군수·구청장이 그 위치를 지정·공고한 도로

(2) 예외

대통령령으로 정하는 구조 및 너비의 도로란 다음의 어느 하나에 해당하는 도로를 말한다.

> ① 특별자치시장·특별자치도지사, 시장·군수·구청장이 지형적 조건으로 인하여 차량 통행을 위한 도로의 설치가 곤란하다고 인정하여 그 위치를 지정·공고하는 구간 안의 너비 3m 이상(길이가 10m 미만인 막다른 도로인 경우에는 너비 2m 이상)인 도로
> ② 막다른 도로로서, 해당 도로의 너비가 그 길이에 따라 각각 다음 표에서 정하는 기준 이상인 도로

막다른 도로의 길이	도로의 너비
10m 미만	2m
10m 이상 35m 미만	3m
35m 이상	6m (도시지역이 아닌 읍·면 지역은 4m)

제2장 면적에 관한 정리

1 대지면적

대지면적은 대지의 수평투영면적으로 한다.

> **심화 건축선**
>
> 1. 지정건축선: 소요폭(4m) 이상인 도로에 접한 대지 안에 건축선이 정해진 경우, 그 건축선과 도로경계선 사이의 부분은 대지면적에 산입한다. ⇨ 시장 등이 미관정비 등을 위해 지정한 건축선을 말한다.
> 2. 후퇴건축선: 소요폭(4m) 미만인 도로에 접한 대지 안에 건축선이 정해진 경우, 그 건축선과 도로경계선 사이의 부분은 대지면적에 산입하지 않는다. ⇨ 후퇴한 건축선 + 가각전제로 후퇴된 부분을 말한다.

2 건축면적

건축면적은 건축물의 외벽(외벽이 없는 경우에는 외곽 부분의 기둥을 말한다)의 중심선으로 둘러싸인 부분의 수평투영면적으로 한다. 다만, 다음의 어느 하나에 해당하는 경우에는 다음에서 정하는 바에 따른다.

> ① 처마, 차양, 부연(附椽), 그 밖에 이와 비슷한 것으로서 그 외벽의 중심선으로부터 수평거리 1m 이상 돌출된 부분이 있는 건축물의 건축면적은 그 돌출된 끝부분으로부터 다음의 구분에 따른 수평거리를 후퇴한 선으로 둘러싸인 부분의 수평투영면적으로 한다.
>   ㉠ 전통사찰: 4m 이하의 범위에서 외벽의 중심선까지의 거리
>   ㉡ 사료투여, 가축이동 및 가축분뇨 유출방지 등을 위하여 처마, 차양, 부연, 그 밖에 이와 비슷한 것이 설치된 축사: 3m 이하의 범위에서 외벽의 중심선까지의 거리
>   ㉢ 한옥: 2m 이하의 범위에서 외벽의 중심선까지의 거리
>   ㉣ 「환경친화적 자동차의 개발 및 보급 촉진에 관한 법률 시행령」에 따른 충전시설(그에 딸린 충전 전용 주차구획을 포함한다)의 설치를 목적으로 처마, 차양, 부연, 그 밖에 이와 비슷한 것이 설치된 공동주택(사업계획승인 대상으로 한정): 2m 이하의 범위에서 외벽의 중심선까지의 거리

ⓜ 「신에너지 및 재생에너지 개발·이용·보급 촉진법」에 따른 신·재생에너지설비를 설치하기 위하여 처마, 차양, 부연, 그 밖에 이와 비슷한 것이 설치된 건축물로서 「녹색건축물 조성 지원법」에 따른 제로에너지 건축물 인증을 받은 건축물: 2m 이하의 범위에서 외벽의 중심선까지의 거리
　　ⓗ 그 밖의 건축물: 1m
② 다음 건축물의 건축면적은 국토교통부령으로 정하는 바에 따라 산정한다.
　　㉠ 태양열을 주된 에너지원으로 이용하는 주택
　　㉡ 창고 또는 공장 중 물품을 입출고하는 부위의 상부에 한쪽 끝은 고정되고 다른 쪽 끝은 지지되지 않는 구조로 설치된 돌출차양
③ 다음의 경우에는 건축면적에 산입하지 않는다.
　　㉠ 지표면으로부터 1m 이하에 있는 부분(창고 중 물품을 입출고하기 위하여 차량을 접안시키는 부분의 경우에는 지표면으로부터 1.5m 이하에 있는 부분)
　　㉡ 「다중이용업소의 안전관리에 관한 특별법 시행령」에 따라 기존의 다중이용업소(2004년 5월 29일 이전의 것만 해당한다)의 비상구에 연결하여 설치하는 폭 2m 이하의 옥외 피난계단(기존 건축물에 옥외 피난계단을 설치함으로써 건폐율의 기준에 적합하지 아니하게 된 경우만 해당한다)
　　㉢ 건축물 지상층에 일반인이나 차량이 통행할 수 있도록 설치한 보행통로나 차량통로
　　㉣ 지하주차장의 경사로
　　㉤ 건축물 지하층의 출입구 상부(출입구 너비에 상당하는 규모의 부분을 말한다)
　　㉥ 생활폐기물 보관시설(음식물쓰레기, 의류 등의 수거시설을 말한다)
　　㉦ 「영유아보육법」에 따른 어린이집(2005년 1월 29일 이전에 설치된 것만 해당한다)의 비상구에 연결하여 설치하는 폭 2m 이하의 영유아용 대피용 미끄럼대 또는 비상계단(기존 건축물에 영유아용 대피용 미끄럼대 또는 비상계단을 설치함으로써 건폐율 기준에 적합하지 아니하게 된 경우만 해당한다)
　　㉧ 「장애인·노인·임산부 등의 편의증진 보장에 관한 법률 시행령」 별표2의 기준에 따라 설치하는 장애인용 승강기, 장애인용 에스컬레이터, 휠체어리프트 또는 경사로
　　㉨ 「가축전염병 예방법」 제17조 제1항 제1호에 따른 소독설비를 갖추기 위하여 같은 호에 따른 가축사육시설(2015년 4월 27일 전에 건축되거나 설치된 가축사육시설로 한정한다)에서 설치하는 시설

3 바닥면적

바닥면적은 건축물의 각 층 또는 그 일부로서 벽, 기둥, 그 밖에 이와 비슷한 구획의 중심선으로 둘러싸인 부분의 수평투영면적으로 한다. 다만, 다음의 어느 하나에 해당하는 경우에는 다음에서 정하는 바에 따른다.

① 벽·기둥의 구획이 없는 건축물은 지붕의 끝부분에서 1m를 후퇴한 선으로 둘러싸인 수평투영면적으로 한다.
② 필로티는 공중통행, 주차공간에 전용되는 경우와 공동주택의 경우에는 바닥면적에서 제외한다.
③ 노대는 '노대면적 – (노대에 접한 가장 긴 외벽길이 × 1.5m)'으로 한다.
④ 승강기탑·계단탑·굴뚝·더스트슈트·다락[1.5m(경사지붕의 경우 1.8m) 이하]·기타 이와 유사한 것과 옥상 또는 지하에 설치되어 있는 물탱크 등은 바닥면적에서 제외한다.
⑤ 공동주택으로서 지상층에 설치한 기계실·전기실·어린이놀이터·조경시설 및 생활폐기물 보관시설은 바닥면적에서 제외한다.
⑥ 건축물을 리모델링하는 경우로서 미관 향상, 열의 손실 방지 등을 위하여 외벽에 부가하여 마감재 등을 설치하는 부분은 바닥면적에서 제외한다.
⑦ 장애인용 승강기, 장애인용 에스컬레이터, 휠체어리프트 또는 경사로는 바닥면적에서 제외한다.
⑧ 단열재를 구조체의 외기측에 설치하는 단열공법으로 건축된 건축물의 경우에는 단열재가 설치된 외벽 중 내측 내력벽의 중심선을 기준으로 산정한 면적을 바닥면적으로 한다.
⑨ 「영유아보육법」에 따른 어린이집(2005년 1월 29일 이전에 설치된 것만 해당한다)의 비상구에 연결하여 설치하는 폭 2m 이하의 영유아용 대피용 미끄럼대 또는 비상계단의 면적은 바닥면적(기존 건축물에 영유아용 대피용 미끄럼대 또는 비상계단을 설치함으로써 용적률 기준에 적합하지 아니하게 된 경우만 해당한다)에서 제외한다.
⑩ 소독설비를 갖추기 위하여 가축사육시설(2015년 4월 27일 전에 건축되거나 설치된 가축사육시설로 한정한다)에서 설치하는 시설은 바닥면적에서 제외한다.
⑪ 현지보존 및 이전보존을 위하여 매장문화재 보호 및 전시에 전용되는 부분은 바닥면적에서 제외한다.
⑫ 지하주차장의 경사로(지상층에서 지하 1층으로 내려가는 부분으로 한정한다)는 바닥면적에서 제외한다.

4 연면적

연면적은 하나의 건축물 각층의 바닥면적의 합계로 하되, 용적률 산정시에는 다음에 해당하는 면적은 연면적에서 제외한다.

> ① 지하층의 면적
> ② 지상층의 주차용(해당 건축물의 부속용도인 경우만 해당한다)으로 쓰는 면적
> ③ 초고층건축물과 준초고층건축물에 설치하는 피난안전구역의 면적
> ④ 건축물의 경사지붕 아래에 설치하는 대피공간의 면적

✒ 시험에 주로 출제되는 부분이다.

제3장 건축허가 등

1 건축허가

(1) 허가권자

건축물을 건축하거나 대수선하려는 자는 특별자치시장·특별자치도지사 또는 시장·군수·구청장의 허가를 받아야 한다.

> ① 원칙: 특별자치시장, 특별자치도지사, 시장·군수·구청장(일반적 건축물의 건축)
> ② 예외: 특별시장·광역시장
>   ㉠ 층수가 21층 이상,
>   ㉡ 연면적의 합계가 10만m^2 이상인 건축물(공장, 창고 및 지방건축위원회의 심의를 거친 건축물은 제외)의 건축
>   🔨 연면적의 10분의 3 이상의 증축으로 인하여 층수가 21층 이상으로 되거나 연면적의 합계가 10만m^2 이상으로 되는 경우의 증축을 포함한다.

(2) 도지사의 사전승인

시장·군수는 다음의 어느 하나에 해당하는 건축물의 건축을 허가하는 경우, 미리 건축계획서와 국토교통부령이 정하는 건축물의 용도, 규모 및 형태가 표시된 기본설계도서를 첨부하여 도지사의 승인을 받아야 한다.

> ① 21층 이상의 건축물
> ② 연면적 합계 10만m^2 이상의 건축물(공장, 창고 및 심의를 거친 건축물은 제외)
> ③ 자연환경 또는 수질보호를 위하여 도지사가 지정·공고하는 구역 안에 건축하는 3층 이상 또는 연면적 합계 1,000m^2 이상 건축물로서 위락시설 및 숙박시설, 공동주택, 일반업무시설, 일반음식점
> ④ 주거환경 또는 교육환경 보호를 위하여 도지사가 지정·공고하는 구역 안에 건축하는 위락시설 및 숙박시설
>   🔨 기속재량행위, 도지사의 사전승인대상에 해당한다는 점을 기억한다.

(3) 위락시설 및 숙박시설의 불허가처분(기속재량행위)

허가권자는 건축허가를 하고자 하는 때에 한국건축규정의 준수 여부를 확인하여야 한다. 다만, 다음의 어느 하나에 해당하는 경우에는 이 법이나 다른 법률에도 불구하고 건축위원회의 심의를 거쳐 건축허가를 하지 아니할 수 있다.

> ① 위락시설이나 숙박시설에 해당하는 건축물의 건축을 허가하는 경우, 해당 대지에 건축하려는 건축물의 용도·규모 또는 형태가 주거환경이나 교육환경 등 주변 환경을 고려할 때 부적합하다고 인정되는 경우
> ② 「국토의 계획 및 이용에 관한 법률」에 따른 방재지구 및 「자연재해대책법」에 따른 자연재해위험개선지구 등 상습적으로 침수되거나 침수가 우려되는 지역에 건축하려는 건축물에 대하여 지하층 등 일부 공간을 주거용으로 사용하거나 거실을 설치하는 것이 부적합하다고 인정되는 경우

(4) 건축허가의 필수적 취소사유

허가권자는 허가를 받은 자가 다음의 어느 하나에 해당하면 허가를 취소하여야 한다. 다만, ①에 해당하는 경우로서 정당한 사유가 있다고 인정되면 1년의 범위에서 공사의 착수기간을 연장할 수 있다.

> ① 허가를 받은 날부터 2년(「산업집적활성화 및 공장설립에 관한 법률」에 따라 공장의 신설·증설 또는 업종변경의 승인을 받은 공장은 3년) 이내에 공사에 착수하지 아니한 경우
> ② ①의 기간 이내에 공사에 착수하였으나, 공사의 완료가 불가능하다고 인정되는 경우
> ③ 착공신고 전에 경매 또는 공매 등으로 건축주가 대지의 소유권을 상실한 때부터 6개월이 지난 이후 공사의 착수가 불가능하다고 판단되는 경우

2 건축허가의 절차도

주체	단계	내용
(건축사)	설계	기본설계도서를 작성하여 허가신청서를 제출한다.
⇩		
(허가권자)	건축허가	건축허가서의 교부 ① 원칙: 특시, 특도, 시·군·구청장 ② 예외: 특별·광역시장
⇩		
(건축주)	착공신고	착공 전까지 공사계획신고를 한다. 🔨 건축주·공사감리자·공사시공자가 신고서에 함께 서명한다.
⇩		
(건축주)	착공	시공자는 표지를 게시하여야 하며, 설계도서를 비치하여야 한다.
⇩		
(건축주)	사용승인신청	공사완료 후 감리완료보고서를 첨부하여 신청하여야 한다. 🔨 임시사용승인: 2년 이내, 연장 가능, 회수 ×
⇩		
(허가권자)	사용승인	신청이 있은 경우 7일 이내 사용승인을 위한 검사를 실시하고, 검사에 합격된 건축물에 대하여는 사용승인서를 교부해야 한다.
⇩		
(소유자)	유지·관리	

3 사용승인 및 유지·관리

(1) 건축물의 사용승인

사용승인의 신청 (건축주 ⇨ 허가권자)	건축공사를 완료(하나의 대지에 둘 이상의 건축물을 건축하는 경우, 동별 공사를 완료한 경우를 포함한다)한 후 그 건축물을 사용하려면 공사감리자가 작성한 감리완료보고서(공사감리자를 지정한 경우만 해당된다)와 국토교통부령으로 정하는 공사완료도서를 첨부하여 허가권자에게 사용승인을 신청하여야 한다.
사용승인서 교부	7일 이내에 검사실시 후 검사 합격된 건축물에 대하여 교부하여야 한다.
사용시기	① 원칙: 건축주는 사용승인을 받은 후가 아니면 그 건축물을 사용하거나 사용하게 할 수 없다. ② 예외 　㉠ 허가권자가 7일 내에 사용승인서를 미교부한 경우 　㉡ 임시사용의 승인을 한 경우

임시사용승인	① 원칙: 임시사용승인의 기간은 2년 이내로 한다. ② 예외: 다만, 허가권자는 대형 건축물 또는 암반공사 등으로 인하여 공사기간이 긴 건축물에 대하여는 그 기간을 연장할 수 있다. 🔨 연장은 계속 가능하다는 의미임에 유의하여야 한다.
조건부 임시사용승인	식수 등 조경에 필요한 조치를 하기에 부적합한 시기에 건축공사가 완료된 건축물은 허가권자가 지정하는 시기까지 식수 등 조경에 필요한 조치를 할 것을 조건으로 임시사용을 승인할 수 있다.

(2) 건축물의 유지·관리

건축물의 소유자나 관리자는 1년에 한 번 이상 정기점검을 실시하여 건축물·대지 및 건축설비를 법 규정에 적합하도록 유지·관리하여야 한다.

제4장 건축물의 대지와 도로

1 대지

(1) 대지의 안전

대지는 인접한 도로면보다 낮아서는 아니 된다.

(2) 대지 안의 조경

면적이 200m² 이상인 대지에 건축하는 경우, 용도지역 및 건축물의 규모에 따라 해당 지방자치단체의 조례로 정하는 기준에 따라 대지에 조경이나 그 밖에 필요한 조치를 하여야 한다.

(3) 조경조치의 예외

다음의 어느 하나에 해당하는 건축물에 대하여는 조경 등의 조치를 하지 아니할 수 있다.

> ① 녹지지역에 건축하는 건축물
> ② 대지면적이 5천m² 미만이거나 연면적의 합계가 1,500m² 미만의 공장
> ③ 산업단지 안의 공장
> ④ 대지에 염분이 함유되어 있는 경우 등으로서 건축조례로 정하는 건축물
> ⑤ 축사
> ⑥ 가설건축물
> ⑦ 1,500m² 미만인 물류시설(주거·상업지역에 건축하는 것은 제외한다)
> ⑧ 관리·농림·자연환경보전지역 안의 건축물(지구단위계획구역은 제외한다)

2 습지·매립지

습한 토지, 물이 나올 우려가 많은 토지, 쓰레기, 그 밖에 이와 유사한 것으로 매립된 토지에 건축물을 건축하는 경우에는 성토, 지반개량 등 필요한 조치를 하여야 한다.

3 배수시설의 설치

대지에는 빗물과 오수를 배출하거나 처리하기 위하여 필요한 하수관, 하수구, 저수탱크, 그 밖에 이와 유사한 시설을 설치하여야 한다.

4 옹벽의 설치

손궤의 우려가 있는 토지에 대지를 조성하고자 하는 경우, 국토교통부령으로 정하는 바에 따라 옹벽을 설치하거나 그 밖에 필요한 조치를 하여야 한다.

> ① 성토·절토하는 부분의 경사도가 1 : 1.5 이상으로서 높이 1m 이상인 부분에는 옹벽을 설치할 것
> ② 옹벽의 높이가 2m 이상인 경우 콘크리트구조로 할 것. 다만, 옹벽에 관한 기술적 기준에 적합한 경우에는 그러하지 아니하다.
> ③ 옹벽의 외벽면에는 이의 지지 또는 배수를 유관시설 외의 구조물이 밖으로 튀어나오지 아니하게 할 것

5 도로

(1) 의의

보행 및 자동차 통행이 가능한 폭 4m 이상의 지정 또는 예정도로를 말한다(보행의 경우에는 예외 없다).

(2) 대지와 도로의 관계

① 건축물의 대지는 2m 이상이 도로(자동차만의 통행에 사용되는 도로는 제외한다)에 접하여야 한다. 다만, 다음의 어느 하나에 해당하면 그러하지 아니하다.

> ㉠ 해당 건축물의 출입에 지장이 없다고 인정되는 경우
> ㉡ 건축물의 주변에 대통령령으로 정하는 공지가 있는 경우(광장, 공원, 유원지, 그 밖에 관계 법령에 따라 건축이 금지되고 공중의 통행에 지장이 없는 공지로서 허가권자가 인정한 것을 말한다)

② 연면적의 합계가 2천m^2(공장인 경우에는 3천m^2) 이상인 건축물(축사, 작물 재배사, 그 밖에 이와 비슷한 건축물로서 건축 조례로 정하는 규모의 건축물은 제외한다)의 대지는 너비 6m 이상의 도로에 4m 이상 접하여야 한다.

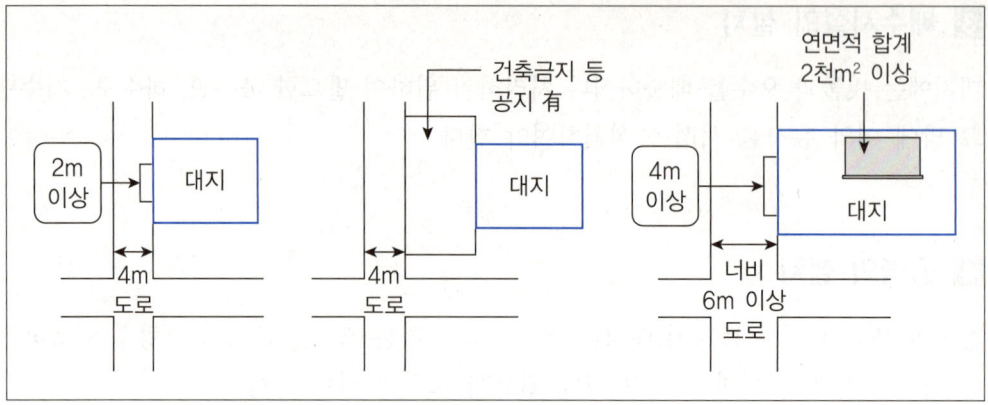

(3) 도로의 지정 및 폐지·변경

① 도로의 지정

㉠ 원칙: 허가권자는 도로의 위치를 지정·공고하려면 국토교통부령으로 정하는 바에 따라 그 도로에 대한 이해관계인의 동의를 받아야 한다.

㉡ 예외: 다음의 어느 하나에 해당하면 이해관계인의 동의를 받지 아니하고 건축위원회의 심의를 거쳐 도로를 지정할 수 있다.

> ⓐ 허가권자가 이해관계인이 해외에 거주하는 등의 사유로 이해관계인의 동의를 받기가 곤란하다고 인정하는 경우
> ⓑ 주민이 오랫동안 통행로로 이용하고 있는 사실상의 통로로서 해당 지방자치단체의 조례로 정하는 것인 경우

② 폐지·변경: 지정된 도로를 폐지하거나 변경하려면 그 도로에 대한 이해관계인의 동의를 받아야 한다.

③ 도로관리대장의 작성·비치: 허가권자는 도로를 지정하거나 변경하면 도로관리대장에 그 내용을 적어서 관리하여야 한다.

제5장 건축물의 높이와 층수

1 높이의 산정

(1) 건축물의 높이는 지표면으로부터 해당 건축물의 상단까지의 높이로 한다.
(2) 처마높이는 지표면으로부터 건축물의 지붕틀 또는 벽·깔도리·기둥의 상단까지의 높이로 한다.
(3) 반자높이는 방의 바닥면으로부터 반자(천정)까지의 높이로 한다.
(4) 층고(=층높이)는 방의 바닥 구조체 윗면으로부터 위층 바닥 구조체 윗면까지의 높이로 한다.
(5) 건축물의 옥상에 설치되는 승강기탑·계단탑·망루·장식탑·옥탑 등으로서 그 수평투영면적의 합계가 해당 건축물 건축면적의 8분의 1(「주택법」에 따른 사업계획승인 대상인 공동주택 중 세대별 전용면적이 $85m^2$ 이하인 경우에는 6분의 1) 이하인 경우로서 그 부분의 높이가 12m를 넘는 경우에는 그 넘는 부분만 해당 건축물의 높이에 산입한다.

2 층수의 산정

(1) 승강기탑, 계단탑, 망루, 장식탑, 옥탑, 그 밖에 이와 비슷한 건축물의 옥상 부분으로서 그 수평투영면적의 합계가 해당 건축물 건축면적의 8분의 1(「주택법」에 따른 사업계획승인 대상인 공동주택 중 세대별 전용면적이 $85m^2$ 이하인 경우에는 6분의 1) 이하인 것은 건축물의 층수에 산입하지 않는다.
(2) 지하층은 건축물의 층수에 산입하지 않는다.
   지상 5층, 지하 2층 ⇨ 5층 건물이다.
(3) 층수가 다를 경우, 그 중 층수가 가장 많은 층을 그 건축물의 층수로 본다.
   9층, 7층, 5층이 섞여 있으면 이 건물은 9층이다.
(4) 층의 구분이 명확하지 아니할 때에는 높이 4m마다 하나의 층으로 계산한다.

제 **6** 편

부록

주택법

제1장 | **용어 정의**

제2장 | **사업주체 등**

제3장 | **주택의 건설**

제4장 | **주택의 분양가격제한 등**

제5장 | **주택상환사채**

제1장 용어 정의

1 주택

세대의 세대원이 장기간 독립된 주거생활을 영위할 수 있는 구조로 된 건축물로 부속토지를 포함하는 개념이며, 단독주택과 공동주택(부대시설, 복리시설, 일단의 토지)으로 구분한다.

단독주택	단독주택, 다중주택(3개층 이하, 바닥면적의 합계 660m² 이하), 다가구주택(3개층 이하, 바닥면적의 합계 660m² 이하, 19세대 이하)
공동주택	① 아파트: 주택 사용 층수 5개층 이상 ② 연립주택: 주택 사용 층수 4개층 이하 + 바닥면적의 합계 660m² 초과 ③ 다세대주택: 주택 사용 층수 4개층 이하 + 바닥면적의 합계 660m² 이하
국민주택	다음의 어느 하나에 해당하는 주택으로서, 국민주택규모 이하인 주택을 말한다. ① 국가·지방자치단체, 「한국토지주택공사법」에 따른 한국토지주택공사 또는 「지방공기업법」에 따라 주택사업을 목적으로 설립된 지방공사가 건설하는 주택 ② 국가·지방자치단체의 재정 또는 「주택도시기금법」에 따른 주택도시기금으로부터 자금을 지원받아 건설되거나 개량되는 주택
국민주택 규모	주거의 용도로만 쓰이는 면적(이하 '주거전용면적'이라 한다)이 1호(戶) 또는 1세대당 85m² 이하인 주택(「수도권정비계획법」에 따른 수도권을 제외한 도시지역이 아닌 읍 또는 면 지역은 1호 또는 1세대당 주거전용면적이 100m² 이하인 주택을 말한다)을 말한다. 이 경우, 주거전용면적의 산정방법은 국토교통부령으로 정한다.
민영주택	국민주택이 아닌 주택을 말한다.

➢ 단독주택·공동주택은 구조에 따른 분류이고, 국민주택·국민주택규모·민영주택은 자금에 따른 분류이다.

➢ 토지임대부 분양주택: 토지의 소유권은 사업계획의 승인을 받아 토지임대부 분양주택 건설사업을 시행하는 자가 가지고, 건축물 및 복리시설 등에 대한 소유권은 주택을 분양받은 자가 가지는 주택을 말한다(건축물의 전유부분에 대한 구분소유권은 이를 분양받은 자가 가지고, 건축물의 공용부분·부속건물 및 복리시설은 분양받은 자들이 공유한다).

2 공공택지

다음에 해당하는 공공사업에 의하여 개발·조성되는 공동주택이 건설되는 용지를 말한다.

① 국민주택건설사업 또는 대지조성사업
② 택지개발사업
③ 산업단지개발사업
④ 공공주택지구조성사업
⑤ 도시개발사업(수용 또는 사용의 방식으로 시행하는 사업과 혼용방식 중 수용 또는 사용방식이 적용되는 구역에서 시행하는 사업에 한한다)
⑥ 경제자유구역개발사업(수용 또는 사용의 방식으로 시행하는 사업과 혼용방식 중 수용 또는 사용방식이 적용되는 구역에서 시행하는 사업에 한한다)
⑦ 혁신도시개발사업
⑧ 행정중심복합도시건설사업
⑨ 공익사업으로서 대통령령으로 정하는 사업

3 주택단지

주택건설사업계획 또는 대지조성사업계획의 승인을 받아 주택과 그 부대시설 및 복리시설을 건설하거나 대지를 조성하는 데 사용되는 일단(一團)의 토지를 말한다. 다만, 다음의 시설로 분리된 토지는 각각 별개의 주택단지로 본다.

① 철도·고속도로·자동차전용도로
② 폭 20m 이상인 일반도로
③ 폭 8m 이상인 도시계획예정도로
④ 일반국도, 지방도 등

4 사업주체

주택건설사업계획 또는 대지조성사업계획의 승인을 받아 그 사업을 시행하는 자를 말한다.

① 국가·지방자치단체
② 한국토지주택공사
③ 등록한 주택건설사업자 또는 대지조성사업자
④ 그 밖에 이 법에 의하여 주택건설사업 또는 대지조성사업을 시행하는 자

5 주택조합

많은 수의 구성원이 주택을 마련하거나 리모델링하기 위하여 결성하는 3가지 조합을 말한다.

① 지역주택조합
② 직장주택조합
③ 리모델링주택조합

6 리모델링

건축물의 노후화 억제 또는 기능 향상 등을 위한 다음의 행위를 말한다.

① 대수선(大修繕)
② 사용검사일 또는 사용승인일부터 15년이 지난 공동주택을 각 세대의 주거전용면적(집합건축물대장의 전유부분의 면적)의 10분의 3 이내(세대의 주거전용면적이 $85m^2$ 미만인 경우에는 10분의 4 이내)에서 증축하는 행위. 이 경우, 공동주택의 기능향상 등을 위하여 공용부분에 대하여도 별도로 증축할 수 있다.
③ ②에 따른 각 세대의 증축 가능면적을 합산한 면적의 범위에서 기존 세대수의 100분의 15 이내에서 세대수를 증가하는 증축행위(이하 '세대수증가형 리모델링'이라 한다). 다만, 수직으로 증축하는 행위(이하 '수직증축형 리모델링'이라 한다)는 다음 요건을 모두 충족하는 경우로 한정한다.
  ㉠ 최대 3개층 이하로서 대통령령으로 정하는 범위에서 증축할 것. 다만, 수직증축형 리모델링의 대상이 되는 건축물의 기존 층수가 14층 이하인 경우에는 2개층을 말한다.
  ㉡ 리모델링대상 건축물의 구조도 보유 등 대통령령으로 정하는 요건을 갖출 것

7 공구

하나의 주택단지에서 둘 이상으로 구분되는 일단의 구역으로, 착공신고 및 사용검사를 별도 수행할 수 있는 구역으로서 다음의 요건을 모두 충족하는 것을 말한다.

① 다음의 어느 하나에 해당하는 시설을 설치하거나 공간을 조성하여 6m 이상의 폭으로 공구 간 경계를 설정할 것
  ㉠ 주택단지 안의 도로
  ㉡ 부설주차장
  ㉢ 옹벽 또는 축대
  ㉣ 녹지
  ㉤ 어린이놀이터 등 부대·복리시설
② 공구별 세대수는 300세대 이상으로 할 것

8 도시형 생활주택

300세대 미만의 국민주택규모에 해당하는 주택으로서, 사업계획승인을 받아 도시지역에 건설하는 다음의 주택을 말한다.

소형주택	다음의 요건을 모두 갖춘 공동주택 ① 세대별 주거전용면적은 $60m^2$ 이하일 것 ② 세대별로 독립된 주거가 가능하도록 욕실 및 부엌을 설치할 것 ③ 주거전용면적이 $30m^2$ 미만인 경우에는 욕실 및 보일러실을 제외한 부분을 하나의 공간으로 구성할 것 ④ 주거전용면적이 $30m^2$ 이상인 경우에는 욕실 및 보일러실을 제외한 부분을 3개 이하의 침실(각각의 면적이 $7m^2$ 이상인 것을 말한다)과 그 밖의 공간으로 구성할 수 있으며, 침실이 2개 이상인 세대수는 소형주택 전체 세대수(소형주택과 함께 건축하는 그 밖의 주택의 세대수를 포함한다)의 3분의 1(그 3분의 1을 초과하는 세대 중 세대당 주차대수를 0.7대 이상이 되도록 주차장을 설치하는 경우에는 해당 세대의 비율을 더하여 2분의 1까지로 한다)을 초과하지 않을 것 ⑤ 지하층에는 세대를 설치하지 아니할 것
단지형 연립주택	연립주택 중 소형주택을 제외한 주택. 다만, 건축위원회의 심의를 받은 경우에는 주택으로 쓰는 층수를 5개층까지 건축할 수 있다.
단지형 다세대주택	다세대주택 중 소형주택을 제외한 주택. 다만, 건축위원회의 심의를 받은 경우에는 주택으로 쓰는 층수를 5개층까지 건축할 수 있다.

> **참고 복합건축제한**
>
> 1. 하나의 건축물에는 도시형 생활주택과 그 밖의 주택을 함께 건축할 수 없다. 다만, 다음의 어느 하나에 해당하는 경우는 예외로 한다.
>   ① 소형주택과 주거전용면적이 $85m^2$를 초과하는 주택 1세대를 함께 건축하는 경우(여기서 말하는 1세대는 주인집이라고 보면 된다)
>   ② 준주거지역 또는 상업지역에서 소형주택과 도시형 생활주택 외의 주택을 함께 건축하는 경우
> 2. 하나의 건축물에는 단지형 연립주택 또는 단지형 다세대주택과 소형주택을 함께 건축할 수 없다.

소형주택(다세대 + 주인집)

소형주택(아파트)

소형주택 내부

9 세대구분형 공동주택

공동주택의 주택 내부공간의 일부를 세대별로 구분하여 생활이 가능한 구조로 하되, 그 구분된 공간의 일부를 구분소유할 수 없는 주택으로서, 대통령령으로 정하는 다음의 건설기준, 설치기준, 면적기준 등에 적합한 주택을 말한다.

① 사업계획의 승인을 받아 건설하는 공동주택의 경우
　㉠ 세대별로 구분된 각각의 공간마다 별도의 욕실, 부엌과 현관을 설치할 것
　㉡ 하나의 세대가 통합하여 사용할 수 있도록 세대 간에 연결문 또는 경량구조의 경계벽 등을 설치할 것
　㉢ 세대구분형 공동주택의 세대수가 해당 주택단지 안의 공동주택 전체 세대수의 3분의 1을 넘지 않을 것
　㉣ 세대별로 구분된 각각의 공간의 주거전용면적 합계가 해당 주택단지 전체 주거전용면적 합계의 3분의 1을 넘지 않는 등 국토교통부장관이 정하여 고시하는 주거전용면적의 비율에 관한 기준을 충족할 것
②「공동주택관리법」에 따른 행위의 허가를 받거나 신고를 하고 설치하는 공동주택의 경우
　㉠ 구분된 공간의 세대수는 기존 세대를 포함하여 2세대 이하일 것
　㉡ 세대별로 구분된 각각의 공간마다 별도의 욕실, 부엌과 구분 출입문을 설치할 것
　㉢ 세대구분형 공동주택의 세대수가 해당 주택단지 안의 공동주택 전체 세대수의 10분의 1과 해당 동의 전체 세대수의 3분의 1을 각각 넘지 않을 것. 다만, 시장·군수·구청장이 부대시설의 규모 등 해당 주택단지의 여건을 고려하여 인정하는 범위에서 세대수의 기준을 넘을 수 있다.
　㉣ 구조, 화재, 소방 및 피난안전 등 관계 법령에서 정하는 안전기준을 충족할 것

📌 위의 내용으로 건설 또는 설치되는 주택과 관련하여 주택건설기준 등을 적용하는 경우, 세대구분형 공동주택의 세대수는 그 구분된 공간의 세대수에 관계없이 하나의 세대로 산정한다.

제2장 사업주체 등

1 사업주체

(1) 의의

이 법에 의하여 주택건설사업 및 대지조성사업을 시행하는 자를 말한다.

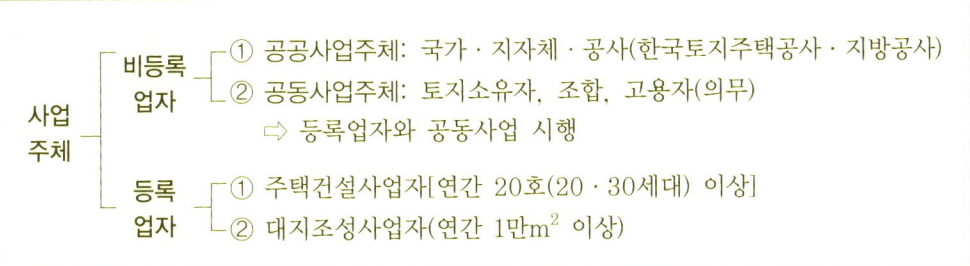

(2) 등록업자

① 등록의무자: 연간 20호(세대) 이상 건설자 또는 연간 1만m^2 이상 대지조성자
   🖋 도시형 생활주택, 소형주택과 그 밖의 주택 1세대를 함께 건축시 연간 30세대가 기준이다.

② 등록기준

구분	자본금		기술자	사무실
	법인	개인		
주택건설사업자	3억원 이상	자산평가액 6억원 이상	건축분야 기술자 1인 이상	사무장비를 확보할 수 있는 면적
대지조성사업자			토목분야 기술자 1인 이상	

🖋 국토교통부장관에게 등록기준을 갖추어 등록을 요한다.

③ 등록말소 또는 영업정지처분을 받더라도 처분 전에 사업계획승인을 받은 사업은 계속하여 가능하다.

④ 등록말소 후 2년 내 재등록이 불가하다.

2 조합

(1) 조합의 구성 및 유형

주택조합은 주택건설예정세대수(설립인가 당시의 사업계획서에 따른 세대수를 말하되, 임대주택으로 건설·공급하여야 하는 세대수는 제외하며, 사업계획승인 등의 과정에서 세대수가 변경된 경우에는 변경된 세대수를 말한다)의 50% 이상의 조합원으로 구성하되, 조합원은 20명 이상이어야 한다. 다만, 리모델링주택조합의 경우에는 그러하지 아니하다.

구분	자격요건	조합원 교체·신규가입
지역 주택 조합 (20인 이상)	① 동일한 지역(지역별로 권역을 묶어서 정한다. 서울 + 인천 + 경기 등)에 6개월 이상 거주자일 것 ② 조합설립인가 신청일부터 조합주택의 입주 가능일까지 주택을 소유하지 아니하거나 주거전용면적 $85m^2$ 이하의 주택 1채를 소유한 세대주일 것 ③ 본인 또는 본인과 같은 세대별 주민등록표에 등재되어 있지 않은 배우자가 같은 또는 다른 지역주택조합의 조합원이거나 직장주택조합의 조합원이 아닐 것	① 원칙: 지역·직장주택조합은 그 설립인가를 받은 후에는 해당 조합원을 교체하거나 신규로 가입하게 할 수 없다. ② 예외 ㉠ 조합원의 사망 ㉡ 사업계획승인 이후에 입주자로 선정된 지위가 양도·증여 또는 판결 등으로 변경된 경우. 다만, 전매가 금지되는 경우는 제외한다. ㉢ 조합원의 탈퇴 등으로 조합원 수가 주택건설예정세대수의 50% 미만이 되는 경우 ㉣ 조합원이 무자격자로 밝혀져 자격을 상실하는 경우 ㉤ 사업계획승인 과정 등에서 주택건설예정세대수가 변경되어 조합원 수가 변경된 세대수의 50% 미만이 되는 경우
직장 주택 조합 (20인 이상)	① 동일한 국가기관·지방자치단체·법인에 근무하는 자일 것 ② 조합설립인가 신청일부터 조합주택의 입주 가능일까지 주택을 소유하지 아니하거나 주거전용면적 $85m^2$ 이하의 주택 1채를 소유한 세대주일 것 ③ 본인 또는 본인과 같은 세대별 주민등록표에 등재되어 있지 않은 배우자가 같은 또는 다른 직장주택조합의 조합원이거나 지역주택조합의 조합원이 아닐 것 🔨 국민주택을 공급받기 위한 직장주택조합은 설립신고로 가능하며, 무주택자에 한한다.	

리모델링 주택조합	① 공동주택과 복리시설의 소유자일 것 ② 사용검사를 받은 후 10년 이상의 기간이 지날 것[증축에 해당하는 경우 15년(15년 이상 20년 미만의 연수 중 특별시·광역시 또는 도의 조례가 정하는 경우 그 연수)] 📌 조합원의 수, 조합원의 교체금지 규정은 없다.

> **참고** 리모델링 요건
>
> 1. 리모델링주택조합의 조합원: 주택 또는 복리시설의 소유자
> 2. 설립인가시 동의요건과 리모델링시 허가·동의요건
>   ① 조합설립 동의요건: 각 동 과반수 이상 + 전체 동 2/3 이상(한 동만 2/3)
>   ② 리모델링 허가·동의요건: 각 동 50% 이상 + 전체 동 75% 이상(한 동만 75%)

(2) 조합의 설립

① 설립인가: 시장·군수·자치구 구청장의 설립인가를 받아야 한다.

② 대지소유권 확보: 주택조합설립인가를 받으려는 자는 다음의 요건을 모두 갖추어야 한다.

> ㉠ 해당 주택건설대지의 80% 이상에 해당하는 토지의 사용권원을 확보할 것
> ㉡ 해당 주택건설대지의 15% 이상에 해당하는 토지의 소유권을 확보할 것

③ 주택공급조합: 국민주택을 공급받기 위하여 주택조합을 설립하고자 하는 자는 관할 시장·군수·자치구 구청장에게 신고하여야 하며, 이런 주택조합에 대하여는 국민주택을 우선공급할 수 있다(직장조합에 한한다).

📌 조합설립은 원칙이 인가이나, 공급받기 위한 직장조합은 신고로 가능하다.

제3장 주택의 건설

1 주택건설사업의 시행절차

사업계획승인신청	사업계획승인	사업시행

① 사업주체
② 부대시설 및 복리시설에 관한 계획 포함
	① 원칙: 시·도지사, 대장, 시장·군수
	② 예외: 국토교통부장관
	③ 승인대상 규모
	  ㉠ 주택건설
	    ⓐ 단독주택: 30(50)호 이상 건설시
	    ⓑ 공동주택: 30(50)세대 이상 건설시
	    ⓒ 리모델링: 30세대 이상 증가시
	  ㉡ 대지조성: 1만m² 이상 대지조성시
		① 국·공유지 우선매각·임대
		② 체비지의 우선활용 (국민주택에 적용)
		③ 수용·사용의 특례
		④ 타인토지 출입 등

⇨

사용검사신청	사용검사	사용

① 사업주체
  ⇨ 입주예정자, 보증자 사업주체가 신청 ×
  ⇨ 입주예정자, 보증자, 시공자
② 임시사용승인신청
  ㉠ 주택건설사업: 건축물의 동 별로 공사 완료시(공동주택은 세대별로 승인 가능)
  ㉡ 대지조성사업: 구획별로 공사 완료시
	① 원칙: 시·군·구청장 (15일 이내)
	② 예외: 사업주체가 국가·한국토지주택공사인 경우, 국토교통부장관에게 사용검사신청
	✐ 「건축법」에 의한 사용승인 의제, 다른 법률에 의한 준공검사 의제
		원칙적으로 사용검사를 받은 후가 아니면 주택 또는 대지를 사용할 수 없다.

2 사업계획승인 대상 및 승인권자

(1) 사업계획승인 대상

다음에서 정하는 호수 이상의 주택건설사업을 시행하려는 자 또는 1만m² 면적 이상의 대지조성사업을 시행하려는 자는 사업계획승인을 받아야 한다.

단독주택	① 원칙: 30호 ② 예외 　㉠ 블록형 단독주택 ⇨ 50호 　㉡ 한옥 ⇨ 50호
공동주택	① 원칙: 30세대(리모델링 포함) ② 예외 　㉠ 진입도로(6m) + 전용면적 30m² 이상의 요건을 갖춘 단지형 연립주택·다세대주택 ⇨ 50세대 　㉡ 주거환경개선사업으로 시행되는 주택(시장·군수가 완화제한 가능) ⇨ 50세대

(2) 승인권자

시·도지사, 대도시 시장, 시장·군수, 국토교통부장관이 승인권자이다.

시·도지사, 대도시 시장, 시장·군수 (원칙)	① 시·도지사, 대도시 시장: 대지면적 10만m² 이상 ② 특별시장·광역시장·특별자치시장·특별자치도지사·시장·군수: 대지면적 10만m² 미만 🔨 도지사는 10만m² 미만시 시장과 군수에게 위임한다.
국토교통부장관 (예외)	① 국가·한국토지주택공사가 시행하는 경우 ② 330만m² 이상의 규모로 택지개발사업 또는 도시개발사업을 추진하는 지역 중 국토교통부장관이 지정·고시하는 지역에서 주택건설사업을 시행하는 경우 ③ 수도권·광역시 지역의 긴급한 주택난 해소가 필요하거나 지역균형개발 또는 광역적 차원의 조정이 필요하여 국토교통부장관이 지정·고시하는 지역에서 주택건설사업을 시행하는 경우

(3) 사업계획승인 제외대상

대통령령으로 정하는 다음의 어느 하나에 해당하는 경우에는 이를 사업계획승인 대상에서 제외한다.

> ① 「국토의 계획 및 이용에 관한 법률 시행령」에 따른 상업지역(유통상업지역 제외) 또는 준주거지역에서 300세대 미만의 주택과 주택 외의 시설을 동일 건축물로 건축하는 경우로서, 해당 건축물의 연면적에서 주택 연면적이 차지하는 비율이 90% 미만인 경우
> ② 「농어촌정비법」에 따른 생활환경정비사업 중 「농업협동조합법」에 따른 농업협동조합 중앙회가 조달하는 자금으로 시행하는 사업인 경우

📌 규정을 완화하여 건설을 촉진하자는 취지이다.

(4) 사업계획서의 내용

사업계획은 쾌적하고 문화적인 주거생활을 영위하는 데 적합하도록 작성하고, 그 사업계획에는 부대시설 및 복리시설의 설치에 관한 계획이 포함되어야 한다(강행규정).

제4장 주택의 분양가격제한 등

1 분양가상한제 적용주택

(1) 사업주체가 일반인에게 공급하는 공동주택 중 다음의 어느 하나에 해당하는 지역에서 공급하는 주택의 경우에는 법 제57조에서 정하는 기준에 따라 산정되는 분양가격 이하로 공급하여야 한다(이에 따라 공급되는 주택을 '분양가상한제 적용주택'이라 한다).

> ① 공공택지
> ② 공공택지 외의 택지로서, 주택가격 상승 우려가 있어 국토교통부장관이 주거정책심의위원회의 심의를 거쳐 지정하는 지역

(2) 다음의 경우에는 분양가격의 제한을 적용하지 아니한다.

> ① 도시형 생활주택
> ② 「경제자유구역의 지정 및 운영에 관한 특별법」에 따라 지정·고시된 경제자유구역에서 건설·공급하는 공동주택으로서, 경제자유구역위원회에서 외자유치 촉진과 관련이 있다고 인정하여 분양가격제한을 적용하지 아니하기로 심의·의결한 경우
> ③ 「관광진흥법」에 따라 지정된 관광특구에서 건설·공급하는 공동주택으로서, 해당 건축물의 층수가 50층 이상이거나 높이가 150m 이상인 경우
> ④ 한국토지주택공사 또는 지방공사가 다음의 정비사업의 시행자로 참여하는 등 대통령령으로 정하는 공공성 요건을 충족하는 경우로서, 해당 사업에서 건설·공급하는 주택
>   ㉠ 정비사업으로서 면적, 세대수 등이 대통령령으로 정하는 요건에 해당되는 사업
>   ㉡ 소규모주택정비사업
> ⑤ 공공재개발사업에서 건설·공급하는 주택
> ⑥ 「도시재생 활성화 및 지원에 관한 특별법」에 따른 주거재생혁신지구에서 시행하는 혁신지구재생사업 중 대통령령으로 정하는 면적 또는 세대수 이하의 사업에서 건설·공급하는 주택

(3) 분양가격은 택지비와 건축비로 구성되며, 구체적인 명세, 산정방식, 감정평가기관 선정방법 등은 국토교통부령으로 정한다. 이 경우, 택지비는 다음에 따라 산정한 금액으로 한다.

> ① 공공택지에서 주택을 공급하는 경우에는 해당 택지의 공급가격에 국토교통부령으로 정하는 택지와 관련된 비용을 가산한 금액
> ② 공공택지 외의 택지에서 분양가상한제 적용주택을 공급하는 경우에는 「감정평가 및 감정평가사에 관한 법률」에 따라 감정평가한 가액에 국토교통부령으로 정하는 택지와 관련된 비용을 가산한 금액. 다만, 택지 매입가격이 다음의 어느 하나에 해당하는 경우에는 해당 매입가격(대통령령으로 정하는 범위로 한정한다)에 국토교통부령으로 정하는 택지와 관련된 비용을 가산한 금액을 택지비로 볼 수 있다. 이 경우, 택지비는 주택단지 전체에 동일하게 적용하여야 한다.
> ㉠ 「민사집행법」, 「국세징수법」 또는 「지방세기본법」에 따른 경·공매 낙찰가격
> ㉡ 국가·지방자치단체 등 공공기관으로부터 매입한 가격
> ㉢ 그 밖에 실제 매매가격을 확인할 수 있는 경우로서 대통령령으로 정하는 경우

(4) 분양가격 구성항목 중 건축비는 국토교통부장관이 정하여 고시하는 건축비(이하 '기본형 건축비'라 한다)에 국토교통부령으로 정하는 금액을 더한 금액으로 한다. 이 경우, 기본형 건축비는 시장·군수·구청장이 해당 지역의 특성을 고려하여 국토교통부령으로 정하는 범위에서 따로 정하여 고시할 수 있다.

(5) 사업주체는 분양가상한제 적용주택으로서 공공택지에서 공급하는 주택에 대하여 입주자모집승인을 받았을 때에는 입주자모집공고에 다음(국토교통부령으로 정하는 세분류를 포함한다)에 대하여 분양가격을 공시하여야 한다.

> ① 택지비
> ② 공사비
> ③ 간접비
> ④ 그 밖에 국토교통부령으로 정하는 비용

(6) 시장·군수·구청장이 공공택지 외의 택지에서 공급되는 분양가상한제 적용주택 중 분양가 상승 우려가 큰 지역으로서 대통령령으로 정하는 기준에 해당되는 지역에서 공급되는 주택에 대하여 입주자모집승인을 하는 경우에는 다음의 구분에 따라 분양가격을 공시하여야 한다. 이 경우, ②부터 ⑥까지의 금액은 기본형 건축비[특별자치시·특별자치도·시·군·구(구는 자치구의 구를 말하며, 이하 '시·군·구'라 한다)별 기본형 건축비가 따로 있는 경우에는 시·군·구별 기본형 건축비]의 항목별 가액으로 한다.

> ① 택지비 ② 직접공사비
> ③ 간접공사비 ④ 설계비
> ⑤ 감리비 ⑥ 부대비
> ⑦ 그 밖에 국토교통부령으로 정하는 비용

(7) 공시를 할 때 국토교통부령으로 정하는 택지비 및 건축비에 가산되는 비용의 공시에는 분양가심사위원회 심사를 받은 내용과 산출근거를 포함하여야 한다.

2 분양가상한제 적용지역의 지정 및 해제

(1) 국토교통부장관은 주택가격상승률이 물가상승률보다 현저히 높은 지역으로서 그 지역의 주택가격·주택거래 등과 지역 주택시장 여건 등을 고려하였을 때 주택가격이 급등하거나 급등할 우려가 있는 지역 중 대통령령으로 정하는 기준을 충족하는 다음의 지역은 주거정책심의위원회 심의를 거쳐 분양가상한제 적용지역으로 지정할 수 있다.

> ① 분양가상한제 적용지역으로 지정하는 날이 속하는 달의 바로 전달(이하 '분양가상한제 적용직전월'이라 한다)부터 소급하여 12개월간의 아파트 분양가격상승률이 물가상승률의 2배를 초과한 지역
> ② 분양가상한제 적용직전월부터 소급하여 3개월간의 주택매매거래량이 전년 동기 대비 20% 이상 증가한 지역
> ③ 분양가상한제 적용직전월부터 소급하여 주택공급이 있었던 2개월 동안 해당 지역에서 공급되는 주택의 월평균 청약경쟁률이 모두 5대 1을 초과하였거나 해당 지역에서 공급되는 국민주택규모 주택의 월평균 청약경쟁률이 모두 10대 1을 초과한 지역

(2) 국토교통부장관이 분양가상한제 적용지역을 지정하는 경우에는 미리 시·도지사의 의견을 들어야 한다.

(3) 국토교통부장관은 분양가상한제 적용지역을 지정하였을 때에는 지체 없이 이를 공고하고, 그 지정지역을 관할하는 시장·군수·구청장에게 공고내용을 통보하여야 한다. 이 경우, 시장·군수·구청장은 사업주체로 하여금 입주자모집공고시 해당 지역에서 공급히는 주택이 분양가상한제 적용주택이라는 사실을 공고하게 하여야 한다.

(4) 국토교통부장관은 분양가상한제 적용지역으로 계속 지정할 필요가 없다고 인정하는 경우에는 주거정책심의위원회 심의를 거쳐 분양가상한제 적용지역의 지정을 해제하여야 한다.

(5) 분양가상한제 적용지역의 지정해제의 절차는 지정절차와 동일하다.

(6) 분양가상한제 적용지역으로 지정된 지역의 시·도지사, 시장, 군수 또는 구청장은 분양가상한제 적용지역의 지정 후 해당 지역의 주택가격이 안정되는 등 분양가상한제 적용지역으로 계속 지정할 필요가 없다고 인정하는 경우에는 국토교통부장관에게 그 지정의 해제를 요청할 수 있다.

(7) 분양가상한제 적용지역 지정의 해제를 요청하는 경우의 절차 등 필요한 사항은 대통령령으로 정한다.

3 투기과열지구

지정권자	국토교통부장관 또는 시·도지사
지정기준	해당 지역의 주택가격상승률이 물가상승률보다 현저히 높은 지역으로서 그 지역의 청약경쟁률·주택가격·주택보급률·주택공급계획 등을 고려하였을 때 주택에 대한 투기가 우려되는 경우에 지정하여야 한다.
지정	① 국토교통부장관 지정시: 시·도지사 의견청취 + 주거정책위원회 심의 ② 시·도지사 지정시: 국토교통부장관과 협의 + 시·도 주거정책위원회 심의 📌 국토교통부장관 또는 시·도지사는 심의를 거쳐 투기과열지구를 지정하였을 때에는 지체 없이 공고하고, 시장 등에게 통보하여야 한다. 투기과열지구를 해제하는 경우에도 또한 같다.
지정해제	지정사유가 없어졌다고 인정시 지체 없이 해제하여야 한다.
해제요청 및 심의	투기과열지구 지정해제를 요청받은 국토교통부장관 또는 시·도지사는 40일 내에 주거정책심의위원회의 심의를 거쳐 투기과열지구 지정해제 여부를 결정하여 그 투기과열지구를 관할하는 지방자치단체의 장에게 심의결과를 통보하여야 한다.
타당성검토	국토교통부장관은 반기마다 주거정책심의위원회의 회의를 소집하여 투기과열지구로 지정된 지역별로 해당 지역의 주택가격 안정여건 변화 등을 고려하여 투기과열지구 지정의 계속 여부를 재검토하여야 한다.
효과	주택 전매금지(입주자로 선정된 날 ~ 수도권은 3년, 수도권 외는 1년)

제5장 주택상환사채

1 발행권자

한국토지주택공사와 등록사업자는 대통령령이 정하는 바에 따라 주택으로 상환하는 사채를 발행할 수 있다. 이 경우, 등록사업자는 자본금·자산평가액 및 기술인력 등이 다음의 기준에 맞고 금융기관 또는 주택도시보증공사의 보증을 받은 경우에만 주택상환사채를 발행할 수 있다.

> ① 법인으로서 자본금이 5억원 이상일 것
> ② 「건설산업기본법」에 따라 건설업 등록을 한 자일 것
> ③ 최근 3년간 연평균 주택건설실적이 300세대 이상일 것

📌 등록사업자가 발행할 수 있는 주택상환사채의 규모는 최근 3년간의 연평균 주택건설호수 이내로 한다.

2 발행의 승인

주택상환사채 발행계획서를 작성하여 국토교통부장관의 승인을 받아야 한다.

3 발행 방법

액면 또는 할인의 방법으로 발행하며, 기명증권(양도 ×)으로 한다.

4 명의 변경

사채권자의 명의변경은 취득자의 성명과 주소를 사채원부에 기록하는 방법으로 하며, 취득자의 성명을 채권에 기록하지 않으면 사채발행자 및 제3자에게 대항할 수 없다.

5 주택상환사채의 효력

등록사업자의 등록이 말소된 경우에도 등록사업자가 발행한 주택상환사채의 효력에는 영향을 미치지 않는다. 주택상환사채의 발행에 관하여 이 법에 특별한 규정이 없는 경우에는 「상법」 중 사채 발행에 관한 규정을 준용한다.

6 상환 등

(1) 주택상환사채의 상환기간은 3년을 초과할 수 없다. 이 경우, 상환기간은 사채발행일로부터 주택공급계약 체결일까지의 기간으로 한다.

(2) 주택상환사채는 양도하거나 중도에 해약할 수 없다. 단, 해외이주 등 국토교통부령으로 정하는 부득이한 사유가 있는 경우에는 예외로 한다.

MEMO

제  편

농지법

제 1 장 | **농지의 개념**

제 2 장 | **농지의 소유**

제1장 농지의 개념

1 농지법 체계도

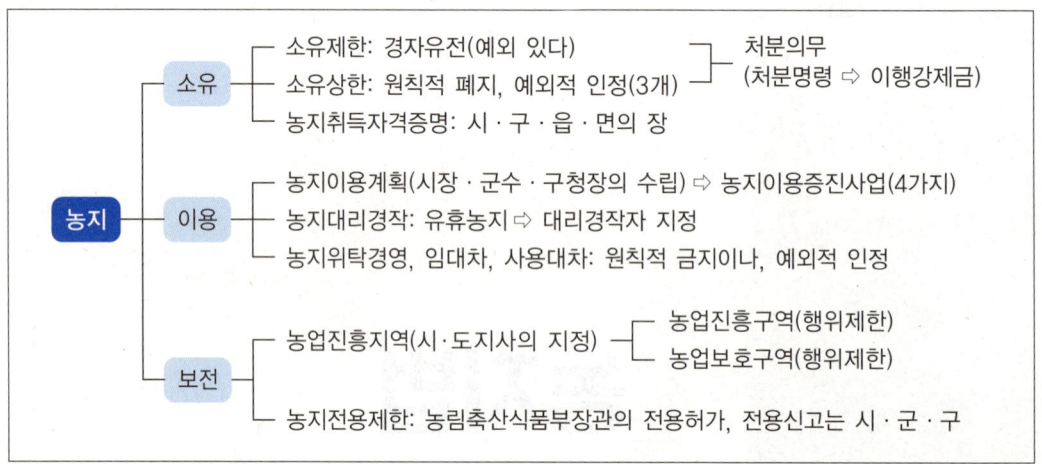

2 농지

(1) 원칙(실제 토지현상 기준)

① 전·답·과수원, 기타 그 법적 지목에 관계없이 실제로 농작물의 경작 또는 다년생식물의 재배지로 이용되고 있는 토지를 말한다.

② 개량시설의 부지(유지, 수로, 배수시설 등)·생산시설의 부지(고정식온실, 버섯재배사, 비닐하우스, 농막, 간이퇴비장 등)를 말한다.

> **심화** 다년생식물 재배지의 범위
>
> 1. 목초·종묘·인삼·약초·잔디 및 조림용 묘목
> 2. 과수·뽕나무·유실수, 그 밖의 생육기간이 2년 이상인 식물
> 3. 조경 또는 관상용 수목과 그 묘목(조경 목적으로 식재한 것을 제외한다)

(2) 예외

다음에서 정하는 토지는 제외한다.

> ① 「공간정보의 구축 및 관리 등에 관한 법률」에 의한 지목이 전·답·과수원이 아닌 토지로서, 농작물 경작이나 다년생식물 재배지로 계속하여 이용되는 기간이 3년 미만인 토지
>   ✏️ 농지 여부
>   1. 전·답·과수원 ×, 3년 미만 ⇨ 농지가 아니다.
>   2. 전·답·과수원 ×, 3년 이상 ⇨ 농지이다.
>   3. 전·답·과수원 ○, 3년 미만이더라도 농지로 본다.
> ② 「공간정보의 구축 및 관리 등에 관한 법률」에 의한 지목이 임야인 토지로서, 산지전용허가를 거치지 아니하고 농작물 경작 또는 다년생식물 재배에 이용되는 토지
> ③ 「초지법」에 의하여 조성된 초지

> **핵심** 농업인
>
> 1. 1천m^2 이상의 농지에서 농작물 또는 다년생식물을 경작 또는 재배하거나 1년 중 90일 이상 농업에 종사하는 자
> 2. 농지에 330m^2 이상의 고정식온실·버섯재배사·비닐하우스, 기타 농림축산식품부령이 정하는 농업생산에 필요한 시설을 설치하여 농작물 또는 다년생식물을 경작 또는 재배하는 자
> 3. 대가축 2두, 중가축 10두, 소가축 100두, 가금 1천수 또는 꿀벌 10군 이상을 사육하거나 1년 중 120일 이상 축산업에 종사하는 자
> 4. 농업경영을 통한 농산물의 연간 판매액이 120만원 이상인 자

제2장 농지의 소유

1 농지의 소유제한·상한

(1) 원칙(경자유전)

농지는 자기의 농업경영에 이용하거나 이용할 자가 아니면 이를 소유하지 못한다.

(2) 예외

국가, 지방자치단체, 학교, 주말·체험영농, 상속, 8년 이상 농업경영을 하던 사람의 이농, 담보농지 취득, 농지전용허가·신고·협의를 마친 경우, 1,500㎡ 미만의 개발농지, 법률 규정에 의한 취득 등의 경우에는 농지를 소유할 수 있다.

(3) 계속 소유

농지를 임대·무상사용하게 하는 경우에는 임대·무상사용하게 하는 기간 동안 농지를 계속 소유할 수 있다.

(4) 특례 금지(이 법에만 특례 인정)

「농지법」 외에 어떠한 법도 특례를 정할 수 없다.

(5) 소유상한(토지공개념)

상한면적은 다음과 같다.

> ① 상속(농업경영 ×), 이농(8년 이상 경작 후): 1만㎡ 이내
> ② 주말·체험영농: 1천㎡ 미만(세대원 전부가 소유하는 총 면적에 대하여)

주말·체험영농	8년 이상 영농 후 이농		상속		
1천㎡ 미만 (농업진흥지역 외의 지역)	1만㎡ 이내	위탁경영 나머지 모두 가능	농업경영 ○	농업경영 ×	
			제한 없음	1만㎡ 이내	나머지 위탁 가능
				🔨 상속은 경영자인지 아닌지 구분	

2 농지취득자격증명제도

(1) 원칙

농지취득자격증명을 발급받아야 농지취득이 가능하다(발급권자: 시·구·읍·면장).

(2) 예외

국가, 지방자치단체, 상속, 담보농지, 농지전용협의를 완료한 경우, 한국농어촌공사의 농지 취득, 매립농지, 토지수용, 공익사업, 합병, 분할, 시효 완성 등의 경우에는 발급받지 아니하고 농지를 취득할 수 있다.

3 농지의 처분

농지의 소유자는 다음의 어느 하나에 해당하게 되면 그 사유가 발생한 날부터 1년 이내에 해당 농지(⑩의 경우에는 농지소유상한을 초과하는 면적에 해당하는 농지를 말한다)를 그 사유가 발생한 날 당시 세대를 같이하는 세대원이 아닌 자, 그 밖에 농림축산식품부령으로 정하는 자에게 처분하여야 한다.

① 소유농지를 자연재해·농지개량·질병 등 대통령령으로 정하는 정당한 사유 없이 자기의 농업경영에 이용하지 아니하거나 이용하지 아니하게 되었다고 시장(구를 두지 아니한 시의 시장을 말한다. 이하 같다)·군수 또는 구청장이 인정한 경우
② 농지를 소유하고 있는 농업회사법인이 요건에 맞지 아니하게 된 후 3개월이 지난 경우
③ 농지를 취득한 자가 그 농지를 해당 목적사업에 이용하지 아니하게 되었다고 시장·군수 또는 구청장이 인정한 경우
④ 농지를 취득한 자가 자연재해·농지개량·질병 등 대통령령으로 정하는 정당한 사유 없이 그 농지를 주말·체험영농에 이용하지 아니하게 되었다고 시장·군수 또는 구청장이 인정한 경우
⑤ 농지를 취득하여 소유한 자가 농지를 임대하거나 한국농어촌공사에 위탁하여 임대하는 등 대통령령으로 정하는 정당한 사유 없이 자기의 농업경영에 이용하지 아니하거나 이용하지 아니하게 되었다고 시장·군수 또는 구청장이 인정한 경우
⑥ 농지를 소유한 자가 농지를 임대하거나 한국농어촌공사에 위탁하여 임대하는 등 대통령령으로 정하는 정당한 사유 없이 자기의 농업경영에 이용하지 아니하거나 이용하지 아니하게 되었다고 시장·군수 또는 구청장이 인정한 경우
⑦ 농지를 취득한 자가 취득한 날부터 2년 이내에 그 목적사업에 착수하지 아니한 경우
⑧ 농림축산식품부장관과의 협의를 마치지 아니하고 농지를 소유한 경우
⑨ 소유한 농지를 한국농어촌공사에 지체 없이 위탁하지 아니한 경우
⑩ 농지소유상한을 초과하여 농지를 소유한 것이 판명된 경우
⑪ 자연재해·농지개량·질병 등 대통령령으로 정하는 정당한 사유 없이 농업경영계획서 또는 주말·체험영농계획서 내용을 이행하지 아니하였다고 시장·군수 또는 구청장이 인정한 경우

농지의 처분	벌칙
① 처분: 사유가 발생한 날로부터 1년 이내 ② 통지: 처분대상 농지, 처분의무기간 ③ 처분명령: 6개월 이내(미처분 농지에 대해) ④ 매수청구(처분명령을 받은 때) 　㉠ 대상: 농지소유자 ⇨ 한국농어촌공사 　㉡ 매수가격: 공시지가와 실제 거래가격 중 낮은 가격 　㉢ 융자: 농지관리기금	이행강제금(시·군·구가 부과) ① 사유: 처분명령의 이행을 하지 아니한 자 ② 절차: 미리 문서로써 계고(요식행위) ③ 금액: 해당 농지의 감정가격 또는 개별공시지가 중 더 높은 가액의 25% ④ 방법: 이행시까지 반복부과(매년 1회) ⑤ 이의신청: 시·군·구 고지를 받은 날로부터 30일 이내(「비송사건절차법」 재판) ⑥ 강제징수: 「지방행정제재·부과금의 징수 등에 관한 법률」에 따라 징수

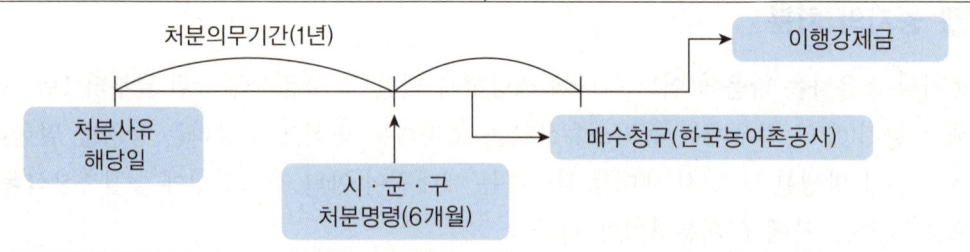

MEMO

2024 메가랜드 공인중개사

최근 5개년 동안 지적법은 어느 적정 수준의 난이도를 유지하고 있는데, 그중 비교적 난도가 높고 의외성이 있는 문제는 제29회 1문제, 제30회 1문제, 제31회 1문제, 제32회 1~2문제, 제33회는 2문제 정도로 출제되고 있다.

반면, 「부동산등기법」은 상당히 난도가 높아 많은 준비를 한 수험생도 당황할 만한 문제가 출제되고 있다. 특히 최근 5개년 동안 중상급 난도의 문제가 제29회 6~7문제, 제30회 3~4문제, 제31회 3~4문제, 제32회 3~4문제, 제33회는 4문제 정도로 많이 출제되었고, 평이한 문제에도 까다로운 지문이 섞여 출제되고 있기 때문에 철저한 대비가 필요하다.

제3과목
부동산공시법

1 성실하고 정확한 암기에 비중을 두자.

공간정보의 구축 및 관리에 관한 법령은 깊이 있는 이론적 이해보다는 구석구석 성실하고 정확한 암기에 비중을 두고 공부하여야 한다. 지적공부의 종류와 그 등록사항에 대해 관심을 가지고 그러한 등록사항들이 변경되는 경우에 대해 공부하면 손쉽게 접근할 수 있다.

2 서로 연계되어 있는 법들을 잘 이해하자.

「부동산등기법」은 실체법인 「민법」상 권리들에 관한 이해를 기본으로 하여 그러한 권리들을 어떻게 체계적으로 부동산등기부라는 공적장부에 정리해 넣을 것인지를 고민하며 공부해야 한다. 복잡한 「민법」상 권리관계를 다 이해하고 있으면 좋겠으나, 「부동산등기법」은 형식적 절차를 중시하는 절차법이라는 점과 총론과 각론이 유기적으로 연관되어 있다는 점에 유의하면 예상보다 어렵지 않게 공부할 수 있다.

3 빈출내용에 집중하자.

특히, 「부동산등기법」의 경우 모든 문제를 다 풀어내겠다는 생각보다는 선별된 빈출내용을 집중공략하여 전반적인 등기법의 이해를 바탕으로 정답을 추론해내는 능력을 키우는 것이 중요하다. 이론학습은 전반적인 이해와 독해력 향상에 초점이 맞춰져야 한다. 또, 5개 선지의 내용을 모두 알아야 한다는 생각은 버리고, 학습하면서 접해보지 못했던 지문은 정답이 아닐 가능성이 높으므로 과감히 배제하는 것도 하나의 전략이다.

제 **1** 편

공간정보의 구축 및 관리 등에 관한 법률 (지적편)

제1장 | 지적제도의 의의와 등록사항

제2장 | 지적공부

제3장 | 토지의 이동과 지적정리

제4장 | 지적측량

제1장 지적제도의 의의와 등록사항

제1절 지적제도의 의의

(1) 지적의 의의

지적이란 국토의 전반에 걸쳐 각 필지별로 토지에 관한 일정한 사항을 국가 또는 그 위임을 받은 기관이 지적공부에 등록하여, 이를 국가 또는 그 지정기관에 비치하고 관리하며 공개하게 하는 기록이다. 즉 지적제도는 국가가 그 영토에 해당하는 토지를 각 필지별로 토지'표시'를 위주로 조사·측량하여 지적공부에 등록하고 공개하는 제도라고 할 수 있다. 부동산등기제도가 부동산의 '권리'관계를 위주로 사법부에서 관리하는 부동산등기부를 기록하고 공개하는 제도인 것과 차이가 있다.

> **핵심** OX지문비교연습
>
> 1. 등기관이 토지소유권이전등기를 하였을 때에는 지체 없이 그 사실을 지적소관청에 알려야 한다. (○)
> 2. 등기관이 토지표시변경등기를 하였을 때에는 지체 없이 그 사실을 지적소관청에 알려야 한다. (×)
> 3. 지적소관청은 분할이나 합병, 지목변경, 지번변경, 축척변경 등의 사유로 토지의 표시변경에 관한 등기를 할 필요가 있는 경우에는 지체 없이 관할 등기관서에 그 등기를 촉탁하여야 한다. (○)
> 4. 지적소관청은 소유자가 변경된 사유가 있는 경우에는 지체 없이 관할 등기관서에 그 등기를 촉탁하여야 한다. (×)

(2) 지적제도와 등기제도의 비교

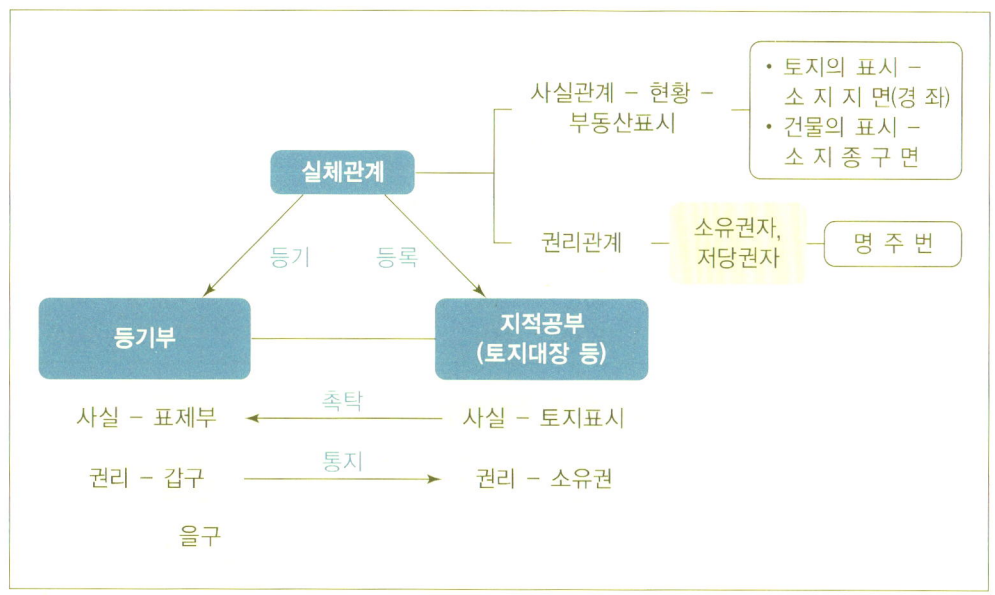

① 지적제도의 특징

지적제도는 토지의 소재와 지번, 지목, 면적, 경계 등 토지의 표시에 관한 사항을 주로 등록하는 제도이다. 우리나라는 지적국정주의, 직권등록주의 등의 원리에 따라 모든 토지를 대상으로 조사·측량절차를 거쳐 지적소관청이 관리하는 지적공부에 등록하여 관리하고 있다.

② 등기제도의 특징

부동산등기제도는 사법상 권리관계를 공시하는 것을 주목적으로 하여 법원에 소속된 등기소에서 관리하는 부동산등기부에 기록하는 제도이다. 당사자 신청주의를 원칙으로 하여 당사자가 등기를 신청하지 않은 부동산은 미등기로 남아 있는 경우가 있을 수 있다.

구분	지적제도	등기제도
근거법률	「공간정보의 구축 및 관리 등에 관한 법률」	「부동산등기법」
기능	사실관계(토지표시) 공시	권리관계 공시
등록객체	토지만(물적 편성주의)	토지 및 건물(물적 편성주의)
담당기관	국토교통부(지적소관청)	사법부(등기소)

(3) 지적의 3요소

• 토지 • 등록 • 지적공부	국토교통부장관은 모든 토지에 대하여 필지별로 소재·지번·지목·면적·경계 또는 좌표 등을 조사·측량하여 지적공부에 등록하여야 한다.

(4) 지적제도의 분류

경계표시(측량방법)	등록차원(등록대상)	등록의무
• <u>도해지적</u>: 이해↑, 비용↓, 정밀↓, 전국 • <u>수치지적</u>: 이해↓, 비용↑, 정밀↑, 일부	• <u>2차원 지적</u> • 3차원 지적	• 소극적 지적 • <u>적극적 지적</u>

경계표시방법에 따라 도해지적과 수치지적으로 나눌 수 있다.

① 도해지적

　토지의 경계를 도면 위에 선으로 표시하여 등록하는 지적제도로서 일반인이 토지의 형상을 쉽게 파악할 수 있고 고도의 기술을 요하지 않으므로 측량비용이 저렴하다는 장점이 있으나, 정밀도가 떨어진다는 단점이 있다.

② 수치지적

　토지의 경계점을 좌표(평면직각종횡선수치)로 표시하는 것을 말한다. 수치지적은 고도의 측량기술을 요하므로 측량성과가 정밀하다는 장점이 있으나 일반인이 이해하기 어려우며 측량비용이 많이 소요된다는 단점이 있다. 우리나라는 1975년 개정 지적법에서 수치지적제도를 도입하여 현재는 일부 지역의 토지에 대하여 경계점좌표등록부를 비치하게 하고 있다.

(5) 용어의 정의

> 제2조【정의】이 법에서 사용하는 용어의 뜻은 다음과 같다.
> 18. '지적소관청'이란 지적공부를 관리하는 특별자치시장, 시장(「제주특별자치도 설치 및 국제자유도시 조성을 위한 특별법」 제10조 제2항에 따른 행정시의 시장을 포함하며, 「지방자치법」 제3조 제3항에 따라 자치구가 아닌 구를 두는 시의 시장은 제외한다) · 군수 또는 구청장(자치구가 아닌 구의 구청장을 포함한다)을 말한다.
> 19. '지적공부'란 토지대장, 임야대장, 공유지연명부, 대지권등록부, 지적도, 임야도 및 경계점좌표등록부 등 지적측량 등을 통하여 조사된 토지의 표시와 해당 토지의 소유자 등을 기록한 대장 및 도면(정보처리시스템을 통하여 기록·저장된 것을 포함한다)을 말한다.
> 20. '토지의 표시'란 지적공부에 토지의 소재·지번(地番)·지목(地目)·면적·경계 또는 좌표를 등록한 것을 말한다.
> 21. '필지'란 대통령령으로 정하는 바에 따라 구획되는 토지의 등록단위를 말한다.

23. '지번부여지역'이란 지번을 부여하는 단위지역으로서 동·리 또는 이에 준하는 지역을 말한다.
25. '경계점'이란 필지를 구획하는 선의 굴곡점으로서 지적도나 임야도에 도해(圖解) 형태로 등록하거나 경계점좌표등록부에 좌표 형태로 등록하는 점을 말한다.
26. '경계'란 필지별로 경계점들을 직선으로 연결하여 지적공부에 등록한 선을 말한다.
28. '토지의 이동(異動)'이란 토지의 표시를 새로 정하거나 변경 또는 말소하는 것을 말한다.

◆ 토지대장 등본 견본

고유번호	4157010100-10600-0000					도면번호	8	발급번호	20161027-0101-0001
토지소재	경기도 김포시 북변동				토지대장	장번호	1-1	처리시각	12시 9분 43초
지번	600	축척	1 : 1,200			비고		발급자	

토지표시				소유자		
지목	면적(m^2)	사유		변동일자	주소	
				변동원인	성명 또는 명칭	등록번호
(01) 전	1960	(40)2005년 5월 13일 지목변경		2013년 3월 14일	김포대로 926번길 88-36, 701동 901호 (북변동, 풍년마을)	
				(04)주소변경	오재미	530310-1******
		--- 이하 여백 ---			--- 이하 여백 ---	

등급수정 연월일	1984.7.1. 수정	1986.8.1. 수정	1989.5.1. 수정	1991.1.1. 수정	1991.6.1. 수정	1992.1.1. 수정	1993.1.1. 수정	1994.1.1. 수정
토지등급 (기준수확량등급)	112 ( )	115 ( )	117 ( )	122 ( )	126 ( )	130 ( )	133 ( )	136 ( )
개별공시지가 기준일	2010년 1월 1일	2011년 1월 1일	2012년 1월 1일	2013년 1월 1일	2014년 1월 1일	2015년 1월 1일	2016년 1월 1일	용도지역 등
개별공시지가 (원/m^2)	133,000	144,000	160,000	176,000	181,900	187,000	192,500	

* 위 견본은 실제 양식과 차이가 있을 수 있으며, 학습목적으로 가공된 것으로서 모두 실제 내용이 아닙니다.

▶ 등기사항증명서 견본

[토지] ○○○○시 ○○구 ○○동 ○○　　　　　　　　　　고유번호 0000-0000-000000

[표제부]		(토지의 표시)			
표시번호	접수	소재지번	지목	면적	등기원인 및 기타사항
2	2005년 5월 20일	경기도 김포시 북변동 600	전	1,960m²	지목변경

[갑구]			(소유권에 관한 사항)	
순위번호	등기목적	접수	등기원인	권리자 및 기타사항
1 (전 3)	소유권 이전	1999년 2월 19일 제8584호	1999년 2월 8일 매매	소유자 오재미 530310-******* 경기도 김포시 김포대로 926번길 88-36, 701동 901호(북변동, 풍년마을)

[을구]			(소유권 외의 권리에 관한 사항)	
순위번호	등기목적	접수	등기원인	권리자 및 기타사항
4	근저당권 설정	2013년 3월 14일 제15081호	2013년 3월 14일 설정계약	채권최고액 금 120,000,000원 채무자 오재수 　　　경기도 김포시 김포대로 926번길 88-36, 701동 902호(북변동, 풍년마을) 근저당권자 김포농업협동조합 　　　124436-****** 　　　경기도 김포시 북변동 301-2 공동담보 토지 경기도 김포시 북변동 **
7	지상권 설정	2013년 3월 20일 제16339호	2013년 3월 20일 설정계약	목적 건물 기타 공작물이나 수목의 소유 범위 토지의 전부 존속기간 2013년 3월 20일부터 만 30년 지료 없음 지상권자 김포농업협동조합 　　　124436-****** 　　　경기도 김포시 북변동 30***

* 위 견본은 실제 양식과 차이가 있을 수 있으며, 학습목적으로 가공된 것으로서 모두 실제 내용이 아닙니다.

> **참고** 1필지 성립요건

어떤 토지가 1필지로 성립되기 위해서는 동일한 지번부여지역 안의 토지로서 소유자와 용도가 같고 지반이 연속되어 있어야 한다. 구체적으로 1필지로 정할 수 있는 기준을 살펴보면 다음과 같다.

1. 지번부여지역이 동일할 것: 지번부여지역이란 지번을 부여하는 단위지역으로 동·리 또는 이에 준하는 지역을 말한다. 지번부여지역이 다른 경우에는 소유자가 동일하고 지반이 연속해도 1필지로 할 수 없다.
2. 소유자가 동일할 것: 공유토지라면 지분도 동일하여야 한다.
3. 지목(용도)이 동일할 것
4. 축척이 동일할 것
5. 지반이 연속될 것: 도로나 하천 등의 지형지물에 의하여 토지가 단절되어 있는 경우에는 별개의 필지로 해야 한다.
6. 등기 여부가 동일할 것: 1필지가 되기 위해서는 전부가 미등기이거나 전부가 등기되어야 한다.

(6) 공간정보의 구축 및 관리에 관한 법령상 토지의 등록절차

① 토지의 조사·등록: 국토교통부장관은 모든 토지에 대하여 필지별로 소재·지번·지목·면적·경계 또는 좌표 등을 조사·측량하여 지적공부에 등록하여야 한다(법 제64조 제1항).

② 토지이동의 신청: 지적공부에 등록하는 지번·지목·면적·경계 또는 좌표는 토지의 이동이 있을 때 토지소유자의 신청을 받아 지적소관청이 결정한다. 다만, 신청이 없으면 지적소관청이 직권으로 조사·측량하여 결정할 수 있다.

③ 직권에 의한 토지이동정리절차
  ㉠ 지적소관청은 토지의 이동현황을 직권으로 조사·측량하여 토지의 지번·지목·면적·경계 또는 좌표를 결정하려는 때에는 토지이동현황 조사계획을 수립하여야 한다.
  ㉡ 토지이동현황 조사계획은 시·군·구별로 수립하되, 부득이한 사유가 있는 때에는 읍·면·동별로 수립할 수 있다.

제2절 지적의 등록사항

1 지번

(1) 지번의 의의

> 💡 **핵심** OX지문비교연습
>
> 1. 분할의 경우에는 분할 후의 필지 중 1필지의 지번은 분할 전의 지번으로 하고, 나머지 필지의 지번은 본번의 최종 부번의 다음 순번으로 부번을 부여한다. (○)
> 2. 분할의 경우에는 분할 후의 필지 중 1필지의 지번은 분할 전의 지번으로 하고, 나머지 필지의 지번은 최종 본번 다음 순번의 본번을 순차적으로 부여하여야 한다. (×)
> 3. 지적소관청은 '지적공부에 등록된 지번을 변경할 필요'가 있다고 인정하면 시·도지사나 대도시 시장의 승인을 받아 지번부여지역의 전부 또는 일부에 대하여 지번을 새로이 부여할 수 있다. (○)
> 4. 지적소관청은 '지적공부에 등록된 지번을 변경할 필요'가 있다고 인정하면 국토교통부장관의 승인을 받아 지번부여지역의 전부 또는 일부에 대하여 지번을 새로이 부여할 수 있다. (×)

① 지번은 각 토지 하나하나를 특정할 수 있도록 하는 토지의 이름에 해당하며, 지적소관청이 아라비아숫자로, 지번부여지역별로 순차적으로 부여한다.
② 지번은 북서에서 남동으로 순차적으로 부여한다.
③ 지번은 본번(本番)과 부번(副番)으로 구성하되, 본번과 부번 사이에 '-' 표시로 연결한다. 이 경우 '-' 표시는 '의'라고 읽는다.
④ 임야대장 및 임야도에 등록하는 토지의 지번은 숫자 앞에 '산' 자를 붙여야 한다.

(2) 토지이동에 따른 지번부여방법

① 신규등록 및 등록전환(영 제56조 제3항 제2호)
  ㉠ 원칙: 신규등록 및 등록전환의 경우에는 그 지번부여지역 안에서 인접토지의 본번에 부번을 붙여서 지번을 부여한다. 예를 들어, 신규등록 및 등록전환하는 토지의 인접토지의 지번이 234라면 신규등록 및 등록전환 대상 토지의 지번은 234-1로 부여한다.
  ㉡ 예외: 다음에 해당하는 경우에는 그 지번부여지역의 최종 본번의 다음 순번부터 본번으로 하여 순차적으로 지번을 부여할 수 있다. 예를 들어, 최종 지번이 567번지라면 568번지부터 순차 부여한다.

          ⓐ 대상 토지가 그 지번부여지역의 최종 지번의 토지에 인접하여 있는 경우
          ⓑ 대상 토지가 이미 등록된 토지와 멀리 떨어져 있어서 등록된 토지의 본번에 부번을 부여하는 것이 불합리한 경우
          ⓒ 대상 토지가 여러 필지로 되어 있는 경우
  ② 분할(영 제56조 제3항 제3호)
      ㉠ 원칙: 분할의 경우에는 분할 후의 필지 중 1필지의 지번은 분할 전의 지번으로 하고, 나머지 필지의 지번은 본번의 최종 부번의 다음 순번으로 부번을 부여한다. 예를 들어, 어느 지번부여지역 안의 123번지의 토지를 2필지로 분할하면 분할 후 지번은 123, 123-1이 되고, 그 후 123번지의 토지를 다시 3필지로 분할하는 경우에는 123, 123-2, 123-3으로 지번을 부여하게 된다.
      ㉡ 예외: 주거·사무실 등의 건축물이 있는 필지에 대하여는 분할 전의 지번을 우선하여 부여하여야 한다. 북서기번의 원칙에 따른다면 주거·사무실 등의 건축물이 있는 필지의 지번이 변할 수 있으므로 북서기번의 예외를 인정하고 있다.
  ③ 합병(영 제56조 제3항 제4호)
      ㉠ 원칙: 합병의 경우에는 합병대상 지번 중 선순위의 지번을 그 지번으로 하되, 본번으로 된 지번이 있는 때에는 본번 중 선순위의 지번을 합병 후의 지번으로 한다.
      ㉡ 예외: 토지소유자가 합병 전의 필지에 주거·사무실 등의 건축물이 있어서 그 건축물이 위치한 지번을 합병 후의 지번으로 신청할 때에는 그 지번을 합병 후의 지번으로 부여하여야 한다.

(3) 지번변경
  ① 지적소관청은 '지적공부에 등록된 지번을 변경할 필요'가 있다고 인정하면 시·도지사나 대도시 시장(「지방자치법」 제3조 제3항에 따라 자치구가 아닌 구가 설치된 시의 시장을 말한다)의 승인을 받아 지번부여지역의 전부 또는 일부에 대하여 지번을 새로이 부여할 수 있는데(법 제66조 제2항), 이를 지번변경이라 한다.
  ② 지번부여의 방법: 지번변경시 지번을 부여하는 기준은 지적확정측량을 실시한 지역 안의 지번부여방법에 의하여 지번을 부여한다(영 제56조 제3항 제6호 가목).

2 지목

1. 지목의 의의

(1) '지목'이란 토지의 주된 용도에 따라 토지의 종류를 구분하여 지적공부에 등록한 것을 말한다.

(2) 1필지의 토지에는 1개의 지목만을 설정하여야 한다.

(3) 토지가 일시적 또는 임시적인 용도로 사용될 때에는 지목을 변경하지 아니한다.

2. 지목의 표기방법

(1) 대장상의 표기방법

토지대장, 임야대장에 지목을 표기할 때에는 정식명칭으로 표기한다(주유소용지, 임야, 과수원 등).

(2) 지적도면상의 표기방법

지적도, 임야도에 지목을 표기할 때에는 부호로 표기하는데, 원칙적으로 지목의 명칭 중에서 첫 글자(頭文字)로 표기(◎ 과수원 – '과', 수도용지 – '수')하나, 공장용지(장), 주차장(차), 하천(천), 유원지(원) 등은 둘째 글자(次文字)로 표기한다(규칙 제64조).

> **핵심** OX지문비교연습
>
> 1. 사과·배·밤·호도·귤나무 등 과수류를 집단적으로 재배하는 토지와 이에 접속된 저장고 등 부속시설물의 부지는 '과수원'으로 한다. 다만, 주거용 건축물의 부지는 '대'로 한다. (○)
> 2. 사과·배·밤·호도·귤나무 등 과수류를 집단적으로 재배하는 토지와 이에 접속된 주거용 건축물의 부지는 '과수원'으로 한다. (×)
> 3. 갈대밭, 실외에 물건을 쌓아두는 곳, 돌을 캐내는 곳, 흙을 파내는 곳, 야외시장 및 공동우물의 지목은 잡종지로 한다. (○)
> 4. 갈대밭, 실외에 물건을 쌓아두는 곳, 돌을 캐내는 곳, 흙을 파내는 곳, 야외시장 및 공동우물의 지목은 임야로 한다. (×)

3. 지목의 구분

(1) 전

물을 상시적으로 이용하지 아니하고, 곡물·원예작물(과수류 제외)·약초·뽕나무·닥나무·묘목·관상수 등의 식물을 주로 재배하는 토지와 식용으로 죽순을 재배하는 토지는 '전'으로 한다.

(2) 답

물을 상시적으로 직접 이용하여 벼·연·미나리·왕골 등의 식물을 주로 재배하는 토지는 '답'으로 한다.

(3) 과수원

사과·배·밤·호도·귤나무 등 과수류를 집단적으로 재배하는 토지와 이에 접속된 저장고 등 부속시설물의 부지는 '과수원'으로 한다. 다만, 주거용 건축물의 부지는 '대'로 한다.

(4) 목장용지

다음의 토지는 '목장용지'로 한다. 다만, 주거용 건축물의 부지는 '대'로 한다.
① 축산업 및 낙농업을 하기 위하여 초지를 조성한 토지
②「축산법」제2조 제1호의 규정에 의한 가축을 사육하는 축사 등의 부지
③ ① 및 ②의 토지와 접속된 부속시설물의 부지

(5) 임야

산림 및 원야(原野)를 이루고 있는 수림지(樹林地)·죽림지·암석지·자갈땅·모래땅·습지·황무지 등의 토지는 '임야'로 한다.

(6) 광천지

지하에서 온수·약수·석유류 등이 용출되는 용출구(湧出口)와 그 유지(維持)에 사용되는 부지는 '광천지'로 한다. 다만, 온수·약수·석유류 등을 일정한 장소로 운송하는 송수관·송유관 및 저장시설의 부지는 제외한다.

(7) 염전

바닷물을 끌어 들여 소금을 채취하기 위하여 조성된 토지와 이에 접속된 제염장 등 부속시설물의 부지는 '염전'으로 한다. 다만, 천일제염방식에 의하지 아니하고 동력에 의하여 바닷물을 끌어들여 소금을 제조하는 공장시설물의 부지는 제외한다.

(8) 대

다음의 토지는 '대'로 한다.
① 영구적 건축물 중 주거·사무실·점포와 박물관·극장·미술관 등 문화시설과 이에 접속된 정원 및 부속시설물의 부지
②「국토의 계획 및 이용에 관한 법률」등 관계 법령에 따른 택지조성공사가 준공된 토지

(9) 공장용지

다음의 토지는 '공장용지'로 한다.
① 제조업을 하고 있는 공장시설물의 부지
② 「산업집적활성화 및 공장설립에 관한 법률」 등 관계 법령에 따른 공장부지 조성 공사가 준공된 토지
③ ① 및 ②의 토지와 같은 구역 안에 있는 의료시설 등 부속시설물의 부지

(10) 학교용지

학교의 교사와 이에 접속된 체육장 등 부속시설물의 부지는 '학교용지'로 한다.

(11) 주차장

자동차 등의 주차에 필요한 독립적인 시설을 갖춘 부지와 주차전용 건축물 및 이에 접속된 부속시설물의 부지는 '주차장'으로 한다. 다만, 다음에 해당하는 시설의 부지는 제외한다.
① 「주차장법」 제2조 제1호 가목 및 다목의 규정에 따른 노상주차장 및 부설주차장(다만, 「주차장법」 제19조 제4항의 규정에 의하여 시설물의 부지 인근에 설치된 부설주차장은 '주차장'으로 한다)
② 자동차 등의 판매목적으로 설치된 물류장 및 야외전시장

(12) 주유소용지

다음의 토지는 '주유소용지'로 한다. 다만, 자동차·선박·기차 등의 제작 또는 정비공장 안에 설치된 급유·송유시설 등의 부지는 제외한다.
① 석유·석유제품, 액화석유가스, 전기 또는 수소 등의 판매를 위하여 일정한 설비를 갖춘 시설물의 부지
② 저유소 및 원유저장소의 부지와 이에 접속된 부속시설물의 부지

(13) 창고용지

물건 등을 보관 또는 저장하기 위하여 독립적으로 설치된 보관시설물의 부지와 이에 접속된 부속시설물의 부지는 '창고용지'로 한다.

(14) 도로

다음의 토지는 '도로'로 한다. 다만, 아파트·공장 등 단일 용도의 일정한 단지 안에 설치된 통로 등은 제외한다.
① 일반 공중의 교통운수를 위하여 보행 또는 차량운행에 필요한 일정한 설비 또는 형태를 갖추어 이용되는 토지

② 「도로법」 등 관계 법령에 의하여 도로로 개설된 토지
③ 고속도로 안의 휴게소부지
④ 2필지 이상에 진입하는 통로로 이용되는 토지

(15) **철도용지**

교통운수를 위하여 일정한 궤도 등의 설비와 형태를 갖추어 이용되는 토지와 이에 접속된 역사·차고·발전시설 및 공작창 등 부속시설물의 부지는 '철도용지'로 한다.

(16) **제방**

조수·자연유수·모래·바람 등을 막기 위하여 설치된 방조제·방수제·방사제·방파제 등의 부지는 '제방'으로 한다.

(17) **하천**

자연의 유수(流水)가 있거나 있을 것으로 예상되는 토지는 '하천'으로 한다.

(18) **구거**

용수 또는 배수를 위하여 일정한 형태를 갖춘 인공적인 수로·둑 및 그 부속시설물의 부지와 자연의 유수(流水)가 있거나 있을 것으로 예상되는 소규모 수로부지는 '구거'로 한다.

(19) **유지**

물이 고이거나 상시적으로 물을 저장하고 있는 댐·저수지·소류지·호수·연못 등의 토지와 연·왕골 등이 자생하는 배수가 잘 되지 아니하는 토지는 '유지'로 한다.

(20) **양어장**

육상에 인공으로 조성된 수산생물의 번식 또는 양식을 위한 시설을 갖춘 부지와 이에 접속된 부속시설물의 부지는 '양어장'으로 한다.

(21) **수도용지**

물을 정수하여 공급하기 위한 취수·저수·도수(導水)·정수·송수 및 배수시설의 부지 및 이에 접속된 부속시설물의 부지는 '수도용지'로 한다.

(22) **공원**

① 일반 공중의 보건·휴양 및 정서생활에 이용하기 위한 시설을 갖춘 토지로서 「국토의 계획 및 이용에 관한 법률」에 의하여 공원 또는 녹지로 결정·고시된 토지는 '공원'으로 한다.

② 다만, 「도시공원 및 녹지 등에 관한 법률」에 의한 묘지공원으로 결정·고시된 토지는 묘지이고, 「자연공원법」에 의한 국립공원, 도립공원, 군립공원 등은 지목을 공원으로 설정하지 아니한다.

(23) 체육용지

① 국민의 건강증진 등을 위한 체육활동에 적합한 시설과 형태를 갖춘 종합운동장·실내체육관·야구장·골프장·스키장·승마장·경륜장 등 체육시설의 토지와 이에 접속된 부속시설물의 부지는 '체육용지'로 한다.

② 다만, 체육시설로서의 영속성과 독립성이 미흡한 정구장·골프연습장·실내수영장·체육도장 등과 유수(流水)를 이용한 요트장·카누장 등의 토지는 제외한다.

(24) 유원지

① 일반 공중의 위락·휴양 등에 적합한 시설물을 종합적으로 갖춘 수영장·유선장(遊船場)·낚시터·어린이놀이터·동물원·식물원·민속촌·경마장·야영장 등의 토지와 이에 접속된 부속시설물의 부지는 '유원지'로 한다.

② 다만, 이들 시설과의 거리 등으로 보아 독립적인 것으로 인정되는 숙식시설 및 유기장의 부지와 하천·구거 또는 유지[공유(公有)의 것에 한한다]로 분류되는 것을 제외한다.

(25) 종교용지

일반 공중의 종교의식을 위하여 예배·법요·설교·제사 등을 하기 위한 교회·사찰·향교 등 건축물의 부지와 이에 접속된 부속시설물의 부지는 '종교용지'로 한다.

(26) 사적지

① 문화재로 지정된 역사적인 유적·고적·기념물 등을 보존하기 위하여 구획된 토지는 '사적지'로 한다.

② 다만, 학교용지·공원·종교용지 등 다른 지목으로 된 토지에 있는 유적·고적·기념물 등을 보호하기 위하여 구획된 토지는 제외한다.

(27) 묘지

① 사람의 시체나 유골이 매장된 토지, 「도시공원 및 녹지 등에 관한 법률」에 따른 묘지공원으로 결정·고시된 토지 및 「장사 등에 관한 법률」 제2조 제9호의 규정에 따른 봉안시설과 이에 접속된 부속시설물의 부지는 '묘지'로 한다.

② 다만, 묘지의 관리를 위한 건축물의 부지는 '대'로 한다.

(28) 잡종지

다음의 토지는 '잡종지'로 한다. 다만, 원상회복을 조건으로 돌을 캐내는 곳 또는 흙을 파내는 곳으로 허가된 토지는 제외한다.
① 갈대밭, 실외에 물건을 쌓아두는 곳, 돌을 캐내는 곳, 흙을 파내는 곳, 야외시장 및 공동우물
② 변전소, 송신소, 수신소 및 송유시설 등의 부지
③ 여객자동차터미널, 자동차운전학원 및 폐차장 등 자동차와 관련된 독립적인 시설물을 갖춘 부지
④ 공항시설 및 항만시설 부지
⑤ 도축장, 쓰레기처리장 및 오물처리장 등의 부지
⑥ 그 밖에 다른 지목에 속하지 않는 토지(예 비행장 내에 있는 골프장, 예비군훈련장 등)

3 경계

(1) 의의

필지별로 경계점 간을 직선으로 연결하여 지적공부에 등록한 선을 말한다. 지적공부 중에서도 지적도면(지적도와 임야도)에 직선으로 경계를 등록하기 위하여는 지표상 실제 경계(지상경계)를 설정하고 이를 측량하여야 한다.

(2) 지상경계설정

① 토지의 지상경계는 둑, 담장 그밖에 구획의 목표가 될 만한 구조물 및 경계점 표지등으로 표시한다.
② 지상경계설정기준

㉠ 연접되는 토지 간에 높낮이 차이가 없는 경우: 그 구조물 등의 중앙	구조물 등의 소유자가 다른 경우, 소유권에 따라 결정
㉡ 연접되는 토지 간에 높낮이 차이가 있는 경우: 그 구조물 등의 하단부	
㉢ 도로·구거 등의 토지에 절토(땅깎기)된 부분이 있는 경우: 그 경사면의 상단부	
㉣ 토지가 해면 또는 수면에 접하는 경우: 최대만조위 또는 최대만수위가 되는 선	
㉤ 공유수면매립지의 토지 중 제방 등을 토지에 편입하여 등록하는 경우: 바깥쪽 어깨부분	

▶ 지상경계결정기준

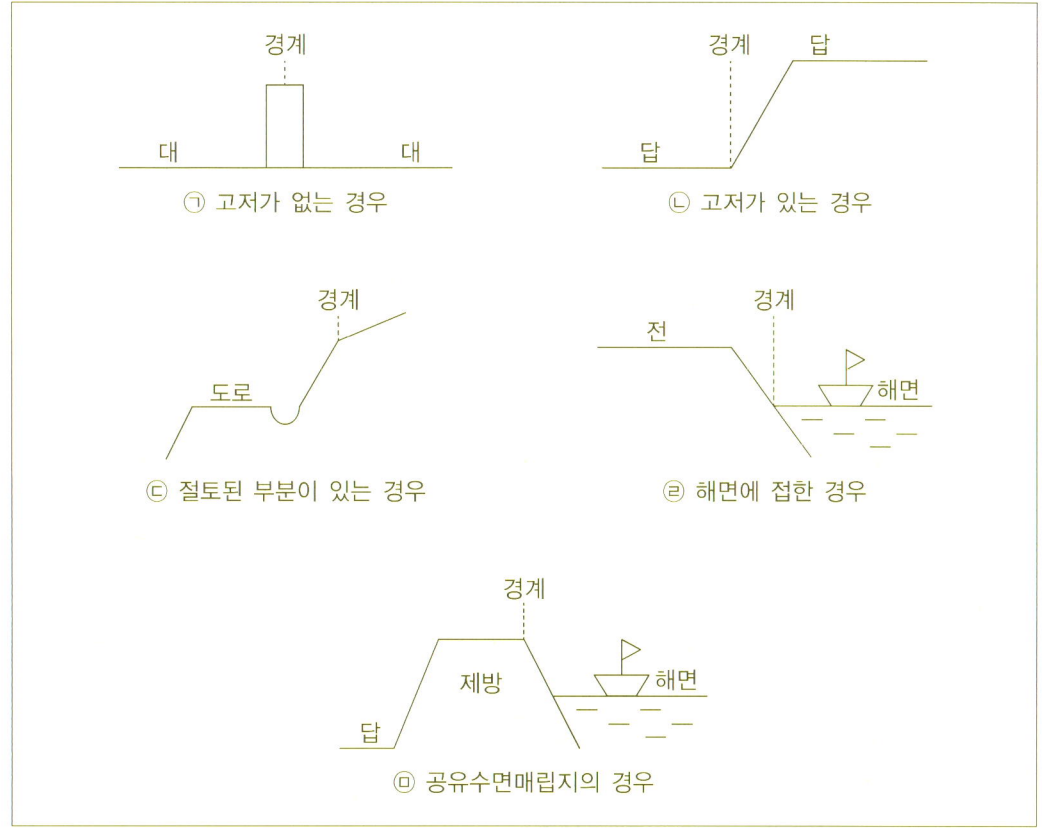

㉠ 고저가 없는 경우
㉡ 고저가 있는 경우
㉢ 절토된 부분이 있는 경우
㉣ 해면에 접한 경우
㉤ 공유수면매립지의 경우

(3) 지상경계점등록부

지적소관청은 토지의 이동에 따라 지상경계를 새로 정한 경우에는 일정한 사항을 등록한 지상경계점등록부를 작성·관리하여야 한다.

① 토지의 소재
② 지번
③ 경계점 좌표(경계점좌표등록부 시행지역에 한정한다)
④ 경계점 위치 설명도
⑤ 공부상 지목과 실제 토지이용 지목
⑥ 경계점의 사진 파일
⑦ 경계섬표지의 종류 및 경계섬 위치

> **핵심** OX지문비교연습
>
> 1. 도로·구거 등의 토지에 절토(땅깎기)된 부분이 있는 경우: 그 경사면의 상단부로 지상경계를 결정한다. (○)
> 2. 도로·구거 등의 토지에 절토(땅깎기)된 부분이 있는 경우: 그 경사면의 하단부로 지상경계를 결정한다. (×)
> 3. 지적도의 축척이 $\frac{1}{600}$(600분의 1)인 지역과 경계점좌표등록부 시행지역인 경우 1필지의 면적이 $0.1m^2$ 미만인 때에는 $0.1m^2$로 한다. (○)
> 4. 지적도의 축척이 $\frac{1}{600}$(600분의 1)인 지역과 경계점좌표등록부 시행지역인 경우 1필지의 면적이 $1m^2$ 미만인 때에는 $1m^2$로 한다. (×)

4 면적

(1) 의의

면적이란 지적공부에 등록한 필지의 수평면상 넓이를 말하며(법 제2조 제27호) 등록 단위는 m^2(제곱미터)로 한다.

(2) 면적측정의 대상

세부측량을 하는 경우, 다음 어느 하나에 해당하면 필지마다 면적을 측정하여야 한다. 다만, 경계복원측량과 지적현황측량을 하는 경우에는 필지마다 면적을 측정하지 아니한다.

① 지적공부를 복구하는 경우
② 신규등록하는 경우
③ 등록전환하는 경우
④ 분할하는 경우
⑤ 축척변경하는 경우
⑥ 도시개발사업 등으로 인한 토지의 이동에 따라 토지의 표시를 새로 결정하는 경우
⑦ 면적 또는 경계를 정정하는 경우
⑧ 경계복원측량 및 지적현황측량에 면적측정이 수반되는 경우

>  **측정 대상이 아닌 경우**
>
> 1. 합병
> 2. 지목변경
> 3. 지번변경
> 4. 경계복원측량과 지적현황측량을 하는 경우

(3) 면적결정 및 끝수 처리[측량계산의 끝수 처리 및 면적의 결정(영 제60조)]

① 원칙
  ㉠ 토지의 면적에 $1m^2$ 미만의 끝수가 있는 경우 $0.5m^2$ 미만인 때에는 버리고 $0.5m^2$를 초과하는 때에는 올리며, $0.5m^2$인 때에는 구하고자 하는 끝자리의 숫자가 0 또는 짝수이면 버리고 홀수이면 올린다.
  ㉡ 다만, 1필지의 면적이 $1m^2$ 미만인 때에는 $1m^2$로 한다.

② 지적도의 축척이 1/600인 지역과 경계점좌표등록부 시행지역인 경우
  ㉠ 지적도의 축척이 600분의 1인 지역과 경계점좌표등록부에 등록하는 지역의 토지의 면적은 m^2 이하 한자리 단위로 하되, $0.1m^2$ 미만의 끝수가 있는 경우 $0.05m^2$ 미만인 때에는 버리고, $0.05m^2$를 초과하는 때에는 올리며, $0.05m^2$인 때에는 구하고자 하는 끝자리의 숫자가 0 또는 짝수이면 버리고 홀수이면 올린다.
  ㉡ 다만, 1필지의 면적이 $0.1m^2$ 미만인 때에는 $0.1m^2$로 한다.

구분	도면의 축척	등록면적단위	단수 처리
지적도	• 경계점좌표등록부 비치지역 (주로 1/500) • 1/600	$0.1m^2$	$0.05m^2$ 미만: 버림
			$0.05m^2$일 때: 앞자리 수가 0, 짝수 – 버림 앞자리 수가 홀수 – 올림
			$0.05m^2$ 초과: 올림
	1/1,000, 1/1,200, 1/2,400, 1/3,000, 1/6,000	$1m^2$	$0.5m^2$ 미만: 버림
			$0.5m^2$일 때: 앞자리 수가 0, 짝수 – 버림 앞자리 수가 홀수 – 올림
임야도	1/3,000, 1/6,000		$0.5m^2$ 초과: 올림

제2장 지적공부

제1절 지적공부의 의의

1 지적공부의 의의

'지적공부'란 토지대장, 임야대장, 공유지연명부, 대지권등록부, 지적도, 임야도 및 경계점좌표등록부 등 지적측량 등을 통하여 조사된 토지의 표시와 해당 토지의 소유자 등을 기록한 대장 및 도면(정보처리시스템을 통하여 기록·저장된 것을 포함한다)을 말한다(법 제2조 제19호).

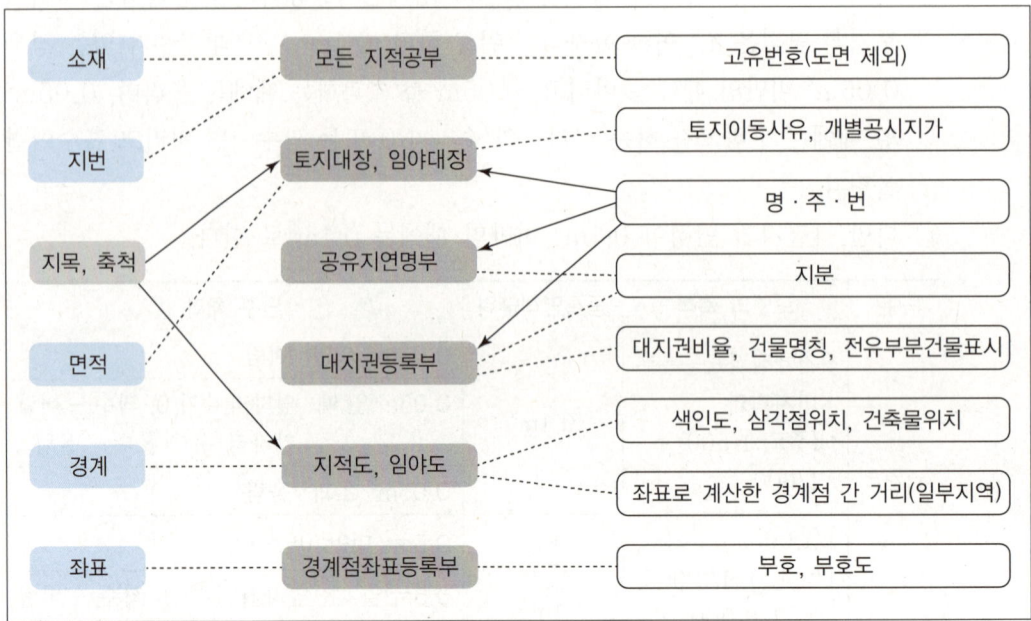

> **핵심** OX지문비교연습
>
> 1. 지적소관청은 해당 청사에 지적서고를 설치하고 그곳에 지적공부를 영구히 보존하여야 하며, 관할 시·도지사 또는 대도시 시장의 승인을 받은 경우 반출할 수 있다. (○)
> 2. 지적소관청은 해당 청사에 지적서고를 설치하고 그곳에 지적공부를 영구히 보존하여야 하며, 국토교통부장관의 승인을 받은 경우 반출할 수 있다. (×)
> 3. 토지소유자가 변경된 날과 그 원인은 토지대장 임야대장 공유지연명부 대지권등록부에 등록한다. (○)
> 4. 토지소유자가 변경된 날과 그 원인은 지적도와 임야도, 경계점좌표등록부에 등록한다. (×)

2 지적공부의 보관

(1) 지적서고에 보관하는 지적공부

① 보존

㉠ 지적소관청은 해당 청사에 지적서고를 설치하고 그곳에 지적공부를 영구히 보존하여야 한다(법 제69조 제1항).

㉡ 지적서고는 제한구역으로 지정하고, 출입자를 지적사무담당공무원으로 한정하여야 한다(규칙 제65조 제3항 제1호).

㉢ 지적서고에는 지적공부·지적관계서류 및 지적측량장비만 보관하여야 한다(규칙 제65조 제3항 제2호).

② 반출

지적서고에 보관하는 지적공부는 해당 청사 밖으로 반출하지 못하는 것이 원칙이나, 다음과 같은 경우에는 예외적으로 해당 청사 밖으로 반출할 수 있다(법 제69조 제1항 단서).

㉠ 천재지변이나 그 밖에 이에 준하는 재난을 피하기 위하여 필요한 경우

㉡ 관할 시·도지사 또는 대도시 시장의 승인을 받은 경우

(2) 정보처리시스템을 통하여 기록·저장하는 지적공부

① 보존

지적공부를 정보처리시스템을 통하여 기록·저장한 경우 관할 시·도지사, 시장·군수 또는 구청장은 그 지적공부를 지적정보관리체계에 영구히 보존하여야 한다(법 제69조 제2항).

② 복제관리시스템 구축

국토교통부장관은 위 ①에 따라 보존하여야 하는 지적공부가 멸실되거나 훼손될 경우를 대비하여 지적공부를 복제하여 관리하는 정보관리체계를 구축하여야 한다(법 제69조 제3항).

제2절 지적공부의 종류와 등록사항

1 토지대장 및 임야대장

(1) 의의

토지의 소재·지번·지목·면적·소유자·고유번호 등을 등록한 지적공부로서 1912년 '토지조사령'에 따른 토지조사사업의 결과로 작성된 장부가 토지대장이고, 1918년 '임야조사령'에 따른 임야조사사업의 결과로 작성된 장부가 임야대장이다.

(2) 등록사항

토지대장 및 임야대장에는 다음 사항을 각각 등록한다(법 제71조 제1항, 규칙 제68조 제2항).

① 토지의 소재: 지번부여지역인 동·리의 행정구역을 기재한다.
② 지번: 아라비아숫자로 기재하며, 임야대장의 지번은 숫자 앞에 '산' 자를 붙인다.
③ 지목: 지목의 코드번호와 정식명칭을 기재한다[예 (03)과수원, (27)묘지].
④ 면적: m^2 단위로 등록한다.
⑤ 소유자의 성명 또는 명칭·주소·주민등록번호(소유자가 국가, 지방자치단체, 법인, 법인 아닌 사단이나 재단 및 외국인인 경우에는 「부동산등기법」에 따라 부여된 부동산등기용 등록번호를 말한다. 이하 같다)
⑥ 고유번호: 각 필지를 서로 구별하기 위하여 필지마다 개별적으로 붙이는 19자리의 고유한 번호를 말한다. 토지의 고유번호는 지적업무의 전산처리와 토지의 분류·색출을 용이하게 하는 역할을 한다.
⑦ 지적도 또는 임야도의 번호와 필지별 대장의 장번호 및 축척
⑧ 토지의 이동사유: 토지이동이 있는 경우 토지이동 사유코드, 토지이동 연월일 및 그 사유를 등록한다. 이러한 '사유'란은 토지대장, 임야대장에서만 볼 수 있다.
⑨ 토지소유자가 변경된 날과 그 원인
⑩ 토지등급 또는 기준수확량등급과 그 설정·수정 연월일

⑪ 개별공시지가와 그 기준일: 매년 1월 1일을 그 기준일로 한다.
⑫ 그 밖에 국토교통부장관이 정하는 사항

◆ 고유번호 구성체계

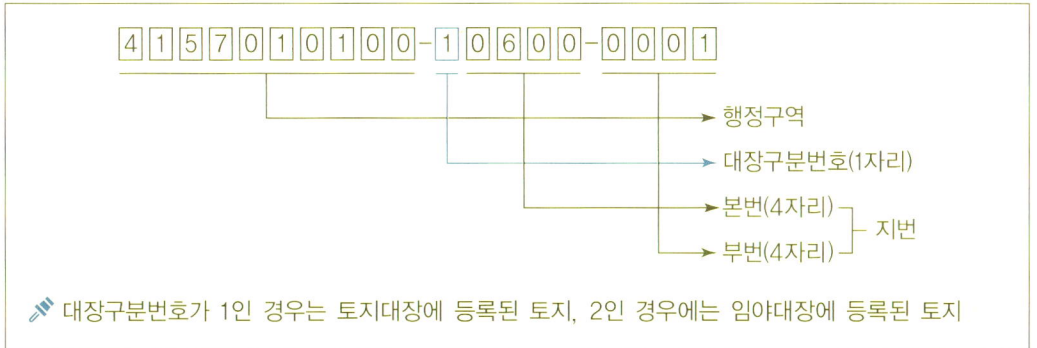

※ 대장구분번호가 1인 경우는 토지대장에 등록된 토지, 2인 경우에는 임야대장에 등록된 토지

고유번호	4157010100-10600-0000		토지대장	도면번호	8	발급번호	20161027-0101-0001
토지소재	경기도 김포시 북변동			장번호	1-1	처리시각	12시 9분 43초
지번	600	축척	1:1,200	비고		발급자	

토지표시			소유자		
지목	면적(m^2)	사유	변동일자	주소	
			변동원인	성명 또는 명칭	등록번호
(01) 전	1960	(40)2005년 5월 13일 지목변경	2013년 3월 14일	김포대로 926번길 88-36, 701동 901호 (북변동, 풍년마을)	
			(04)주소변경	오재미	530310-1******
		--- 이하 여백 ---		--- 이하 여백 ---	

등급수정 연월일	1984.7.1. 수정	1986.8.1. 수정	1989.5.1. 수정	1991.1.1. 수정	1991.6.1. 수정	1992.1.1. 수정	1993.1.1. 수정	1994.1.1. 수정
토지등급 (기준수확량등급)	112 ( )	115 ( )	117 ( )	122 ( )	126 ( )	130 ( )	133 ( )	136 ( )
개별공시지가 기준일	2010년 1월 1일	2011년 1월 1일	2012년 1월 1일	2013년 1월 1일	2014년 1월 1일	2015년 1월 1일	2016년 1월 1일	용도지역 등
개별공시지가 (원/m^2)	133,000	144,000	160,000	176,000	181,900	187,000	192,500	

* 위 견본은 실제 양식과 차이가 있을 수 있으며, 학습목적으로 가공된 것으로서 모두 실제 내용이 아닙니다.

고유번호	4374034028-20100-0002			도면번호	2	발급번호	20181111-0101-0001
토지소재	충청북도 영동군 매곡면 어촌리		임야대장	장번호	1-1	처리시각	17시 00분 55초
지번	산 100-2	축척	1 : 6,000	비고		발급자	인터넷민원

토지표시			소유자		
지목	면적(m^2)	사유	변동일자	주소	
			변동원인	성명 또는 명칭	등록번호
(05) 임야	3948	(21) 1996년 10월 4일 산 100번에서 분할	1970년 7월 7일	서울시 은평구 응암동 123	
			(02) 소유권보존	김철수	430728-1*
		-- 이하 여백 --	2018년 11월 1일	경기도 김포시 김포대로 926번길 46 701동 801호(북변동, 풍년마을)	
			(03) 소유권이전	김정환	090325-1*

등급수정 연월일	1994년 1월 1일 수정							
토지등급 (기준수확량등급)	56							
개별공시지가 기준일	2012년 1월 1일	2013년 1월 1일	2014년 1월 1일	2015년 1월 1일	2016년 1월 1일	2017년 1월 1일	2018년 1월 1일	용도지역 등
개별공시지가 (원/m^2)	309	327	342	360	378	378	396	

임야대장에 의하여 작성한 열람본입니다.

2018년 11월 11일

충청북도 영동군수

* 위 견본은 실제 양식과 차이가 있을 수 있으며, 학습목적으로 가공된 것으로서 모두 실제 내용이 아닙니다.

2 공유지연명부와 대지권등록부

(1) 공유지연명부

① 의의: 1필지에 대한 토지소유자가 둘 이상인 경우에 소유권 지분 등을 보다 효율적으로 등록·관리하기 위하여 토지·임야대장과는 별도로 공유지연명부를 작성한다.

② 등록사항(법 제71조 제2항, 규칙 제68조 제3항)
 ㉠ 토지의 소재
 ㉡ 지번
 ㉢ 소유권 지분
 ㉣ 소유자의 성명(명칭)·주소·주민등록번호
 ㉤ 토지의 고유번호
 ㉥ 필지별 공유지연명부의 장번호
 ㉦ 토지소유자가 변경된 날과 그 원인

고유번호	1171010200-10007-0000		공유지연명부			장번호		1
토지소재	서울특별시 송파구 신천동	지번		7		비고		
변동일자		소유권 지분	소유권		변동일자	소유권 지분	소유자	
			주소	등록번호			주소	등록번호
변동원인				성명 또는 명칭	변동원인			성명 또는 명칭
1999년 1월 8일		1/3	메가아파트 4동 11호	350530-2019137	년 월 일			
(3) 소유권이전				이공주				
년 월 일		1/3	메가아파트 4동 15호	401010-2234713	년 월 일			
				김유민				
년 월 일		1/3	메가아파트 6동 13호	660515-1845716	년 월 일			
				최공명				
년 월 일					년 월 일			
년 월 일					년 월 일			

* 위 견본은 실제 양식과 차이가 있을 수 있으며, 학습목적으로 가공된 것으로서 모두 실제 내용이 아닙니다.

(2) 대지권등록부
　① 의의:「부동산등기법」에 따라 대지권등기를 한 토지에 대하여 대지권등록부를 별도로 작성한다.
　② 등록사항(법 제71조 제3항, 규칙 제68조 제4항)
　　㉠ 토지의 소재
　　㉡ 지번
　　㉢ 대지권의 비율
　　㉣ 소유자의 성명(명칭)·주소·주민등록번호
　　㉤ 토지의 고유번호
　　㉥ 전유부분의 건물 표시
　　㉦ 건물의 명칭
　　㉧ 집합건물별 대지권등록부의 장번호
　　㉨ 토지소유자가 변경된 날과 그 원인
　　㉩ 소유권 지분
　③ 특징: 대지권등록부는 공유지연명부의 등록사항에 대지권의 비율, 전유부분의 건물 표시, 건물의 명칭 등이 추가로 등록된다.

고유번호	1171010700-10140-0000		대지권등록부		전유부분의 건물의 표시	101동 4층 201호	건물명칭	메가 아파트
토지소재	서울특별시 송파구 가락동		지번	140	대지권 비율	21.07/55641	장번호	1
지번								
대지권 비율								

변동일자	소유권 지분	소유권		변동일자	소유권 지분	소유자	
변동원인		주소	등록번호	변동원인		주소	등록번호
			성명 또는 명칭				성명 또는 명칭
2001년 5월 7일		메가아파트 203동 820호	660515-1845716	년 월 일			
			김대직				
년 월 일				년 월 일			
년 월 일				년 월 일			
년 월 일				년 월 일			

* 위 견본은 실제 양식과 차이가 있을 수 있으며, 학습목적으로 가공된 것으로서 모두 실제 내용이 아닙니다.

3 지적도 및 임야도

(1) 의의

토지대장에 등록된 토지는 지적도에, 임야대장에 등록된 토지는 임야도에 각 필지의 경계를 정하여 등록함으로써 일반인도 쉽게 토지의 형태를 알 수 있도록 하는 지적공부이다. 수치지적에 비하여 비용이 저렴하므로 전국 모든 토지에 적용된다. 특히, 경계점좌표등록부를 비치하는 경우에도 지적도는 함께 비치한다.

(2) 지적도·임야도의 법정축척

① 지적도의 법정축척: 지적도에서 사용하는 축척은 1/500, 1/600, 1/1,000, 1/1,200, 1/2,400, 1/3,000, 1/6,000로 7종이 모두 사용된다.

② 임야도의 법정축척: 임야도에서 사용하는 축척은 1/3,000, 1/6,000로 2종을 사용한다.

(3) 등록사항(법 제72조, 규칙 제69조 제2항)

① 토지의 소재
② 지번
③ 지목
④ 경계
⑤ 지적도면의 색인도
⑥ 지적도면의 제명 및 축척: 도곽선 윗부분 여백에 '지적도(임야도) ○○장 중 제○호 축척 ○○○분의 1'로 표시하는 것을 말한다.
⑦ 도곽선과 그 수치
⑧ 좌표에 의하여 계산된 경계점 간의 거리(경계점좌표등록부를 갖춰두는 지역에 한정한다): 경계점좌표등록부 시행지역의 지적도에는 각 필지별 경계점 간의 거리를 1cm 단위까지 등록한다. 그러니 경계점 간의 거리가 짧아 등록이 불가능할 경우에는 생략할 수 있다.
⑨ 삼각점 및 지적기준점의 위치
⑩ 건축물 및 구조물 등의 위치
⑪ 지적소관청의 직인: 지적도면에는 지적소관청의 직인을 날인하여야 한다. 다만, 정보처리시스템에 의하여 관리하는 지적도면의 경우에는 그러하지 아니하다(규칙 제69조 제4항).

◆ 지적도(일반지역)

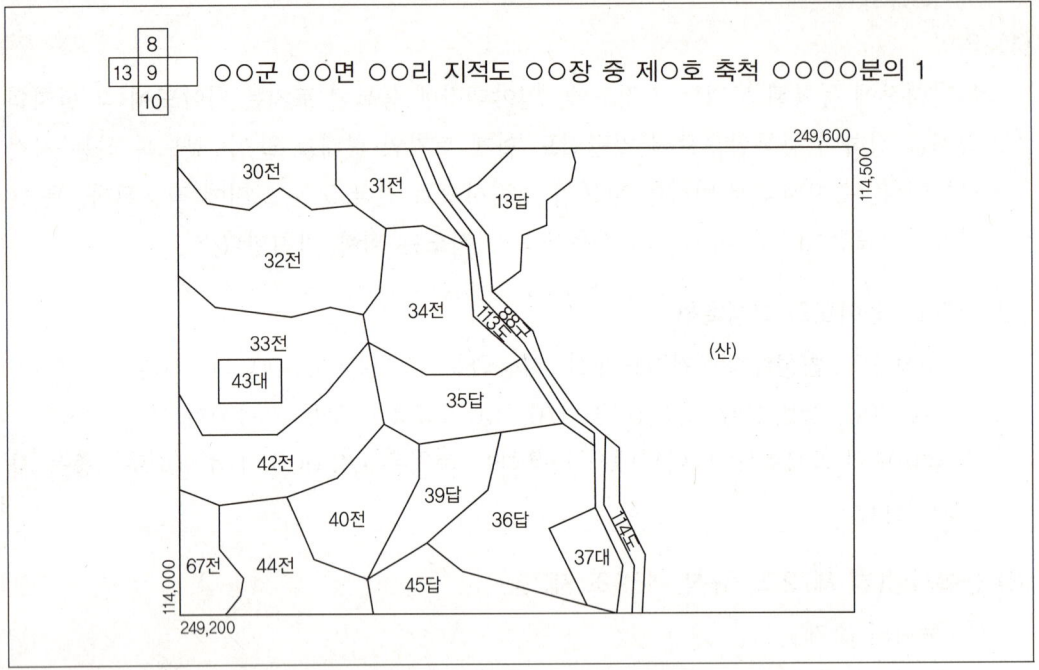

* 위 견본은 실제 양식과 차이가 있을 수 있으며, 학습목적으로 가공된 것으로서 모두 실제 내용이 아닙니다.

◆ 임야도

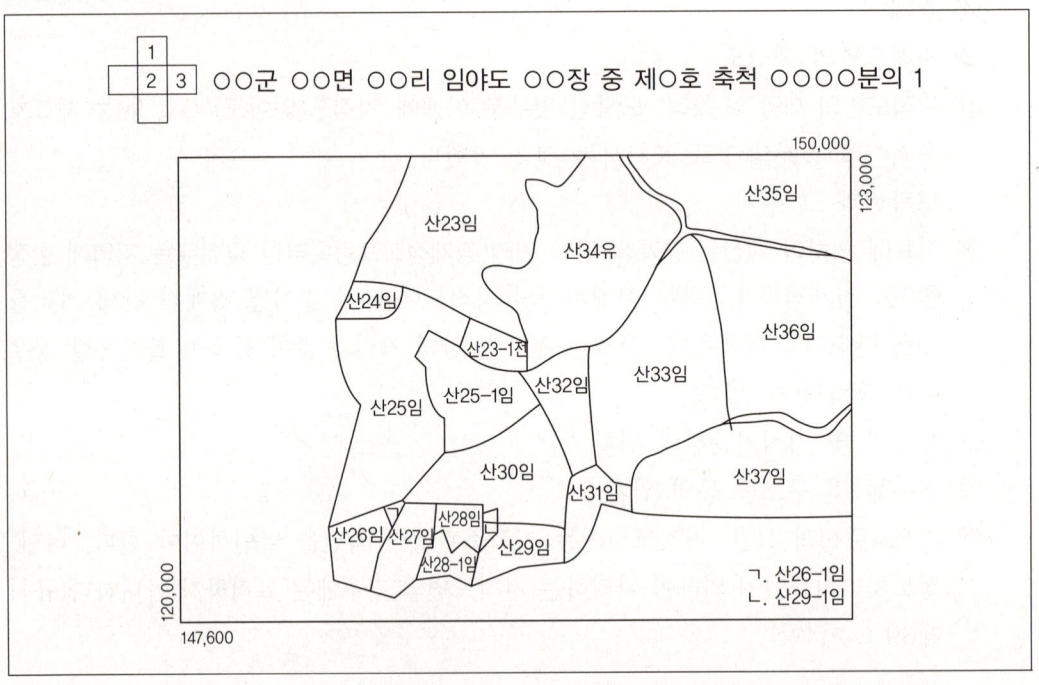

* 위 견본은 실제 양식과 차이가 있을 수 있으며, 학습목적으로 가공된 것으로서 모두 실제 내용이 아닙니다.

(4) 경계점좌표등록부를 비치하는 지역 내의 지적도 특징

① 도면의 제명 끝에 '(좌표)'라고 표시
② 좌표에 의하여 계산된 경계점 간 실제 거리(cm 단위까지 등록)
③ 도곽선의 오른쪽 아래 끝에 '이 도면에 의하여 측량을 할 수 없음'이라고 기재

◆ 지적도(경계점좌표등록부 시행지역)

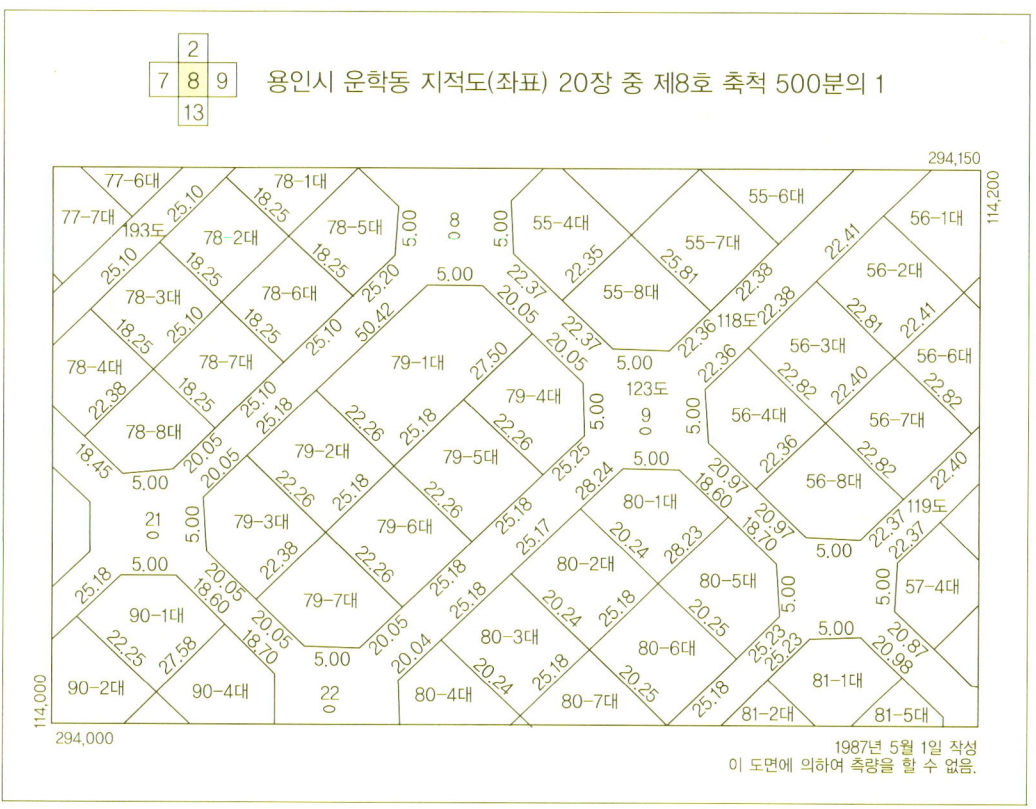

* 위 견본은 실제 양식과 차이가 있을 수 있으며, 학습목적으로 가공된 것으로서 모두 실제 내용이 아닙니다.

4 경계점좌표등록부

(1) 의의 및 성질

① 경계점좌표등록부란 각 필지 단위로 경계점의 위치를 평면직각종횡선수치(X, Y 좌표)로 등록·공시하는 지적공부를 말한다. 경계점좌표등록부는 1975년 지적법 개정시 '수치지적부'란 명칭으로 새로이 도입되었다가 2001년 지적법 개정으로 '경계점좌표등록부'로 명칭이 바뀌었다.

② 경계점좌표등록부를 비치하는 지역에도 일반인이 손쉽게 토지의 면적이나 형상 등을 알 수 있도록 토지대장과 지적도를 함께 작성·비치하여야 한다.

(2) 특징

① 경계점좌표등록부는 도해지적에 비해 정밀성이 높은 장점이 있다.

② 일반인은 표시내용을 이해하기 어렵고, 작성에 고도의 기술과 높은 비용이 요구되는 단점이 있다.

③ 경계점좌표등록부를 비치한 지역에 있어서는 토지의 경계설정과 지표상의 복원은 좌표에 의하고(지적도에 의할 수 없음), 측량은 경위의측량방법에 따른다.

(3) 작성·비치지역

경계점좌표등록부는 전국적으로 작성·비치하는 것이 아니라, 도시개발사업 등에 따라 새로이 지적공부에 등록하는 토지에 대하여 경계점좌표등록부를 작성하고 갖추어 두어야 한다(법 제73조). 경계점좌표등록부를 갖추두는 토지는 지적확정측량 또는 축척변경을 위한 측량을 실시하여 경계점을 좌표로 등록한 지역의 토지로 한다(규칙 제71조 제2항).

(4) 등록사항

① 토지의 소재
② 지번
③ 좌표(평면직각종횡선 수치)
④ 토지의 고유번호
⑤ 지적도면의 번호
⑥ 필지별 경계점좌표등록부의 장번호
⑦ 부호 및 부호도

고유번호	4157020258-30054-0004	경계점좌표등록부	도면번호	3
토지소재	경기도 용인시 운학동		장번호	1-1
지번	56-4			

부호도	부호	좌표 X	좌표 Y	부호	좌표 X	좌표 Y
	1	458375 28	1738 5027			
	2	458385 74	1738 5528			
	3	458378 52	1738 7145			
	4	458377 44	1738 7096			
	5	458364 67	1738 6522			
	6	458370 58	1738 6199			

* 위 견본은 실제 양식과 차이가 있을 수 있으며, 학습목적으로 가공된 것으로서 모두 실제 내용이 아닙니다.

제3절 지적공부의 복구와 부동산종합공부

1 지적공부의 복구

(1) 지적소관청(정보처리시스템에 기록저장한 지적공부의 경우에는 시·도지사, 시장·군수 또는 구청장)은 지적공부의 전부 또는 일부가 멸실되거나 훼손된 경우에는 대통령령으로 정하는 바에 따라 지체 없이 이를 복구하여야 한다.

(2) 복구자료(가장 적합하다고 인정되는 관계 자료)

① 토지의 표시에 관한 사항
  ㉠ 지적공부등본
  ㉡ 측량결과도
  ㉢ 토지이동정리결의서
  ㉣ 토지(건물)등기사항증명서 등 등기사실을 증명하는 서류

　　　　ⓜ 지적소관청이 작성하거나 발행한 지적공부의 등록내용을 증명하는 내용
　　　　ⓗ 국토교통부장관이 멸실 훼손에 대비해서 복제하여 관리하는 정보관리체계에 따라 복제된 지적공부
　　　　ⓢ 법원의 확정판결서 정본 또는 사본 등
　　② 소유자에 관한 사항: 부동산등기부나 법원의 확정판결에 따라 복구하여야 한다.

(3) 복구절차

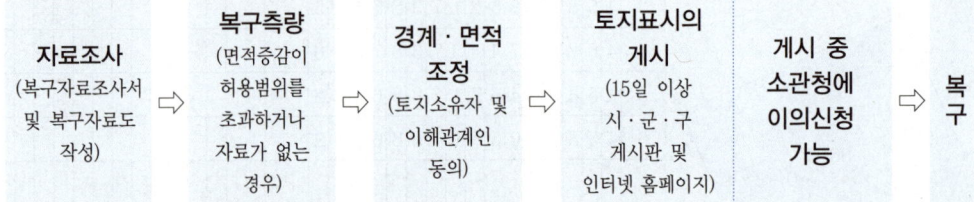

2 부동산종합공부

(1) 관리 및 운영
　① 지적소관청은 부동산의 효율적 이용과 부동산과 관련된 정보의 종합적 관리·운영을 위하여 부동산종합공부를 관리·운영한다.
　② 지적소관청은 부동산종합공부를 영구히 보존하여야 하며, 부동산종합공부의 멸실 또는 훼손에 대비하여 이를 별도로 복제하여 관리하는 정보관리체계를 구축하여야 한다.

(2) 등록사항
　① 토지의 표시와 소유자에 관한 사항:「공간정보의 구축 및 관리 등에 관한 법률」에 따른 지적공부의 내용
　② 건축물의 표시와 소유자에 관한 사항:「건축법」제38조에 따른 건축물 대장의 내용
　③ 토지의 이용 및 규제에 관한 사항:「토지이용규제 기본법」제10조에 따른 토지이용계획확인서의 내용
　④ 부동산의 가격에 관한 사항:「부동산가격공시에 관한 법률」제10조에 따른 개별공시지가, 같은 법 제16조 및 제17조에 따른 개별주택가격 및 공동주택가격공시 내용
　⑤ 그 밖에 부동산의 효율적 이용과 부동산과 관련된 정보의 종합적 관리 운영을 위하여 필요한 사항으로서 대통령령으로 정하는 사항(「부동산등기법」제48조에 따른 부동산의 권리에 관한 사항)

제3장 토지의 이동과 지적정리

제1절 토지의 이동

(1) 토지이동의 의의와 개요

토지의 표시(소재, 지번, 지목, 면적, 경계 또는 좌표)를 새로 정하거나 변경 또는 말소하는 것을 말한다(법 제2조 제28호). 따라서 '토지의 표시'가 아닌 토지소유권의 변동이나 토지소유자의 주소변경, 개별공시지가의 변경 등은 토지의 이동에 해당하지 않는다.

> **핵심** OX지문비교연습
> 1. 신규등록하는 때에는 등기가 되어 있지 아니하므로 소유자에 관한 사항은 지적소관청이 직접 조사하여 등록한다. (○)
> 2. 신규등록하는 때에는 소유자에 관한 사항은 등기사항증명서를 기준으로 등록한다. (×)
> 3. 지적공부에 등록된 토지가 지형의 변화 등으로 바다로 된 경우로서 원상회복할 수 없는 경우 토지소유자는 말소통지를 받은 날로부터 90일 이내에 등록말소신청을 하여야 한다. (○)
> 4. 지적공부에 등록된 토지가 지형의 변화 등으로 바다로 된 경우로서 원상회복할 수 없는 경우 토지소유자는 말소통지를 한 날로부터 60일 이내에 등록말소신청을 하여야 한다. (×)

(2) 신규등록

'신규등록'이란 새로 조성된 토지와 지적공부에 등록되어 있지 아니한 토지를 지적공부에 등록하는 것을 말한다(법 제2조 제29호). 즉, 아직 지적공부에 등록되지 않은 미등록토지를 최초로 지적공부에 등록하는 것을 말한다.

① 신청기한: 신규등록할 토지가 생긴 경우에는 토지소유자는 그 사유가 발생한 날로부터 60일 이내에 지적소관청에 신규등록을 신청하여야 한다(법 제77조).

② 제출서류: 토지소유자가 신규등록을 신청하고자 하는 때에는 신규등록사유를 기재한 신청서에 다음에 해당하는 서류를 첨부하여 지적소관청에 제출하여야 한다(영 제63조, 규칙 제81조 제1항).
  ㉠ 법원의 확정판결서 정본 또는 사본
  ㉡ 「공유수면 관리 및 매립에 관한 법률」에 따른 준공검사확인증 사본

    ⓒ 도시계획구역의 토지를 그 지방자치단체의 명의로 등록하는 때에는 기획재정
      부장관과 협의한 문서의 사본
    ⓔ 그 밖에 소유권을 증명하는 서류의 사본
  ③ 토지소유자 정리: 원칙적으로 소유권에 대한 사항은 등기기록의 변경사항을 기준
    으로 하여 지적공부를 정리하여야 하나, 신규등록하는 때에는 등기가 되어 있지
    아니하므로 지적소관청이 직접 조사하여 등록한다(법 제88조 제1항 단서).
  ④ 등기촉탁 여부: 신규등록 대상 토지는 아직 소유권보존등기가 이루어지지 않은 상
    태이므로 신규등록에 따른 지적공부를 정리한 후에는 등기촉탁을 하지 아니한다
    (법 제89조 제1항 참조). 이 경우 소유권보존등기는 소유자가 대장등본을 첨부하
    여 직접 등기소에 신청한다.

(3) 등록전환
  ① '등록전환'이란 임야대장 및 임야도에 등록된 토지를 토지대장 및 지적도에 옮겨
    등록하는 것을 말한다(법 제2조 제30호).
  ② 법 제78조에 따라 등록전환을 신청할 수 있는 경우는 다음과 같다.
      ㉠ 「산지관리법」에 따른 산지전용허가·신고, 산지일시사용허가·신고, 「건축법」에
        따른 건축허가·신고 또는 그 밖의 관계 법령에 따른 개발행위 허가 등을 받은
        경우
      ㉡ 대부분의 토지가 등록전환되어 나머지 토지를 임야도에 계속 존치하는 것이
        불합리한 경우
      ㉢ 임야도에 등록된 토지가 사실상 형질변경되었으나 지목변경을 할 수 없는 경우
      ㉣ 도시·군관리계획선에 따라 토지를 분할하는 경우

(4) 분할
  ① '분할'이란 지적공부에 등록된 1필지를 2필지 이상으로 나누어 등록하는 것을 말
    한다(법 제2조 제31호).
  ② 법 제79조 제1항에 따라 분할을 신청할 수 있는 경우는 다음과 같다. 다만, 관계
    법령에 따라 해당 토지에 대한 분할이 개발행위 허가 등의 대상인 경우에는 개발
    행위 허가 등을 받은 이후에 분할을 신청할 수 있다.
      ㉠ 소유권이전, 매매 등을 위하여 필요한 경우
      ㉡ 토지이용상 불합리한 지상경계를 시정하기 위한 경우
  ③ 토지소유자는 지적공부에 등록된 1필지의 일부가 형질변경 등으로 용도가 변경된
    경우에는 대통령령으로 정하는 바에 따라 용도가 변경된 날부터 60일 이내에 지적
    소관청에 토지의 분할을 신청하여야 한다.

(5) 합병
① '합병'이란 지적공부에 등록된 2필지 이상의 토지를 1필지로 합하여 등록하는 것을 말한다(법 제2조 제32호).
② 합병의 제한: 합병을 하게 되면 2필지 이상의 토지가 1필지로 되는 것이므로 1필지가 될 수 있는 기준을 위반하는 다음 중 어느 하나에 해당하는 경우에 토지소유자는 합병신청을 할 수 없다(법 제80조 제3항, 영 제66조 제3항).
　㉠ 합병하려는 토지의 지번부여지역, 지목 또는 소유자가 서로 다른 경우
　㉡ 합병하려는 각 필지가 서로 연접하지 않은 경우
　㉢ 합병하려는 토지의 지적도 및 임야도의 축척이 서로 다른 경우
　㉣ 합병하려는 토지가 등기된 토지와 등기되지 않은 토지인 경우
　㉤ 합병하려는 각 필지의 지목은 같으나 일부 토지의 용도가 다르게 되어 법 제79조 제2항에 따른 분할대상 토지인 경우. 다만, 합병신청과 동시에 토지의 용도에 따라 분할신청을 하는 경우에는 그렇지 않다.
　㉥ 합병하고자 하는 토지의 소유자별 공유지분이 다른 경우
　㉦ 합병하고자 하는 토지가 구획정리·경지정리 또는 축척변경을 시행하고 있는 지역 안의 토지와 지역 밖의 토지인 경우
　㉧ 합병하려는 토지에 다음의 등기 외의 등기가 있는 경우
　　ⓐ 소유권·지상권·전세권 또는 임차권의 등기
　　ⓑ 승역지에 대한 지역권의 등기
　　ⓒ 합병하려는 토지 전부에 대한 등기원인 및 그 연월일과 접수번호가 같은 저당권의 등기
　　ⓓ 합병하려는 토지 전부에 대한「부동산등기법」제81조 제1항 각 호의 등기사항이 동일한 신탁등기
　㉨ 합병하려는 토지 소유자의 주소가 서로 다른 경우. 다만, 제1항에 따른 신청을 접수받은 지적소관청이「전자정부법」제36조 제1항에 따른 행정정보의 공동이용을 통하여 다음 중 하나의 사항을 확인(신청인이 주민등록표 초본 확인에 동의하지 않는 경우에는 해당 자료를 첨부하도록 하여 확인)한 결과 토지 소유자가 동일인임을 확인할 수 있는 경우는 제외한다.
　　ⓐ 토지등기사항증명서
　　ⓑ 법인등기사항증명서(신청인이 법인인 경우만 해당한다)
　　ⓒ 주민등록표 초본(신청인이 개인인 경우만 해당한다)

③ 토지표시사항 정리
  ㉠ 지번은 합병대상 지번 중 선순위의 지번을 합병 후의 지번으로 하되, 본번으로 된 지번이 있는 때에는 본번 중 선순위 지번을 합병 후 지번으로 하는 것을 원칙으로 한다.
  ㉡ 토지 합병의 경우 합병 후 필지의 경계 또는 좌표는 합병 전 각 필지의 경계 또는 좌표 중 합병으로 필요없게 된 부분을 말소하여 결정하고, 면적은 합병 전의 각 필지의 면적을 합산하여 그 필지의 면적으로 결정하므로(법 제26조 제1항) 지적측량 및 면적측정은 실시하지 않는다.

(6) **지목변경**
① 지목변경이란 지적공부에 등록된 지목을 다른 지목으로 바꾸어 등록하는 것을 말한다(법 제2조 제33호). 토지의 실사용 용도만 달라지는 것을 의미하는 것이 아니라 지적공부상의 지목을 바꾸어 등록하는 것을 의미한다.
② 지목변경 대상토지: 지목변경을 신청하여야 할 토지는 다음과 같다(영 제67조 제1항). 그러나 일시적이고 임시적인 용도의 변경은 지목변경을 할 수 없다(영속성의 원칙).
  ㉠ 「국토의 계획 및 이용에 관한 법률」 등 관계 법령에 의한 토지의 형질변경 등의 공사가 준공된 경우
  ㉡ 토지 또는 건축물의 용도가 변경된 경우
  ㉢ 도시개발사업 등의 원활한 사업추진을 위하여 사업시행자가 공사준공 전에 토지의 합병을 신청하는 경우
③ 지적공부의 정리 및 등기촉탁
  ㉠ 지목변경의 경우에는 지목만 바꾸어 등록하면 되므로 지적측량을 실시할 필요가 없다. 다만, 지목변경 요건의 구비 여부를 판단하기 위하여 토지이동조사는 실시하여야 한다.
  ㉡ 지목변경시에는 지번, 면적, 경계 및 소유자에 대한 사항은 변경정리하지 않는다.

(7) **바다로 된 토지의 등록말소 및 회복**
① 의의: 지적공부에 등록된 토지가 지형의 변화 등으로 바다로 된 경우로서 원상으로 회복할 수 없거나 다른 지목의 토지로 될 가능성이 없는 경우에 지적공부의 등록을 말소하는 것을 말한다(법 제82조).

② 등록말소 절차
　㉠ 말소통지: 지적소관청은 지적공부에 등록된 토지가 지형의 변화 등으로 바다로 된 경우로서 원상으로 회복할 수 없거나 다른 지목의 토지로 될 가능성이 없는 경우에는 지적공부에 등록된 토지소유자에게 지적공부의 등록말소신청을 하도록 통지하여야 한다(법 제82조 제1항).
　㉡ 말소신청: 토지소유자는 말소통지 받은 날로부터 90일 이내에 등록말소신청을 하여야 한다(법 제82조 제2항).
　㉢ 직권말소
　　ⓐ 지적소관청은 토지소유자가 통지받은 날부터 90일 이내에 등록말소신청을 하지 아니하면 직권으로 등록을 말소하여야 한다(법 제82조 제2항, 영 제68조 제1항).
　　ⓑ 지적소관청이 직권으로 지적공부를 등록말소한 경우에는 그 조사·측량에 들어간 비용을 토지소유자로부터 징수하지 않는다(법 제106조 제4항).

(8) 등록사항의 정정

> **핵심** OX지문비교연습
>
> 1. 토지이동정리결의서의 내용과 지적공부가 다르게 정리된 경우 지적소관청은 직권정정할 수 있다. (○)
> 2. 토지이용계획확인서의 내용과 지적공부가 다르게 정리된 경우 지적소관청은 직권정정할 수 있다. (×)

① 의의: 지적공부에 등록된 토지의 표시사항 또는 소유자에 대한 사항이 잘못 등록된 경우, 지적소관청이 직권 또는 소유자의 신청에 의하여 등록사항을 바로잡는 것을 말한다.
② 지적소관청의 직권에 의한 정정
　㉠ 지적소관청은 지적공부의 등록사항에 잘못이 있음을 발견한 때에는 직권으로 조사·측량하여 정정할 수 있다(법 제84조 제2항).
　㉡ 직권정정사유(영 제82조 제1항): 직권정정의 예시
　　ⓐ 토지이동정리결의서의 내용과 다르게 정리된 경우
　　ⓑ 지적도 및 임야도에 등록된 필지가 면적의 증감 없이 경계의 위치만 잘못된 경우
　　ⓒ 지적공부의 작성 또는 재작성 당시 잘못 정리된 경우
　　ⓓ 지적위원회의 의결에 의하여 지적공부의 등록사항을 정정하여야 하는 경우
　　ⓔ 기타

③ 토지소유자의 신청에 의한 정정
  ㉠ 토지소유자는 지적공부의 등록사항에 잘못이 있음을 발견한 때에는 지적소관청에 그 정정을 신청할 수 있다(법 제84조 제1항).
  ㉡ 이와 같은 토지소유자의 신청에 의한 정정으로 인하여 인접토지의 경계가 변경되는 경우에는 다음의 어느 하나에 해당하는 서류를 지적소관청에 제출하여야 한다(법 제84조 제3항).
    ⓐ 인접토지소유자의 승낙서
    ⓑ 인접토지소유자가 승낙하지 아니하는 경우에는 이에 대항할 수 있는 확정판결서 정본(正本)
  ㉢ 토지소유자가 지적공부의 등록사항에 대한 정정신청을 하는 때에는 정정사유를 적은 신청서에 다음의 구분에 따른 서류를 첨부하여 지적소관청에 제출하여야 한다(규칙 제93조).
    ⓐ 경계 또는 면적의 변경을 가져오는 경우 ⇨ 등록사항정정측량성과도
    ⓑ 그 밖에 등록사항을 정정하는 경우 ⇨ 변경사항을 확인할 수 있는 서류

제2절 축척변경

1 축척변경

(1) 의의
  ① '축척변경'이란 지적도에 등록된 경계점의 정밀도를 높이기 위하여 작은 축척을 큰 축척으로 변경하여 등록하는 것을 말한다(법 제2조 제34호).
  ② 축척변경은 '지적도'의 경우만 대상이 되고, '임야도'의 경우는 축척변경을 하지 못한다는 것과 정밀도를 높이기 위하여 하는 것이므로 큰 축척을 작은 축척으로 변경 등록할 수 없다는 점에 주의하여야 한다.

(2) 축척변경 대상 토지
지적소관청은 지적도가 다음 중 어느 하나에 해당하는 경우에는 토지소유자의 신청 또는 직권으로 일정한 지역을 정하여 그 지역의 축척을 변경할 수 있다(법 제83조 제2항).

① 잦은 토지의 이동으로 1필지의 규모가 작아서 소축척으로는 지적측량성과의 결정이나 토지의 이동에 따른 정리가 곤란한 경우(정밀성)
② 하나의 지번부여지역에 서로 다른 축척의 지적도가 있는 경우(통일성)
③ 그 밖에 지적공부를 관리하기 위하여 필요하다고 인정되는 경우

> **핵심 OX지문비교연습**
>
> 1. 축척변경을 신청하는 토지소유자는 축척변경 사유를 기재한 신청서에 토지소유자 3분의 2 이상의 동의서를 첨부해서 지적소관청에 제출해야 한다. (○)
> 2. 축척변경을 신청하는 토지소유자는 축척변경 사유를 기재한 신청서에 토지소유자 2분의 1 이상의 동의서를 첨부해서 지적소관청에 제출해야 한다. (×)

2 축척변경의 절차

(1) 축척변경의 개시

① 소유자의 신청: 축척변경을 신청하는 토지소유자는 축척변경 사유를 기재한 신청서에 토지소유자 3분의 2 이상의 동의서를 첨부해서 지적소관청에 제출해야 한다(영 제69조, 규칙 제85조).

② 지적소관청의 직권: 지적소관청은 토지소유자의 신청이 없는 경우에도 축척변경 사유에 해당하는 경우에는 직권으로 축척변경을 할 수 있다(법 제83조 제2항).

(2) 토지소유자의 동의 및 축척변경위원회의 의결

지적소관청은 토지소유자의 신청 또는 직권으로 축척변경을 하려면 축척변경 시행지역의 토지소유자 3분의 2 이상의 동의를 받아 축척변경위원회의 의결을 거쳐야 한다(법 제83조 제3항).

(3) 시·도지사 또는 대도시 시장의 승인

지적소관청은 축척변경위원회 의결을 거친 후 시·도지사 또는 대도시 시장의 승인을 받아야 한다(법 제83조 제3항).

(4) 축척변경 시행공고

지적소관청은 시·도지사 또는 대도시 시장으로부터 축척변경 승인을 받은 때에는 지체 없이 일정사항을 20일 이상 공고하여야 한다(영 제71조 제1항).

(5) 경계점표지 설치

축척변경시행지역 내의 토지소유자 또는 점유자는 시행공고가 있는 날로부터 30일 이내에 시행공고일 현재 점유하고 있는 경계에 국토교통부령이 정하는 경계점표지를 설치하여야 한다(영 제71조 제3항).

(6) 축척변경측량 및 토지의 표시사항 결정

지적소관청은 축척변경 시행지역 안의 각 필지별 지번·지목·면적·경계 또는 좌표를 새로 정하여야 한다(영 제72조 제1항).

(7) 지번별 조서의 작성

지적소관청은 축척변경에 관한 측량을 완료하였을 때에는 시행공고일 현재의 지적공부상의 면적과 측량 후의 면적을 비교하여 그 변동사항을 표시한 지번별 조서를 작성하여야 한다(영 제73조).

(8) 청산절차(면적 증감의 처리)

① 청산금의 산정
  ㉠ 지적소관청은 축척변경에 관한 측량을 한 결과, 측량 전에 비하여 면적의 증감이 있는 경우에는 그 증감면적에 대하여 청산을 하여야 한다.
  ㉡ 면적 증감에 대하여 청산을 하려는 때에는 축척변경위원회의 의결을 거쳐 지번별로 m^2당 금액을 정하여야 한다. 이 경우, 지적소관청은 시행공고일 현재를 기준으로 그 축척변경 시행지역 안의 토지에 대하여 지번별 m^2당 금액을 미리 조사하여 축척변경위원회에 제출하여야 한다(영 제75조 제2항).
  ㉢ 청산금은 지번별 조서의 필지별 증감면적에 지번별 m^2당 금액을 곱하여 산정한다(영 제75조 제3항).

② 청산금의 공고 및 열람

지적소관청은 청산금을 산정한 때에는 청산금 조서(지번별 조서에 필지별 청산금 내역을 기재한 것을 말한다)를 작성하고, 청산금이 결정되었다는 뜻을 시·군·구 및 축척변경 시행지역 동·리의 게시판에 15일 이상 공고하여 일반인이 열람할 수 있게 하여야 한다(영 제75조 제4항).

③ 청산금의 납부고지 및 수령통지

지적소관청은 청산금의 결정을 공고한 날로부터 20일 이내에 토지소유자에게 청산금의 납부고지 또는 수령통지를 하여야 한다(영 제76조 제1항).

④ 청산금에 대한 이의신청
  ㉠ 청산금에 대하여 이의가 있는 자는 납부고지 또는 수령통지를 받은 날로부터 1개월 이내에 지적소관청에 이의신청을 할 수 있다(영 제77조 제1항).
  ㉡ 지적소관청은 이의신청이 있는 경우, 1개월 이내에 축척변경위원회의 심의 · 의결을 거쳐 그 인용 여부를 결정한 후 그 결정내용을 지체 없이 이의신청인에게 통지하여야 한다(영 제77조 제2항).
⑤ 청산금의 납부 및 지급
  납부고지를 받은 자는 그 고지를 받은 날로부터 6개월 이내에 청산금을 지적소관청에 내야 하고, 지적소관청은 수령통지를 한 날로부터 6개월 이내에 청산금을 지급하여야 한다(영 제76조 제2항 · 제3항).

(9) **축척변경의 확정공고**
① 청산금의 납부 및 지급이 완료되었을 때에는 지적소관청은 지체 없이 축척변경의 확정공고를 하여야 한다(영 제78조 제1항).
② 축척변경 시행지역의 토지는 축척변경의 확정공고일에 토지의 이동이 있는 것으로 본다(영 제78조 제3항).

(10) **지적공부의 정리 및 등기촉탁**
① 지적소관청은 확정공고를 하였을 때에는 지체 없이 축척변경에 따라 확정된 사항을 지적공부에 등록하여야 한다(영 제78조 제2항).
② 지적소관청이 축척변경에 의하여 확정된 사항을 지적공부에 등록한 때에는 관할 등기소에 등기를 촉탁하여야 한다.

3 축척변경위원회

(1) **의의**
축척변경에 관한 사항을 심의 · 의결하기 위하여 지적소관청에 축척변경위원회를 둔다(법 제83조 제1항).

(2) **축척변경위원회의 구성**
① 축척변경위원회는 5명 이상 10명 이내의 위원으로 구성하되, 위원의 2분의 1 이상을 토지소유자로 하여야 한다. 이 경우, 그 축척변경시행지역 안의 토지소유자가 5명 이하인 때에는 토지소유자 전원을 위원으로 위촉하여야 한다(영 제79조 제1항).
② 위원장은 위원 중에서 지적소관청이 지명한다(영 제79조 제2항).

③ 위원은 다음의 자 중에서 지적소관청이 위촉한다(영 제79조 제3항).
  ㉠ 그 축척변경시행지역 안의 토지소유자로서 지역 사정에 정통한 자
  ㉡ 지적에 관해 전문지식을 가진 자

제3절 지적공부의 정리

> **핵심** OX지문비교연습
> 1. 지적소관청은 토지의 이동정리를 한 경우(신규등록을 제외한다) 토지의 표시변경에 관한 등기를 할 필요가 있는 경우에는 지체 없이 관할 등기관서에 그 등기를 촉탁하여야 한다. (○)
> 2. 지적소관청은 토지의 이동정리를 한 경우(신규등록을 포함한다) 토지의 표시변경에 관한 등기를 할 필요가 있는 경우에는 지체 없이 관할 등기관서에 그 등기를 촉탁하여야 한다. (×)

(1) 토지의 표시에 대한 지적정리

① 지적소관청은 지적공부가 다음의 어느 하나에 해당하는 경우에는 지적공부를 정리하여야 한다. 이 경우, 이미 작성된 지적공부에 정리할 수 없을 때에는 새로 작성하여야 한다(영 제84조 제1항).
  ㉠ 지번을 변경하는 경우
  ㉡ 지적공부를 복구하는 경우
  ㉢ 신규등록·등록전환·분할·합병·지목변경 등 토지의 이동이 있는 경우
② 지적소관청은 토지의 이동이 있는 경우에는 토지이동정리결의서를 작성하여야 한다(영 제84조 제2항). 토지이동정리결의서는 토지대장·임야대장 또는 경계점좌표등록부별로 구분하여 작성하여야 한다(규칙 제98조 제1항).

(2) 토지소유자에 대한 지적정리

① 소유자정리결의서 작성
  지적소관청은 토지소유자의 변동 등에 따라 지적공부를 정리하려는 경우에는 소유자정리결의서를 작성하여야 한다(영 제84조 제2항).
② 토지소유자의 변경
  지적공부에 등록된 토지소유자의 변경사항은 등기관서에서 등기한 것을 증명하는 등기필증, 등기완료통지서, 등기사항증명서 또는 등기관서에서 제공한 등기전산정보자료에 따라 정리한다(법 제88조 제1항). 다만, 신규등록하는 때에는 등기가 되어 있지 아니하므로 지적소관청이 직접 조사하여 등록한다.

(3) 등기촉탁

지적소관청은 아래와 같은 사유로 토지의 표시변경에 관한 등기를 할 필요가 있는 경우에는 지체 없이 관할 등기관서에 그 등기를 촉탁하여야 한다. 그러므로 토지소유자의 변경사유는 등기촉탁사유가 아니다. 이 경우, 등기촉탁은 국가가 국가를 위하여 하는 등기로 본다.

① 토지의 이동정리를 한 경우(법 제64조 제2항, 신규등록은 제외한다)
② 시·도지사 또는 대도시 시장의 승인을 받아 지번부여지역 전부 또는 일부에 대하여 지번을 새로 부여한 때(법 제66조 제2항)
③ 바다로 된 토지를 등록말소하는 경우(법 제82조)
④ 축척변경을 한 경우(법 제83조 제2항)
⑤ 등록사항의 오류를 직권으로 정정한 경우(법 제84조 제2항)
⑥ 행정구역의 개편으로 새로이 지번을 부여한 경우(법 제85조 제2항)

(4) 지적정리 후 토지 소유자에 대한 통지

① 지적정리 통지대상

다음과 같은 경우에는 지적소관청이 해당 토지소유자에게 통지하여야 한다(법 제90조). 다만, 통지받을 자의 주소나 거소를 알 수 없는 경우에는 국토교통부령으로 정하는 바에 따라 일간신문, 해당 시·군·구의 공보 또는 인터넷 홈페이지에 공고하여야 한다(법 제90조 단서).

㉠ 토지의 이동이 있을 때 지적소관청이 직권으로 토지이동을 조사·측량하여 지적공부에 등록정리한 때(법 제64조 제2항 단서)
㉡ 시·도지사 또는 대도시 시장의 승인을 받아 지번부여지역 전부 또는 일부에 대하여 지번을 새로 부여한 때(법 제66조 제2항)
㉢ 지적공부를 복구한 때(법 제74조)
㉣ 바다로 된 토지의 소유자가 그 통지를 받은 날부터 90일 이내에 등록말소신청을 하지 아니하여 지적소관청이 직권으로 등록말소한 때(법 제82조 제2항)
㉤ 지적소관청이 등록사항의 오류를 직권으로 조사·측량하여 정정한 때(법 제84조 제2항)
㉥ 행정구역개편으로 지적소관청이 새로이 그 지번을 부여한 때(법 제85조 제2항)
㉦ 도시개발사업 등으로 인하여 토지이동이 있는 때에 그 사업시행자가 지적소관청에 그 이동을 신청하여 지적정리를 한 때(법 제86조 제2항)
㉧ 대위신청권자의 신청에 의하여 지적소관청이 지적정리를 한 때(법 제87조)
㉨ 토지표시의 변경에 관하여 관할 등기소에 등기를 촉탁한 때(법 제89조)

② 통지시기

지적소관청이 토지소유자에게 지적정리 등의 통지를 하여야 하는 시기는 다음과 같다(영 제85조).

　㉠ 토지의 표시에 관한 변경등기가 필요한 경우: 그 등기완료통지서를 접수한 날부터 15일 이내

　㉡ 토지의 표시에 관한 변경등기가 필요하지 않은 경우: 지적공부에 등록한 날부터 7일 이내

제4장 지적측량

> **핵심** OX지문비교연습
> 1. 지적측량의 측량기간은 5일로 하며, 측량검사기간은 4일로 한다. (○)
> 2. 지적측량의 측량기간은 7일로 하며, 측량검사기간은 5일로 한다. (×)
> 3. 지적 관련 정책개발 및 업무개선 등에 관한 사항, 지적측량적부 재심사, 지적기술자의 양성에 관한 사항을 심의·의결하기 위하여 중앙지적위원회를 둔다. (○)
> 4. 지적 관련 정책개발 및 업무개선 등에 관한 사항, 지적측량적부 재심사, 지적기술자의 양성에 관한 사항을 심의·의결하기 위하여 지방지적위원회를 둔다. (×)

제1절 지적측량의 의의와 절차

(1) 지적측량의 대상

다음의 경우에는 지적측량을 하여야 한다(법 제23조 제1항).
① 지적기준점을 정하는 경우(기초측량)
② 지적측량성과를 검사하는 경우(검사측량)
③ 다음의 어느 하나에 해당하는 경우로서 측량을 할 필요가 있는 경우
　㉠ 지적공부를 복구하는 경우(복구측량)
　㉡ 토지를 신규등록하는 경우(신규등록측량)
　㉢ 토지를 등록전환하는 경우(등록전환측량)
　㉣ 토지를 분할하는 경우(분할측량)
　㉤ 바다가 된 토지의 등록을 말소하는 경우(등록말소측량)
　㉥ 축척을 변경하는 경우(축척변경측량)
　㉦ 지적공부의 등록사항을 정정하는 경우(등록사항정정측량)
　㉧ 도시개발사업 등의 시행지역에서 토지의 이동이 있는 경우(지적확정측량)
　㉨ 「지적재조사에 관한 특별법」에 따른 지적재조사사업에 따라 토지의 이동이 있는 경우

④ 경계점을 지상에 복원하는 경우(경계복원측량)
⑤ 지상건축물 등의 현황을 지적도 및 임야도에 등록된 경계와 대비하여 표시하는 데에 필요한 경우(지적현황측량)

(2) 지적측량 절차

① **지적측량 의뢰인**: 토지소유자 등 이해관계인은 지적측량을 할 필요가 있는 경우(검사측량과 지적재조사측량은 제외)에는 지적측량 수행자에게 지적측량을 의뢰하여야 한다.

> **참고** 지적측량 수행자
> 1. 지적측량업의 등록을 한 자
> 2. 「국가공간정보 기본법」제12조에 따라 설립된 한국국토정보공사(이하 '한국국토정보공사'라 한다)(법 제24조 제1항)

② 지적측량의 의뢰방법
  ㉠ 지적측량의뢰서 제출: 지적측량을 의뢰하고자 하는 자는 지적측량의뢰서에 의뢰사유를 증명하는 서류를 첨부하여 지적측량 수행자에게 제출하여야 한다(규칙 제25조 제1항).
  ㉡ 지적측량 수수료 지급
    ⓐ 지적측량을 의뢰하는 자는 지적측량 수행자에게 지적측량 수수료를 내야 한다(법 제106조 제2항).
    ⓑ 지적소관청이 직권으로 조사·측량하여 지적공부를 정리한 경우 토지소유자가 신청하여야 할 사항으로서 토지소유자의 신청이 없어 지적소관청이 직권으로 조사·측량하여 지적공부를 정리한 때에는 그 조사·측량에 들어간 비용을 지적소관청이 토지소유자로부터 징수한다(법 제106조 제4항 본문). 다만, 바다로 된 토지의 지적공부를 등록말소한 경우에는 그러하지 아니하다(법 제106조 제4항 단서).

③ 지적측량수행계획서 제출
  ㉠ 지적측량 수행자는 지적측량 의뢰를 받은 때에는 측량기간, 측량일자 및 측량수수료 등을 적은 지적측량수행계획서를 그 다음 날까지 지적소관청에 제출하여야 한다. 제출한 지적측량수행계획서를 변경한 경우에도 같다(규칙 제25조 제2항).

ⓛ 지적소관청은 지적측량 수행자가 제출한 지적측량수행계획서에 따라 지적측량을 하려는 지역의 지적공부와 부동산종합공부에 관한 전산자료를 지적측량 수행자에게 제공하여야 한다.
④ 지적측량의 수행
   지적측량 수행자는 지적측량 의뢰를 받으면 지적측량을 하여 그 측량성과를 결정하여야 한다.
⑤ 지적측량성과의 검사
   ㉠ 검사권자: 지적측량 수행자가 지적측량을 하였으면 시·도지사, 대도시 시장 또는 지적소관청으로부터 측량성과에 대한 검사를 받아야 한다. 다만, 지적공부를 정리하지 아니하는 측량으로서 경계복원측량 및 지적현황측량의 경우에는 그러하지 아니하다.
   ㉡ 지적측량성과도 발급: 지적측량 수행자는 측량 의뢰인에게 그 지적측량성과도를 포함한 지적측량결과부를 지체 없이 발급하여야 한다. 이 경우, 검사를 받지 아니한 지적측량성과도는 측량 의뢰인에게 발급할 수 없다.
⑥ 지적측량기간 및 측량검사기간
   ㉠ 원칙: 지적측량의 측량기간은 5일로 하며, 측량검사기간은 4일로 한다.
   ㉡ 지적기준점을 설치하여 측량하는 경우: 지적기준점을 설치하여 측량 또는 측량 검사를 하는 경우 지적기준점이 15점 이하인 때에는 4일을, 15점을 초과하는 때에는 4일에 15점을 초과하는 4점마다 1일을 가산한다.
   ㉢ 합의에 의하여 기간을 정하는 경우: 지적측량 의뢰인과 지적측량 수행자가 서로 합의하여 따로 기간을 정하는 경우에는 그 기간에 따르되, 전체기간의 4분의 3은 측량기간으로, 전체기간의 4분의 1은 측량검사기간으로 본다.

구분		지적측량기간	측량검사기간
원칙		5일	4일
지적기준점을 설치 하여 측량하는 경우	15점 이하	4일을 가산	
	15점 초과	4일에 15점을 초과하는 4점마다 1일을 가산	
합의에 의하여 기간을 정하는 경우 지적측량 의뢰인과 지적측량 수행자가 서로 합의하여 따로 기간을 정하는 경우에는 그 기간에 따름		전체기간의 4분의 3	전체기간의 4분의 1

제2절　지적위원회 및 지적측량적부심사

(1) 지적위원회
　① 의의 및 종류: 지적측량에 대한 적부심사청구사항을 심의·의결하기 위하여 국토교통부에 중앙지적위원회를 두고, 특별시·광역시·특별자치시·도 또는 특별자치도(이하 '시·도'라 한다)에 지방지적위원회를 둔다.
　② 중앙지적위원회의 심의·의결사항
　　　㉠ 지적 관련 정책개발 및 업무개선 등에 관한 사항
　　　㉡ 지적측량기술의 연구·개발 및 보급에 관한 사항
　　　㉢ 지적측량적부심사(適否審査)에 대한 재심사(再審査)
　　　㉣ 지적기술자의 양성에 관한 사항
　　　㉤ 지적기술자의 업무정지처분 및 징계요구에 관한 사항
　③ 중앙지적위원회의 구성 및 회의
　　　㉠ 위원장 및 부위원장 각 1인을 포함하여 5인 이상 10인 이내의 위원으로 구성한다.
　　　　　ⓐ 위원장은 국토교통부 지적업무 담당 국장이, 부위원장은 지적업무 담당 과장이 된다.
　　　　　ⓑ 위원은 지적에 관한 학식과 경험이 풍부한 사람 중에서 국토교통부장관이 임명 또는 위촉한다.
　　　㉡ 위원장이 위원회의 회의를 소집하는 때에는 회의일시 장소 및 심의안건을 회의 5일 전까지 각 위원에게 서면으로 통지하여야 한다.

(2) 지적측량적부심사 절차
　① 적부심사 청구: 토지소유자, 이해관계인 또는 지적측량 수행자는 지적측량성과에 대하여 다툼이 있는 경우에는 대통령령으로 정하는 바에 따라 관할 시·도지사를 거쳐 지방지적위원회에 지적측량적부심사를 청구할 수 있다.
　② 지방지적위원회에의 회부: 지적측량적부심사청구서를 받은 시·도지사는 30일 이내에 일정한 사항을 조사하여 지방지적위원회에 회부하여야 한다(법 제29조 제2항).
　③ 심의 및 의결: 지적측량적부심사청구를 회부받은 지방지적위원회는 그 심사청구를 회부받은 날부터 60일 이내에 심의·의결하여야 한다. 다만, 부득이한 경우에는 그 심의기간을 해당 지적위원회의 의결을 거쳐 30일 이내에서 한 번만 연장할 수 있다(법 제29조 제3항).

④ 의결서 송부: 지방지적위원회는 지적측량적부심사를 의결한 때에는 위원장과 참석위원 전원이 서명·날인한 지적측량적부심사의결서를 작성하여 지체 없이 시·도지사에게 송부하여야 한다(법 제29조 제4항, 영 제25조 제1항).

⑤ 적부심사청구인 및 이해관계인에게 통지
  ㉠ 시·도지사는 의결서를 받은 날부터 7일 이내에 지적측량적부심사청구인 및 이해관계인에게 그 의결서를 통지하여야 한다.
  ㉡ 시·도지사가 의결서를 통지하는 때에는 90일 이내에 재심사를 청구할 수 있음을 서면으로 알려야 한다(법 제29조 제5항, 영 제25조 제2항).

⑥ 지적측량적부재심사 절차: 지적측량적부심사의결서를 받은 자가 지방지적위원회의 의결에 불복하는 경우에는 그 의결서를 받은 날부터 90일 이내에 국토교통부장관을 거쳐 중앙지적위원회에 재심사를 청구할 수 있다(법 제29조 제6항). 재심사청구절차에 관하여는 적부심사청구절차에 관한 규정을 준용한다.

⑦ 재심사의결서 송부: 중앙지적위원회로부터 재심사의결서를 받은 국토교통부장관은 그 의결서를 관할 시·도지사에게 송부하여야 한다(법 제29조 제8항).

⑧ 의결서 사본의 지적소관청에 송부: 시·도지사는 지방지적위원회의 의결서를 받은 후 해당 지적측량적부심사청구인 및 이해관계인이 그 의결서를 받은 날부터 90일 이내에 재심사청구를 하지 아니하면 지방지적위원회의 의결서 사본을 지적소관청에 보내야 하며, 재심사청구를 하여 중앙지적위원회의 의결서를 받은 경우에는 그 의결서 사본에 지방지적위원회의 의결서 사본을 첨부하여 지적소관청에 보내야 한다(법 제29조 제9항).

⑨ 지적측량적부심사에 따른 등록사항의 정정
  ㉠ 위 ⑧에 따라 지방지적위원회 또는 중앙지적위원회의 의결서 사본을 받은 지적소관청은 그 내용에 따라 지적공부의 등록사항을 직권으로 정정하거나 측량성과를 수정하여야 한다(법 제29조 제10항).
  ㉡ 다만, 특별자치시장은 지방지적위원회의 의결서를 받은 경우나 중앙지적위원회의 재심사의결서를 받은 경우, 직접 그 내용에 따라 지적공부의 등록사항을 정정하거나 측량성과를 수정하여야 한다.

제  편

부동산등기법
(등기편)

제1장 | 총설

제2장 | 등기설비

제3장 | 등기절차 총론

제4장 | 여러 가지 권리의 등기

제5장 | 여러 가지 등기

제1장 총설

제1절 부동산등기의 의의

부동산등기란 국가기관인 등기관이 등기부에 '부동산의 표시'와 그에 대한 일정한 '권리관계'를 법정절차에 따라 '기록하는 것' 또는 '그러한 기록 자체'를 말한다.

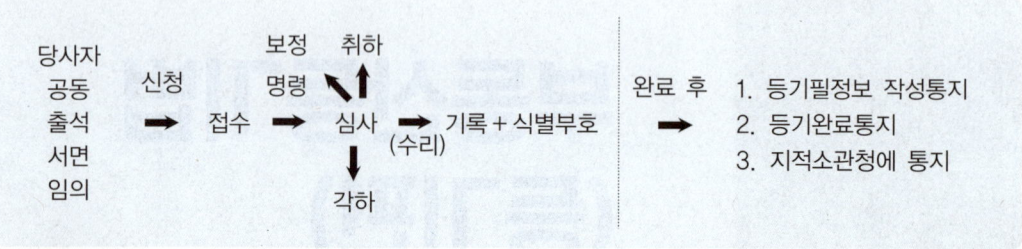

> **핵심** OX지문비교연습
> 1. 등기관이 등기를 마친 경우, 그 등기는 등기를 마친 때부터 효력을 발생한다. (×)
> 2. 등기관이 등기를 마친 경우, 그 등기는 접수한 때부터 효력이 생긴다. (○)

(1) 등기신청은 해당 부동산이 다른 부동산과 구별될 수 있게 하는 정보가 전산정보처리조직에 저장된 때 접수된 것으로 본다.

(2) 등기관이 등기를 마친 경우 그 등기는 접수한 때부터 효력을 발생한다.

(3) 등기관이 등기사무를 처리한 때에는 등기사무를 처리한 등기관이 누구인지 알 수 있는 조치를 하여야 한다.

(4) '등기관이 등기를 마친 경우'란 등기사무를 처리한 등기관이 누구인지 알 수 있는 조치를 하였을 때를 말한다.

> **사례** 법률행위에 의한 물권변동
>
> 갑의 소유권을 을에게 이전하기로 갑과 을이 매매계약이나 증여계약과 같은 법률행위를 체결하고 심지어 반대급부를 이행하였다하더라도 부동산등기부에 그에 적합한 소유권이전등기가 실행되지 않았다면 소유권이 이전(물권변동)되는 효력은 발생하지 않는다. 법률행위가 존재하고 그에 합당한 등기가 마쳐졌다면 그 등기의 효력, 즉 물권변동(소유권 이전)의 효력은 그 등기신청을 등기관이 접수한 때부터 발생한다. 등기가 접수되었어도 마쳐지지 않고 각하되었다면 효력이 발생할 수 없다.

제2절 부동산등기의 종류

> **핵심** OX지문비교연습
>
> 1. 등기 후 등기사항에 변경이 생겨 등기와 실체관계가 일치하지 않을 때는 경정등기를 신청하여야 한다. (×)
> 2. 등기 후 등기사항에 변경이 생겨 등기와 실체관계가 일치하지 않을 때는 변경등기를 신청하여야 한다. (○)

(1) 형식에 의한 분류

① 주등기(독립등기)

주등기란 기존 등기와 독립하여 순위번호를 붙여서 하는 등기로서 독립등기라고도 한다. 원칙적으로 등기는 주등기의 형식으로 행하여진다. 표제부의 등기, 소유권이전등기, 각종 권리의 말소등기들은 주등기로 실행한다.

② 부기등기

부기등기란 주등기 또는 부기등기의 순위번호에 가지번호(2-1, 2-2, 2-1-1)를 붙여서 하는 등기를 말한다. 등기명의인표시변경등기, 소유권 이외의 권리의 이전등기, 소유권이 아닌 권리를 목적으로 하는 설정등기 등은 부기등기로 실행하게 되며 주등기가 말소되면 그 주등기에 부기된 부기등기는 직권말소되는 특징이 있다.

◆ 부기등기의 예

[을구]			(소유권 이외의 권리에 관한 사항)		
순위번호	등기목적	접수	등기원인	권리자 및 기타사항	
1	전세권설정	2018년 1월 9일 제1346호	2018년 1월 2일 설정계약	전세금 범위 ~~전세권자~~	100,000,000원 주거용 건물 전부 ~~김춘추~~ ~~650725-1234567~~ ~~서울 은평구 응암로 27~~
1-1	1번 전세권이전	2018년 10월 5일 제79291호	2018년 10월 1일 양도	전세권자	김유신 540501-129876 서울 광진구 구의동 57

* 위 견본은 실제 양식과 차이가 있을 수 있으며, 학습목적으로 가공된 것으로서 모두 실제 내용이 아닙니다.

(2) 내용에 의한 분류

① 기입등기: 기입등기는 보존등기, 이전등기, 설정등기와 같이 등기기록에 새로운 내용을 기입하는 등기를 의미한다.

② 경정등기: 등기절차에 착오(잘못 기재) 또는 유루(빠뜨림)가 있어서 원시적으로 등기와 실체관계 사이에 일부 불일치가 생긴 경우에 이를 등기완료 후에 고쳐서 바로잡기 위하여 하는 등기이다. 등기를 신청하면서 착오나 유루가 있어서 실제 성명과 다른 성명으로 처음부터 잘못 기록된 경우라면 경정등기를 통해서 바로잡게 된다.

③ 변경등기: 어떤 등기가 행하여진 후에 등기된 사항에 변경이 생겨서 후발적으로 등기와 실체관계 사이에 일부 불일치가 생긴 경우, 그 불일치를 고쳐서 바로잡기 위하여 하는 등기이다. 이미 등기된 소유권의 등기명의인이 개명을 한 경우, 그 개명 후의 성명으로 고쳐서 바로잡는 경우가 이에 해당한다.

④ 말소등기: 말소등기란 기존의 등기사항의 전부가 원시적 또는 후발적 이유로 인하여 불일치(부적법)하게 된 경우에 기존등기의 '전부'를 소멸시키는 등기를 말한다.

⑤ 말소회복등기: 말소회복등기란 기존 '등기사항'의 전부 또는 일부가 부적법하게 말소된 경우에 이를 회복하기 위한 등기를 말한다.

⑥ 멸실등기: 멸실등기는 기존의 등기된 부동산이 전부 소멸되어 물리적으로 존재하지 않게 된 경우 행하는 등기이다. 토지나 건물의 일부가 소멸한 때에는 멸실등기가 아니라 변경등기 대상이 되는 점을 주의하여야 한다.

형식에 의한 분류	주등기(독립등기)	독립된 순위번호(혹은 표시번호)를 붙여서 함
	부기등기	주등기(또는 부기등기)에 부기하여 하는 등기
내용에 의한 분류	기입등기	새로운 등기원인 기재(보존, 소유권이전, 설정등기)
	경정등기	등기와 실체관계의 원시적 일부 불일치 시정
	변경등기	등기와 실체관계의 후발적 일부 불일치 시정
	말소등기	기존등기의 원시적 또는 후발적 전부 부적법
	말소회복등기	전부(주) 또는 일부(부기) 부적법 말소등기를 회복
	멸실등기	부동산이 '전부' 멸실된 경우 표제부에 하는 등기

제3절 등기사항

1 등기할 수 있는 물건(부동산 중 토지와 건물)

우리 「민법」상 부동산이란 토지 및 그 정착물을 말한다. 그러나 정착물 중 특별법상의 예외(입목에 관한 법률상의 입목 등)를 제외하고는 「부동산등기법」상 독립하여 등기의 대상이 될 수 없으므로 결국 「부동산등기법」상 등기의 대상이 되는 물건은 토지와 건물뿐이다.

(1) 「공간정보의 구축 및 관리 등에 관한 법률」에 의한 1필지가 하나의 토지이며, 이러한 1필지가 등기의 대상이 된다.

(2) 토지라 하더라도 사권(私權)의 목적이 될 수 있는 경우에만 등기할 수 있으므로 사권의 목적이 되지 않는 공유수면하의 토지 등은 등기의 대상이 되지 않는다. 반면에, 사권의 목적이 되는 토지라면 그것이 비록 공용의 제한을 받는다 하더라도 등기할 수 있다(「도로법」상의 도로나 하천, 방조제).

(3) 건물이란 토지에 정착하여 지붕과 벽을 갖춘 토지의 정착물로서 일정한 용도에 사용되고 쉽게 해체·이동할 수 없는 것을 말한다. 한편, 1동의 건물을 수개로 구분한 부분의 건물이 구조상·이용상 독립성의 요건을 구비하고 있으면 그 부분을 독립한 1개의 건물로 취급할 수 있는데(예 아파트, 연립주택 등) 이러한 건물을 구분건물이라 한다.

등기 O	등기 ×
① 「하천법」상 하천 ② 「도로법」상의 도로 ③ 방조제(지목: 제방) ④ 농업용 고정식 유리온실 ⑤ 유류저장탱크	① 공유수면하의 토지 ② 교량, 터널, 토굴 ③ 방조제의 부대시설(배수갑문) ④ 비닐하우스, 견본주택(모델하우스), 옥외풀장 ⑤ 급유탱크 ⑥ 주유소의 캐노피

2 등기할 수 있는 권리

> **핵심** OX지문비교연습
> 1. 부동산환매특약은 등기능력이 인정된다. (O)
> 2. 부동산환매권은 채권이므로 등기할 수 없다. (×)
> 3. 권리질권은 저당권에 부기등기하는 방식으로 등기할 수 있다. (O)
> 4. 저당권부채권에 대한 질권의 설정등기는 할 수 없다. (×)

(1) 부동산물권

「부동산등기법」상 등기할 사항인 권리는 원칙적으로 부동산물권이다. 「민법」상 소유권, 지상권, 지역권, 전세권, 저당권 등이 있으며 부동산물권은 아니지만 권리질권과 채권담보권은 일정한 경우 등기능력이 인정된다(법 제3조). 점유권·유치권·동산질권, 특수지역권, 분묘기지권 등은 등기할 수 있는 물권이 아니다.

(2) 부동산임차권, 환매권

부동산임차권과 환매권은 물권은 아니지만 예외적으로 등기할 수 있다. 이들 권리는 반드시 등기할 필요는 없지만, 등기하면 제3자에 대한 대항력이 생긴다(「민법」 제621조).

물권		점유권	×	
		소유권	O	
	용익 물권	지상권	O	구분지상권도 등기할 수 있는 권리에 해당
		지역권	O	
		전세권	O	
	담보 물권	저당권	O	
		질권	×	단, 권리질권(채권담보권)은 저당권등기에 부기등기 O
		유치권	×	

채권	임차권	○	등기 없이도 효력 있지만 등기하면 대항력이 발생
	환매권	○	등기 없이도 효력 있지만 등기하면 대항력이 발생

3 부동산의 일부와 권리의 일부

> **핵심** OX지문비교연습
>
> 1. 등기관이 소유권일부이전등기를 할 경우, 이전되는 지분을 기록해야 한다. (○)
> 2. 토지의 특정 일부에 대한 소유권이전등기를 하려면 반드시 분필등기를 거친 후에 이를 하여야 한다. (○)
> 3. 건물의 특정된 일부분에 대한 전세권설정등기도 할 수 있다. (○)
> 4. 공유지분에 대한 전세권설정등기는 할 수 있다. (×)

(1) 부동산의 일부

① 토지 1필지의 일부에 대하여는 「공간정보의 구축 및 관리 등에 관한 법률」상 분할을 선행하지 않고는 소유권을 이전하거나 저당권을 설정하지 못한다.

② 반면에 전세권이나 지상권, 지역권, 임차권과 같은 용익권은 부동산 일부에도 설정이 가능하다. 건물도 1개 건물(1동 건물)단위로 등기대상이 된다.

③ 따라서 1동의 건물을 구분 또는 분할의 절차를 밟기 전에는 건물의 일부에 대한 소유권을 이전하거나 저당권을 설정하지 못한다. 다만, 1동의 건물 일부에 대하여 전세권 등 용익권은 설정할 수 있다.

(2) 권리의 일부

권리의 일부인 지분은 당해 부동산의 전부에 효력이 미치며 그 범위를 특정할 수 없지만 공시는 가능하므로 지분이전등기나 지분을 목적으로 하는 저당권설정등기는 가능하다. 반면에 범위를 특정할 수 없으므로 지분을 목적으로 하는 전세권 등 용익권을 설정할 수는 없다.

구분	소유권보존등기	소유권이전등기, 저당권설정등기	지상권, 전세권, 임차권설정등기	지역권설정
부동산의 일부	×	×	○(도면)	승역지지역권 ○ 요역지지역권 ×
권리의 일부	×	○	×	×

4 등기할 수 있는 물권변동

등기할 수 있는 권리의 설정, 보존, 이전, 변경, 처분의 제한 또는 소멸에 대한 등기가 가능하다.

> **참고** 「부동산등기법」상 등기사항인 권리변동의 유형
>
> 1. 보존
>   보존등기는 미등기부동산에 대하여 이미 취득한 소유권의 존재를 확인하고 이를 공시하는 최초의 등기를 말한다. 보존등기를 할 수 있는 권리는 소유권뿐이다(소유권보존등기).
> 2. 설정
>   설정이란 부동산 위에 새로이 소유권 이외의 권리(제한물권, 임차권 등)를 창설하는 것을 말한다. 그러므로 소유권은 설정대상이 아니다.
> 3. 이전
>   이전이란 어떤 자에게 속하고 있던 권리가 다른 자에게 옮겨가는 것(권리주체의 변경)을 말한다(소유권이전, 전세권이전 등). 소유권이전등기는 주등기로, 소유권 이외의 권리의 이전등기는 부기등기로 실행한다.
> 4. 변경
>   권리의 주체를 제외한 등기사항이 변경되는 경우 변경등기를 한다. 저당권의 채권액이 증액되거나 감액되는 경우, 전세권의 기간이 연장되거나 단축되는 경우, 그 변경사항을 등기하는 경우가 해당된다.
> 5. 처분의 제한
>   처분의 제한이란 소유권 기타의 권리자가 가지는 처분권능을 제한하는 것을 말한다. 가압류·가처분·경매개시결정등기 등이 이에 해당한다.
> 6. 소멸
>   등기원인의 무효나 취소, 피담보채권에 의한 저당권의 소멸, 권리의 포기, 혼동, 부동산의 멸실 등에 의하여 권리는 소멸될 수 있다.

5 등기를 하여야 효력이 발생하는 물권변동

부동산에 관한 법률행위(예 매매, 증여, 교환 등)로 인한 물권의 득실변경은 등기를 하여야 그 효력이 발생한다(「민법」 제186조). 이 경우 등기를 물권변동의 효력발생요건 또는 성립요건이라고 한다. 법률규정에 의한 변동과 구별하여야 하며 채권의 변동에도 이 규정이 적용되지 않는다.

6 등기 없이도 효력이 발생하는 물권변동

상속, 공용징수, 판결, 경매 기타 법률의 규정에 의한 부동산에 관한 물권의 취득은 등기를 요하지 아니한다. 그러나 등기를 하지 아니하면 이를 처분하지 못한다(「민법」 제187조). 이 경우의 등기는 처분요건으로서의 기능을 한다.

제4절 등기의 효력과 유효요건

> **핵심** OX지문비교연습
>
> 1. 등기의 순서는 등기기록 중 같은 구(區)에서 한 등기는 순위번호에 따르고, 다른 구에서 한 등기는 접수번호에 따른다. (○)
> 2. 등기의 순서는 등기기록 중 같은 구(區)에서 한 등기는 접수번호에 따르고, 다른 구에서 한 등기는 순위번호에 따른다. (×)
> 3. 사건이 등기할 사항이 아닌 경우에 해당하는 등기신청이 있으면 법 제29조 제2호로 각하하여야 하나 이를 간과하고 등기가 경료되었다면 이 등기는 실체관계에 부합한다 하더라도 당연무효이고, 직권말소의 대상이 된다. (○)
> 4. 「부동산등기법」 제29조 제3호 이하의 신청절차에 위반한 등기(제3호 내지 제11호 위반)라 하더라도 판례는 당사자에게 등기신청의사가 있고 또한 실체적 유효요건을 갖추고 있더라도 당연무효이고, 직권말소의 대상이 된다. (×)

1 종국등기의 효력

(1) 권리(물권)변동적 효력

「민법」 제186조가 부동산에 관한 법률행위로 인한 물권의 득실변경은 등기하여야 그 효력이 있다고 규정한다. 따라서, 등기는 물권변동(득실변경)의 효력이 있다고 할 수 있다.

(2) 대항력

등기를 하지 않으면 당사자 사이에서만 채권적 효력을 가질 뿐이나 등기를 함으로써 그 등기내용에 관하여 당사자 이외의 제3자에게도 대항할 수 있는 효력을 등기의 대항력이라고 한다.

(3) 순위확정적 효력

① 의의: 같은 부동산에 관하여 등기한 권리의 순위는 법률에 다른 규정이 없으면 등기한 순서에 따른다(법 제4조).

② 개별 등기의 순위

㉠ 등기의 순서는 등기기록 중 같은 구(區)에서 한 등기는 순위번호에 따르고, 다른 구에서 한 등기는 접수번호에 따른다(법 제4조 제2항).

㉡ 부기등기의 순위는 주등기의 순위에 따른다. 그러나 부기등기 상호간의 순위는 그 등기순서에 따른다(법 제5조).

㉢ 가등기에 의한 본등기를 한 경우, 본등기의 순위는 가등기의 순위에 따른다(법 제91조).

㉣ 말소회복등기는 처음부터 그러한 말소가 없었던 것과 같은 효력을 보유하게 할 목적으로 행하여진다(대판 95다39526).

(4) 추정적 효력

어떤 등기가 있으면 그에 대응하는 실체적 권리관계가 존재하는 것으로 추정되는 효력을 등기의 추정력이라 한다. 등기의 추정력을 인정하는 명문의 규정은 없으나 등기는 제도적으로 그 유효성이 상당히 보장되며 국가기관에 의하여 관리된다는 점에서 해석상 이를 인정한다(통설, 판례). 등기의 추정력이 실제로 작용하는 부분은 재판에 있어서 입증책임 문제인데 등기된 것과 다른 사실을 주장하는 자가 입증책임을 부담하여야 한다.

(5) 후등기 저지력(형식적 확정력)

일정한 등기가 기록되어 있는 이상, 이를 말소하기 전까지는 이와 양립할 수 없는 등기를 할 수 없게 하는 효력을 말한다. 그러므로 어느 부동산에 대하여 전세권등기가 경료되어 있는 경우 해당 전세권이 실질적으로 소멸하여 그 등기가 무효의 등기가 되었어도 이를 말소하기 전에는 동일한 범위에 대하여 새로운 전세권설정등기는 허용되지 아니한다.

(6) 점유적 효력(「민법」 제245조)

소유자로 등기되어 있는 자는 10년간 소유의 의사로 평온·공연하게 선의이며 과실 없이 그 부동산을 점유한 때에는 그 소유권을 취득한다(등기부취득시효). 반면 20년간 소유의 의사로 평온·공연하게 부동산을 점유하는 자는 등기함으로써 그 소유권을 취득한다. 점유취득시효(20년)에 비해 등기부취득시효는 그 점유기간이 10년 단축되는 효력이 있는 것으로 해석하는 학설이 있다. 이를 등기의 점유적 효력이라 한다.

2 등기의 유효요건

(1) 형식적 유효요건

① 관할등기소에 등기할 것

부동산의 소재지를 관할하는 지방법원, 그 지원(支院) 또는 등기소, 즉 관할등기소에서 등기하여야 한다(법 제7조 제1항). 관할을 위반한 등기는 당연무효이고, 직권말소의 대상이 된다.

② 등기할 수 있는 사항일 것

사건이 등기할 사항이 아닌 경우에 해당하는 등기신청이 있으면 법 제29조 제2호로 각하하여야 하나 이를 간과하고 등기가 경료되었다면 이 등기는 실체관계에 부합한다 하더라도 당연무효이고, 직권말소의 대상이 된다.

③ 신청절차에 흠결이 없을 것

「부동산등기법」 제29조 제3호 이하의 신청절차에 위반한 등기(제3호 내지 제11호 위반)라 하더라도 판례는 당사자에게 등기신청의사가 있고 또한 실체적 유효요건을 갖추고 있는 한 유효하다는 입장이다. 즉, 위조문서에 의하여 실행된 등기라 하더라도 그것이 실체관계에 부합하는 경우에는 그러한 등기도 유효하고, 무권대리인이 신청한 등기라도 등기관이 이를 간과하고 등기를 실행한 경우에 실체관계와 부합하는 한 그 등기도 유효하다.

④ 등기기록이 존재할 것

등기는 물권변동의 효력발생요건이고, 효력존속요건은 아니므로 유효하게 존재하였던 등기가 불법으로 말소된 경우에도 등기가 표상하는 권리는 소멸되지 않는다(대판 81다카923). 이러한 경우 말소회복등기에 의하여 회복할 수 있다.

(2) 실체적 유효요건

① 실체관계에 부합할 것

등기가 유효하기 위해서는 등기기록이 실체관계에 부합하여야 한다. 즉, 등기에 부합하는 부동산과 등기명의인이 존재하고 등기된 대로의 물권행위가 존재하여야 한다. 다만, 물권행위가 반드시 등기보다 먼저 있어야 하는 것은 아니므로 유효한 물권행위가 존재하지 아니하는 위조된 등기는 일단 무효이지만, 후에 그에 대응하는 물권행위가 있게 되면 유효한 등기로서 물권변동이 될 수 있다.

② 권리변동 과정이 실체관계와 부합하지 아니한 경우
  ㉠ 중간생략등기
    ⓐ 부동산물권이 甲 ⇨ 乙 ⇨ 丙으로 순차적으로 이전되어야 할 경우, 중간취득자 乙의 등기를 생략하고 최초의 양도인 甲으로부터 직접 최후의 양수인 丙에게 하는 등기가 중간생략등기이다.
    ⓑ 최종 양수인이 중간생략등기의 합의를 이유로 최초 양도인에게 직접 중간생략등기를 청구하기 위하여는 관계당사자 전원의 의사합치가 필요하지만, 당사자 사이에 적법한 원인행위가 성립되어 일단 중간생략등기가 이루어진 이상 중간생략등기에 관한 합의가 없었다는 이유만으로는 중간생략등기가 무효라고 할 수는 없다(대판 2003다40651).
    ⓒ 토지거래허가구역 내의 토지가 토지거래허가 없이 소유자인 최초 매도인으로부터 중간 매수인에게, 다시 중간 매수인으로부터 최종 매수인에게 순차로 매도되었다면 각 매매계약의 당사자는 각각의 매매계약에 관하여 토지거래허가를 받아야 하며, 위 당사자들 사이에 최초의 매도인이 최종 매수인 앞으로 직접 소유권이전등기를 경료하기로 하는 중간생략등기의 합의가 있었다고 하더라도 이는 적법한 토지거래허가 없이 경료된 등기로서 무효이다(대판 97다33218).
  ㉡ 모두생략등기
    미등기부동산이 전전양도된 경우 최후의 양수인이 소유권보존등기를 한 경우에도 그 등기가 결과적으로 실질적 법률관계에 부합된다면 그 등기는 무효라고 볼 수 없다(대판 83다카1152).
  ㉢ 실제와 다른 등기원인에 의한 등기
    실질적으로는 증여이나 등기신청시 등기원인을 매매로 하여 소유권이전등기를 신청하여 그 등기가 실행되었다면 실체관계에 부합하는 등기이므로 무효는 아니다. 다만 「부동산등기 특별조치법」상 허위의 등기원인 기재로 처벌대상이 될 수 있다.
  ㉣ 무효등기의 유용
    유효인 저당권설정등기가 그 피담보채권의 변제로 소멸된 경우, 그 등기를 말소하지 않은 상태에서 후에 발생한 금전채권의 담보를 위한 등기로 사용하는 경우를 말한다. 판례는 권리의 등기에 대하여 등기상 이해관계인이 생기지 않은 경우 유용하는 것을 인정한다. 다만, 멸실된 건물의 등기를 신축건물에 유용하는 것은 무효라고 한다.

제2장 등기설비

1 토지와 일반건물의 등기기록

(1) 의의
등기부란 전산정보처리조직에 의하여 입력·처리된 등기정보자료를 대법원규칙에 정하는 바에 따라 편성한 것을 말한다(법 제2조 제1호).

(2) 종류
「부동산등기법」상 등기부는 토지등기부와 건물등기부로 구분한다(법 제14조 제1항).

(3) 등기부의 편성(물적 편성주의)
① 1부동산 1등기기록 원칙

「부동산등기법」은 권리자인 사람을 기준으로 등기부를 편성하지 않고, 권리의 객체인 1개의 부동산을 단위로 하여 등기부를 편성한다. 이를 물적 편성주의라 한다. 즉, 「부동산등기법」은 '등기부를 편성할 때에는 1필의 토지 또는 1개의 건물에 대하여 1개의 등기기록을 둔다(법 제15조 제1항 전단).'라고 규정함으로써 물적 편성주의의 구체적 실현방법으로 1부동산 1등기기록 원칙을 취하고 있다.

② 구분건물 등기기록에 관한 특칙

㉠ 1부동산 1등기기록의 원칙에 의하면 구분건물의 개개의 구분건물(전유부분)이 독립된 부동산이므로 각 구분건물마다 1개의 등기기록을 사용하여야 할 것이지만, 「부동산등기법」은 '1동의 건물을 구분한 건물에 있어서는 1동의 건물에 속하는 전부에 대하여 1개의 등기기록을 사용한다(법 제15조 제1항 단서).'라고 규정하여 1부동산 1등기기록 원칙에 대한 형식적 예외를 인정하고 있다.

㉡ 그러나 이 경우에도 1동의 건물을 구분한 각 건물마다 표제부와 갑구 및 을구를 둔다고 하므로 실질적으로는 1부동산 1등기기록 원칙을 따르고 있다고 할 수 있다.

③ 일반 등기기록의 구성

1등기기록은 표제부, 갑구, 을구로 구성되어 다음과 같은 사항을 기록한다(법 제15조 제2항).

㉠ 표제부: 표제부에는 부동산의 표시에 관한 사항을 기록한다.
㉡ 갑구: 소유권에 관한 사항(예 소유권보존, 이전, 변경, 말소, 소유권에 관한 가압류, 가처분, 가등기 등)을 기록한다.
㉢ 을구: 소유권 이외의 권리에 관한 사항(예 지상권, 지역권, 전세권, 저당권, 권리질권, 채권담보권, 임차권설정, 이전, 변경, 말소, 이러한 권리에 관한 가압류, 가처분, 가등기 등)을 기록한다.

[토지] 경기도 김포시 북변동 600 　　　　　　　　　　　　　　　고유번호 0000-0000-000000

[표제부]		(토지의 표시)			
표시번호	접수	소재지번	지목	면적	등기원인 및 기타사항
2	2005년 5월 20일	경기도 김포시 북변동 600	전	1,960m²	지목변경

[갑구]			(소유권에 관한 사항)	
순위번호	등기목적	접수	등기원인	권리자 및 기타사항
1 (전 3)	소유권 이전	1999년 2월 19일 제8584호	1999년 2월 8일 매매	소유자 오재미 530310-******* 경기도 김포시 김포대로 926번길 88-36, 701동 901호(북변동, 풍년마을)

[을구]			(소유권 외의 권리에 관한 사항)		
순위번호	등기목적	접수	등기원인	권리자 및 기타사항	
4	근저당권 설정	2013년 3월 14일 제15081호	2013년 3월 14일 설정계약	채권최고액 채무자 근저당권자 공동담보	금 120,000,000원 오재수 경기도 김포시 김포대로 926번길 88-36, 701동 902호(북변동, 풍년마을) 김포농업협동조합 124436-****** 경기도 김포시 북변동 301-2 토지 경기도 김포시 북변동 **
7	지상권 설정	2013년 3월 20일 제16339호	2013년 3월 20일 설정계약	목적 범위 존속기간 지료 지상권자	건물 기타 공작물이나 수목의 소유 토지의 전부 2013년 3월 20일부터 만 30년 없음 김포농업협동조합 124436-****** 경기도 김포시 북변동 30***

* 위 견본은 실제 양식과 차이가 있을 수 있으며, 학습목적으로 가공된 것으로서 모두 실제 내용이 아닙니다.

[토지] 충청북도 영동군 매곡면 어촌리 산 100-2   고유번호 1513-1996-569977

[표제부]			(토지의 표시)		
표시번호	접수	소재지번	지목	면적	등기원인 및 기타사항
1 (전1)	1997년 6월 5일	충청북도 영동군 매곡면 어촌리 산 100-2	임야	3,948m^2	부동산등기법 제177조의6 제1항의 규정에 의하여 2000년 12월 19일 전산이기

[갑구]				(소유권에 관한 사항)	
순위번호	등기목적	접수	등기원인		권리자 및 기타사항
1 (전 1)	소유권 보존	1970년 7월 7일 제3867호		소유자	김철수 ******-******* 서울 은평구 응암동 123 법률 제2111호에 의하여 등기
					부동산등기법 제177조의6 제1항의 규정에 의하여 2000년 12월 19일 전산이기
2	소유권 이전	2018년 11월 1일 제11616호	2018년 11월 1일 증여	소유자	김정환 ******-******* 경기도 김포시 김포대로 926번길 46 701동 801호(북변동, 풍년마을)

[을구]	(소유권 외의 권리에 관한 사항)
	기록사항 없음

* 위 견본은 실제 양식과 차이가 있을 수 있으며, 학습목적으로 가공된 것으로서 모두 실제 내용이 아닙니다.

[구분건물] 경기도 김포시 풍무동 ○○아파트 제205동 제5층 제501호   고유번호 0000-0000-000000

[표제부] (1동의 건물의 표시)

표시번호	접수	소재지번, 건물명칭 및 번호	건물내역	등기원인 및 기타사항
1	2001년 10월 10일	경기도 김포시 풍무동 234, 235 유현마을 205동	철근콘크리트조 경사지붕 5층 아파트 1층 520m^2 2층 500m^2 3층 500m^2 4층 500m^2 5층 500m^2	도면편철장 제285호

(대지권의 목적인 토지의 표시)

표시번호	소재지번	지목	면적	등기원인 및 기타사항
1	1. 경기도 김포시 풍무동 234 2. 경기도 김포시 풍무동 235	대 대	3,000m^2 1,500m^2	2001년 10월 10일

[표제부] (전유부분의 건물의 표시)

표시번호	접수	건물번호	건물내역	등기원인 및 기타사항
1	2001년 10월 10일	제5층 제501호	철근콘크리트조 100m^2	도면편철장 제286호

(대지권의 표시)

표시번호	대지권종류	대지권비율	등기원인 및 기타사항
1	1, 2 소유권대지권	4,500분의 20	2001년 9월 8일 대지권 2001년 10월 10일

[갑구] (소유권에 관한 사항)

순위번호	등기목적	접수	등기원인	권리자 및 기타사항
1	소유권 보존	2001년 10월 10일 제43883호		소유자 주식회사 동해종합건설 12011-0000000 서울특별시 영등포구 여의도동 360-4 네모빌딩 10층
2	소유권 이전	2001년 11월 10일 제43950호	1999년 3월 30일 매매	소유자 오재석 ******-******* 김포시 김포대로 926번길 46 88-36

[을구] (소유권 외의 권리에 관한 사항)

순위번호	등기목적	접수	등기원인	권리자 및 기타사항
1	근저당권 설정	2001년 11월 10일 제43955호	2001년 11월 8일 설정계약	채권최고액 금 150,000,000원 채무자 오재석 김포시 김포대로 926번길 46 88-36 근저당권자 주식회사 한빛은행 110111-******* 서울 중구 회현동5가 201

* 위 견본은 실제 양식과 차이가 있을 수 있으며, 학습목적으로 가공된 것으로서 모두 실제 내용이 아닙니다.

2 구분건물의 등기부

> **핵심** OX지문비교연습
>
> 1. 규약상 공용부분은 실질이 전유부분의 성질을 가졌으나 규약에 의해 공용으로 사용하는 부분으로 하여 등기할 수 있다. (○)
> 2. 규약상 공용부분은 실질이 전유부분의 성질을 가졌으나 규약에 의해 공용으로 사용하는 부분으로 하여 등기할 수 없다. (×)
> 3. 대지권의 목적인 토지의 표시란에는 대지권의 목적인 토지의 표시를 위한 표시번호란, 소재지번란, 지목란, 면적란, 등기원인 및 기타사항란을 둔다. (○)
> 4. 대지권의 목적인 토지의 표시란에는 대지권의 목적인 토지의 표시를 위한 표시번호란, 대지권종류란, 대지권비율란을 둔다. (×)

(1) 구분건물의 의의

① 개념: 구분건물은 1동의 건물의 일부분이나 구조상·이용상 독립성을 갖추고 독립한 소유권 기타 권리의 목적이 되는 건물을 말한다.

② 성립요건

  ㉠ 구분건물이 되기 위해서는 각 전유부분이 다른 전유부분과 구조적으로 분리되어 있어야 하고(구조상 독립성) 다른 전유부분을 통하지 아니하고도 외부로 출입할 수 있도록 이용에 있어서 독립성(이용상 독립성)이 있어야 한다.

  ㉡ 구조상·이용상 독립성이 있더라도 소유자의 의사에 따라 일반건물로 등기할 수도 있으므로 이러한 독립성을 갖춘 건물을 반드시 구분건물로 등기하여야 하는 것은 아니다.

③ 전유부분과 공용부분

  ㉠ 전유부분: 단독소유권의 목적이 될 수 있으며 각각 별도로 등기대상이 된다. 각 전유부분마다 표제부와 갑구 및 을구를 둔다.

  ㉡ 공용부분: 구분소유자 전원 또는 일부의 공용에 제공된 건물부분으로 구조상 공용부분과 규약상 공용부분으로 나누어진다. 구조상 공용부분은 등기할 사항이 아닌 경우에 해당하나 규약상 공용부분은 실질이 전유부분의 성질을 가졌으나 규약에 의해 공용으로 사용하는 부분으로 하여 등기할 수 있다.

  ㉢ 규약상 공용부분의 등기: 규약상 공용부분(共用部分)이라는 뜻의 등기는 소유권의 등기명의인이 신청하여야 한다. 즉 단독신청에 의한다. 이 경우 공용부분인 건물에 소유권 외의 권리에 관한 등기가 있을 때에는 그 권리의 등기명의인의 승낙이 있어야 한다.

(2) 구분건물의 등기기록의 구성

1동의 건물을 구분한 건물에 있어서는 1동의 건물에 속하는 전부에 대하여 1개의 등기기록을 사용하는데, 여기서 1개의 등기기록의 구성은 1동의 건물에 대하여는 표제부만 두고 1동의 건물을 구분한 각 건물마다 표제부, 갑구, 을구를 둔다(규칙 제14조 제1항).
① 1동 건물의 표제부: 1동의 건물의 표제부는 1동의 건물의 표시와 대지권의 목적인 토지의 표시를 기록한다(규칙 제14조 제2항, 제88조 제1항).
　㉠ 1동의 건물의 표시: 표시번호란, 접수란, 소재지번·건물명칭 및 번호란, 건물내역란, 등기원인 및 기타사항란
　㉡ 대지권의 목적인 토지의 표시: 대지권의 목적인 토지의 표시를 위한 표시번호란, 소재지번란, 지목란, 면적란, 등기원인 및 기타사항란
② 구분건물(전유부분의 건물)의 표제부: 구분한 건물의 표제부는 전유부분의 건물의 표시와 대지권의 표시를 기록한다(규칙 제14조 제2항, 제88조 제1항).
　㉠ 전유부분의 건물의 표시: 표시번호란, 접수란, 건물번호란, 건물내역란, 등기원인 및 기타사항란을 둔다. 소재와 지번은 1동건물 표제부에 등기하였으므로 전유부분표제부에 등기할 필요가 없다.
　㉡ 대지권의 표시: 대지권의 표시를 위한 표시번호란, 대지권종류란, 대지권비율란, 등기원인 및 기타사항란을 둔다.
③ 구분건물(전유부분의 건물)의 갑구 및 을구: 갑구 및 을구는 일반등기기록과 동일하다.

제3장 등기절차 총론

제1절 등기신청주의 원칙과 예외

(1) 신청주의 원칙

① 등기는 법률에 다른 규정이 있는 경우를 제외하고 당사자의 신청 또는 관공서(국가 또는 지방자치단체)의 촉탁이 없으면 이를 하지 못한다. 법률에 다른 규정이 있는 경우는 등기관의 직권등기와 법원의 명령등기가 있다.

촉탁 등기의 예	㉠ 국가(또는 지자체)가 등기권리자인 경우, 등기의무자의 승낙을 받아 촉탁 ㉡ 국가(또는 지자체)가 등기의무자인 경우, 등기권리자의 청구에 따라 촉탁 ㉢ 경락(매각)에 의한 소유권이전등기 촉탁 ㉣ 처분제한등기(가압류, 가처분, 경매 등) 촉탁 ㉤ 관공서의 공매처분으로 인한 권리이전의 등기
촉탁 등기의 특징	㉠ 촉탁에 의하지 않고 일반원칙에 따른 공동신청도 가능 ㉡ 우편으로 가능(출석의무의 예외) ㉢ 검인 불요, 등기필정보 첨부 불요, 관공서가 등기의무자인 경우 인감증명 첨부 불요 ㉣ 관공서가 등기촉탁을 하는 경우에는 등기기록과 대장상의 부동산의 표시가 부합하지 아니하더라도 그 등기촉탁을 수리하여야 함(등기예규 제1759호) ㉤ 촉탁에 의하여야 하는 등기를 신청하면 '사건이 등기할 것이 아닌 경우(법 제29조 제2호)'에 해당하여 각하

> 💡 **핵심** OX지문비교연습
>
> 1. 관공서가 등기촉탁을 하는 경우에는 등기기록과 대장상의 부동산의 표시가 부합하지 아니하더라도 그 등기촉탁을 수리하여야 한다. (○)
> 2. 관공서가 등기촉탁을 하는 경우에는 등기기록과 대장상의 부동산의 표시가 부합하지 아니하면 그 등기촉탁에 대하여 등기관은 각하하여야 한다. (×)

② 「부동산등기법」상 등기신청의무
　　㉠ 토지의 분할, 합병, 멸실, 면적 또는 지목 등의 변경이 있을 때에는 그 토지소유권의 등기명의인은 그 사실이 있는 때부터 1개월 이내에 그 등기를 신청하여야 한다(법 제35조, 위반시 과태료 ×).
　　㉡ 건물의 분할, 구분, 합병, 멸실, 건물번호·종류·구조의 변경, 그 면적의 증감 등의 사유가 있을 때에는 그 건물소유권의 등기명의인은 그 사실이 있는 때부터 1개월 이내에 등기를 신청하여야 한다(법 제41조, 위반시 과태료 ×).

(2) 신청주의의 예외

> **핵심** OX지문비교연습
>
> 1. 등기관이 소유권이전등기를 할 때에 등기명의인의 주소변경으로 신청정보상의 등기의무자의 표시가 등기기록과 일치하지 아니하는 경우라도 주소를 증명하는 정보에 등기의무자의 등기기록상의 주소가 신청정보상의 주소로 변경된 사실이 명백히 나타나면 직권으로 등기명의인표시의 변경등기를 하여야 한다. (○)
> 2. 등기관이 소유권이전등기를 할 때에 등기명의인의 주소변경으로 신청정보상의 등기의무자의 표시가 등기기록과 일치하지 아니하는 경우 등기관은 이 등기를 각하하여야 한다. (×)

① 직권등기: 등기절차는 법률에 다른 규정이 있는 경우에는 당사자의 신청이나 관공서의 촉탁이 없어도 등기관의 직권으로 개시될 수도 있다.
　㉠ 소유권보존등기: 미등기부동산에 대한 법원의 처분제한(예 가압류, 가처분, 경매개시결정등기 등)의 등기촉탁 또는 임차권등기명령에 의한 주택·상가건물임차권등기촉탁을 한 경우 등기관은 직권으로 소유권보존등기를 하고 위의 처분제한등기나 주택·상가건물임차권등기를 하여야 한다.
　㉡ 변경등기
　　ⓐ 행정구역 명칭변경 등: 행정구역 또는 그 명칭이 변경된 경우에 등기관은 직권으로 부동산의 표시변경등기 또는 등기명의인의 주소변경등기를 할 수 있다(규칙 제54조).
　　ⓑ 소유권이전등기신청시 등기의무자의 주소가 신청정보의 주소와 불일치한 경우 변경등기: 등기관이 소유권이전등기를 할 때에 등기명의인의 주소변경으로 신청정보상의 등기의무자의 표시가 등기기록과 일치하지 아니하는 경우라도 첨부정보로서 제공된 주소를 증명하는 정보에 등기의무자의 등기기록상의 주소가 신청정보상의 주소로 변경된 사실이 명백히 나타나면 직권으로 등기명의인표시의 변경등기를 하여야 한다(규칙 제122조).

ⓒ 말소등기
- ⓐ 관할 위반이나 사건이 등기할 것이 아닌 경우를 위반하여 기록된 등기의 말소: 관할 위반의 등기와 사건이 등기할 것이 아닌 경우를 위반하여 등기한 경우 등기관은 일정한 절차를 거쳐 직권으로 말소한다.
- ⓑ 수용으로 인한 소유권이전등기시 대상토지에 기록된 각종 등기의 말소: 수용으로 인한 소유권이전등기시 소유권 또는 소유권 이외의 권리의 등기는 직권으로 말소한다(다만, 수용일 전 상속을 원인으로 수용일 후 경료된 소유권이전등기, 지역권등기와 토지수용위원회의 재결로 존속이 인정된 등기는 제외).
- ⓒ 말소등기를 하는 경우 그 말소할 권리를 목적으로 하는 제3자의 권리 말소: 어느 등기의 말소등기를 하는 경우에는 그 말소할 권리를 목적으로 하는 제3자의 권리에 관한 등기도 직권으로 말소한다(이해관계 있는 제3자의 승낙서를 요한다).

② 명령등기
- ㉠ 가등기 또는 부기등기명령: 등기관의 결정 또는 처분이 부당하다고 하는 자는 관할 지방법원에 이의신청을 할 수 있고, 법원은 재판 전에 가등기 또는 이의가 있다는 뜻의 부기등기를 명할 수 있다.
- ㉡ 해당 처분명령: 관할 지방법원은 이의에 대하여 이유 있다고 인정하면 등기관에게 그에 해당하는 처분을 명령하고 그 뜻을 이의신청인과 등기상 이해관계 있는 자에게 알려야 한다.

제2절 등기신청의 당사자

1 등기신청 당사자능력

(1) 의의

등기신청의 당사자능력이란 등기신청에 있어서 당사자인 등기권리자 또는 등기의무자가 될 수 있는 법률상의 자격, 즉 등기명의인이 될 수 있는 자격을 말한다. 등기신청적격이라고도 한다.

(2) 등기신청적격이 인정되는 경우
   ① 자연인: 자연인은 출생부터 사망시까지 생존하고 있는 자를 말하며, 자연인인 이상 미성년자든 제한능력자든 외국인이든 모두 원칙적으로 당사자능력이 인정된다.
   ② 법인: 공법인, 사법인, 사단법인, 재단법인, 영리법인, 비영리법인 등 모두 등기당사자능력을 인정한다. 그러므로 그 실질이 법인인 특별법상 조합이나 지방자치단체인 시·도, 시·군·구 명의로 등기할 수 있다.
   ③ 법인 아닌 사단 또는 재단
      ㉠ 권리능력 없는 사단이나 재단은 법인과 같은 조직체이기는 하지만, 설립등기를 하지 않음으로써 「민법」상 권리능력이 인정되지 않는 단체이다. 이러한 단체로는 종중, 문중, 교회, 사찰, 정당, 아파트입주자대표회의 등이 있다.
      ㉡ '종중, 문중, 그 밖에 대표자나 관리인이 있는 법인 아닌 사단이나 재단에 속하는 부동산의 등기에 관하여는 그 사단이나 재단을 등기권리자 또는 등기의무자로 한다(법 제26조 제1항).'라고 하여 「부동산등기법」은 법인 아닌 사단이나 재단의 등기신청적격을 인정하고 있다. 다만, 등기는 그 사단이나 재단의 명의로 대표자 또는 관리인이 신청한다.

(3) 등기신청적격이 인정되지 않는 경우
   ① 태아: 정지조건설을 취하는 판례의 입장에 따르면 태아의 등기신청적격을 인정할 수 없다. 다만, 태아가 출생한 경우에는 자연인이므로 경정등기로 상속재산에 대한 등기를 할 수 있다.
   ② 「민법」상 조합: 「민법」상의 조합은 권리능력이 없으므로 조합을 등기명의인으로 등기할 수는 없고 저당권설정등기의 채무자로도 등기부에 기록할 수 없다. 다만 조합원 전원 명의의 합유등기는 가능하다.

   > **참고** 「민법」상 조합
   > 2인 이상이 상호출자하여 공동사업을 경영할 것을 약정하는 상호간의 법률행위를 조합계약이라 하며, 조합은 이러한 조합계약에 의하여 성립한다.

   ③ 학교: 학교는 하나의 시설물이므로 등기당사자능력이 인정되지 않는다. 즉, 학교는 등기명의인이 될 수 없다. 사립학교라면 학교법인 명의로, 국립학교라면 국가, 공립학교는 지방자치단체 명의로 등기함이 원칙이다.
   ④ 읍·면·리·동: 읍·면·리·동은 지방자치단체가 아니므로 등기신청적격이 인정되지 않는다. 다만, 권리능력 없는 사단으로서의 요건을 갖춘 경우에는 등기신청적격이 인정되어 그 명의로 등기를 할 수 있다.

> **핵심** OX지문비교연습
>
> 1. 저당권설정등기를 당사자가 공동으로 신청하는 경우 저당권자가 등기권리자, 저당권설정자가 등기의무자가 된다. (○)
> 2. 저당권설정등기를 당사자가 공동으로 신청하는 경우 저당권자가 등기의무자, 저당권설정자가 등기권리자가 된다. (×)
> 3. A가 B에게 부동산을 매도하였으나 소유권이전등기를 하기 전에 A가 사망한 때에는 C명의의 상속등기를 생략하고 A의 상속인 C가 등기의무자가 되고, B가 등기권리자가 되어 A로부터 B명의의 소유권이전등기를 공동으로 신청할 수 있다. (○)
> 4. A가 B에게 부동산을 매도하였으나 소유권이전등기를 하기 전에 A가 사망한 때에는 A의 상속인 C가 먼저 C명의의 상속등기를 실행하여야 B명의로 소유권이전등기를 신청할 수 있다. (×)

2 등기권리자와 등기의무자

등기는 등기권리자(登記權利者)와 등기의무자(登記義務者)가 공동으로 신청한다. 즉, 등기신청은 등기의 양 당사자가 함께 신청하여야 하는 것을 원칙으로 한다. 공동신청은 등기의 진정성을 확보하기 위한 대표적인 제도이다.

(1) 등기권리자와 등기의무자의 개념

「부동산등기법」상 등기권리란 신청된 등기가 실행됨으로써 등기기록상 권리 또는 기타의 이익을 취득하는 것으로 기록되는 자를 말하며, 등기의무자란 반대로 신청된 등기가 실행됨으로써 등기기록상 권리 또는 기타의 이익을 상실하게 되는 자를 말한다.

(2) 절차법상 등기권리자와 등기의무자

구분	등기의무자	등기권리자
소유권이전등기(매매)	매도인	매수인
환매특약등기	환매특약부 매매의 매수인	환매특약부 매매의 매도인
전세권설정등기	전세권설정자	전세권자
전세권말소등기	전세권자	전세권설정자
권리질권	저당권자	권리질권자
지역권	지역권설정자(승역지소유자 등)	지역권자(요역지소유자 등)
가등기에 기한 본등기	가등기의무자(제3취득자 ×)	가등기권리자
소유권이전 후 저당권말소	현재 저당권등기 명의인	제3취득자(또는 저당권설정자)

3 단독신청과 제3자에 의한 신청

(1) 단독신청

등기는 공동신청에 의하는 것이 원칙이나 해당 등기의 특성상 등기의무자가 존재하지 않거나 공동신청에 의하지 않더라도 등기의 진정성이 보장되는 경우라면 단독신청이 허용된다.

① 판결에 의한 등기
  ㉠ 의의: 판결에 의한 등기신청이란 등기의무자나 등기권리자가 등기신청에 협력하지 않는 경우에 의사진술을 명하는 판결을 받아 승소한 등기권리자나 승소한 등기의무자가 단독으로 등기신청을 하는 것을 말한다. 「부동산등기법」은 '등기절차의 이행 또는 인수를 명하는 판결에 의한 등기는 승소한 등기권리자 또는 등기의무자가 단독으로 신청하고, 공유물을 분할하는 판결에 의한 등기는 등기권리자 또는 등기의무자가 단독으로 신청한다(법 제23조 제4항).'고 하여 판결에 의한 단독신청을 규정하고 있다.
  ㉡ 판결의 종류: 여기서의 판결은 등기신청에 협력할 것을 명하는 확정된 이행판결을 의미하고, 확인판결과 형성판결은 이에 해당되지 않는다. 다만, 공유물분할판결은 형성판결이지만 예외적으로 단독신청할 수 있다.
  ㉢ 등기절차의 이행을 명하는 확정판결을 받았다면 그 확정시기에 관계없이, 즉 확정 후 10년이 경과하였다 하더라도 그 판결에 의한 등기신청을 할 수 있다.

② 상속 등 포괄승계를 원인으로 하는 등기: 상속, 법인의 합병, 그 밖에 대법원규칙으로 정하는 포괄승계에 따른 등기는 등기권리자가 단독으로 신청한다.

③ 소유권보존등기: 소유권보존등기 또는 소유권보존등기의 말소등기는 등기명의인으로 될 자 또는 등기명의인이 단독으로 신청한다.

④ 수용을 원인으로 하는 소유권이전등기: 수용으로 인한 소유권이전등기는 등기권리자가 단독으로 신청할 수 있다(법 제99조 제1항).

⑤ 등기명의인 표시변경 또는 경정등기: 등기명의인 표시의 변경이나 경정의 등기는 해당 권리의 등기명의인이 단독으로 신청한다(법 제23조 제6항).

⑥ 부동산표시변경등기: 부동산표시의 변경이나 경정의 등기는 소유권의 등기명의인이 단독으로 신청한다(법 제23조 제5항).

⑦ 가등기와 가등기말소
  ㉠ 가등기권리자는 가등기의무자의 승낙이 있거나 가등기를 명하는 법원의 가처분명령(假處分命令)이 있을 때에는 단독으로 가등기를 신청할 수 있다(법 제89조).
  ㉡ 가등기의 말소
    ⓐ 가등기명의인은 단독으로 가등기의 말소를 신청할 수 있다(법 제93조 제1항).
    ⓑ 가등기의무자 또는 가등기에 관하여 등기상 이해관계 있는 자는 가등기명의인의 승낙을 받아 단독으로 가등기의 말소를 신청할 수 있다(법 제93조 제2항).
⑧ 말소등기
  ㉠ 등기명의인인 사람의 사망으로 권리가 소멸한다는 약정이 등기되어 있는 경우에 사람의 사망으로 그 권리가 소멸하였을 때에는, 등기권리자는 그 사실을 증명하여 단독으로 해당 등기의 말소를 신청할 수 있다(법 제55조).
  ㉡ 등기권리자가 등기의무자의 소재불명으로 인하여 공동으로 등기의 말소를 신청할 수 없는 때에는 「민사소송법」의 규정에 의하여 공시최고 후 제권판결을 받아 신청서에 그 등본을 첨부하여 등기권리자만으로 등기의 말소를 신청할 수 있다(법 제56조).
  ㉢ 혼동으로 소멸한 권리의 말소등기는 그 등기명의인이 단독으로 신청한다.

(2) 포괄승계인에 의한 등기
① 의의: 등기원인이 발생한 후에 그에 따른 등기를 하기 전에 등기권리자 또는 등기의무자에 대하여 상속이나 그 밖의 포괄승계가 있는 경우에는 상속인이나 그 밖의 포괄승계인이 그 등기를 신청할 수 있다. 예를 들어, A가 B에게 부동산을 매도하였으나 소유권이전등기를 하기 전에 A가 사망한 때에는 A의 상속인 C가 등기의무자가 되고, B가 등기권리자가 되어 B명의의 소유권이전등기를 공동으로 신청할 수 있다.
② 상속등기와 포괄승계인에 의한 등기의 차이: 상속등기는 상속을 등기원인으로 하여 단독신청에 의한 소유권이전등기를 실행하는데 반하여 포괄승계인에 의한 등기는 상속을 원인으로 하지 아니하며 공동신청에 의하여 등기를 실행한다는 점에서 차이가 있다.

제3절 등기신청에 필요한 서면

1 신청정보

(1) 1건 1신청주의 원칙

등기의 신청은 1건당 1개의 부동산에 관한 신청정보를 제공하는 방법으로 하여야 한다. 다만, 등기목적과 등기원인이 동일하거나 그 밖에 대법원규칙으로 정하는 경우에는 같은 등기소의 관할 내에 있는 여러 개의 부동산에 관한 신청정보를 일괄하여 제공하는 방법으로 할 수 있다(예 같은 채권의 담보를 위하여 소유자가 다른 여러 개의 부동산에 대한 저당권설정등기를 신청하는 경우, 1건의 신청정보로 일괄하여 신청할 수 있다).

(2) 등기신청정보의 기록

① 방문신청을 하는 경우에는 등기신청서에 신청정보의 내용으로 등기소에 제공하여야 하는 정보를 적고 신청인 또는 그 대리인이 기명날인하거나 서명하여야 한다.
② 신청서가 여러 장일 때에는 신청인 또는 그 대리인이 간인을 하여야 하고, 등기권리자 또는 등기의무자가 여러 명일 때에는 그중 1명이 간인하는 방법으로 한다. 다만, 신청서에 서명을 하였을 때에는 각 장마다 연결되는 서명을 함으로써 간인을 대신한다.
③ 서면에 적은 문자의 정정, 삽입 또는 삭제를 한 경우에는 그 글자 수를 난외(欄外)에 적으며 문자의 앞뒤에 괄호를 붙이고 이에 날인 또는 서명하여야 한다. 이 경우 삭제한 문자는 해독할 수 있게 글자체를 남겨두어야 한다(규칙 제57조 제2항).
④ 신청인이 다수인 경우 날인하지 아니한 신청인과 이해상반되는 경우가 있을 수 있으므로 신청인 전원이 정정인을 날인한다(등기예규 제585호).

(3) 신청정보의 내용

① 부동산의 표시에 관한 사항
   ㉠ 토지: 토지의 소재와 지번·지목·면적을 적는다.
   ㉡ 건물: 건물의 소재와 지번·구조·종류와 면적, 건물번호가 있는 경우에는 그 번호, 부속건물이 있는 때에는 그 구조·종류와 면적을 적는다.
   ㉢ 구분건물
      ⓐ 1동의 건물의 표시: 소재지번·건물명칭 및 번호·구조·종류·면적을 적는다. 다만, 1동의 건물의 구조·종류·면적은 건물의 표시에 관한 등기나 소유권보존등기를 신청하는 경우로 한정한다.

        ⓑ 전유부분의 건물의 표시: 건물번호·구조·면적을 적는다. 소재와 지번은 이를 기재할 필요가 없다.
        ⓒ 구분건물에 대지권이 있는 때에는 그 권리의 표시를 적어야 한다.
   ② 신청인의 성명(또는 명칭), 주소(또는 사무소 소재지) 및 주민등록번호(또는 부동산등기용 등록번호)
   ③ 신청인이 법인인 경우에는 그 대표자의 성명과 주소(대리인에 의하여 등기를 신청하는 경우에는 그 성명과 주소)
   ④ 등기원인과 그 연월일
   ⑤ 등기의 목적
   ⑥ 등기필정보(다만, 공동신청 또는 승소한 등기의무자의 단독신청에 의하여 권리에 관한 등기를 신청하는 경우로 한정)
   ⑦ 등기소의 표시
   ⑧ 신청연월일

> **핵심** OX지문비교연습
>
> 1. 토지에 관한 소유권이전등기신청을 위한 신청정보에는 소재와 지번, 지목, 면적, 등기의무자의 등기필정보 등을 내용으로 하여 등기소에 제공하여야 한다. (○)
> 2. 토지에 관한 소유권이전등기신청을 위한 신청정보에는 소재와 지번, 지목, 면적, 등기권리자의 등기필정보 등을 내용으로 하여 등기소에 제공하여야 한다. (×)
> 3. 대리인에 의한 등기신청인 경우 대리인의 성명과 주소를 신청정보의 내용으로 등기소에 제공하여야 한다. (○)
> 4. 대리인에 의한 등기신청인 경우 대리인의 성명과 주소와 주민등록번호를 신청정보의 내용으로 등기소에 제공하여야 한다. (×)

	소유권(일부)이전등기신청		
접수	년 월 일 제 호	처리인	등기관 확인	각종 통지

부동산의 표시(거래신고관리번호/거래가액)
    충청북도 영동군 매곡면 어촌리 산 100-2 임야 3,948m²

거래신고관리번호:　　　　　　　　　　거래가액:

등기원인과 그 연월일	2018년 11월 1일 증여
등기의 목적	소유권(일부) 이전
이전할 지분	

구분	성명 (상호·명칭)	주민등록번호 (등기용 등록번호)	주소(소재지)	지분 (개인별)
등기의무자	김철수	******-*******	서울 은평구 응암동 123	
등기권리자	김정환	******-*******	경기도 김포시 김포대로 926번길 46 701동 801호	

* 위 견본은 실제 양식과 차이가 있을 수 있으며, 학습목적으로 가공된 것으로서 모두 실제 내용이 아닙니다.

시가표준액 및 국민주택채권매입금액		
부동산의 표시	부동산별 시가표준액	부동산별 국민주택채권매입금액
1.	금 원	금 원
2.	금 원	금 원
3.	금 원	금 원
국민주택채권매입총액	금 원	
국민주택채권발행번호		
취득세(등록면허세) 금 원	지방교육세 금 원	
	농어촌특별세 금 원	
세액 합계	금 원	
등기신청 수수료	금 원	
	납부번호:	

등기의무자의 등기필정보

부동산 고유번호		
성명(명칭)	일련번호	비밀번호

첨부 서면

1. 계약서	통	1. 주민등록표등(초)본
1. 취득세(등록면허세)영수필확인서	통	1. 위임장
1. 인감증명서나 본인서명사실확인서		1. 부동산거래계약신고필증
또는 전자본인서명확인서 발급증	통	1. 매매목록
1. 등기필증	통	1. 등기신청수수료영수필확인서
1. 토지·임야·건축물대장등본	통	〈기타〉

2018년 11월 1일

위 신청인   김철수   (전화:)
　　　　　　김정환
(또는) 위 대리인   김병렬   (전화:)

청주 지방법원 영동지원 등기계   등기소 귀중

― 신청서 작성요령 ―

* 1. 부동산표시란에 2개 이상의 부동산을 기재하는 경우에는 그 부동산의 일련번호를 기재하여야 합니다.
　2. 신청인란 등 해당란에 기재할 여백이 없을 경우에는 별지를 이용합니다.

* 위 견본은 실제 양식과 차이가 있을 수 있으며, 학습목적으로 가공된 것으로서 모두 실제 내용이 아닙니다.

2 등기원인증명정보

(1) 의의

등기원인을 증명하는 정보란 등기할 권리변동의 원인인 법률행위 또는 기타의 법률사실의 성립을 증명하는 정보를 말한다. 일반적으로는 매매계약서나 설정계약서가 해당이 되며 판결을 받은 경우 판결정본이 원인증서가 된다.

(2) 검인계약서

계약을 원인으로 한 소유권이전등기를 신청할 때에는 계약서에 시장(또는 구청장)·군수 또는 그 권한의 위임을 받은 자(읍·면·동장)의 검인을 받아 이를 관할 등기소에 제출하여야 한다(「부동산등기 특별조치법」 제3조).

> **핵심 OX지문비교연습**
>
> 1. 공동신청 또는 승소한 등기의무자의 단독신청의 경우, 등기의무자는 등기신청정보에 등기필정보를 기록하여 제공한다. 그러므로 승소한 등기권리자의 단독신청, 상속을 원인으로 하는 소유권이전등기, 단독으로 소유권보존등기를 신청하는 경우 등에는 제공하지 아니한다. (○)
> 2. 공동신청 또는 승소한 등기의무자의 단독신청의 경우, 등기의무자는 등기신청정보에 등기필정보를 기록하여 제공한다. 그러므로 승소한 등기권리자의 단독신청, 상속을 원인으로 하는 소유권이전등기, 단독으로 소유권보존등기를 신청하는 경우 등에는 제공하여야 한다. (×)
> 3. 승소한 등기의무자의 등기신청으로 등기가 마쳐지면 등기관은 그 등기권리자에게 등기완료의 통지를 하여야 한다. (○)
> 4. 승소한 등기의무자의 등기신청으로 등기가 마쳐지면 등기관은 그 등기권리자에게 등기필정보를 작성·통지하여야 한다. (×)

3 등기의무자의 권리에 관한 등기필정보의 제공

(1) 등기필정보의 의의

등기관이 새로운 권리에 관한 등기를 마쳤을 때에는 등기필정보를 작성하여 등기권리자에게 통지하여야 한다(법 제50조). 등기필정보를 통지받은 등기권리자가 이후 등기의무자로서 등기를 신청할 때 이것을 등기소에 제공하게 함으로써 등기의 진정성을 확보하기 위함이다.

> **참고** 등기필정보
>
> 1. 등기필정보는 아라비아숫자 기타 부호의 조합으로 이루어진 일련번호와 비밀번호로 구성한다(규칙 제106조). 등기필정보의 일련번호는 영문 또는 아라비아숫자를 조합한 12개로 구성하고 비밀번호는 50개를 부여한다(예규 제1749호).
> 2. 등기필정보는 부동산 및 등기명의인별로 정하되 대법원예규가 정하는 경우에는 등기명의인별로 정할 수 있다(규칙 제106조).

(2) 등기필정보를 제공하는 경우

공동신청 또는 승소한 등기의무자의 단독신청의 경우, 등기의무자는 등기신청정보에 등기필정보를 기록하여 제공한다. 그러므로 승소한 등기권리자의 단독신청, 상속을 원인으로 하는 소유권이전등기, 단독으로 소유권보존등기를 신청하는 경우 등에는 제공하지 아니한다.

(3) 등기필정보 멸실한 때의 등기신청

등기필정보를 제공하여야 하는 경우 등기의무자의 등기필정보가 없을 때에는 등기의무자 또는 그 법정대리인이 등기소에 ① 출석하여 등기관으로부터 등기의무자 등임을 확인받아야 한다. 다만, 등기신청인의 ② 대리인(변호사나 법무사만을 말한다)이 등기의무자 등으로부터 위임받았음을 확인한 경우 또는 신청서(위임에 의한 대리인이 신청하는 경우에는 그 권한을 증명하는 서면을 말한다) 중 등기의무자 등의 작성부분에 관하여 ③ 공증(公證)을 받은 경우에는 그러하지 아니하다.

> **참고** 신청정보에 첨부하여야 하는 정보로 추가
>
> 변호사나 법무사[이하 "자격자대리인"이라 한다]가 다음 각 목의 등기를 신청하는 경우, 자격자대리인이 주민등록증·인감증명서·본인서명사실확인서 등 법령에 따라 작성된 증명서의 제출이나 제시, 그 밖에 이에 준하는 확실한 방법으로 위임인이 등기의무자인지 여부를 확인하고 자필서명한 정보를 등기신청할 때 신청정보와 함께 첨부정보로 제공하여야 한다.
> 1. 공동으로 신청하는 권리에 관한 등기
> 2. 승소한 등기의무자가 단독으로 신청하는 권리에 관한 등기

```
┌─────────────────────────────────────────────────────────────────┐
│                   등기필정보 및 등기완료통지                      │
│  접수번호: 11616                              대리인: 일반인 김병렬 │
│  ┌─────────────────────────────────────────────────────────────┐ │
│  │ 권  리  자: 김정환                                           │ │
│  │ (주민)등록번호: ****** - ******                              │ │
│  │ 주      소: 경기도 김포시 김포대로 926번길 46 701동 801호      │ │
│  │                                                              │ │
│  │ 부동산고유번호: 1513-1996-569977                              │ │
│  │ 부 동 산 소 재: [토지] 충청북도 영동군 매곡면 어촌리 산 100-2  │ │
│  │                                                              │ │
│  │ 접 수 일 자: 2018년 11월 1일    접수번호: 11616              │ │
│  │ 등 기 목 적: 소유권이전                                      │ │
│  │ 등기원인 및 일자: 2018년 11월 1일 증여                        │ │
│  └─────────────────────────────────────────────────────────────┘ │
└─────────────────────────────────────────────────────────────────┘
```

부착기준선 ┌

일련번호: WTDI-UPRV-P6H1

비밀번호(기재순서: 순번 - 비밀번호)

01-7952	11-7072	21-2009	31-8842	41-3168
02-5790	12-7320	22-5102	32-1924	42-7064
03-1568	13-9724	23-1903	33-1690	43-4443
04-8861	14-8752	24-5554	34-3155	44-6994
05-1205	15-8608	25-7023	35-9695	45-2263
06-8893	16-5164	26-3856	36-6031	46-2140
07-5311	17-1538	27-2339	37-8569	47-3151
08-3481	18-3188	28-8119	38-9800	48-5318
09-7450	19-7312	29-1505	39-6977	49-1314
10-1176	20-1396	30-3488	40-6557	50-6459

2018년 11월 2일

청주지방법원 영동지원 등기계

※ 등기필정보 사용방법 및 주의사항
- ◆ 보안스티커 안에는 다음 번 등기신청시에 필요한 일련번호와 50개의 비밀번호가 기재되어 있습니다.
- ◆ 등기신청시 보안스티커를 떼어내고 일련번호와 비밀번호 1개를 임의로 선택하여 해당 순번과 함께 신청서에 기재하면 종래의 등기필증을 첨부한 것과 동일한 효력이 있으며, 등기필정보 및 등기완료통지서면 자체를 첨부하는 것이 아님에 유의하시기 바랍니다.
- ◆ 따라서 등기신청시 등기필정보 및 등기완료통지서면을 거래상대방이나 대리인에게 줄 필요가 없고, 대리인에게 위임한 경우에는 일련번호와 비밀번호 50개 중 1개와 해당 순번만 알려주시면 됩니다.
- ◆ 만일 등기필정보의 비밀번호 등을 다른 사람이 안 경우에는 종래의 등기필증을 분실한 것과 마찬가지의 위험이 발생하므로 관리에 철저를 기하시기 바랍니다.
- ☞ 등기필정보 및 등기완료통지서는 종래의 등기필증을 대신하여 발행된 것으로 분실시 재발급되지 아니하니 보관에 각별히 유의하시기 바랍니다.

* 위 견본은 실제 양식과 차이가 있을 수 있으며, 학습목적으로 가공된 것으로서 모두 실제 내용이 아닙니다.

4 인감증명

(1) 방문신청을 하는 경우에는 다음의 인감증명을 제출하여야 한다. 이 경우, 해당 신청서(위임의 경우에는 위임장)나 첨부 서면에는 그 인감을 날인하여야 한다.
   ① 소유권의 등기명의인이 등기의무자로서 등기를 신청하는 경우, 등기의무자의 인감증명: 소유권이전등기나 소유권이전등기의 말소등기뿐만 아니라 저당권설정등기, 전세권설정등기의 경우에도 이에 해당하므로 인감증명을 제출하여야 한다.
   ② 소유권에 관한 가등기명의인이 가등기의 말소등기를 신청하는 경우, 가등기명의인의 인감증명: 소유권 이외의 권리에 관한 가등기를 말소하는 경우에는 해당하지 아니한다.
   ③ 소유권 외의 권리의 등기명의인이 등기의무자로서 법 제51조에 따라 등기필정보가 없어 등기의무자 등이 직접 출석하거나 자격자대리인의 확인정보를 제공하거나 공증서면부본을 첨부하여 등기를 신청하는 경우, 등기의무자의 인감증명

(2) 제출하여야 할 인감증명
   ① 인감증명을 제출하여야 하는 자가 다른 사람에게 권리의 처분권한을 수여한 경우에는 그 대리인의 인감증명을 함께 제출하여야 한다.
   ② 매매를 원인으로 한 소유권이전등기신청의 경우에는 부동산매수자란에 매수인의 성명(법인은 법인명)·주민등록번호 및 주소가 기재되어 있는 인감증명(부동산매도용 인감증명)을 첨부하여야 한다. 매매 이외의 경우에는 다른 용도의 인감증명도 수리하여야 한다.

5 등기권리자의 주소를 증명하는 정보

(1) 제출하는 경우
   등기권리자(새로 등기명의인이 되는 경우로 한정한다)의 주소(또는 사무소 소재지) 및 주민등록번호(또는 부동산등기용 등록번호)를 증명하는 정보를 제공하여야 한다. 다만, 소유권이전등기를 신청하는 경우에는 등기의무자의 주소(또는 사무소 소재지)를 증명하는 정보도 제공하여야 한다.

(2) 특칙
   소유권이전등기를 신청함에 있어 판결에 의하여 등기권리자가 단독으로 신청하거나, 경매(공매) 등으로 인한 관공서의 촉탁등기인 경우에는 등기권리자의 것만을 제공하면 된다.

6 등록번호 증명정보

(1) 제출하는 경우

새로 등기명의인이 되는 경우의 등기권리자는 주민등록번호(또는 부동산등기용 등록번호)를 증명하는 정보를 제공하여야 한다.

(2) 등기권리자에게 주민등록번호가 없는 경우(국가·지방자치단체, 법인, 법인 아닌 사단 또는 재단, 재외국민, 외국인 등)에는 부동산등기용 등록번호를 병기하여야 하는데, 이때에는 부동산등기용 등록번호를 증명하는 서면을 제출하여야 한다.

등기권리자	등록번호 부여기관
국가, 지방자치단체, 국제기관, 외국정부	국토교통부장관이 지정·고시
법인	주된 사무소 소재지(회사의 경우에는 본점, 외국법인의 경우에는 국내에 최초로 설치등기를 한 영업소나 사무소) 관할 등기소의 등기관
법인 아닌 사단재단(국내에 사무소 설치등기 안 한 외국법인 포함)	시장·군수·구청장
외국인	체류지 관할 지방출입국·외국인관서의 장 (체류지가 없는 경우, 대법원 소재지를 체류지로 본다)
주민등록번호가 없는 재외국민	대법원 소재지 관할 등기소의 등기관

제4절 등기관의 처분

1 등기신청의 접수

(1) 접수의무와 접수번호

① 접수의무: 등기의 신청정보가 제공된 때에는 등기관은 등기신청을 접수할 의무가 있으므로 반드시 이를 접수하여야 한다.

② 접수번호
  ㉠ 등기관이 신청정보를 받았을 때에는 접수장에 접수번호를 적어야 한다.
  ㉡ 접수번호는 1년마다 새로 부여하여야 한다.
  ㉢ 같은 부동산에 관하여 동시에 여러 개의 등기신청이 있는 경우에는 같은 접수번호를 부여하여야 한다.

(2) 접수시기

등기신청의 접수시기는 방문신청이든 전자신청이든 해당 부동산이 다른 부동산과 구별될 수 있게 하는 정보가 전산정보처리조직에 저장된 때 접수된 것으로 본다(법 제6조 제1항).

2 등기관의 심사

등기관은 등기신청에 대하여 실체법상의 권리관계와 일치 여부를 심사할 권한은 없고, 오직 신청정보와 첨부정보 및 등기부에 의해서 등기요건에 합당한지 여부를 심사할 권한 밖에 없다(대결 2007마1154).

3 등기신청의 각하

(1) 의의

등기관이 등기신청정보와 첨부정보 등을 심사하여 부적법한 때에는 등기기록에의 등재를 거부할 수 있는데, 이러한 '거부하는 처분행위'를 '각하'라고 한다.

(2) 각하사유

등기관은 다음의 어느 하나에 해당하는 경우에만 이유를 적은 결정으로 신청을 각하하여야 한다(법 제29조). 법 제29조에 규정된 각하사유 이외의 사유로는 각하할 수 없다.

① 사건이 그 등기소의 관할이 아닌 경우
② 사건이 등기할 것이 아닌 경우
    ㉠ 등기능력 없는 물건 또는 권리에 대한 등기를 신청한 경우
        ⓐ 공유수면하의 토지, 터널, 교량, 구조상 공용부분, 점유권, 유치권, 동산질권 등
        ⓑ 부동산 일부에 대한 소유권이전등기, 저당권설정등기
        ⓒ 지분에 대한 용익물권등기
    ㉡ 법령에 근거가 없는 특약사항의 등기를 신청한 경우
    ㉢ 구분건물의 전유부분과 대지사용권의 분리처분금지에 위반한 등기를 신청한 경우
    ㉣ 농지를 전세권설정의 목적으로 하는 등기를 신청한 경우

ⓜ 저당권을 피담보채권과 분리하여 양도하거나, 피담보채권과 분리하여 다른 채권의 담보로 하는 등기를 신청한 경우
ⓑ 일부 지분에 대한 소유권보존등기를 신청한 경우
ⓢ 공동상속인 중 일부가 자신의 상속지분만에 대한 상속등기를 신청한 경우
ⓞ 관공서 또는 법원의 촉탁으로 실행되어야 할 등기를 신청한 경우
ⓩ 이미 보존등기된 부동산에 대하여 다시 보존등기를 신청한 경우
ⓒ 그 밖에 신청취지 자체에 의하여 법률상 허용될 수 없음이 명백한 등기를 신청한 경우
　　ⓐ 가등기에 기한 본등기를 금지하는 가처분
　　ⓑ 매매로 인한 소유권이전등기와 동시에 하지 않은 환매특약등기신청
　　ⓒ 소유권이전등기말소청구권을 보전하기 위한 가등기를 신청한 경우
　　ⓓ 부동산의 합유지분에 대한 가압류등기
③ 신청할 권한이 없는 자가 신청한 경우
④ 방문신청 방법에 따라 등기를 신청할 때에 당사자나 그 대리인이 출석하지 아니한 경우
⑤ 신청정보의 제공이 대법원규칙으로 정한 방식에 맞지 아니한 경우
⑥ 신청정보의 부동산 또는 등기의 목적인 권리의 표시가 등기기록과 일치하지 아니한 경우
⑦ 신청정보의 등기의무자의 표시가 등기기록과 일치하지 아니한 경우(다만, 제27조에 따라 포괄승계인이 등기신청을 하는 경우는 제외)
⑧ 신청정보와 등기원인을 증명하는 정보가 일치하지 아니한 경우
⑨ 등기에 필요한 첨부정보를 제공하지 아니한 경우
⑩ 취득세, 등록면허세 또는 수수료를 내지 아니하거나 등기신청과 관련하여 다른 법률에 따라 부과된 의무를 이행하지 아니한 경우
⑪ 신청정보 또는 등기기록의 부동산의 표시가 토지대장·임야대장 또는 건축물대장과 일치하지 아니한 경우

(3) 각하결정 및 효력

① 등기관이 등기신청을 각하함에는 이유를 적은 결정으로 한다(법 제29조). 전자신청에 대한 각하결정의 방식 및 고지방법은 방문신청과 동일한 방법으로 처리한다.

② 각하결정등본을 교부하거나 송달할 때에는 등기신청서 이외의 첨부정보도 함께 교부하거나 송달하여야 한다. 다만, 첨부정보 중 각하사유를 증명할 서류는 이를 복사하여 당해 등기신청서에 편철한다(등기예규 제1703호).

(4) 각하사유를 간과하고 실행한 등기의 효력

① 관할 위반(법 제29조 제1호), 사건이 등기할 것이 아닌 경우(법 제29조 제2호)를 간과하고 한 등기는 당연무효이고 직권말소 대상이 된다. 이 경우 이해관계인이 이의신청할 수 있다.

② 제1호와 제2호를 제외한 나머지 각하사유를 간과하고 실행한 등기는 그 등기가 실체관계와 부합하면 무효는 아니므로 직권말소의 대상이 아니고, 이의신청 대상도 아니다.

4 등기완료 후 절차

(1) 등기절차의 완료

등기관이 등기사무를 처리한 때에는 등기사무를 처리한 등기관이 누구인지 알 수 있는 조치로서 각 등기관이 미리 부여받은 식별부호를 기록하여야 한다(법 제11조 제4항, 규칙 제7조). 등기관이 등기를 마친 경우 그 등기는 접수한 때부터 효력을 발생한다.

(2) 등기필정보의 통지

① 의의: 등기필정보란 등기부에 새로운 권리자가 기록되는 경우에 그 권리자를 확인하기 위하여 등기관이 작성한 정보를 말한다(법 제2조 제4호).

② 등기필정보 통지의 상대방: 등기관은 등기를 마치면 등기필정보를 등기명의인이 된 신청인에게 통지한다. 다만, 관공서가 등기권리자를 위하여 등기를 촉탁한 경우에는 그 관공서 또는 등기권리자에게 등기필정보를 통지한다.

(3) 등기완료의 통지

① 등기관이 등기를 마쳤을 때에는 대법원규칙으로 정하는 바에 따라 신청인 등에게 그 사실을 알려야 한다(법 제30조).

② 등기완료통지는 신청인 및 다음의 어느 하나에 해당하는 자에게 하여야 한다(규칙 제53조).
  ㉠ 승소한 등기의무자의 등기신청의 경우에는 등기권리자
  ㉡ 대위채권자의 등기신청의 경우에는 등기권리자
  ㉢ 직권 소유권보존등기의 경우에는 소유권보존등기의 명의인
  ㉣ 등기필정보를 제공하여야 하는 등기신청에서 등기필정보를 제공하지 않고 확인제도나 확인정보를 제공한 등기신청에 있어서 등기의무자
  ㉤ 관공서의 등기촉탁의 경우에는 그 관공서

제4장 여러 가지 권리의 등기

제1절 소유권보존등기

> **핵심** OX지문비교연습
>
> 1. 토지대장, 임야대장 또는 건축물대장에 최초의 소유자로 등록되어 있는 자 또는 그 상속인, 그 밖의 포괄승계인은 자기 명의로 소유권보존등기를 신청할 수 있다. (○)
> 2. 대장상 소유권이전등록을 받은 소유명의인은 직접 자기 명의로 소유권보존등기를 신청할 수 있다. (×)
> 3. 소유권보존등기를 신청하는 경우 등기원인과 그 연월일은 신청정보의 내용으로 등기소에 제공할 필요가 없다. (○)
> 4. 소유권보존등기를 신청하는 경우 등기원인과 그 연월일은 신청정보의 내용으로 등기소에 제공하여야 한다. (×)

1 서설

(1) 의의

소유권보존등기란 미등기부동산에 대하여 새로이 등기기록을 개설하는 최초의 등기를 말한다.

(2) 소유권보존등기의 대상

1물1권주의 원칙상 소유권보존등기는 1부동산 전부에 대하여 소유권 전부를 등기하여야 한다. 부동산의 특정 일부 또는 공유자 중 1인의 지분만에 대하여는 소유권보존등기를 할 수 없다.

2 소유권보존등기의 개시방법

(1) 단독신청

소유권보존등기(所有權保存登記) 또는 소유권보존등기의 말소등기(抹消登記)는 등기명의인으로 될 자 또는 등기명의인이 단독으로 신청한다.

(2) 직권 소유권보존등기

미등기부동산에 소유권에 관한 가압류나 가처분과 같은 처분제한등기 또는 미등기주택에 주택임차권등기명령등기가 촉탁된 경우, 등기관은 직권으로 소유권보존등기를 실행하여야 한다.

3 소유권보존등기 신청인

(1) 토지대장, 임야대장 또는 건축물대장에 최초의 소유자로 등록되어 있는 자 또는 그 상속인, 그 밖의 포괄승계인(법 제65조 제1호)

① 대장상 최초 소유자: 대장상 최초 소유자로 등록되어 있는 자가 소유권보존등기를 신청할 수 있다. 그러므로 대장상 소유권이전등록을 받은 소유명의인은 직접 자기 명의로 소유권보존등기를 신청할 수는 없고, 최초 소유자의 명의로 소유권보존등기를 한 다음 소유권이전등기를 하여야 한다.

② 포괄승계인(상속인, 포괄유증 받은 자, 회사의 합병 후 존속 회사): 유증의 목적부동산이 미등기인 경우에는 토지대장, 임야대장 또는 건축물대장에 최초의 소유자로 등록되어 있는 자 또는 그 상속인의 포괄적 수증자가 단독으로 소유권보존등기를 신청할 수 있다(등기예규 제1512호).

(2) 확정판결에 의하여 자기의 소유권을 증명하는 자(법 제65조 제2호)

① 판결의 종류: 소유권을 증명하는 판결은 확인판결에 한하지 않으며, 형성판결이나 이행판결이라도 보존등기신청인의 소유임을 확정하는 내용이면 충분하다.

② 판결의 상대방
  ㉠ 토지(임야)대장 또는 건축물대장상에 최초의 소유자로 등록되어 있는 자 또는 그 상속인, 그 밖의 포괄승계인을 상대로 하여야 한다.
  ㉡ 토지(임야)대장상의 소유자표시란이 공란으로 되어 있거나 소유자표시에 일부 누락이 있어 대장상의 소유자를 특정할 수 없는 경우에는 국가를 상대로 하여야 한다. 그러나 건물에 대하여는 국가를 상대로 한 소유권확인판결로 소유권보존등기를 신청할 수 없다.

(3) 수용으로 인하여 소유권을 취득하였음을 증명하는 자(법 제65조 제3호)

미등기부동산을 수용한 사업시행자는 직접 자기 명의로 소유권보존등기를 신청할 수 있지만, 이미 등기된 부동산을 수용한 경우에는 이전등기의 형식으로 한다.

(4) 특별자치도지사, 시장, 군수 또는 구청장(자치구의 구청장을 말한다)의 확인에 의하여 자기의 소유권을 증명하는 자(건물의 경우로 한정한다)(법 제65조 제4호)

4 신청 절차

(1) 신청정보의 제공사항

소유권보존등기를 신청하는 경우에는 법 제65조 각 호의 어느 하나에 따라 등기를 신청한다는 뜻을 신청정보의 내용으로 등기소에 제공하여야 한다. 반면, 등기원인과 그 연월일은 신청정보의 내용으로 등기소에 제공할 필요가 없다(규칙 제121조 제1항).

(2) 첨부정보

① 등기의무자의 등기필정보와 인감증명, 등기원인에 대한 제3자의 허가 등을 증명하는 정보는 제공하지 않는다.
② 부동산의 표시를 증명하는 각 대장 정보를 등기소에 제공하여야 한다.

소유권보존등기신청				
접수	년 월 일 제 호	처리인	등기관 확인	각종 통지
부동산의 표시				
경기도 김포시 운양동 123 벽돌조 시멘트기와 지붕 단층주택 280m²				
등기의 목적	소유권보존			
신청근거규정	부동산등기법 제65조 제1호(항)			
구분	성명 (상호·명칭)	주민등록번호 (등기용 등록번호)	주소(소재지)	지분 (개인별)
신청인	신대표	760402-*******	서울 강남구 역삼동 100-1	

* 위 견본은 실제 양식과 차이가 있을 수 있으며, 학습목적으로 가공된 것으로서 모두 실제 내용이 아닙니다.

시가표준액 및 국민주택채권매입금액		
부동산의 표시	부동산별 시가표준액	부동산별 국민주택채권매입금액
1.	금 원	금 원
2.	금 원	금 원
3.	금 원	금 원
국민주택채권매입총액		금 원
국민주택채권발행번호		
취득세(등록면허세) 금 원		지방교육세 금 원
^^ ^^		농어촌특별세 금 원
세액 합계		금 원
등기신청 수수료	금 15,000 원	
^^	납부번호:	
첨부 서면		
1. 취득세(등록면허세)영수필확인서 통 1. 토지·임야·건축물대장등본 통 1. 주민등록표등(초)본 통 1. ~~위임장~~ 통		1. 등기신청수수료영수필확인서 통 〈기타〉

2018년 5월 26일

위 신청인   신대표   (전화: 031-000-0000)

(또는) 위 대리인   (전화:)

지방법원   등기소 귀중

- 신청서 작성요령 -

* 1. 부동산표시란에 2개 이상의 부동산을 기재하는 경우에는 그 부동산의 일련번호를 기재하여야 합니다.
  2. 신청인란 등 해당란에 기재할 여백이 없을 경우에는 별지를 이용합니다.

* 위 견본은 실제 양식과 차이가 있을 수 있으며, 학습목적으로 가공된 것으로서 모두 실제 내용이 아닙니다.

◆ 신청에 의한 소유권보존등기 예시

[건물] 경기도 김포시 운양동 123　　　　　　　　　　고유번호 0000-0000-000000

[표제부]			(건물의 표시)	
표시번호	접수	소재지번 및 건물번호	건물내역	등기원인 및 기타사항
1	2018년 5월 26일	경기도 김포시 운양동 123	벽돌조 시멘트기와 지붕 단층주택 280m^2	

[갑구]			(소유권에 관한 사항)	
순위번호	등기목적	접수	등기원인	권리자 및 기타사항
1	소유권보존	2018년 5월 26일 제3541호		소유자 신대표 760402-******* 서울 강남구 역삼동 100-1

◆ 직권에 의한 소유권보존등기 예시

[건물] 경기도 김포시 북변동 250　　　　　　　　　　고유번호 0000-0000-000000

[표제부]			(건물의 표시)	
표시번호	접수	소재지번 및 건물번호	건물내역	등기원인 및 기타사항
1	2011년 3월 5일	경기도 김포시 북변동 250	시멘트 블록조 기와지붕 주택 1층 200m^2	
2				건축법상 사용승인받지 않은 건물임

[갑구]			(소유권에 관한 사항)	
순위번호	등기목적	접수	등기원인	권리자 및 기타사항
1	소유권보존			소유자 김병렬 *******-******* 경기도 김포시 풍무동 100 가처분등기의 촉탁으로 인하여 2011년 3월 5일 등기
2	가처분	2011년 3월 5일 제3005호	2011년 3월 2일 서울중앙지방법원의 가처분결정 (2011카합202)	피보전권리 소유권이전등기청구권 채권자 이상곤 *******-******* 경기도 안양시 *** 금지사항 양도, 담보권설정 기타 일체의 처분행위 금지

* 위 견본은 실제 양식과 차이가 있을 수 있으며, 학습목적으로 가공된 것으로서 모두 실제 내용이 아닙니다.

제2절　여러 가지 소유권이전등기

1 소유권이전등기

(1) 의의

소유권이전등기는 법률행위 또는 법률의 규정에 의하여 소유권이 이전하는 것을 공시하는 등기를 말한다. 소유권이전등기는 항상 주등기로 실행하고 종전의 소유자를 말소표시하지 않는다. 반면 소유권 이외의 권리의 이전등기는 모두 부기등기로 실행하고 종전의 권리자를 말소표시한다.

(2) 소유권의 일부이전등기

① 소유권의 일부이전이란 단독소유를 공유로 하거나 이미 성립하고 있는 공유물의 지분 전부 또는 일부를 이전하는 것을 말한다. 이 경우, 이전되는 지분을 신청정보의 내용으로 등기소에 제공하는 방법으로 신청할 수 있다.

> 제67조 【소유권의 일부이전】 ① 등기관이 소유권의 일부에 관한 이전등기를 할 때에는 이전되는 지분을 기록하여야 한다. 이 경우, 등기원인에 「민법」 제268조 제1항 단서의 약정(공유물불분할의 약정)이 있을 때에는 그 약정에 관한 사항도 기록하여야 한다.
> ② 제1항 후단의 약정의 변경등기는 공유자 전원이 공동으로 신청하여야 한다.

② 부동산의 특정 일부에 대한 소유권이전등기는 분할을 선행하기 전에는 할 수 없다.

2 수용에 의한 토지소유권이전등기

(1) 신청인

① 등기된 부동산에 대한 수용으로 인한 사업시행자의 소유권의 취득은 원시취득이지만 그 등기의 형식은 소유권이전등기로 행해지고 등기권리자인 사업시행자가 단독으로 신청할 수 있다(법 제99조 제1항).

② 국가 또는 지방자치단체가 등기권리자인 경우에 국가 또는 지방자치단체는 지체 없이 수용으로 인한 소유권이전등기를 등기소에 촉탁하여야 한다(법 제99조 제3항).

(2) 신청정보

등기원인은 '토지수용'으로, 원인일자에는 '수용의 개시일'을 각각 기재한다. 토지수용위원회의 재결에 의하여 존속이 인정된 권리가 있는 때에는 소유권이전등기신청서에 이를 기재하여야 한다(등기예규 제1388호).

(3) 토지수용으로 인한 말소등기 등

토지수용으로 인한 소유권이전등기를 하는 경우에는 다음의 등기는 등기관이 이를 직권으로 말소하여야 한다(등기예규 제1388호).
① 수용의 개시일 이후에 경료된 소유권이전등기. 다만, 수용의 개시일 이전의 상속을 원인으로 한 소유권이전등기는 그러하지 아니하다.
② 소유권 이외의 권리, 즉 지상권, 지역권, 전세권, 저당권, 권리질권 및 임차권에 관한 등기. 다만, 그 부동산을 위하여 존재하는 지역권의 등기와 토지수용위원회의 재결에 의하여 인정된 권리는 그러하지 아니하다.
③ 가등기, 가압류, 가처분, 압류 및 예고등기

(4) 재결의 실효를 원인으로 한 소유권이전등기의 말소신청 등

토지수용의 재결의 실효를 원인으로 하는 토지수용으로 인한 소유권이전등기의 말소의 신청은 등기의무자와 등기권리자가 공동으로 신청하여야 하며, 이에 의하여 토지수용으로 인한 소유권이전등기를 말소한 때에는 등기관은 토지수용으로 말소한 등기를 직권으로 회복하여야 한다(등기예규 제1388호).

3 진정명의회복을 원인으로 하는 소유권이전등기

(1) 의의
① 진정명의회복을 원인으로 하는 소유권이전등기란 등기원인의 무효 등으로 인하여 등기명의인이 무권리자인 경우에 진정한 소유자가 무권리자의 명의의 등기를 말소하지 아니하고 진정명의회복을 원인으로 직접 소유권이전등기를 하는 것을 말한다.
② 필요성: 甲소유 토지에 대해 甲과 乙의 가장매매에 의해 乙 앞으로 소유권이전등기가 된 후에 선의의 丙 앞으로 저당권설정등기가 설정된 경우, 甲은 선의의 丙에게 대항하지 못하므로 그 승낙을 받지 못하게 되어 乙명의의 소유권이전등기를 말소청구할 수 없게 된다. 이 경우, 甲과 乙은 공동으로 진정명의회복을 위한 이전등기를 신청할 수 있으므로 甲의 소유권을 회복시킬 수 있다는 점에 의미가 있다.

(2) 신청인

① 공동신청: 이미 자기 앞으로 소유권을 표상하는 등기가 되어 있던 자(과거의 등기부상 소유자)와 현재의 등기명의인이 공동으로 신청할 수 있다. 또한, 지적공부상 소유자로 등록되어 있던 자로서 소유권보존등기를 신청할 수 있었던 자도 현재의 등기명의인과 공동으로 신청할 수 있다.

② 단독신청: 현재의 등기명의인이 이에 협력하지 않으면 현재의 등기명의인을 상대로 '진정명의회복'을 등기원인으로 한 소유권이전등기절차의 이행을 명하는 판결을 받아 단독으로 신청할 수 있다.

(3) 신청정보 및 첨부정보

① 진정명의회복등기를 신청하는 경우에 신청정보에 등기의 목적은 '소유권이전'으로, 등기원인은 '진정명의회복'으로 기록하지만, 등기원인일자는 기록하지 않는다.

② 공동신청에 의할 경우에는 등기원인을 증명하는 정보가 존재하지 않지만, 판결에 의하여 신청하는 경우에는 판결서 정본이 등기원인을 증명하는 정보가 된다.

③ 토지거래허가서, 농지취득자격증명정보를 제공할 필요는 없다. 또한, 이 등기는 계약을 원인으로 한 것이 아니므로 판결서 정본에 검인을 받을 필요도 없다.

▶ 진정명의회복을 원인으로 하는 소유권이전등기

[갑구]		(소유권에 관한 사항)		
순위번호	등기목적	접수	등기원인	권리자 및 기타사항
3	소유권이전	2007년 4월 9일 제2312호	진정명의회복	소유자 박복길 431203-******* 서울특별시 강동구 천호동 34

* 위 견본은 실제 양식과 차이가 있을 수 있으며, 학습목적으로 가공된 것으로서 모두 실제 내용이 아닙니다.

4 환매특약등기

(1) 의의 및 성질

환매특약에 의하여 매매의 목적물을 다시 살 수 있는 권리를 환매권이라 한다. 환매권은 채권이므로 등기를 하여야 제3자에 대하여 대항력을 갖는다.

(2) 환매특약등기의 특칙

① 환매특약등기는 매매로 인한 소유권이전등기와 동시에 신청하여야(동일한 접수번호 부여) 하지만, 신청정보는 소유권이전등기 신청정보와 별개로 독립하여 제공하여야 한다.

② 매매로 인한 소유권이전등기와 별도로 환매특약등기를 신청하는 경우에는 사건이 등기할 것이 아닌 경우에 해당되어 각하된다.

(3) 신청인

매도인이 등기권리자가 되고, 매수인이 등기의무자가 되어 공동신청하므로 매매로 인한 소유권이전등기의 당사자와 반대가 된다.

(4) 등기의 실행

① 등기사항: 등기관이 환매특약의 등기를 할 때에는 다음의 사항을 기록하여야 한다(법 제53조).
   ㉠ 매수인이 지급한 대금
   ㉡ 매매비용
   ㉢ 환매기간(등기원인에 그 사항이 정하여져 있는 경우에만 기록)
② 등기의 형식: 환매특약등기는 소유권이전등기에 반드시 부기등기로 실행한다.
③ 환매권의 이전등기: 환매권자를 등기의무자, 환매권을 매수한 자를 등기권리자로 하여 공동신청하며 부기등기의 부기등기 형식으로 실행한다.

▶ **환매권등기(전산등기부)**

[갑구]		(소유권에 관한 사항)		
순위번호	등기목적	접수	등기원인	권리자 및 기타사항
1	소유권 보존	2010년 6월 5일 제5789호		소유자 박찬욱 700616-******* 서울 마포구 염리동 81-49
2	소유권 이전	2012년 12월 10일 제37890호	2012년 11월 8일 환매특약부 매매	소유자 봉준호 760402-******* 서울 서초구 서초동 26
2-1	환매특약	2012년 12월 10일 제37890호	2012년 11월 8일 특약	환매대금 금 20,000,000원 계약비용 금 30,000원 환매기간 2017년 12월 10일까지 환매권자 박찬욱 700616-******* 서울 마포구 염리동 81-49

* 위 견본은 실제 양식과 차이가 있을 수 있으며, 학습목적으로 가공된 것으로서 모두 실제 내용이 아닙니다.

(5) 환매권의 말소등기
① 직권에 의한 말소: 환매권의 행사로 부동산소유권이 환매권자에게 복귀하는 경우에는 환매를 등기원인으로 하는 소유권이전등기를 공동신청으로 실행하게 되며 이때 등기관은 환매특약의 등기를 직권으로 말소한다.
② 공동신청에 의한 말소: 존속기간의 경과나 당사자 사이의 합의, 혼동 등의 이유로 환매권의 행사 없이 환매권이 소멸하는 경우에는 등기관이 환매특약등기를 직권으로 말소할 수 없으므로 당사자의 신청으로 말소하여야 한다.

제3절 소유권 이외의 권리에 관한 등기절차

1 지상권에 관한 등기

(1) 지상권의 의의
① 지상권은 타인의 토지에 건물이나 기타 공작물·수목을 소유하기 위하여 그 토지를 사용할 수 있는 물권이다(「민법」 제279조).
② 지상권은 배타적인 권리이므로 지상권이 설정된 토지에 이중으로 설정하지 못한다. 지상권은 토지의 일부에 범위를 정하여 설정할 수 있지만, 공유지분에는 설정하지 못한다.

(2) 지상권설정등기 신청정보
① 필요적 내용
㉠ 지상권설정의 목적: 건물 소유목적, 공작물 소유목적 또는 수목 소유목적 등
㉡ 지상권설정의 범위: 1필 토지의 전부 또는 일부의 범위를 적어야 한다. 범위가 토지의 일부인 경우에는 그 부분을 표시한 지적도를 첨부정보로 제공하여야 한다.
② 임의적 내용
㉠ 지상권의 존속기간: 지상권의 존속기간은 불확정기간으로도 정할 수 있으므로 '철탑존속기간으로 한다.'와 같은 존속기간도 가능하다.
㉡ 지료, 지료의 지급시기 등의 약정이 설정계약에 있었으면 신청정보의 내용으로 제공한다.

◆ 토지의 일부에 설정된 지상권

[을구]		(소유권 외의 권리에 관한 사항)		
순위번호	등기목적	접수	등기원인	권리자 및 기타사항
1	지상권 설정	2012년 9월 9일 제6789호	2012년 9월 7일 설정계약	목적 철근콘크리트 건물의 소유 범위 동남쪽 300m^2 존속기간 2012년 9월 9일부터 30년 지료 월 금 500,000원 지급시기 매월 말일 지상권자 이지상 770707-******* 　　　　서울특별시 강동구 강동로 37 도면의 번호 제2012-201호

* 위 견본은 실제 양식과 차이가 있을 수 있으며, 학습목적으로 가공된 것으로서 모두 실제 내용이 아닙니다.

2 지역권에 관한 등기

(1) 지역권의 의의

> **핵심** OX지문비교연습
>
> 1. 승역지에 지역권설정등기를 한 경우, 요역지의 등기기록에는 그 승역지를 기록하여야 한다. (O)
>
> 2. 승역지에 지역권설정등기를 한 경우, 요역지의 등기기록에는 그 승역지를 기록할 필요가 없다. (×)

① 지역권은 설정행위에서 정한 일정한 목적(통행·인수·관망 등)을 위하여 타인의 토지를 자기 토지의 편익에 이용하는 물권이다(「민법」 제291조). 편익을 받는 토지를 요역지, 편익을 제공하는 토지를 승역지라 한다.

② 등기당사자(요역지소유자가 지역권자로서 등기권리자가 되고, 승역지소유자가 등기의무자가 되어 공동신청함이 원칙이나, 소유권 이외의 권리자인 지상권자나 전세권자도 각각의 권한 내에서 지역권설정의 당사자가 될 수 있다. 소유권 이외의 권리자가 지역권을 설정하여 주는 경우에는 해당 등기에 부기등기로 실행한다.

> **참고** 지역권의 당사자가 되는 지상권자
>
> 지상권자는 그 권리의 범위 내에서 그 목적인 토지를 위하여 또는 그 토지 위에 지역권설정을 할 수 있는 것이다(등기예규 제205호).

③ 지역권은 요역지로부터 이를 분리하여 양도하거나 다른 권리의 목적으로 하지 못하므로(「민법」 제292조 제2항 - 지역권의 부종성) 요역지의 소유권이 이전되는 경우 별도의 지역권이전등기를 하지 않더라도 지역권이전의 효력은 발생한다.

(2) 신청정보
① 필요적 내용
  ㉠ 지역권 설정의 목적: 승역지가 요역지에 제공하는 편익(통행, 인수, 조망 등)
  ㉡ 범위: 요역지는 1필지의 토지 전부이어야 하나 승역지는 1필지 일부에도 설정될 수 있으므로 이 경우 그 범위를 적고 이를 표시한 지적도면을 첨부정보로 제공하여야 한다.
  ㉢ 요역지
② 임의적 내용
  지역권은 요역지소유권에 부종하여 이전하는 것이 원칙이지만, 다른 약정이 있는 때에는 그 약정에 의한다(「민법」 제292조 제1항). 즉, 요역지의 소유권이 이전되는 경우 지역권은 그에 따라 이전하지 않고 소멸하는 약정도 가능하다.

(3) 지역권의 등기사항
① 승역지의 지역권등기(법 제70조): 등기관이 승역지의 등기기록에 지역권설정의 등기를 할 때에는 일반적 등기사항 외에 다음의 사항을 기록하여야 한다.
  ㉠ 지역권설정의 목적
  ㉡ 범위
  ㉢ 요역지
  ㉣ 「민법」 제292조 제1항 단서, 제297조 제1항 단서 또는 제298조의 약정(등기원인에 그 약정이 있는 경우에만 기록한다)
  ㉤ 승역지의 일부에 지역권설정의 등기를 할 때에는 그 부분을 표시한 도면의 번호
② 요역지의 지역권등기(법 제71조): 등기관이 승역지에 지역권설정의 등기를 하였을 때에는 직권으로 요역지의 등기기록에 순위번호, 등기의 목적, 승역지, 지역권의 설정목적, 범위, 등기연월일을 기록하여야 한다.

◆ 승역지지역권(신청)

[을구]		(소유권 외의 권리에 관한 사항)		
순위번호	등기목적	접수	등기원인	권리자 및 기타사항
1	지역권 설정	2003년 3월 5일 제3005호	2003년 3월 4일 설정계약	목적 통행 범위 동측 50m 요역지 경기도 고양시 원당면 신원리 5 도면: 제2003 - 102호

◆ 요역지지역권(직권)

[을구]		(소유권 외의 권리에 관한 사항)		
순위번호	등기목적	접수	등기원인	권리자 및 기타사항
1	요역지 지역권			승역지 경기도 고양시 원당면 신원리 6 목적 통행 범위 동측 50m 2003년 3월 5일 등기

* 위 견본은 실제 양식과 차이가 있을 수 있으며, 학습목적으로 가공된 것으로서 모두 실제 내용이 아닙니다.

3 전세권에 관한 등기

(1) 의의 및 성질

① 전세권이란 전세금을 지급하고 타인의 부동산을 점유하여 그 부동산의 용도에 좇아 사용·수익하며, 그 부동산 전부에 대하여 후순위 권리자 기타 채권자보다 전세금의 우선 변제를 받을 권리를 말한다(「민법」제303조). 즉, 전세권은 용익물권이지만 경매신청권과 우선변제권이 인정되는 담보물권으로서의 성질도 갖는다.

② 전세권은 부동산 일부에 설정은 가능하지만 공유지분에는 설정할 수 없다. 한편, 농지에는 전세권을 설정할 수 없다(「민법」제303조 제2항).

(2) 신청정보

① 필요적 내용

  ㉠ 전세금 또는 전전세금

  ㉡ 범위: 부동산의 일부를 전세권의 목적으로 하는 경우에는 그 범위를 신청정보에 기록하고 지적도면 또는 건물의 도면을 첨부정보로서 제공하여야 한다.

② 임의적 내용: 등기원인에 존속기간, 위약금이나 배상금, 전세권의 양도금지특약, 담보제공금지, 임대차금지 등의 특약이 있을 경우 이를 기록하여야 한다.

> **핵심** OX지문비교연습
>
> 1. 전세금반환채권의 일부양도를 원인으로 하는 전세권 일부이전등기의 신청은 전세권의 존속 기간의 만료 전에는 할 수 없는 것이 원칙이지만, 존속기간 만료 전이라도 해당 전세권이 소멸하였음을 증명하여 신청하는 경우에는 그러하지 아니하다. (O)
> 2. 전세금반환채권의 일부양도를 원인으로 하는 전세권 일부이전등기의 신청은 해당 전세권이 소멸하기 전에도 할 수 있다. (×)

(3) 전세금반환채권의 일부양도에 따른 전세권 일부이전등기

① 전세권의 존속기간이 만료된 경우 전세권자는 전세금반환채권의 일부를 양도할 수 있는데, 이를 원인으로 한 전세권의 일부이전등기를 신청하는 경우에는 양도액을 신청정보의 내용으로 등기소에 제공하여야 한다(규칙 제129조 제1항).

② 전세금반환채권의 일부양도를 원인으로 하는 전세권 일부이전등기의 신청은 전세권의 존속기간의 만료 전에는 할 수 없는 것이 원칙이지만, 존속기간 만료 전이라도 해당 전세권이 소멸하였음을 증명하여 신청하는 경우에는 그러하지 아니하다(법 제73조 제2항).

③ 등기관이 전세금반환채권의 일부 양도를 원인으로 한 전세권 일부이전등기를 할 때에는 양도액을 기록한다(법 제73조 제1항).

4 저당권에 관한 등기

(1) 서설

① 저당권의 의의: 저당권이란 채무자 또는 제3자가 담보로 제공한 부동산 기타 목적물을 점유의 이전 없이 제공자의 사용에 맡겨두면서 채무의 변제가 없는 때에는 그 목적물을 경매하여 매각대금으로부터 다른 채권자보다 우선변제를 받는 약정담보물권을 말한다(「민법」제356조).

② 저당권의 객체(목적)
  ㉠ 「부동산등기법」상 저당권의 목적이 될 수 있는 권리는 소유권, 지상권, 전세권에 한한다. 농지의 소유권도 저당권의 객체가 될 수 있다.
  ㉡ 저당권은 부동산의 일부에는 설정할 수 없으며, 권리의 일부(지분)에는 설정할 수 있다.

ⓒ 증축건물 또는 부속건물이 기존건물과 동일성·일체성이 인정되어 기존건물에 건물표시변경등기의 형식으로 증축등기 또는 부속건물등기를 하였다면 기존건물에 대한 저당권의 효력은 증축된 건물 또는 부속건물에도 당연히 미치므로 증축된 건물 또는 부속건물에 저당권의 효력을 미치게 하는 취지의 변경등기는 이를 할 필요가 없다.

(2) 저당권설정등기

① 신청인: 저당권설정등기는 저당권자가 등기권리자가 되고, 저당권설정자(소유권자 또는 지상권자나 전세권자)가 등기의무자가 되어 공동으로 신청한다.

② 신청정보의 내용과 등기의 실행

㉠ 필요적 내용

ⓐ 채권액 또는 채권의 가액: 일정한 금액을 목적으로 하지 않는 채권을 담보하기 위한 저당권설정등기를 신청하는 경우에는 그 채권의 평가액을 신청정보의 내용으로 등기소에 제공하여야 한다. 근저당권설정등기의 경우에는 '채권의 최고액'을 제공한다. 이 경우 채권최고액은 채권자·채무자가 수인인 경우에도 반드시 단일하게 기록하여야 하고, 이를 구분하여 기록하지 못한다.

ⓑ 채무자의 성명 또는 명칭과 주소 또는 사무소 소재지: 채무자와 저당권설정자가 동일한 경우에도 생략할 수 없다. 채무자가 수인인 경우 그 수인의 채무자가 연대채무자라 하더라도 등기기록에는 단순히 채무자로 적는다.

ⓒ 저당권설정의 등기를 신청하는 경우에 그 권리의 목적이 소유권 외의 권리일 때에는 그 권리의 표시에 관한 사항을 신청정보의 내용으로 등기소에 제공하여야 한다.

㉡ 임의적 내용

ⓐ 저당권설정등기 신청정보의 임의적 내용: 변제기, 이자와 그 발생기 또는 지급시기, 원본 또는 이자의 지급장소, 채무불이행으로 인한 손해배상에 관한 약정, 저당부동산에 부합된 물건이나 종물에 대하여 저당권의 효력이 미치지 않는다는 특약이 있을 때 그 특약, 채권의 조건

ⓑ 근저당권설정등기 신청정보의 임의적 내용: 저당부동산에 부합된 물건이나 종물에 대하여 저당권의 효력이 미치지 않는다는 특약이 있을 때 그 특약, 존속기간

(3) 저당권말소등기

> **핵심** OX지문비교연습
>
> 1. 근저당권설정등기의 말소등기를 함에 있어 근저당권설정 후 소유권이 제3자에게 이전된 경우에는 근저당권설정자 또는 제3취득자가 근저당권자와 공동으로 그 말소등기를 신청할 수 있다. (○)
> 2. 근저당권설정등기의 말소등기를 함에 있어 근저당권설정 후 소유권이 제3자에게 이전된 경우에는 제3취득자가 근저당권설정자와 공동으로 그 말소등기를 신청할 수 있다. (×)

① 신청인
  ㉠ 원칙: 저당권말소등기는 저당권설정자(부동산소유자 또는 지상권자·전세권자)가 등기권리자가 되고, 저당권자가 등기의무자가 되어 공동으로 신청한다.
  ㉡ 저당권이 이전된 경우의 말소등기: 근저당권이 이전된 후 근저당권설정등기의 말소등기를 신청하는 경우에는 근저당권의 양수인이 근저당권설정자(소유권이 제3자에게 이전된 경우에는 제3취득자)와 공동으로 그 말소등기를 신청할 수 있다(등기예규 제1656호).
  ㉢ 저당권설정등기 후 소유권이 제3자에게 이전된 경우의 말소등기: 근저당권설정등기의 말소등기를 함에 있어 근저당권설정 후 소유권이 제3자에게 이전된 경우에는 근저당권설정자 또는 제3취득자가 근저당권자와 공동으로 그 말소등기를 신청할 수 있다(등기예규 제1656호).

② 신청정보와 등기의 실행
  ㉠ 신청정보의 내용: 저당권이 이전된 후에 저당권말소등기의 경우, 등기신청정보에는 말소할 등기로서 주등기인 저당권설정등기를 기록하고 부기등기인 저당권이전등기는 기록하지 않는다. 저당권이전의 부기등기는 주등기인 저당권설정등기의 말소에 따라 직권으로 말소된다.
  ㉡ 저당권이 이전된 경우에는 주등기인 저당권설정등기에 대한 말소등기가 경료되면 저당권이전의 부기등기는 등기관이 직권으로 말소한다.

제5장 여러 가지 등기

제1절 변경등기와 경정등기

> **핵심** OX지문비교연습
>
> 1. 합필하려는 토지에 지상권, 전세권, 임차권, 승역지지역권의 등기가 있는 경우에는 합필할 수 있다. (○)
> 2. 합필하려는 토지에 지상권, 전세권, 임차권, 승역지지역권의 등기가 있는 경우에는 합필할 수 없다. (×)
> 3. 권리의 변경등기는 등기상 이해관계가 있는 제3자의 승낙이 없는 경우에는 주등기로 등기할 수 있다. (○)
> 4. 권리의 변경등기는 등기상 이해관계가 있는 제3자의 승낙이 없는 경우에도 부기로 등기할 수 있다. (×)

1 변경등기

(1) 변경등기와 경정등기의 의의

등기사항의 일부가 실체관계와 부합하지 않은 경우에 이를 일치시키기 위한 등기를 넓은 의미의 변경등기라 한다. 변경등기에는 다시 후발적 불일치를 시정하기 위한 협의의 변경등기와 원시적 불일치를 시정하기 위한 경정등기가 있다. 일반적으로 변경등기란 협의의 변경등기를 가리킨다.

변경등기	(협의의) 변경등기	등기사항이 실체관계와 후발적으로 일부 불일치한 경우 이를 시정하기 위함
	경정등기	등기사항이 실체관계와 원시적으로 일부 불일치한 경우 이를 시정하기 위함

(2) 부동산 표시에 관한 변경등기

토지나 건물의 분할, 합병 등 부동산표시에 관한 사항(소재, 지번, 지목, 면적, 건물의 종류나 구조 등)에 변경이 있는 경우에 하게 되는 변경등기이다.

① 신청에 의한 변경
  ㉠ 대장등록의 선행: 부동산 표시에 관한 변경사실이 있으면 먼저 대장상의 등록을 변경하고, 이를 첨부하여 변경등기를 신청하여야 한다.
  ㉡ 단독신청과 신청의무: 부동산의 표시변경이 있는 때에는 그 소유권의 등기명의인은 그 사실이 있는 때부터 1개월 이내에 그 등기를 신청하여야 한다. 다만 위반시 과태료는 부과하지 아니한다.
  ㉢ 신청정보와 첨부정보: 그 부동산의 변경 전과 변경 후의 표시에 관한 정보를 신청정보의 내용으로 하여 등기소에 제공하고 부동산 표시의 변경을 증명하는 토지·임야대장 정보나 건축물대장 정보를 첨부정보로 등기소에 제공하여야 한다.
  ㉣ 지적공부소관청의 촉탁에 의한 변경등기: 지적소관청이 지번변경 등 토지의 표시변경(토지의 이동)에 관한 등기를 할 필요가 있는 경우에는 등기를 촉탁하여야 하는데(「공간정보의 구축 및 관리 등에 관한 법률」 제89조 제1항) 등기소에서는 이러한 등기촉탁이 있는 경우 그에 따라 변경등기를 하여야 한다.

② 직권에 의한 변경: 행정구역 또는 그 명칭이 변경되었을 때에는 등기기록에 기록된 행정구역 또는 그 명칭에 대하여 변경등기가 있는 것으로 본다(법 제31조). 이 경우에 공시를 명확하게 하기 위하여 등기관은 직권으로 부동산의 표시변경등기를 할 수 있다(규칙 제54조).

③ 등기의 실행: 표제부에 부동산 표시에 관한 변경등기를 할 때에는 항상 주등기로 실행하며, 종전의 표시에 관한 등기를 말소하는 표시를 하여야 한다.

④ 토지의 분할·합병 등기
  ㉠ 의의: 토지의 분합등기란 「공간정보의 구축 및 관리 등에 관한 법률」에 따른 토지의 분할·합병이 있는 경우 그에 따라 등기기록을 정리하는 등기로써 1필지를 2필지 이상으로 나누거나(분필등기), 2필지 이상의 토지를 1필지로 합치는(합필등기) 경우를 말한다.
  ㉡ 합필(合筆)하려는 토지에 다음의 등기 외의 권리에 관한 등기가 있는 경우에는 합필의 등기를 할 수 없다.
    ⓐ 소유권·지상권·전세권·임차권 및 승역지(承役地: 편익제공지)에 하는 지역권의 등기

ⓑ 합필하려는 모든 토지에 있는 등기원인 및 그 연월일과 접수번호가 동일한 저당권에 관한 등기
ⓒ 합필하려는 모든 토지에 있는 제81조 제1항 각 호의 등기사항이 동일한 신탁등기
ⓒ 등기관이 ⓒ을 위반한 등기의 신청을 각하하면 지체 없이 그 사유를 지적소관청에 알려야 한다.

(3) 등기명의인 표시변경등기

① 의의: 등기명의인의 표시인 성명(명칭), 주소(사무소 소재지), 주민등록번호 등이 등기 후에 변경됨으로써 이를 실체관계와 부합하도록 바로잡는 등기를 말한다. 등기명의인의 표시변경등기를 신청할 의무가 있는 것은 아니다. 그러나 다른 등기신청을 하기 위해서는 먼저 등기명의인의 표시변경등기를 하여야 한다. 만약 등기명의인의 표시변경등기를 하지 아니하고 다른 등기신청을 하게 되면 각하될 수 있다.

② 신청에 의한 변경: 등기명의인 표시의 변경등기는 해당 권리의 등기명의인이 단독으로 신청한다(법 제23조 제6항).

③ 직권에 의한 변경: 등기관이 소유권이전등기를 할 때에 등기명의인의 주소변경으로 신청정보상의 등기의무자의 표시가 등기기록과 일치하지 아니하는 경우라도, 첨부정보로서 제공된 주소를 증명하는 정보에 등기의무자의 등기기록상의 주소가 신청정보상의 주소로 변경된 사실이 명백히 나타나면 직권으로 등기명의인 표시의 변경등기를 하여야 한다(규칙 제122조).

④ 등기의 실행: 등기명의인 표시의 변경등기는 항상 부기등기로 하며, 등기관이 등기명의인 표시의 변경등기를 할 때에는 변경 전의 등기사항을 말소하는 표시를 하여야 한다(규칙 제112조 제2항).

▶ 신청에 의한 등기명의인 표시(주소) 변경등기

[갑구]	(소유권에 관한 사항)			
순위번호	등기목적	접수	등기원인	권리자 및 기타사항
1	소유권보존	2015년 7월 8일 제4321호		소유자 채희대 ******-******* 경기도 김포시 김포대로 21
1-1	1번 등기명의인 표시 변경	2017년 10월 5일 제5263호	2017년 10월 3일 전거	채희대의 주소 서울특별시 강서구 가양대로 234

▶ 직권에 의한 등기명의인 표시(주소) 변경등기

[갑구]			(소유권에 관한 사항)	
순위번호	등기목적	접수	등기원인	권리자 및 기타사항
2	소유권이전	1993년 7월 8일 제4321호	1993년 7월 1일 매매	소유자 박찬호 ******-******* <s>충청남도 공주시 월송동 123</s>
2-1	2번 등기명의인 표시변경		2017년 10월 3일 전거	박찬호의 주소 서울특별시 강남구 강남대로 234 2017년 10월 5일 부기
3	소유권이전	2017년 10월 5일 제5432호	2017년 10월 3일 매매	소유자 김병렬 ******-******* 경기도 김포시 김포대로 926번길 46 701동 801호 거래가액 금 500,000,000원

* 위 견본은 실제 양식과 차이가 있을 수 있으며, 학습목적으로 가공된 것으로서 모두 실제 내용이 아닙니다.

(4) 권리변경등기

① 의의: 권리의 변경등기란 이미 등기된 권리의 내용 중 일부가 후발적으로 변경된 경우, 변경된 실체관계와 등기기록상의 기록을 일치시키기 위한 등기이다. 이는 권리의 내용에 대한 변경이므로 권리주체가 변경되는 권리이전등기나 등기명의인 표시변경등기, 권리 객체가 변경되는 부동산변경등기와는 구별하여야 한다.

② 변경등기의 예: 지상권의 존속기간이 연장되거나 단축되는 지상권변경등기, 전세권의 전세금이 증액되거나 감액되는 전세권변경등기, 저당권의 피담보채권액이 변경되거나 이자율 변경, 채무자가 변경되는 경우의 저당권변경등기 등이 권리의 내용이 변경되는 경우로서 권리변경등기에 해당한다.

③ 신청인: 권리변경등기는 원칙적으로 공동신청에 의한다. 등기권리자와 등기의무자는 변경내용에 따라 달라질 수 있다.

④ 등기의 실행
  ㉠ 등기상 이해관계인이 없는 경우
    등기상 이해관계인이 없는 경우는 부기등기로 하여야 한다. 등기관이 권리의 변경등기를 할 때에는 변경 전의 등기사항을 말소하는 표시를 하여야 한다.
  ㉡ 등기상 이해관계인이 있는 경우
    ⓐ 이해관계인의 승낙(또는 대항할 수 있는 재판 등본)을 받은 경우: 부기등기로 하여야 한다. 등기관이 권리의 변경등기를 할 때에는 변경 전의 등기사항을 말소하는 표시를 하여야 한다.

ⓑ 이해관계인의 승낙(또는 대항할 수 있는 재판 등본)을 받지 못한 경우: 그 이해관계인의 등기보다 후순위가 되는 주등기(독립등기)로 하여야 한다. 이 경우 변경 전의 등기사항은 종전의 순위로 제3자에게 대항할 수 있어야 하므로 변경 전의 등기사항을 말소하는 표시를 하지 않는다.

◆ 이해관계인이 없는 경우

[을구]			(소유권 외의 권리에 관한 사항)	
순위번호	등기목적	접수	등기원인	권리자 및 기타사항
1	전세권설정	2011년 9월 10일 제9876호	2011년 9월 7일 설정계약	전세금 금 ~~200,000,000~~ 범위 건물의 전부 전세권자 조세호 710707-******* 서울특별시 강서구 강서로 38
1-1	1번 전세권 변경	2013년 9월 10일 제9888호	2013년 9월 9일 변경계약	전세금 금 300,000,000

* 위 견본은 실제 양식과 차이가 있을 수 있으며, 학습목적으로 가공된 것으로서 모두 실제 내용이 아닙니다.

◆ 이해관계인의 승낙을 받은 경우

[을구]			(소유권 외의 권리에 관한 사항)	
순위번호	등기목적	접수	등기원인	권리자 및 기타사항
1	전세권설정	2011년 9월 10일 제9876호	2011년 9월 7일 설정계약	전세금 금 ~~200,000,000~~ 범위 건물의 전부 전세권자 조세호 710707-******* 서울특별시 강서구 강서로 38
1-1	1번 전세권 변경	2013년 9월 10일 제9888호	2013년 9월 9일 변경계약	전세금 금 300,000,000
2	저당권설정	(생략)	(생략)	저당권자 고상철

◆ 이해관계인의 승낙을 받지 못한 경우

[을구]			(소유권 외의 권리에 관한 사항)	
순위번호	등기목적	접수	등기원인	권리자 및 기타사항
1	전세권설정	2011년 9월 10일 제9876호	2011년 9월 7일 설정계약	전세금 금 200,000,000 범위 건물의 전부 전세권자 조세호 710707-******* 서울특별시 강서구 강서로 38
2	저당권설정	(생략)	(생략)	저당권자 이상곤
3	1번 전세권 변경	2013년 9월 10일 제9888호	2013년 9월 9일 변경계약	전세금 금 300,000,000

* 위 견본은 실제 양식과 차이가 있을 수 있으며, 학습목적으로 가공된 것으로서 모두 실제 내용이 아닙니다.

2 경정등기

(1) 의의

경정등기란 원시적인 사유로 인하여 등기에 착오 또는 유루(빠트림)가 발생함으로써 그 등기의 일부가 실체관계와 불일치한 경우 이를 고쳐서 바로잡는 등기를 말한다. 불일치 원인이 원시적이라는 점에서 후발적 불일치를 고쳐 바로잡는 변경등기와는 다르다.

(2) 착오 또는 유루의 통지

등기관이 등기를 마친 후 그 등기에 착오나 빠진 부분이 있음을 발견하였을 때에는 지체 없이 그 사실을 등기권리자와 등기의무자에게 알려야 한다. 등기권리자와 등기의무자가 없는 경우에는 등기명의인에게 알려야 하고, 등기권리자·의무자 또는 등기명의인이 각 2인 이상인 경우에는 그중 1인에게 통지하면 된다(법 제32조 제1항).

제2절 말소등기와 말소회복등기

1 말소등기

(1) 의의

말소등기란 기존의 등기가 원시적 또는 후발적 사유로 부적법하게 되어 등기사항의 전부가 실체관계와 부합하지 아니하여 기존등기의 전부를 소멸시킬 목적으로 행하여지는 등기를 말한다.

(2) 요건

① 등기사항 전부의 부적법
  ㉠ 말소등기의 대상이 되는 것은 등기사항의 전부가 부적법한 경우에 한한다. 등기사항의 일부만이 부적법한 때에는 변경등기나 경정등기의 대상이다.
  ㉡ 부적법의 사유는 묻지 않으므로 원시적, 후발적, 실체적, 절차적 부적법한 경우 모두 말소등기 대상이 된다.
② 이해관계 있는 제3자가 있는 경우 제3자의 승낙이 있을 것
  ㉠ 등기의 말소를 신청하는 경우에 그 말소에 대하여 등기상 이해관계 있는 제3자가 있을 때에는 제3자의 승낙이 있어야 한다(법 제57조 제1항). 승낙서 등을 첨부하지 아니하고 말소등기를 신청한 경우는 각하사유에 해당한다.

ⓒ 말소등기시 이해관계인

이해관계인에 해당하는 경우	이해관계인에 해당하지 않는 경우
• 지상권(또는 전세권)말소시 지상권(또는 전세권)을 목적으로 하는 저당권자 • 소유권이전등기의 말소시 매수인으로부터 권리를 설정받은 저당권자, 지상권자 등 • 소유권보존등기의 말소시 그 보존등기에 터잡은 저당권자, 지상권자 등	• 저당권말소시 그 선·후 저당권자 • 甲, 乙, 丙으로 순차 소유권이전등기 경료시 甲에서 乙로의 소유권이전등기 말소신청시 丙

(3) 말소등기의 유형

말소등기도 등기신청의 일반원칙에 따라 등기권리자와 등기의무자의 공동신청에 의하는 것이 원칙이다. 예외적으로 단독신청에 의한 말소나 직권말소, 촉탁에 의한 말소등기도 가능하다.

(4) 말소등기의 실행

① 등기를 말소할 때에는 말소의 등기를 한 후 해당 등기를 말소하는 표시를 하여야 한다(규칙 제116조 제1항). 말소등기의 방식은 항상 주등기로 한다.
② 말소등기를 함에 있어서 말소할 권리를 목적으로 하는 제3자의 권리에 관한 등기가 있을 때에는 등기기록 중 해당 구에 그 제3자의 권리의 표시를 하고 어느 권리의 등기를 말소함으로 인하여 말소한다는 뜻을 기록하여야 한다(규칙 제116조 제2항).

2 말소회복등기

(1) 의의

말소회복등기란 기존의 등기가 부당하게 소멸된 경우에 이를 회복하여 그 등기의 효력을 유지시킬 것을 목적으로 하는 등기이다. 말소된 등기의 회복(回復)을 신청하는 경우에 등기상 이해관계 있는 제3자가 있을 때에는 그 제3자의 승낙이 있어야 한다(법 제59조).

(2) 요건

① 등기사항의 부적법 말소: 부적법의 원인은 실체적이든 절차적이든 묻지 않는다. 다만 어떤 이유이건 당사자가 자발적으로 말소등기를 한 경우에는 적법한 말소가 이루어진 경우이므로 말소회복등기를 할 수 없다(대판 89다카5673 참조).

② 말소된 등기를 회복: 말소된 등기 자체를 회복하는 것이므로 말소등기를 말소하는 방법으로 회복할 수는 없다.

> **규칙 제118조 【말소회복등기】** 법 제59조의 말소된 등기에 대한 회복 신청을 받아 등기관이 등기를 회복할 때에는 회복의 등기를 한 후 다시 말소된 등기와 같은 등기를 하여야 한다. 다만, 등기전체가 아닌 일부 등기사항만 말소된 것일 때에는 부기에 의하여 말소된 등기사항만 다시 등기한다.

③ 이해관계 있는 제3자에게 불측의 손해
   ㉠ 말소된 등기의 회복을 신청하는 경우에 등기상 이해관계 있는 제3자가 있을 때에는 그 제3자의 승낙이 있어야 한다(법 제59조).
   ㉡ 등기상 이해관계 있는 제3자란 등기부 기재형식상 말소회복등기로 인하여 손해를 입을 우려가 있다고 인정되는 자를 말한다. '손해를 입을 우려'가 있는지의 여부는 제3자의 권리취득등기시(말소등기시)를 기준으로 할 것이 아니라 회복등기시를 기준으로 판별하여야 한다(대판 89다카5673).
   ㉢ 말소회복등기시 이해관계인

이해관계인에 해당하는 경우	이해관계인에 해당하지 않는 경우
• 선순위 저당권등기의 회복시 선순위 저당권말소 후에 등기한 후순위 저당권자	• 2순위(후순위) 지상권등기를 회복함에 있어 1순위(선순위) 저당권자
• 선순위 저당권등기의 회복시 선순위 저당권말소 전에 등기한 후순위 저당권자	• 2번 소유권이전등기의 회복시 3번 소유권이전등기의 명의인
• 선순위 지상권등기회복에 있어 후순위 저당권자	• 지상권(또는 전세권)등기를 회복함에 있어서 그를 목적으로 하였던 저당권자
• 선순위 저당권등기회복에 있어 후순위 지상권자	

④ 말소회복등기의 효력: 말소회복된 등기는 말소되기 전과 동일한 순위와 효력을 회복한다.

제3절 가등기

> **핵심** OX지문비교연습
>
> 1. 순위 보전의 대상이 되는 물권변동의 청구권은 이를 양도한 경우에는 양도인과 양수인의 공동신청으로 그 가등기상의 권리의 이전등기를 가등기에 대한 부기등기의 형식으로 경료할 수 있다. (○)
> 2. 순위 보전의 대상이 되는 물권변동의 청구권은 이를 양도한 경우에는 양도인과 양수인의 공동신청으로 그 가등기상의 권리의 이전등기를 가등기에 대한 부기등기의 형식으로 경료할 수 없다. (×)
> 3. 가등기가처분명령에 의하여 가등기권리자 甲이 乙소유건물에 대하여 가등기신청을 한 경우 등기관은 이를 수리하여야 한다. (○)
> 4. 가등기를 명하는 법원의 가처분명령이 있는 경우, 등기관은 법원의 촉탁에 따라 그 가등기를 한다. (×)

1 가등기

1. 의의 및 종류

(1) 의의

부동산물권이나 임차권 등 등기할 수 있는 권리의 변동을 목적으로 하는 청구권의 순위를 미리 보전하기 위하여 실행하는 등기를 말한다. 일반적인 청구권의 순위를 보전하기 위한 가등기와 「가등기담보 등에 관한 법률」에 의하여 채권담보의 목적으로 하는 담보가등기로 나눌 수 있다.

(2) 가등기할 수 있는 권리

본등기할 수 있는 권리는 모두 가등기의 대상이 된다. 「부동산등기법」 제3조는 등기할 수 있는 권리로 소유권, 지상권, 지역권, 전세권, 저당권, 권리질권, 채권담보권, 임차권을 규정하고 있다. 다만 이러한 권리의 설정, 이전, 변경, 소멸의 청구권을 보전하려는 때에만 가등기가 가능하므로 보존이나 처분제한의 등기는 할 수 없다.

(3) 가등기 허용 여부

① 소유권보존등기의 가등기: 법 제88조는 설정, 이전, 변경, 소멸의 청구권을 가등기 대상으로 규정하고 있고 보존등기에 대하여는 규정하지 않는다. 소유권보존등기 청구권이라는 것은 인정할 수 없으므로 가등기를 할 수 없다.

② 처분제한(가압류나 가처분 등)의 등기에 대한 가등기: 가압류나 가처분은 법원의 촉탁으로 실행되어야 하는 등기로서 사적 권리(물권, 임차권 등)에 대한 청구권을 대상으로 하는 가등기의 대상이 될 수 없다.
③ 물권적 청구권(말소등기청구권)의 가등기: 물권적 청구권의 순위를 보전하기 위한 가등기는 할 수 없다. 「부동산등기법」 제3조는 '소멸'의 청구권에 대한 가등기도 가능한 것으로 규정하고 있으나 권리의 소멸을 구하는 말소등기청구권이라는 것은 대부분 물권적 청구권이므로 실제로는 가등기 대상이 되기 어렵다.
④ 이중 가등기: 가등기 자체에는 처분금지의 효력이 인정되지 않으므로 동일 부동산에 수개의 가등기가 허용된다.
⑤ 가등기의 이전등기: 순위 보전의 대상이 되는 물권변동의 청구권은 그 성질상 양도될 수 있는 재산권일 뿐만 아니라 가등기로 인하여 그 권리가 공시되어 결과적으로 공시방법까지 마련된 셈이므로, 이를 양도한 경우에는 양도인과 양수인의 공동신청으로 그 가등기상의 권리의 이전등기를 가등기에 대한 부기등기의 형식으로 경료할 수 있다(대판 전합 98다24105).

[갑구]	(소유권에 관한 사항)			
순위번호	등기목적	접수	등기원인	권리자 및 기타사항
1	소유권보존	2004년 5월 4일 제3541호		소유자 서장훈 ******-*******
2	소유권이전 청구권가등기	2009년 2월 23일 제1235호	2009년 2월 22일 매매예약	가등기권자 유재석 ******-******* 서울특별시 종로구 숭인동
	소유권이전	2009년 4월 25일 제2345호	2009년 4월 24일 매매	소유자 김구라 ******-******* 서울특별시 강남구 ○○동 거래가액 금 300,000,000원
2-1	2번 소유권이전 청구권이전	2009년 3월 5일 제1345호	2009년 3월 4일 매매	가등기권자 김구라 ******-******* 서울특별시 강남구 ○○동

⑥ 가등기상의 권리에 대한 가압류나 처분금지가처분등기: 가등기상 권리도 재산적 가치가 있는 채권으로 양도할 수 있으므로 가등기상 권리에 관한 가압류나 가처분과 같은 처분제한도 가능하다. 따라서, 소유권이전등기청구권에 대한 가압류는 허용되고 부기등기 방법으로 가압류등기를 한다. 또한 가등기상의 권리에 대한 처분금지가처분등기도 부기등기로 할 수 있다.

[갑구]			(소유권에 관한 사항)	
순위번호	등기목적	접수	등기원인	권리자 및 기타사항
1	소유권보존	2004년 5월 4일 제3541호		소유자　서장훈 ******-*******
2	소유권이전 청구권가등기	2009년 2월 23일 제1235호	2009년 2월 22일 매매예약	가등기권자 유재석 ******-******* 서울특별시 종로구 숭인동 ***
2-1	2번 가등기된 소유권이전 청구권 가처분	2009년 3월 5일 제1345호	2009년 0월 0일 서울중앙지방법원 의 가처분결정	피보전권리 가등기된 소유권이전청구권의 이전청구권 채권자　박명수 ******-******* 서울 강남구 ○○동 금지사항 양도, 담보권설정 기타 일체의 처분행위의 금지

　⑦ 가등기에 기한 본등기를 금지하는 가처분: 가등기에 기한 본등기 금지 가처분등기 의 촉탁이 있는 경우, 등기관은 이를 각하(법 제29조 제2호)하여야 한다.

2. 가등기 신청

(1) 공동신청 원칙

가등기권리자와 가등기의무자가 공동으로 신청함이 원칙이나, 상대방의 협조가 없는 경우 일방 당사자가 승소판결을 얻어 단독으로 신청할 수 있다.

(2) 단독신청

가등기권리자가 단독으로 가등기를 신청하는 경우에는 가등기의무자의 승낙이나 가처분명령이 있음을 증명하는 정보를 첨부정보로서 등기소에 제공하여야 한다. 가등기가처분에 관해서는 「민사집행법」의 가처분에 관한 규정은 준용되지 않는다. 따라서 가등기가처분명령을 등기원인으로 하여 법원이 가등기촉탁을 하는 때에는 이를 각하한다(등기예규 제1632호).

3. 가등기에 기한 본등기

(1) 신청인(공동신청)

가등기에 기한 본등기는 공동신청이 원칙이나, 등기의무자의 협력이 없는 경우에는 의사진술을 명하는 판결을 받아 등기권리자가 단독으로 신청할 수 있다.
　① 등기권리자
　　㉠ 본등기의 등기권리자는 가등기권리자이다. 그 가등기상의 권리가 이전되었다면 그 권리를 이전받은 자가 등기권리자가 된다.

ⓒ 하나의 가등기에 관하여 여러 사람의 가등기권자가 있는 경우에 가등기권자 모두가 공동의 이름으로 본등기를 신청하거나, 그중 일부의 가등기권자가 자기의 가등기 지분에 관하여 본등기를 신청할 수 있지만, 일부의 가등기권자가 공유물보존행위에 준하여 가등기 전부에 관한 본등기를 신청할 수는 없다(등기예규 제1632호).
② 등기의무자: 가등기에 기한 본등기의 등기의무자는 가등기 후에 제3취득자가 있을지라도 그 제3취득자(현재 등기부상 소유자)가 아니고, 가등기의무자(가등기설정 당시의 소유자)가 본등기의 의무자가 되며 본등기를 함에 있어서 제3취득자의 승낙을 받을 필요는 없다.

(2) 본등기의 실행 및 효력

① 가등기를 한 후 본등기의 신청이 있을 때에는 가등기의 순위번호를 사용하여 본등기를 하여야 하므로(규칙 제146조) 본등기의 순위번호를 따로 기재할 필요는 없다. 한편, 본등기의 실행 후에도 가등기를 말소하는 표시를 하지 않는다.
② 가등기에 의한 본등기를 한 경우 본등기의 순위는 가등기의 순위에 따른다(법 제91조). 그러나 물권변동의 효력은 가등기시로 소급하지 않고 본등기시에 발생한다.

▶ 가등기에 기한 본등기 예시

[갑구]		(소유권에 관한 사항)		
순위번호	등기목적	접수	등기원인	권리자 및 기타사항
1	소유권보존	2004년 5월 4일 제3541호		소유자　임기원 ******-*******
2	소유권이전 청구권가등기	2009년 2월 23일 제1235호	2009년 2월 22일 매매예약	가등기권자 이송원 ******-******* 서울특별시 종로구 숭인동
	소유권이전	2009년 4월 25일 제2345호	2009년 4월 24일 매매	소유자　이송원 ******-******* 서울특별시 종로구 숭인동 거래가액　금 300,000,000원
3	~~소유권이전~~	~~2009년 3월 5일 제1345호~~	~~2009년 3월 4일 매매~~	~~정동섭~~
4	3번 소유권이전 말소			2번 가등기의 본등기로 인하여 2009년 4월 25일 등기

[을구]		(소유권 외의 권리에 관한 사항)		
순위번호	등기목적	접수	등기원인	권리자 및 기타사항
1	근저당권설정	2009년 3월 5일 제1345호	2009년 3월 5일 설정계약	채권최고액 금 50,000,000원 채무자 정동섭 근저당권자 주식회사 국민은행 서울특별시 종로구 ***
2	1번 근저당권설정 등기말소			갑구 2번 가등기의 본등기로 인하여 2009년 4월 25일 등기

* 위 견본은 실제 양식과 차이가 있을 수 있으며, 학습목적으로 가공된 것으로서 모두 실제 내용이 아닙니다.

(3) 본등기 후의 조치

① 등기관은 가등기에 의한 본등기를 하였을 때에는 가등기 이후에 된 등기로서 가등기에 의하여 보전되는 권리를 침해하는 등기를 직권으로 말소하여야 한다(법 제92조 제1항). 등기관이 가등기 이후의 등기를 말소하였을 때에는 지체 없이 그 사실을 말소된 권리의 등기명의인에게 통지하여야 한다(동조 제2항).

② 소유권이전등기청구권보전가등기에 기한 본등기시 직권말소 대상

㉠ 등기관이 소유권이전등기청구권보전가등기에 의하여 소유권이전의 본등기를 한 경우에는 가등기 후 본등기 전에 마쳐진 등기 중 다음의 등기를 제외하고는 모두 직권으로 말소한다.

ⓐ 해당 가등기상 권리를 목적으로 하는 가압류등기나 가처분등기
ⓑ 가등기 전에 마쳐진 가압류에 의한 강제경매개시결정등기
ⓒ 가등기 전에 마쳐진 담보가등기, 전세권 및 저당권에 의한 임의경매개시결정등기
ⓓ 가등기권자에게 대항할 수 있는 주택임차권등기, 주택임차권설정등기, 상가건물임차권등기, 상가건물임차권설정등기

㉡ 등기관이 제1항과 같은 본등기를 한 경우, 그 가등기 후 본등기 전에 마쳐진 체납처분으로 인한 압류등기에 대하여는 직권말소대상 통지를 한 후 이의신청이 있으면 대법원예규로 정하는 바에 따라 직권말소 여부를 결정한다.

4. 가등기의 말소

(1) 공동신청 원칙
일반원칙에 따라 등기권리자와 등기의무자의 공동신청에 의하여 말소한다.

(2) 단독신청의 특칙
① 가등기명의인은 단독으로 가등기의 말소를 신청할 수 있다(법 제93조 제1항).
② 가등기의무자 또는 가등기에 관하여 등기상 이해관계 있는 자는 가등기명의인의 승낙을 받아 단독으로 가등기의 말소를 신청할 수 있다(동조 제2항). 가등기 후 소유권을 취득한 제3취득자도 등기상 이해관계 있는 자로서 가등기의 말소를 신청할 수 있다(등기예규 제1632호).

2024 메가랜드 공인중개사

부동산세법 과목은 부동산을 보유하거나 거래할 때 적용되는 다양한 조세정책에 관하여 학습하는 과목이다.

조세총론에서는 부동산 관련 세법에서 사용하는 다양한 용어들의 기본적 개념인 과세요건, 납세의무의 성립·확정·소멸 등을 익힐 수 있다. 그리고 지방세에서는 취득세와 재산세 등에 관하여, 국세에서는 종합부동산세와 양도소득세 등에 관하여 배운다.

제4과목

부동산세법

1 흐름과 체계를 잡아야 한다.

세법은 흐름과 체계를 잘 잡아야하기 때문에 기초적인 기본이론 강의는 반드시 들어야 한다. 대부분의 문제가 종합문제로 출제되기 때문에 단순한 전체 암기보다는 각 세금에 대한 흐름을 이해하는 것이 더 중요하다. 너무 지엽적인 지문보다는 큰 흐름을 위주로 정리를 하고 각 세금의 납세의무자, 과세표준, 세율, 납세절차는 반드시 정리를 하여야 한다.

2 기출문제 분석과 응용

세법은 기존 출제된 기출문제를 완벽하게 분석하고 대비를 해야 하기 때문에 기출문제분석은 필수이다. 기출문제 분석을 통하여 그 문제를 응용하는 방법을 터득해야 한다. 출제된 지문을 변형하여 출제가 예상되는 내용을 찾아야 한다. 기출문제를 약간 변형한 형태의 문제들이 다수 출제되기 때문에 기출분석은 필수사항이다.

3 계산문제에 2분 이상 소요하지 마라!

세법의 계산문제는 1문제가 출제된다. 그 문제를 해결하려고 2분 이상의 시간을 소비해서는 안 된다. 중개사 시험은 절대평가이기 때문에 만점을 받지 않아도 된다. 그렇기에 한 문제를 해결하는 데 너무 시간이 오래 걸린다면 과감하게 넘어가는 용기가 필요하다. 계산문제는 이론문제를 모두 풀고 난 후 시간이 남으면 그때 풀고 시간이 부족하면 과감하게 버려야 한다.

제 1 편

조세총론

제1장 | 조세의 기초원리

제2장 | 납세의무

제1장 조세의 기초원리

제1절 조세의 개념

1 조세의 의의

조세(租稅)는 국가나 지방자치단체가 필요한 일반 경비 및 특정목적 경비를 조달하기 위하여 구체적인 개별적 반대급부 없이 납세의무자인 개인 또는 법인으로부터 강제로 거두어들이는 금전적 부담을 말한다.

2 조세의 특징

(1) 조세를 부과하는 주체는 국가 또는 지방자치단체이어야 한다.
　① 국가가 과세주체인 경우를 국세라 하고, 지방자치단체가 과세주체인 경우를 지방세라고 한다.
　② 국세와 지방세의 종류
　　㉠ 국세: 종합부동산세, 소득세(양도소득세 포함), 법인세, 부가가치세, 상속세, 증여세, 증권거래세, 개별소비세, 인지세, 주세, 교육세, 농어촌특별세
　　㉡ 지방세: 취득세, 등록면허세, 재산세, 지방소득세, 지방소비세, 자동차세, 담배소비세, 주민세, 레저세, 지방교육세, 지역자원시설세

구분	취득세	등록면허세	재산세	종합부동산세	양도소득세
지방세	○	○	○		
국세				○	○

(2) 조세는 금전급부이다.
　① 조세는 금전으로 납부되며, 물납은 원칙적으로 인정되지 않는다.
　② 현행 세법 중 「지방세법」의 재산세(도시지역분 재산세 포함)와 국세의 상속세에 물납제도가 있는데 이는 납세의무자의 편의를 고려하여 예외적으로 인정하는 것이며, 금전납부를 대신하는 것에 불과하다.

제2절　조세의 분류

1　과세주체에 따른 분류

(1) 국세

　① 의의: 국가의 재정수요 충당에 필요한 재원을 마련하기 위하여 국가에서 과세하는 조세이다.

　② 세목: 국세는 종합부동산세, 소득세(양도소득세 포함), 법인세, 부가가치세, 상속세, 증여세, 증권거래세, 개별소비세, 인지세, 주세, 교육세, 농어촌특별세이다.

(2) 지방세

　① 의의: 지방자치단체가 해당 지방자치단체의 재정수요에 충당하기 위하여 주민에게 부과·징수하는 조세를 말한다.

　② 세목: 과세권자에 따라 특별시세·광역시세와 구세, 도세와 시·군세로 구분된다. 다만, 광역시의 군(郡)지역에서는 도세를 광역시세로 한다.

구분		보통세	목적세
특별시·광역시의 경우	특별시세·광역시세	취득세, 레저세, 담배소비세, 지방소득세, 지방소비세, 주민세, 자동차세	지역자원시설세, 지방교육세
	구세	등록면허세, 재산세	-
도의 경우	도세	취득세, 등록면허세, 레저세, 지방소비세	지역자원시설세, 지방교육세
	시·군세	담배소비세, 주민세, 지방소득세, 재산세, 자동차세	-

2　조세의 사용 목적에 따른 분류

(1) 보통세

　일반적인 운영 경비에 필요한 경비를 조달하기 위하여 징수하는 세금을 보통세(普通稅)라고 하는데 이에는 소득세, 종합부동산세, 취득세, 등록면허세, 재산세 등 대부분의 세금이 포함된다.

(2) 목적세

　조세수입의 용도를 특정경비 충당 목적에 한정하여 부과·징수하는 조세를 목적세(目的稅)라 하는데 이에는 교육세, 농어촌특별세, 지역자원시설세, 지방교육세 등이다.

3 조세의 전가 유무에 따른 분류

(1) 직접세

납세자와 담세자(擔稅者: 실제로 조세를 부담하는 자)가 일치하며, 조세 부담이 다른 사람에게 전가(轉嫁: 넘기다)되는 것을 법률상 예상하고 있지 아니한 조세를 직접세(直接稅)라 한다.

(2) 간접세

납세자와 담세자가 상이하여 법률상의 조세부담자가 다르며, 조세의 실제 부담이 다른 사람에게 전가될 것이 법률상 예상되어 있는 조세를 간접세(間接稅)라 한다.

4 과세표준에 따른 분류

(1) 의의

세법에 의하여 직접적으로 세액산출의 기초가 되는 과세대상의 가액 또는 수량·면적을 과세표준이라 말한다.

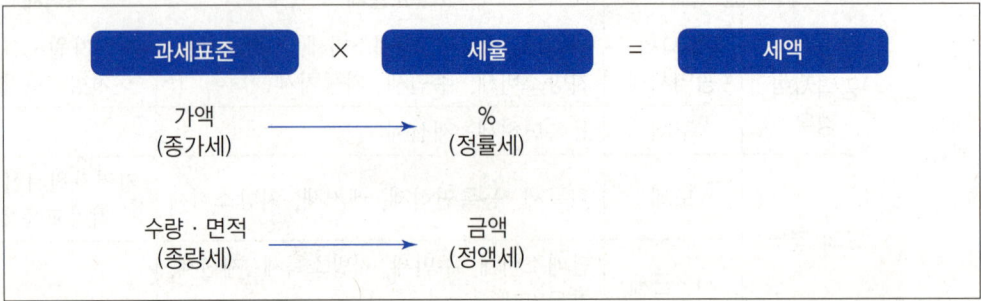

(2) 종가세

과세표준이 금액이나 가액으로 표시되는 것을 종가세라 한다. 과세표준이 금액으로 표시되고 세율은 백분비 또는 천분비로 표시된다.

(3) 종량세

과세표준이 수량이나 면적 등으로 표시되는 것을 종량세라 한다. 과세표준이 수량으로 표시되고 세율은 금액으로 표시된다.

제3절 조세의 용어정리

(1) 표준세율
표준세율이란 지방자치단체가 지방세를 부과할 경우에 통상 적용하여야 할 세율로서 재정상의 사유 또는 그 밖의 특별한 사유가 있는 경우에는 이에 따르지 아니할 수 있는 세율을 말한다.

(2) 납세의무자
납세의무자란 「지방세법」에 따라 지방세를 납부할 의무(지방세를 특별징수하여 납부할 의무는 제외한다)가 있는 자를 말한다.

(3) 납세자
납세자란 납세의무자(연대납세의무자와 제2차 납세의무자 및 보증인을 포함한다)와 「지방세법」에 따라 지방세를 특별징수하여 납부할 의무를 지는 자를 말한다.

> 연대납세의무자: 납세의무자가 납세에 관한 의무를 이행할 수 없는 경우에 해당 납세의무자와 관계 있는 자로 하여금 상호 연대하여 동일한 납세의무를 지는 자를 말한다.

(4) 제2차 납세의무자
제2차 납세의무자란 납세자가 납세의무를 이행할 수 없는 경우에 납세자를 갈음하여 납세의무가 있는 자를 말한다. 즉, 납세의무자에 갈음하여 납세의무를 보충적으로 지는 자를 말한다.

(5) 보증인
보증인이란 납세자의 지방세 또는 체납처분비의 납부를 보증한 자를 말한다.

(6) 특별징수
특별징수란 지방세를 징수할 때 편의상 징수할 여건이 좋은 자로 하여금 징수하게 하고 그 징수한 세금을 납부하게 하는 것을 말한다. 이는 국세의 원천징수와 유사한 개념이다.

> 원천징수: 세법에 의하여 원천징수의무자가 국세(이에 관계되는 가산세를 제외함)를 징수하는 것을 말한다.

(7) 특별징수의무자
특별징수의무자란 특별징수에 의하여 지방세를 징수하고 이를 납부할 의무가 있는 자를 말한다. 특별징수의무자는 납세의무자에 해당하지 않지만 납세자에는 해당한다.

(8) 법정신고기한

법정신고기한이란「지방세기본법」또는 지방세관계법에 따라 과세표준 신고서를 제출할 기한을 말한다.

> 📌 **용어**
> 1. 기간: 일정한 어느 시기부터 다른 어느 시기까지의 동안
> 2. 기한: 기간이 끝나는 시점 또는 약속의 시기로 법률행위의 효력발생 또는 소멸이나 채무이행을 위하여 정해진 일정한 시점

(9) 신고납부

신고납부란 납세의무자가 그 납부할 지방세의 과세표준과 세액을 신고하고 그 신고한 세금을 납부하는 것을 말한다.

(10) 보통징수

보통징수란 세무공무원이 납세고지서를 해당 납세자에게 발급하여 지방세를 징수하는 것을 말한다.

(11) 가산세

가산세란「지방세기본법」또는 지방세관계법에서 규정하는 의무의 성실한 이행을 확보하기 위하여 의무를 이행하지 아니할 경우에「지방세기본법」또는 지방세관계법에 따라 산출한 세액에 가산하여 징수하는 금액을 말한다.

(12) 지방자치단체의 징수금

지방자치단체의 징수금이란 지방세 및 체납처분비를 말한다.

(13) 체납처분비

체납처분비란「지방세징수법」의 체납처분에 관한 규정에 따른 재산의 압류·보관·운반과 매각에 드는 비용(매각을 대행시키는 경우 그 수수료를 포함한다)을 말한다.

> 📌 압류: 채무자의 특정재산을 개인적으로 처분하지 못하도록 강제하는 행위

(14) 공시송달

서류의 송달을 받아야 할 자가 다음의 어느 하나에 해당하는 경우에는 서류의 요지를 공고한 날부터 14일이 지나면 서류의 송달이 된 것으로 본다.
① 주소 또는 영업소가 국외에 있고 송달하기 곤란한 경우
　㉠ 주소 또는 영업소가 국외에 있고 송달 가능한 경우: 공시송달 제외
　㉡ 주소 또는 영업소가 국외에 있고 송달하기 곤란한 경우: 공시송달

② 주소 또는 영업소가 분명하지 아니한 경우

> 🔨 용어
> 1. 주소: 주소라 함은 생활의 근거가 되는 곳을 말하며, 이는 생계를 같이 하는 가족 및 자산의 유무 등 생활관계의 객관적 사실에 따라 판정한다. 이 경우 주소가 2 이상인 때에는 「주민등록법」상 등록된 곳을 말한다.
> 2. 거소: 거소라 함은 다소의 기간 계속하여 거주하는 장소로서 주소와 같이 밀접한 일반적 생활관계가 발생하지 아니하는 장소를 말한다.
> 3. 동거인: 동거인이라 함은 송달을 받을 자와 동일장소 내에서 공동생활을 하고 있는 자를 말하며, 생계를 같이 하는 것을 요하지 않는다.
> 4. 송달: 법원이 당사자나 기타 이해관계인에게 소송 관계 서류를 법률이 정한 절차에 따라 보내는 것을 말한다.

③ 지방자치단체의 조례에서 정하는 방법으로 송달하였으나 받을 사람이 없는 것으로 확인되어 반송되는 다음의 경우

　㉠ 서류를 우편으로 송달하였으나 받을 사람이 없는 것으로 확인되어 반송됨으로써 납부기한 내에 송달하기 곤란하다고 인정되는 경우

　㉡ 세무공무원이 2회 이상 납세자를 방문[처음 방문한 날과 마지막 방문한 날 사이의 기간이 3일(기간을 계산할 때 공휴일 및 토요일은 산입하지 않는다) 이상이어야 한다]하여 서류를 교부하려고 하였으나 받을 사람이 없는 것으로 확인되어 납부기한 내에 송달하기 곤란하다고 인정되는 경우

> 🔨 유치송달: 송달 서류를 받을 사람이 정당한 사유 없이 받기를 거부하는 경우에 송달할 장소에 서류를 두는 방법으로 송달하는 방법이다.

(15) 유통과세(流通課稅)

개인이나 법인이 유형·무형의 재산을 취득하거나 양도를 하였을 경우 과세하는 것을 유통과세라 말한다.

(16) 보유과세(保有課稅)

개인이나 법인이 유형·무형의 재산을 보유함으로써 과세대상이 되는 경우를 보유과세라 말한다.

(17) 면세점

면세점(免稅點)이란 과세표준금액이 일정금액 이하에 대해 과세하지 않는다고 정할 때의 그 금액을 말한다.

(18) 소액징수면제

소액징수면제란 징수할 세액이 일정금액에 미달할 경우에는 이를 징수하지 아니하는 것을 말한다.

제2장 납세의무

제1절 납세의무의 성립

(1) 지방세의 납세의무 성립시기

납세의무는 「지방세법」이 정하는 과세요건의 충족, 즉 특정의 시기에 특정사실 또는 상태가 존재함으로써 과세대상(물건 또는 행위)이 납세의무자에게 귀속됨으로써 세법이 정하는 바에 따라 과세표준의 산정 및 세율의 적용이 가능하게 되는 때에 성립한다.

① 취득세: 과세물건을 취득하는 때
② 등록면허세: 재산권과 그 밖의 권리를 등기하거나 등록하는 때
③ 재산세: 과세기준일(6월 1일)

> 과세기준일: 과세할 때 기준으로 정하는 날

④ 주민세
　㉠ 개인분 및 사업소분: 과세기준일(7월 1일)
　㉡ 종업원분: 종업원에게 급여를 지급하는 때
⑤ 지방교육세: 과세표준이 되는 세목의 납세의무가 성립하는 때
⑥ 특별징수하는 지방소득세: 과세표준이 되는 소득에 대하여 소득세·법인세를 원천징수하는 때
⑦ 수시로 부과하여 징수하는 지방세: 수시부과할 사유가 발생하는 때
⑧ 자동차세
　㉠ 자동차 소유에 대한 자동차세: 납기가 있는 달의 1일
　㉡ 자동차 주행에 대한 자동차세: 그 과세표준이 되는 교통·에너지·환경세의 납세의무가 성립하는 때
⑨ 지방소득세: 과세표준이 되는 소득에 대하여 소득세·법인세의 납세의무가 성립하는 때
⑩ 지방소비세: 「국세기본법」에 따른 부가가치세의 납세의무가 성립하는 때

(2) 국세의 납세의무 성립시기

　① 소득세
　　㉠ 확정신고: 과세기간(1월 1일부터 12월 31일까지)이 끝나는 때
　　㉡ 예정신고: 과세표준이 되는 금액이 발생한 달의 말일
　　㉢ 중간예납: 중간예납기간(1월 1일부터 6월 30일까지)이 끝나는 때
　　㉣ 원천징수: 소득금액을 지급하는 때
　② 종합부동산세: 과세기준일(6월 1일)
　③ 상속세: 상속이 개시되는 때
　④ 증여세: 증여에 의하여 재산을 취득하는 때
　⑤ 농어촌특별세: 본세의 납세의무가 성립하는 때
　⑥ 수시부과(隨時賦課)하여 징수하는 국세: 수시부과할 사유가 발생한 때

제2절　납세의무의 확정

1 납세의무 확정

(1) 신고납부 세목

과세표준과 세액을 납세의무자가 정부에 신고하는 때에 확정된다. 이에는 양도소득세, 종합부동산세(납세의무자가 과세표준과 세액을 정부에 신고하는 경우에 한정한다), 취득세, 등록면허세 등이다.

(2) 보통징수 세목

과세표준과 세액을 정부가 결정하는 때에 확정된다. 이에는 종합부동산세, 재산세, 자동차세 등이다.

(3) 납세의무자가 과세표준과 세액의 신고를 하지 아니하거나 신고한 과세표준과 세액이 세법에서 정하는 바와 맞지 아니한 경우

정부가 과세표준과 세액을 결정하거나 경정하는 때에 확정된다.

　🔨 용어
　　1. 결정: 납세의무자가 과세표준을 신고하지 아니하는 경우 정부가 조사하여 확인하는 처분을 말한다.
　　2. 경정: 신고한 내용에 대해 정부가 그 신고내용에 오류가 있는 경우 이를 바로잡는 것을 말한다.

2 가산세

(1) 의의

가산세란 의무의 성실한 이행을 확보하기 위하여 의무를 이행하지 아니할 경우에 산출한 세액에 가산하여 징수하는 금액을 말한다.

(2) 특징

① 세법상 각종 협력의무의 위반에 대하여 가해지는 행정벌(벌과금의 성격)이다.
② 가산세는 해당 의무가 규정된 세법의 해당 국세 또는 지방세의 세목으로 한다.
③ 해당 국세 또는 지방세를 감면하는 경우에 가산세는 그 감면하는 국세 또는 지방세에 포함시키지 아니한다.
④ 가산세는 납부할 세액에 가산하거나 환급받을 세액에서 공제한다.

(×)	과세표준
	세율
	산출세액
(−)	세액감면
(−)	세액공제
	결정세액
(+)	가산세
	총결정세액
(+)	감면분추가납부세액

📎 **용어**
1. 세목: 조세의 종류에 따른 항목을 말한다.
2. 감면: 세금을 일정하게 줄이거나 면제(지지 않게 하다)하는 것을 말한다.

(3) 가산세 종류

종류		가산세율
과소신고가산세	일반 과소신고	과소신고납부세액의 100분의 10
	부정 과소신고	부정과소신고납부세액의 100분의 40
무신고가산세	일반 무신고	무신고납부세액의 100분의 20
	부정 무신고	무신고납부세액의 100분의 40

📎 사기 그 밖의 부정한 행위: 조세범칙조사를 통하지 않더라도 조세의 부과와 징수를 불가능하게 하거나 현저히 곤란하게 하는 위계 그 밖에 부정한 적극적 행위를 함으로써 국세 또는 지방세를 포탈하거나 환급·공제받는 것을 말한다.

제3절 납세의무의 소멸

1 소멸사유

(1) 소멸사유에 해당

지방자치단체의 징수금을 납부할 의무는 다음의 어느 하나에 해당하는 때에 납세의무는 소멸한다.

① 납세의무 실현으로 소멸하는 경우: 납부·충당
② 납세의무 미실현된 상태에서 소멸하는 경우: 부과의 취소, 지방세를 부과할 수 있는 기간 내에 지방세가 부과되지 아니하고 그 기간이 만료되었을 때, 지방자치단체의 징수금의 지방세징수권 소멸시효가 완성되었을 때

> **용어**
> 1. 충당: 납세의무자에게 환급할 지방세환급금과 해당 납세의무자가 납부할 지방세 및 체납처분비 상당액을 서로 상계시켜 지방세 세입으로 하는 것을 말한다.
> 2. 취소: 일정한 근거를 이유로 하여, 유효하게 성립한 법률 행위의 효력을 원칙적으로 소급하여 소멸시키는 의사 표시를 말한다.
> 3. 부과권: 국가나 지방자치단체가 법에 따라 국세 또는 지방세를 납세의무자에게 부담하게 하는 권한을 말한다.
> 4. 징수권: 이미 확정된 납세의무에 관하여 국가나 지방자치단체가 납세고지·독촉·체납처분 등에 의하여 그 이행을 청구하고 강제할 수 있는 권리를 말한다.

(2) 소멸사유에 해당하지 않는 경우

① 납세의무자의 사망: 상속인에게 승계되기 때문에 납세의무가 소멸되지 않는다.
② 부과철회: 납세자의 주소·거소·영업소의 불명으로 인하여 납세고지를 송달할 수 없을 때에는 징수를 유예할 수 있으며 송달불능으로 징수를 유예한 세금의 징수를 확보할 수 없다고 인정하는 때에는 그 부과의 결정을 철회할 수 있다.
③ 법인의 합병: 합병법인에게 승계되기 때문에 납세의무가 소멸되지 않는다.
④ 결손처분: 체납자의 재산이 없다는 것이 판명되어 징수할 가망이 없다고 인정되는 사유로 결손처분을 한 이후에 다른 재산을 취득하는 경우 결손처분을 취소하고 체납처분을 할 수 있기 때문에 납세의무가 소멸되지는 않는다.

> **용어**
> 1. 철회: 이미 제출하였던 것이나 주장하였던 것 따위를 도로 거두어들이는 것을 말한다.
> 2. 합병법인: 두 법인이 합병하는 경우에 합병 당사 중 합병으로 존속하는 법인을 합병법인이라 하고, 소멸하는 법인을 피합병법인이라 말한다.
> 3. 체납처분: 국가 또는 지방자치단체가 조세 등을 체납한 사람의 재산을 압류(법에 의하여 개인적으로 재산을 처분하지 못하도록 강제하는 것)하고 공매(관공서에서 강제집행)에 부쳐 납부액을 강제로 징수하는 행정처분을 말한다.

2 부과권의 제척기간

(1) 개념

제척기간이란 일정한 권리의 법정존속기간이다. 즉, 지방자치단체가 결정, 경정결정, 재경정결정, 부과취소를 할 수 있는 기간을 의미한다.

> 🔨 **용어**
> 1. 경정결정: 납세자가 제출한 신고서의 과세표준액이나 세액 등이 세무서 조사와 다를 경우에 세무서장이 조사한 바에 따라 잘못을 고치는 것을 말한다.
> 2. 재경정결정: 세무서장이 조사한 바에 따라 잘못을 고쳤는데 또 다른 잘못이 있어 다시 고치는 것을 말한다.

(2) 지방세 제척기간

지방세는 부과할 수 있는 날부터 다음에 정하는 기간이 만료되는 날까지 부과하지 아니한 경우에는 부과할 수 없다.

구분	제척기간
납세자가 사기나 그 밖의 부정한 행위로 지방세를 포탈하거나 환급·공제 또는 감면받은 경우	10년
상속 또는 증여[부담부(負擔附) 증여를 포함한다]를 원인으로 취득하여 지방세를 법정신고기한까지 과세표준 신고서를 제출하지 아니한 경우	10년
명의신탁 약정으로 실권리자가 사실상 취득하여 법정신고기한까지 과세표준 신고서를 제출하지 아니한 경우	10년
납세자가 법정신고기한까지 과세표준 신고서를 제출하지 아니한 경우	7년
과소신고, 신고한 경우	5년

3 징수권의 소멸시효

(1) 개념 및 취지

① 징수권: 이미 확정된 납세의무에 관하여 지방자치단체가 납세고지·독촉·체납처분 등에 의하여 그 이행을 청구하고 강제할 수 있는 권리를 말한다.

> 🔨 **용어**
> 1. 독촉: 조세가 납부기한까지 납부되지 않을 경우에 강제로 징수할 뜻을 알리는 행위를 말한다.
> 2. 체납처분: 국가 또는 지방자치단체가 국세 또는 지방세를 체납한 사람의 재산을 압류하고 공매에 부쳐 납부액을 강제로 징수하는 행정처분을 말한다.
> 3. 공매: 압류한 재산이나 물건 따위를 공공 기관이 일반인에게 입찰이나 경매 등의 방법으로 파는 것을 말한다.

② 소멸시효: 지방자치단체가 징수권을 일정기간 행사하지 않는 경우 그 징수권을 소멸시키는 제도를 의미하는 것이다.

(2) 소멸시효의 기간

① 가산세를 제외한 지방세의 금액이 5천만원 이상인 경우: 10년
② 가산세를 제외한 지방세의 금액이 5천만원 미만인 경우: 5년

(3) 시효의 중단

① 의의: 시효가 완성되기 전에 권리행사로 볼만한 사실이 생기면 그때까지 진행된 시효기간은 효력을 상실하고 중단사유 종료일부터 새로 시효가 진행하는 것을 말한다.
② 중단사유: 납세고지·독촉 또는 납부최고·교부청구·압류

> **용어**
> 1. 최고: 다른 사람에게 일정한 행위를 할 것을 요구하는 통지를 보는 것을 말한다.
> 2. 교부청구: 체납자의 재산에 대하여 다른 기관에서 강제환가절차가 개시된 경우에 동일재산에 대한 중복압류(重複押留)를 피하고, 해당 재산의 환가대금 중에서 조세채권징수의 목적을 달성하기 위하여 관계집행기관에 대하여 그 배당을 요구하는 강제징수절차를 말한다.

(4) 시효의 정지

① 의의: 일정한 사유가 있는 경우 시효의 진행을 일시 멈추게 하고, 그 사유가 해제된 때로부터 다시 계속하여 나머지 기간만 진행하면 완성되도록 하는 것을 말한다.
② 정지사유: 분할납부기간·징수유예기간·연부기간·체납처분유예기간·사해행위취소의 소송을 제기하여 그 소송이 진행 중인 기간(소송이 각하·기각 또는 취하된 경우에는 효력이 없다)·채권자대위 소송을 제기하여 그 소송이 진행 중인 기간(소송이 각하·기각 또는 취하된 경우에는 효력이 없다)·체납자가 국외에 6개월 이상 계속 체류하는 경우 해당 국외 체류기간

> **용어**
> 1. 징수유예: 자연재해와 같이 일정한 조건이 있는 경우, 자금 부담을 완화할 목적으로 납부해야 할 세금을 일정기간 연장해 주는 것을 말한다.
> 2. 연부: 납부하여야 할 세금을 매년 일정씩 나누어서 내는 것을 말한다.
> 3. 체납처분유예: 체납처분 대상인 납세자에게 특별한 사정이 있는 경우, 압류나 매각을 일시적으로 미루어 주는 제도를 말한다.
> 4. 사해행위: 채무자가 고의로 자신의 재산을 감소시키거나 채무액을 늘려서 채권자에게 빚을 갚기 어려운 상태로 만드는 행위를 말한다.
> 5. 각하: 소송이 제대로 된 요건을 갖추지 못했을 때 해당 사안에 대한 구체적인 심리 없이 사건을 끝내는 재판을 말한다.
> 6. 기각: 소의 신청의 내용을 재판에서 이유가 없다고 하여 배척하는 것을 말한다.
> 7. 취하: 신청하였던 일이나 제출하였던 서류 따위를 도로 거두어들이는 것을 말한다.
> 8. 채권자대위 소송: 채권자가 자신의 채권을 보전하고자 채무자의 권리를 대신 행사할 수 있는 권리를 근거로 한 소송을 말한다.

제 2 편

본영

지방세

제1장 | 취득세

제2장 | 등록면허세

제3장 | 재산세

제1장 취득세

제1절 개요 및 과세대상물

1 개요

취득세는 열거된 과세대상물을 사실상 취득하는 경우 그 취득사실 자체를 과세대상으로 하여 사실상 취득자가 취득일로부터 60일[증여(부담부증여 포함)로 인한 경우는 취득일이 속하는 달의 말일부터 3개월, 상속으로 인한 경우는 상속개시일이 속하는 달의 말일부터 6개월(외국에 주소를 둔 상속인이 있는 경우에는 9개월)] 이내에 납세지 관할 지방자치단체에 신고하고 납부하는 지방세이다.

2 취득의 범위

1. 취득의 개념

(1) 취득의 정의

과세대상물건에 대한 소유권을 주장하는 것으로 취득자가 소유권이전등기·등록 등 완전한 내용의 소유권을 취득하는가의 여부에 관계없이 사실상의 취득행위(잔금지급, 연부금완납 등) 그 자체를 말한다.

> 연부: 매매계약서상 연부계약 형식을 갖추고 일시에 완납할 수 없는 대금을 2년 이상에 걸쳐 일정액씩 분할하여 지급하는 것을 말한다.

(2) 취득의 특징

① 취득이란 매매, 교환, 상속, 증여, 기부, 법인에 대한 현물출자, 건축, 개수(改修), 공유수면의 매립, 간척에 의한 토지의 조성 등과 그 밖에 이와 유사한 취득으로서 원시취득(수용재결로 취득한 경우 등 과세대상이 이미 존재하는 상태에서 취득하는 경우는 제외한다), 승계취득 또는 유상·무상의 모든 취득을 말한다.

> 용어
> 1. 현물출자: 주주가 금전 이외의 현물을 출자하는 것을 말함
> 2. 개수: 건물 등을 개조하거나 수리하여 바로잡거나 다시 만듦

3. 공유수면매립: 국가나 공공단체의 소유인 바다, 강, 하천 등의 수면을 국가의 면허를 얻어 매립하는 일
4. 간척: 바다나 호수 주위에 둑을 쌓고 그 안의 물을 빼내어 육지나 경지(땅을 갈아 곡식이나 채소 따위를 심어 가꾸는 땅)로 만듦
5. 수용재결: 공익을 위하여 국가의 명령으로 특정물의 권리나 소유권을 강제로 징수하여 국가나 제3자의 소유로 옮기는 처분에 대한 행정부 내 위원회의 사법적 판단

② 「민법」 등 관계 법령에 따른 등기·등록 등을 하지 아니한 경우라도 사실상 취득하면 각각 취득한 것으로 보고, 해당 취득물건의 소유자 또는 양수인을 각각 취득자로 한다.

2. 취득의 유형

(1) 원시취득

존재하지 않았던 소유권을 새로 창출시켜 특정인에게 배타적인 권리가 주어지는 것을 원시취득(신축, 공유수면매립, 간척에 의한 토지의 조성)이라 한다.

🔨 용어
1. 배타적: 한 개인이나 집단의 입장에 서서 그 외의 사람이나 집단을 제외하거나 배척하는 것을 말한다.
2. 공유수면매립: 국가나 공공단체의 소유인 바다, 강, 하천 등의 수면을 국가의 면허를 얻어 매립하는 일을 말한다.

(2) 승계취득

이미 존재하고 있던 권리(소유권) 등을 유상으로 보상하여 주거나, 권리(소유권)를 무상으로 취득하는 것을 승계취득(承繼取得)이라 말한다. 승계취득에는 유상승계취득(매매, 교환, 현물출자, 대물변제)과 무상승계취득(상속, 유증, 증여, 기부)이 있다.

🔨 용어
1. 현물출자: 주주가 금전 이외의 현물을 출자하는 것을 말한다.
2. 대물변제: 채무자가 부담하고 있는 본래의 급부에 갈음하여 다른 급부를 함으로써 기존 채권을 소멸시키는 채권자와 변제자 간 계약을 말한다.
3. 유증: 유언자가 유언에 의해 재산을 타인에게 무상으로 증여하는 단독행위를 말한다.

(3) 의제취득

사회통념상 원시취득에 해당하지 않지만 사실상 취득으로 보도록 법률에 의하여 의제(擬制)된 것을 의제취득이라 말한다.

🔨 용어
1. 의제: 사실은 그렇지 않은 경우에도 분쟁을 방지하고 법률적용을 명확히 하기 위하여 법령으로 그렇다고 의제하여 버리는 것을 말한다. 그러므로 의제되는 것에 대하여는 법령상 확정된 것이므로 반대증거를 제출하더라도 법률적 효과를 소멸시킬 수 없다.
2. 추정(推定): 어느 쪽인지 증거가 분명하지 않을 경우에 그러리라고 판단을 내려놓은 것을 말한다. 그러므로 당사자가 반대증거를 제출할 경우에는 추정된 사실에 대한 법률적 효과가 소멸된다.

3 과세대상물(과세객체)

(1) 취득세는 부동산, 차량, 기계장비, 항공기, 선박, 입목, 광업권, 어업권, 양식업권, 골프회원권, 승마회원권, 콘도미니엄회원권, 종합체육시설이용회원권 또는 요트회원권을 취득한 자에게 부과한다.

구분		과세대상물
유형재산	부동산 (토지 및 건축물)	① 토지: 「공간정보의 구축 및 관리 등에 관한 법률」에 따라 지적공부(地籍公簿)의 등록대상이 되는 토지와 그 밖에 사용되고 있는 사실상의 토지 ② 건축물: 「건축법」의 규정에 의한 건축물(이와 유사한 형태의 건축물을 포함한다)과 토지에 정착하거나 지하 또는 다른 구조물에 설치하는 레저시설, 저장시설, 도크(dock)시설, 접안시설, 도관시설, 급수·배수시설, 에너지 공급시설 및 그 밖에 이와 유사한 시설(이에 딸린 시설을 포함한다)
	부동산에 준하는 것	차량·기계장비·항공기·선박·입목
무형재산	권리	광업권, 어업권, 양식업권
	회원권 및 시설이용권	골프회원권·승마회원권·콘도미니엄회원권·종합체육시설이용회원권·요트회원권

🔍 용어
1. 도크시설: 인공적으로 막은 저수지로 선박들의 점검과 수리를 위해 설치해놓은 것을 말한다.
2. 입목: 토지에 부착된 수목의 집단으로서 그 소유자가 입목에 관한 법률에 의해 소유권보존등기를 받은 것을 말한다. 입목은 토지와는 독립된 부동산으로 본다.
3. 광업권: 광물을 채굴 및 취득하는 권리를 말한다.
4. 어업권: 국가가 구획한 일정한 수면에 대해 면허를 받아 어업을 경영할 수 있는 권리를 말한다.
5. 양식업권: 양식업(수산동식물을 양식하는 사업)의 면허를 받아 양식업을 경영할 수 있는 권리를 말한다.
6. 지적공부: 토지에 대한 물리적 현황과 법적권리관계, 의무사항과 제한사항을 등록·공시하는 국가의 공적장부이다.
7. 공시: 국가나 공공단체가 일정한 사항을 일반인에게 널리 알리는 것을 말한다.
8. 등록: 허가나 인정을 받기 위해 단체나 기관 따위의 문서에 이름을 올리는 것을 말한다.
9. 과세객체: 세금을 매기는 대상이 되는 물건을 말한다.

(2) 부동산, 차량, 기계장비 또는 항공기는 특별한 규정이 있는 경우를 제외하고는 해당 물건을 취득하였을 때의 사실상의 현황에 따라 부과한다. 취득하였을 때의 사실상 현황이 분명하지 아니한 경우에는 공부(公簿)상의 등재 현황에 따라 부과한다.

🔍 용어
1. 공부(公簿): 관공서가 법령의 규정에 따라 작성·비치하는 장부를 말한다.
2. 등재: 일정한 사항을 장부나 대장에 올리는 것을 말한다.

제2절 　납세의무자

(1) 건축물의 부속설비나 부대설비

건축물 중 조작(造作: 부속물) 설비, 그 밖의 부대설비에 속하는 부분으로서 그 주체구조부(主體構造部)와 하나가 되어 건축물로서의 효용가치를 이루고 있는 것에 대하여는 주체구조부 취득자 외의 자가 가설(加設)한 경우에도 주체구조부의 취득자가 함께 취득한 것으로 본다.

> **용어**
> 1. 주체구조부: 건축물의 내력벽 기둥, 바닥, 보(칸과 칸 사이의 두 기둥을 건너지르는 나무), 지붕틀과 같이 해당 건축물의 구조 및 안전 측면에서 중요한 역할을 하는 부분을 말한다.
> 2. 가설(加設): 이미 되어 있는 시설에 더 설치하는 것을 말한다.
> 3. 효용가치(效用價値): 사람이 느끼는 만족도를 객관적인 수치로 나타낸 것을 말한다.

(2) 토지의 지목변경

토지의 지목을 사실상 변경함으로써 그 가액이 증가한 경우에는 사실상으로 지목이 변경된 시점의 해당 토지의 소유자를 납세의무자로 본다.

> **용어**
> 1. 지목(地目): 토지의 주된 용도에 따라 토지의 종류를 구분하여 지적공부(地籍公簿)에 등록한 것을 말한다.
> 2. 지번(地番): 지적공부에 등록한 토지(필지)에 붙이는 번호로서, 호적에서 사람의 주민등록번호와 유사한 것이다.

(3) 상속으로 인한 취득

① 상속(피상속인이 상속인에게 한 유증 및 포괄유증과 신탁재산의 상속을 포함한다)으로 인하여 취득하는 경우에는 상속인 각자가 상속받는 취득물건(지분을 취득하는 경우에는 그 지분에 해당하는 취득물건을 말한다)을 취득한 것으로 본다.
② 공동상속의 경우에는 공유자가 연대하여 납부할 의무를 진다.

> **용어**
> 1. 유증: 유언자가 유언에 의하여 그 재산상 이익을 수유자에게 무상으로 증여하는 단독행위
> 2. 포괄유증: 상속 재산의 전부를 주거나 일정한 비율로 나누어주는 유증
> 3. 신탁재산: 수탁자가 위탁자로부터 이전 받아 신탁 목적에 따라 관리하고 처분할 수 있는 재산

(4) 조합주택용 부동산의 취득

① 「주택법」에 따른 주택조합과 「도시 및 주거환경정비법」 및 「빈집 및 소규모주택 정비에 관한 특례법」에 따른 주택재건축조합 및 소규모재건축조합이 해당 조합원용으로 취득하는 조합주택용 부동산은 그 조합원이 취득한 것으로 본다.
② 조합원에게 귀속되지 아니하는 부동산은 제외한다.

(5) 배우자 또는 직계존비속의 부동산 등을 취득

배우자 또는 직계존비속의 부동산 등을 취득하는 경우에는 증여로 취득한 것으로 본다. 다만, 다음의 어느 하나에 해당하는 경우에는 대가 지급사실이 객관적으로 증명되는 경우로 유상으로 취득한 것으로 본다.

① 공매(경매를 포함한다)를 통하여 부동산 등을 취득한 경우
② 파산선고로 인하여 처분되는 부동산 등을 취득한 경우

> **용어**
> 1. 공매(公賣): 압류한 재산이나 물건 따위를 공공기관이 일반인에게 입찰이나 경매 등의 방법으로 파는 것으로 경매를 국가기관이 행하는 것을 공매라고 한다.
> 2. 파산선고(破産宣告): 파산 법원이 채권자 또는 채무자의 신청에 의하여 채무자의 파산 원인을 인증하고 그에게 파산의 결정을 내리는 선고를 말한다.

③ 권리의 이전이나 행사에 등기 또는 등록이 필요한 부동산 등을 서로 교환한 경우
④ 해당 부동산 등의 취득을 위하여 그 대가를 지급한 사실이 다음의 어느 하나에 의하여 증명되는 경우
　㉠ 그 대가를 지급하기 위한 취득자의 소득이 증명되는 경우
　㉡ 소유재산을 처분 또는 담보한 금액으로 해당 부동산을 취득한 경우
　㉢ 이미 상속세 또는 증여세를 과세(비과세 또는 감면받은 경우를 포함한다)받았거나 신고한 경우로서 그 상속 또는 수증 재산의 가액으로 그 대가를 지급한 경우
　㉣ ㉠부터 ㉢까지에 준하는 것으로서 취득자의 재산으로 그 대가를 지급한 사실이 입증되는 경우

> **용어**
> 1. 비과세: 정부가 과세권을 포기하여 세금을 부과하지 않는 것을 말한다.
> 2. 감면: 일정한 요건에 해당하는 경우 세금을 줄이거나 면제하는 것을 말한다.
> 3. 수증: 재산 증여에 의하여 받은 재산을 말한다.

(6) 증여자의 채무를 인수하는 부담부(負擔附)증여

증여자의 채무를 인수하는 부담부증여의 경우에는 그 채무액에 상당하는 부분은 부동산 등을 유상으로 취득하는 것으로 본다. 다만, 배우자 또는 직계존비속으로부터의 부동산 등의 부담부증여의 경우에는 원칙적으로 증여로 보는데 채무인수 사실이 객관적으로 증명되는 경우 유상취득으로 인정한다.

> **용어**
> 1. 부담부증여(負擔附贈與): 증여를 받는 사람에게 일정한 급부(給付)를 할 의무를 부담하게 하는 증여를 말한다. 즉, 증여를 받은 사람이 일정한 채무(債務)의 의무를 지게 하는 증여이다.
> 2. 인수: 물건이나 권리 따위를 넘겨받는 것을 말한다.
> 3. 직계존비속(直系尊卑屬): 혈연을 통해 친자 관계가 직접적으로 이어져 있는 존속과 비속을 아울러 이르는 말이다. 형제나 자매는 직계존비속에 속하지 않는다.

제3절 　 납세절차

1 납세지

(1) **부동산**: 부동산 소재지

(2) **차량**
「자동차관리법」에 따른 등록지. 다만, 등록지가 사용본거지와 다른 경우에는 사용본거지를 납세지로 하고, 철도차량의 경우에는 해당 철도차량의 청소, 유치(留置), 조성, 검사, 수선 등을 주로 수행하는 철도차량기지의 소재지를 납세지로 한다.

(3) **기계장비**: 「건설기계관리법」에 따른 등록지

(4) **항공기**: 항공기의 정치장(定置場) 소재지

(5) **선박**: 선적항 소재지

(6) **입목**: 입목 소재지

(7) **광업권**: 광구 소재지

(8) **어업권, 양식업권**: 어장 소재지

(9) **골프회원권, 승마회원권, 콘도미니엄회원권, 종합체육시설이용회원권 또는 요트회원권**: 골프장·승마장·콘도미니엄·종합체육시설 및 요트보관소의 소재지

(10) 납세지가 분명하지 아니한 경우에는 해당 취득물건의 소재지를 그 납세지로 한다.

> **용어**
> 1. 납세지(納稅地): 납세의무를 이행하여야 할 곳으로 지정된 장소
> 2. 정치장(定置場): 항공기 등록지로 차고지와 비슷한 개념이다.
> 3. 광구(鑛區): 광물을 채굴 또는 시굴하도록 허가한 일정 범위의 구역을 말한다.

2 신고납부

(1) **납세절차**
① 일반적인 경우: 취득세 과세물건을 취득한 자는 그 취득한 날(토지거래계약에 관한 허가구역에 있는 토지를 취득하는 경우로서 토지거래계약에 관한 허가받기 전에 거래대금을 완납한 경우에는 그 허가일이나 허가구역 지정 해제일 또는 축소일)로부터 60일 이내에 과세표준에 세율을 적용하여 산출한 세액을 신고하고 납부하여야 한다.

② 증여(부담부증여를 포함한다)로 인한 경우: 취득일이 속하는 달의 말일부터 3개월 이내에 과세표준에 세율을 적용하여 산출한 세액을 신고하고 납부하여야 한다.

③ 상속에 의한 경우: 상속개시일이 속하는 달의 말일부터 실종선고로 인한 경우에는 실종선고일이 속하는 달의 말일부터 각각 6개월(상속인 중 1인 이상이 외국에 주소를 둔 경우 9개월) 이내에 과세표준에 세율을 적용하여 산출한 세액을 신고하고 납부하여야 한다.

④ 신고·납부기한 이내에 재산권과 그 밖의 권리의 취득·이전에 관한 사항을 공부(公簿)에 등기하거나 등록[등재(登載)를 포함한다]하려는 경우: 등기 또는 등록 신청서를 등기·등록관서에 접수하는 날까지 취득세를 신고·납부하여야 한다.

> 🔨 **용어**
> 1. 공부(公簿): 관청이나 관공서에서 법규에 따라 작성·비치하는 장부를 말한다.
> 2. 실종선고: 실종선고의 요건은 부재자의 생사가 불분명하고 그 불분명 상태가 일정기간(보통실종은 5년, 특별실종은 1년) 동안 계속되어야 하며 이해관계인이나 검사의 청구가 있어야 한다.

⑤ 대위신고: 「부동산등기법」에 따라 채권자대위권에 의한 등기신청을 하려는 채권자는 납세의무자를 대위하여 부동산의 취득에 대한 취득세를 신고납부할 수 있다. 이 경우 지방자치단체의 장은 채권자대위자의 신고납부가 있는 경우 납세의무자에게 그 사실을 즉시 통보하여야 한다.

(2) 추가 신고납부

① 비과세 감면 배제시 납부방법: 「지방세법」 또는 다른 법령에 따라 취득세를 비과세, 과세면제 또는 경감받은 후에 해당 과세물건이 취득세 부과대상 또는 추징대상이 되었을 때에는 그 사유발생일부터 60일 이내에 해당 과세표준에 세율을 적용하여 산출한 세액[경감받은 경우에는 이미 납부한 세액(가산세는 제외한다)을 공제한 세액을 말한다]을 신고하고 납부하여야 한다.

> 🔨 **용어**
> 1. 비과세: 정부가 과세권을 포기하여 세금을 매기지 않는 것을 말한다.
> 2. 과세면제: 세금을 부과해야 될 사람이나 물건에 대해 특정한 이유로 과세를 면제하는 것을 말한다.

② 취득 후 중과세된 경우: 취득세 과세물건을 취득한 후에 그 과세물건이 중과세 세율의 적용대상이 되었을 때에는 중과세 대상이 된 날부터 60일 이내에 중과세율을 적용하여 산출한 세액에서 이미 납부한 세액(가산세는 제외한다)을 공제한 금액을 세액으로 하여 신고하고 납부하여야 한다.

> 🔨 중과세: 보통 세금의 비율보다 더 많이 부과하는 세금을 말한다.

3 보통징수와 가산세

(1) 부족세액의 추징

① 다음의 어느 하나에 해당하는 경우에는 산출세액 또는 그 부족세액에 「지방세기본법」의 규정에 따라 산출한 가산세를 합한 금액을 세액으로 하여 보통징수의 방법으로 징수한다.

㉠ 취득세 납세의무자가 신고 또는 납부의무를 다하지 아니하는 경우

㉡ 일시적 2주택으로 신고하였으나 신규 주택(종전 주택 등이 조합원입주권 또는 주택분양권인 경우에는 해당 입주권 또는 주택분양권에 의한 주택)을 취득한 날부터 3년 이내에 종전 주택(신규 주택이 조합원입주권 또는 주택분양권에 의한 주택이거나 종전 주택 등이 조합원입주권 또는 주택분양권인 경우에는 신규 주택을 포함한다)을 처분하지 못하여 1주택으로 되지 아니한 경우

> 🔍 용어
> 1. 보통징수: 세무공무원이 납세고지서를 해당 납세자에게 발급하여 지방세를 징수하는 것을 말한다.
> 2. 가산세: 법에서 규정하는 의무의 성실한 이행을 확보하기 위하여 의무를 이행하지 아니할 경우에 산출한 세액에 가산하여 징수하는 금액을 말한다.
> 3. 조합원입주권: 재개발 구역 내 보유 지분(토지)을 가진 사람이 조합원 분양을 받을 수 있는 권리를 의미한다.
> 4. 주택분양권(住宅分讓券): 「주택법」에 의한 사업 계획 승인을 얻어 건설하는 주택을 분양받을 수 있는 권리를 말한다.

② 납세의무자가 신고기한까지 취득세를 시가인정액으로 신고한 후 지방자치단체의 장이 세액을 경정하기 전에 그 시가인정액을 수정신고한 경우에는 무신고가산세 및 과소신고가산세에 따른 가산세를 부과하지 아니한다.

> 🔍 용어
> 1. 시가인정액: 취득일 6개월 전부터 취득 후 3개월 이내의 기간에 매매, 감정(둘 이상의 감정기관이 평가한 감정가액), 경매, 공매로 인한 평가 또는 확인된 금액을 말한다.
> 2. 경정: 신고액이 너무 적을 때, 정부가 과세표준과 과세액을 바꾸는 것을 말한다.
> 3. 수정신고: 납세의무자가 신고 기한 내에 신고를 하였으나 그 내용에 오류가 있을 경우에, 이를 수정하여 기한 내에 다시 신고하는 것을 말한다.

(2) 가산세

종류		가산세율
과소신고가산세	일반 과소신고	과소신고납부세액의 100분의 10
	부정 과소신고	부정과소신고납부세액의 100분의 40
무신고가산세	일반 무신고	무신고납부세액의 100분의 20
	부정 무신고	무신고납부세액의 100분의 40

제2장 등록면허세

제1절 의의 및 등록

1 의의

등록에 대한 등록면허세는 재산권과 그 밖의 권리의 설정·변경 또는 소멸에 관한 사항을 공부에 등기하거나 등록하는 경우에 그 등기·등록을 하는 자가 등기·등록을 하기 전까지 납세지를 관할하는 지방자치단체의 장에게 신고하고 납부하는 보통세인 지방세이다.

> **용어**
> 1. 설정: 확정된 권리 안에서 새로운 권리를 발생시키는 것을 말한다.
> 2. 등록: 법령의 규정에 따라 일정한 사항을 공증하여 법률적 보호를 받을 수 있도록 관청 장부에 기재하는 것을 말한다.

2 등록

(1) 등록이란 재산권과 그 밖의 권리의 설정·변경 또는 소멸에 관한 사항을 공부에 등기하거나 등록하는 것을 말한다.

(2) 취득을 원인으로 이루어지는 등기 또는 등록은 취득세로 과세하되, 다음에 해당하는 등기나 등록은 취득세 부과할 수 없는 경우로 등기나 등록을 하고자 하는 경우 등록면허세로 과세한다.
  ① 광업권, 어업권 및 양식업권의 취득에 따른 등록
  ② 외국인 소유의 취득세 과세대상 물건(차량, 기계장비, 항공기 및 선박만 해당한다)의 연부취득에 따른 등기 또는 등록
  ③ 취득세 부과제척기간이 경과한 후 해당 물건에 대한 등기 또는 등록
  ④ 취득세 면세점에 해당하는 물건의 등기 또는 등록

제2절 납세의무자

(1) 재산권과 그 밖의 권리의 설정·변경 또는 소멸에 관한 사항을 공부에 등기하거나 등록하는 경우에 그 등록을 하는 자가 등록면허세를 납부할 의무를 진다.

구분	납세의무자	구분	납세의무자
저당권설정등기	저당권자	지상권설정등기	지상권자
지역권설정등기	지역권자	경매신청등기	채권자
전세권설정등기	전세권자	가압류등기	채권자
저당권말소등기	저당권 설정자	가처분등기	채권자

> 등록을 하는 자: 재산권 기타 권리의 설정·변경 또는 소멸에 관한 사항을 공부에 등기 또는 등록을 받는 등기·등록부상에 기재된 명의자(등기권리자)를 말한다.

(2) 등기·등록이 된 이후 법원의 판결 등에 의해 그 등기 또는 등록이 무효 또는 취소가 되어 등기·등록이 말소된다 하더라도 이미 납부한 등록면허세는 과오납으로 환급할 수 없다.

제3절 납세절차

1 납세지

(1) **부동산 등기**: 부동산 소재지를 납세지로 한다.
(2) 같은 등록에 관계되는 재산이 둘 이상의 지방자치단체에 걸쳐 있어 등록면허세를 지방자치단체별로 부과할 수 없을 때에는 등록관청 소재지를 납세지로 한다.
(3) 같은 채권의 담보를 위하여 설정하는 둘 이상의 저당권을 등록하는 경우에는 이를 하나의 등록으로 보아 그 등록에 관계되는 재산을 처음 등록하는 등록관청 소재지를 납세지로 한다.
(4) 납세지가 분명하지 아니한 경우에는 등록관청 소재지를 납세지로 한다.

> 등록관청: 등기·등록 신청을 하는 자가 신청서를 제출해야 하는 관청을 말한다.

1 신고납부

(1) 일반적인 경우

① 등록을 하려는 자는 과세표준에 세율을 적용하여 산출한 세액을 등록을 하기 전까지 납세지를 관할하는 지방자치단체의 장에게 신고하고 납부하여야 한다.

② 신고를 하지 아니한 경우에도 등록면허세 산출세액을 등록하기 전까지 납부하였을 때에는 신고를 하고 납부한 것으로 본다. 이 경우 무신고가산세나 과소신고가산세는 부과되지 않는다.

(2) 추가신고납부

① 비과세 감면 배제시 납부방법: 등록면허세를 비과세·과세면제 또는 경감받은 후에 해당 과세물건이 등록면허세 부과대상 또는 추징대상이 되었을 때에는 그 사유발생일로부터 60일 이내에 해당 과세표준에 세율을 적용하여 산출한 세액[경감받은 경우에는 이미 납부한 세액(가산세는 제외한다)을 공제한 세액을 말한다]을 납세지를 관할하는 지방자치단체의 장에게 신고하고 납부하여야 한다.

② 등록 후 중과세된 경우: 등록면허세 과세물건을 등록한 후에 해당 과세물건이 중과세대상이 된 때에는 규정된 날로부터 60일 이내에 이미 납부한 세액(가산세를 제외한다)을 공제한 금액을 세액으로 하여 납세지를 관할하는 지방자치단체의 장에게 신고하고 납부하여야 한다.

3 보통징수와 가산세

(1) 개요

신고납부를 하지 아니하거나 신고납부세액이 정당하게 납부해야 할 세액에 미달한 때에는 가산세를 포함하여 보통징수방법으로 징수한다.

(2) 가산세

종류		가산세율
과소신고가산세	일반 과소신고	과소신고납부세액의 100분의 10
	부정 과소신고	부정과소신고납부세액의 100분의 40
무신고가산세	일반 무신고	무신고납부세액의 100분의 20
	부정 무신고	무신고납부세액의 100분의 40

제3장 재산세

제1절 의의 및 과세대상물

1 의의

재산세는 과세기준일(6월 1일) 현재 열거된 과세대상물(토지·건축물·주택·선박·항공기)을 사실상 소유한 자에게 납세지를 관할하는 지방자치단체장이 매년 부과하는 보유과세로서 보통징수방법으로 징수하는 지방세이다.

> **용어**
> 1. 과세기준일: 재산세를 과세할 때 기준으로 하는 날을 말한다.
> 2. 보통징수: 세무공무원이 납세고지서를 해당 납세자에게 발급하여 지방세를 징수하는 것을 말한다.

2 과세대상물

(1) 개요
① 재산세는 시·군·구내에 소재하는 토지(지적공부의 등록대상이 되는 토지와 그 밖에 사용되고 있는 사실상의 토지)·건축물·주택·선박·항공기에 대하여 과세한다.
② 재산세의 과세대상 물건이 토지대장, 건축물대장 등 공부상 등재되지 않았거나 공부상 등재 현황과 사실상의 현황이 다른 경우에는 사실상 현황에 따라 재산세를 부과한다. 다만, 공부상 등재 현황과 달리 이용함으로써 재산세 부담이 낮아지는 다음의 경우는 공부상 등재 현황에 따라 부과한다.
  ㉠ 관계 법령에 따라 허가 등을 받아야 함에도 불구하고 허가 등을 받지 않고 재산세의 과세대상 물건을 이용하는 경우로서 사실상 현황에 따라 재산세를 부과하면 오히려 재산세 부담이 낮아지는 경우
  ㉡ 재산세 과세기준일 현재의 사용이 일시적으로 공부상 등재현황과 달리 사용하는 것으로 인정되는 경우

(2) 과세대상물

① 토지: 토지란「공간정보의 구축 및 관리 등에 관한 법률」에 따라 지적공부의 등록대상이 되는 토지와 그 밖에 사용되고 있는 사실상의 토지를 말한다.

> **용어**
> 1. 지적공부: 토지대장, 임야대장, 공유지연명부, 대지권등록부, 지적도, 임야도 및 경계점좌표등록부 등 지적측량 등을 통하여 조사된 토지의 표시와 해당 토지의 소유자 등을 기록한 대장 및 도면(정보처리시스템을 통하여 기록·저장된 것 포함)을 말한다.
> 2. 사실상 토지: 매립·간척 등으로 준공인가 전에 사실상으로 사용하는 토지 등 토지대장에 등재되어 있지 않은 토지를 포함하는 것을 말한다.

② 건축물: 건축물이란「건축법」에 따른 건축물(이와 유사한 형태의 건축물을 포함한다)과 토지에 정착하거나 지하 또는 다른 구조물에 설치하는 레저시설, 저장시설, 도크(dock)시설, 접안시설, 도관시설, 급수시설·배수시설, 에너지 공급시설 및 그 밖에 이와 유사한 시설(이에 딸린 시설을 포함한다)을 말한다.

③ 주택

㉠ 주택이란 세대의 세대원이 장기간 독립된 주거생활을 영위할 수 있는 구조로 된 건축물의 전부 또는 일부 및 그 부속토지를 말하며, 이를 단독주택과 공동주택으로 구분한다. 이 경우 토지와 건축물의 범위에서 주택은 제외한다. 즉, 주택은 건축물이나 토지의 과세대상에서 제외하여 별도의 과세대상이 된다.

㉡ 주택부속 토지의 경계가 명백하지 아니할 때에는 그 주택의 바닥면적의 10배에 해당하는 토지를 주택의 부속토지로 한다.

㉢ 다가구주택은 1가구가 독립하여 구분 사용할 수 있도록 분리된 부분을 1구의 주택으로 본다. 이 경우 그 부속토지는 건물면적의 비율에 따라 각각 나눈 면적을 1구의 부속토지로 본다.

> **용어**
> 1. 세대: 현실적으로 주거 및 생계를 같이하는 사람의 집단으로 가족을 말한다.
> 2. 1구의 주택: 소유상의 기준이 아니고 점유상의 독립성을 기준으로 판단하되 합숙소·기숙사 등의 경우에는 방 1개를 1구의 주택으로 보며, 다가구주택은 침실, 부엌, 출입문이 독립되어 있어야 1구의 주택으로 본다.

④ 선박: 선박이란 기선(汽船), 범선(帆船), 부선(艀船) 및 그 밖에 명칭에 관계없이 모든 배를 말한다.

> **용어**
> 1. 기선: 전동기, 내연 기관 따위와 같이 동력을 일으키는 기계에 의해서 움직이는 배를 말한다.
> 2. 범선(帆船): 주로 돛을 사용하여 운항하는 선박을 말한다.
> 3. 부선(艀船): 운하·하천·항내(港內)에서 사용하는 밑바닥이 편평한 화물 운반선을 말한다.

⑤ 항공기: 항공기란 사람이 탑승·조종하여 항공에 사용하는 비행기, 비행선, 활공기(滑空機), 회전익(回轉翼)항공기 및 그 밖에 이와 유사한 비행기구를 말한다.

제2절 납세의무자

1 납세의무자

(1) 일반적인 경우

재산세 과세기준일(매년 6월 1일) 현재 토지·건축물·주택·선박·항공기를 사실상 소유하고 있는 자는 재산세를 납부할 의무가 있다.
① 6월 1일 이전(5월 25일)에 양도·양수: 양수인
② 6월 1일 이후(6월 20일)에 양도·양수: 양도인
③ 6월 1일에 양도·양수: 양수인

(2) 공유재산인 경우

재산세 과세기준일(매년 6월 1일) 현재 토지·건축물·주택·선박·항공기를 공유한 경우에는 그 지분에 해당하는 부분(지분의 표시가 없는 경우에는 지분이 균등한 것으로 본다)에 대하여 그 지분권자를 납세의무자로 본다.

(3) 주택의 건물과 부속토지의 소유자가 다른 경우

주택의 건물과 부속토지의 소유자가 다를 경우에는 그 주택에 대한 산출세액을 건축물과 그 부속토지의 시가표준액 비율로 안분계산(按分計算)한 부분에 대하여 그 소유자를 납세의무자로 본다.

(4) 신탁재산: 위탁자

「신탁법」에 따른 수탁자 명의로 등기 또는 등록된 신탁재산의 경우에는 위탁자를 납세의무자로 본다. 이 경우 위탁자가 신탁재산을 소유한 것으로 본다.

> **용어**
> 1. 위탁자: 일정한 계약에 의해 남에게 물건이나 사무의 처리 따위를 맡긴 사람을 말한다.
> 2. 수탁자: 법률 행위나 각종 사무의 처리를 위임받은 사람을 말한다.
> 3. 신탁재산: 수탁자가 위탁자로부터 이전 받아 신탁 목적에 따라 관리하고 처분할 수 있는 재산을 말한다.

2 의제납세의무자

(1) 공부상 소유자

① 공부상의 소유자가 매매 등의 사유로 소유권이 변동되었는데도 신고하지 아니하여 사실상의 소유자를 알 수 없을 때에는 공부상 소유자를 납세의무자로 본다.
② 공부상에 개인 등의 명의로 등재되어 있는 사실상의 종중재산으로서 종중소유임을 신고하지 아니하였을 때에는 공부상 소유자를 납세의무자로 본다.

(2) 상속재산: 주된 상속자

상속이 개시된 재산으로서 상속등기가 이행되지 아니하고 사실상의 소유자를 신고하지 아니하였을 때에는 주된 상속자를 납세의무자로 본다. 이때 주된 상속자의 판단은 다음과 같이 ①에서 ② 순으로 재산세 납세의무를 판단한다.
① 「민법」상 상속지분이 가장 높은 사람
② 상속지분이 가장 높은 사람이 두 명 이상이면 그 중 나이가 가장 많은 사람

(3) 매수계약자

국가ㆍ지방자치단체ㆍ지방자치단체조합과 재산세 과세대상 재산을 연부(年賦)로 매매계약을 체결하고 그 재산의 사용권을 무상으로 받은 경우에는 그 매수계약자를 납세의무자로 본다.

(4) 체비지 또는 보류지: 사업시행자

「도시개발법」에 따라 시행하는 환지(換地) 방식에 의한 도시개발사업 및 「도시 및 주거환경정비법」에 따른 정비사업(주택재개발사업 및 도시환경정비사업만 해당한다)의 시행에 따른 환지계획에서 일정한 토지를 환지로 정하지 아니하고 체비지(替費地) 또는 보류지(保留地)로 정한 경우에는 사업시행자를 납세의무자로 본다.

> 용어
> 1. 체비지: 도시개발사업으로 인하여 발생하는 사업비용을 충당하기 위하여 사업시행자가 취득하여 집행 또는 매각하는 토지를 말한다.
> 2. 보류지: 사업계획에 정하는 목적을 위해 환지계획에서 일정한 토지를 환지로 정하지 않고 보류해 두는 토지를 말한다.

(5) 소유권 귀속이 불분명: 사용자

재산세 과세기준일 현재 소유권의 귀속이 분명하지 아니하여 사실상의 소유자를 확인할 수 없는 경우에는 그 사용자가 재산세를 납부할 의무가 있다.

> 소유권 귀속 불분명: 소유권의 귀속 자체에 분쟁이 생겨 소송 중에 있거나 공부상 소유자의 행방불명 또는 생사불명으로 장기간 그 소유자가 관리하고 있지 않은 경우를 말한다.

(6) 외국인 소유의 항공기 또는 선박을 임차하여 수입: 수입하는 자

외국인 소유의 항공기 또는 선박을 임차하여 수입하는 경우 수입하는 자를 납세의무자로 본다.

(7) 파산선고 이후 파산종결의 결정까지 파산재단에 속하는 재산의 경우: 공부상 소유자

「채무자 회생 및 파산에 관한 법률」에 따른 파산선고 이후 파산종결의 결정까지 파산재단에 속하는 재산의 경우는 공부상 소유자를 납세의무자로 본다.

제3절 납세절차

1 납세지

구분	납세지
토지	토지의 소재지
건축물	건축물의 소재지
주택	주택의 소재지
선박	「선박법」에 따른 선적항의 소재지
항공기	「항공안전법」에 따른 등록원부에 기재된 정치장의 소재지

2 징수방법

(1) 보통징수

지방자치단체의 장이 과세표준과 세액을 산정하여 과세기준일 현재의 사실상 소유자에게 고지서를 발급하여 징수하는 보통징수방법으로 부과·징수한다.

(2) 과세기준일과 납부시기

① 과세기준일 및 고지서발부
  ㉠ 재산세의 과세기준일은 매년 6월 1일 현재로 한다.
  ㉡ 지방자치단체의 장은 재산세를 징수하려면 토지, 건축물, 주택, 선박 및 항공기로 구분한 납세고지서에 과세표준과 세액을 적어 늦어도 납기개시 5일 전까지 발급하여야 한다.

② 납부기간: 재산세의 납부기간은 재산의 종류에 따라 다음과 같이 달라진다.

구분		납부기간	비고
토지		매년 9월 16일부터 9월 30일까지	–
주택	해당 연도에 부과할 세액의 2분의 1	매년 7월 16일부터 7월 31일까지	해당 연도에 부과할 세액이 20만원 이하인 경우에는 7월 16일부터 7월 31일까지로 하여 한꺼번에 부과·징수할 수 있다.
	나머지 2분의 1	매년 9월 16일부터 9월 30일까지	
건축물, 선박, 항공기		매년 7월 16일부터 7월 31일까지	–

③ 납부유예: 납세의무자가 주택에 대한 재산세액(해당 재산세를 징수하기 위하여 함께 부과하는 지방세를 포함한다)의 납부유예를 그 납부기한 만료 3일 전까지 신청하는 경우 이를 허가할 수 있다. 이 경우 납부유예를 신청한 납세의무자는 그 유예할 주택 재산세에 상당하는 담보를 제공하여야 한다.
④ 수시부과: 지방자치단체의 장은 과세대상의 누락·위법 또는 착오 등으로 인하여 이미 부과한 세액을 변경하거나 수시부과하여야 할 사유가 발생하면 수시로 부과·징수할 수 있다.
⑤ 소액징수면제: 고지서 1장당 재산세로 징수할 세액이 2,000원 미만인 경우에는 해당 재산세를 징수하지 아니한다.

3 물납제도

(1) 신청 적격자

지방자치단체의 장은 납부세액이 1천만원을 초과하는 경우에는 납세의무자의 신청을 받아 해당 지방자치단체의 관할 구역 안에 소재하는 부동산에 대하여만 물납을 허가할 수 있다.

(2) 물납의 신청 및 허가

① 재산세를 물납하려는 자는 그 납부기한 10일 전까지 납세지를 관할하는 시장·군수·구청장에게 신청하여야 한다.
② 물납신청을 받은 시장·군수·구청장은 신청을 받은 날부터 5일 이내에 납세의무자에게 그 허가 여부를 서면으로 통지하여야 한다.

4 분할납부제도

(1) 신청 적격자

지방자치단체의 장은 재산세의 납부세액이 250만원을 초과하는 경우에는 납부할 세액의 일부를 납부기한이 지난 날부터 2개월 이내에 분할납부하게 할 수 있다.

(2) 분할납부처리 방법

구분	분할납부 세액
납부할 세액이 500만원 이하인 경우	250만원을 초과하는 금액
납부할 세액이 500만원 초과하는 경우	그 세액의 100분의 50 이하의 금액

www.megaland.co.kr

제 **3** 편

국세

제 1 장 | 종합부동산세

제 2 장 | 소득세 및 양도소득세

제1장 종합부동산세

제1절 의의 및 납세의무자

1 의의

과세기준일(매년 6월 1일) 현재 기준금액을 초과하는 부동산(주택, 토지)을 사실상 보유한 자에게 납세지 관할 세무서장이 납세고지서와 세액산출명세서를 발부하여 종합부동산세를 징수한다. 다만, 부과징수에도 불구하고 신고납부방식으로 신고하고자 하는 경우에는 납세의무자는 납세지 관할 세무서장에게 신고납부할 수 있다.

2 과세대상물

종합부동산세는 「지방세법」상 재산세 과세대상 재산(토지, 건축물, 주택, 항공기, 선박) 중 주택과 토지(분리과세대상 토지 제외)를 과세대상으로 한다.

3 납세의무자

(1) **주택분 납세의무자**: 과세기준일 현재 주택분 재산세의 납세의무자는 종합부동산세를 납부할 의무가 있다.
   ① 1세대 1주택자: 공시가격을 합한 금액이 12억원을 초과하는 자
   ② 1세대 2주택 이상자: 공시가격을 합한 금액이 9억원을 초과하는 자
   ③ 법인: 금액 관계없이 과세

(2) **토지분 납세의무자**
   ① 종합합산과세대상 토지: 종합합산과세대상인 토지의 경우에는 국내에 소재하는 해당 과세대상 토지의 공시가격을 합한 금액이 5억원을 초과하는 자는 해당 토지에 대한 종합부동산세를 납부할 의무가 있다.
   ② 별도합산과세대상 토지: 별도합산과세대상인 토지의 경우에는 국내에 소재하는 해당 과세대상 토지의 공시가격을 합한 금액이 80억원을 초과하는 자는 해당 토지에 대한 종합부동산세를 납부할 의무가 있다.

제2절 납세절차

1 납세지

(1) 거주자

그 주소지 관할 세무서로 하되, 주소지가 없는 경우에는 그 거소지 관할 세무서로 한다.

(2) 비거주자

국내사업장 소재지 관할 세무서로 하며, 국내사업장이 없는 경우에는 국내원천소득이 발생하는 장소로 한다. 국내사업장이 없고 국내원천소득이 발생하지 않는 주택 및 토지를 소유한 경우에는 주택 또는 토지의 소재지로 한다.

> 🔖 **용어**
> 1. 거소지: 일정하게 자리를 잡고 계속 살고 있는 장소를 말한다.
> 2. 국내사업장(國內事業場): 사업의 전부 또는 일부를 수행하는 국내의 일정한 장소를 말한다.
> 3. 국내원천소득(國內源泉所得): 국내에서 생기는 소득을 말한다.

2 부과징수

(1) 과세기준일

종합부동산세의 과세기준일은 재산세의 과세기준일인 매년 6월 1일로 한다.

(2) 부과·징수

① 정부부과
  ㉠ 관할 세무서장은 납부하여야 할 종합부동산세의 세액을 결정하여 해당 연도 12월 1일부터 12월 15일까지 부과·징수한다.
  ㉡ 관할 세무서장은 종합부동산세를 징수하려면 납부고지서에 주택 및 토지로 구분한 과세표준과 세액을 기재하여 납부기간 개시 5일 전까지 발급하여야 한다.
② 선택적 신고납부: 부과·징수에도 불구하고 종합부동산세를 신고납부방식으로 납부하고자 하는 납세의무자는 종합부동산세의 과세표준과 세액을 해당 연도 12월 1일부터 12월 15일까지 관할 세무서장에게 신고하여야 한다. 이 경우 관할 세무서장의 결정은 없었던 것으로 본다.

(3) 납부유예

관할 세무서장은 납세의무자가 주택분 종합부동산세액의 납부유예를 그 납부기한 만료 3일 전까지 신청하는 경우 이를 허가할 수 있다. 이 경우 납부유예를 신청한 납세의무자는 그 유예할 주택분 종합부동산세액에 상당하는 담보를 제공하여야 한다.

3 분할납부와 물납

(1) 분할납부기간

관할 세무서장은 종합부동산세로 납부하여야 할 세액이 250만원을 초과하는 경우에는 그 세액의 일부를 납부기한이 지난 날부터 6개월 이내에 분납하게 할 수 있다.

(2) 분할납부처리 방법

분할납부 처리기준은 납부할 세액이 250만원 초과 500만원 이하와 납부세액이 500만원을 초과하는 경우로 구분되는데 이는 다음과 같다.

구분	분할납부 세액
납부하여야 할 세액이 250만원 초과 500만원 이하인 때	해당 세액에서 250만원을 차감한 금액
납부하여야 할 세액이 500만원을 초과하는 때	해당 세액의 100분의 50 이하의 금액

(3) 물납

종합부동산세는 금액 관계없이 물납신청이 불가능하다.

4 결정과 경정

(1) 관할 세무서장 또는 납세지 관할 지방국세청장은 과세대상 누락, 위법 또는 착오 등으로 인하여 종합부동산세를 새로 부과할 필요가 있거나 이미 부과한 세액을 경정할 경우에는 다시 부과·징수할 수 있다.

(2) 관할 세무서장 또는 관할 지방국세청장은 신고를 한 자의 신고내용에 탈루 또는 오류가 있는 때에는 해당 연도의 과세표준과 세액을 경정한다.

제2장 소득세 및 양도소득세

제1절 의의 및 납세의무자

1 의의

소득세란 개인이 과세기간(1/1 ~ 12/31) 동안 벌어들인 소득에 대하여 그 과세기간의 다음 연도 5월 1일부터 5월 31일까지 납세지 관할 세무서장에게 신고납부하는 국세이다.

▸ 용어
1. 소득: 개인들이 경제활동의 대가로 얻는 전체 금액을 말한다.
2. 소득금액: 소득 중에서 공제되는 비용을 차감한 금액을 말한다.
3. 과세기간: 세금을 기간을 단위로 계산하게 되는데 이러한 단위기간을 과세기간이라 한다.

2 납세의무자

(1) 거주자와 비거주자의 납세의무

　① 거주자(속인주의)
　　㉠ 의의: 거주자란 국적이나 외국 영주권의 취득 여부와는 관계없이 국내에 주소를 두거나 183일 이상 거소를 둔 개인을 말한다.
　　㉡ 납세의무: 거주자에게는 「소득세법」에서 규정하는 모든 소득(국내소득과 국외소득 모두를 포함한다)에 대해서 과세한다.
　② 비거주자(속지주의)
　　㉠ 의의: 거주자 이외의 자를 말한다.
　　㉡ 납세의무: 비거주자는 국내원천소득에 대해서만 과세한다.

> **심화** 거주기간의 계산
> 1. 국내에 거소를 둔 기간은 입국하는 날의 다음 날부터 출국하는 날까지로 한다.
> 2. 국내에 거소를 두고 있던 개인이 출국 후 다시 입국한 경우에 생계를 같이하는 가족의 거주지나 자산소재지 등에 비추어 그 출국목적이 관광, 질병치료 목적인 경우에는 그 출국한 기간도 국내에 거소를 둔 기간으로 본다.

(2) 특수한 경우의 납세의무

① 공동소유자산 양도시: 공동소유자산에서 발생하는 소득에 대한 납세의무는 각 거주자별로 납세의무를 진다. 이 경우 공동소유자간에 연대납세의무는 없다.

② 상속인 등의 납세의무
   ㉠ 피상속인의 소득금액에 대해서 과세하는 경우에는 그 상속인이 납세의무를 진다.
   ㉡ 피상속인의 소득금액에 대한 소득세로서 상속인에게 과세할 것과 상속인의 소득금액에 대한 소득세는 구분하여 계산하여야 한다.

   ▶ 용어
   1. 상속인: 법률상의 신분이나 재산에 관한 권리를 물려받는 사람을 말한다.
   2. 피상속인: 재산이나 권리를 물려주는 사람을 말한다. 즉 사망한 사람을 말한다.

③ 신탁소득
   ㉠ 신탁재산에 귀속되는 소득은 그 신탁의 이익을 받을 수익자(수익자가 사망하는 경우에는 그 상속인)에게 귀속되는 것으로 본다.
   ㉡ 수익자가 특별히 정해지지 아니하거나 존재하지 아니하는 신탁의 경우에는 그 신탁재산에 귀속되는 소득은 위탁자에게 귀속되는 것으로 본다.

   ▶ 수익자: 신탁의 설정을 통하여 이익을 얻는 사람을 말한다.

제2절 과세기간

1 원칙

과세기간이란 개인에게 귀속되는 소득에 대하여 과세표준을 계산하는 시간적 단위를 말하는 것으로 소득세는 1월 1일부터 12월 31일까지의 소득에 대하여 과세하는 역년주의를 채택하고 있다.

▶ 역년주의: 달력에 따라 1월 1일부터 12월 31일까지를 과세기간으로 하는 것을 말한다.

2 예외

과세기간 중에 사업을 개시하거나 사업을 폐업하는 경우에도 매년 1월 1일부터 12월 31일까지로 하는 것이다. 다음의 경우에만 소득세 과세기간의 예외를 인정한다.

(1) 거주자가 사망한 경우: 1월 1일부터 사망일까지
(2) 거주자가 주소 및 거소를 국외로 이전하여 비거주자가 되는 경우: 1월 1일부터 출국일까지

제3절 양도소득세 의의와 과세대상물

1 의의

양도소득세는 열거된 과세대상물을 사실상 양도하는 경우 양도자가 해당 과세기간(1/1~12/31) 동안 양도로 인하여 얻은 소득을 그 과세기간의 다음 연도 5월 1일부터 5월 31일까지 납세지 관할 세무서에 신고하고 납부하는 국세이다.

2 과세대상물

과세대상 자산	과세대상 제외
① 토지와 건물(시설물과 구축물 포함) ② 부동산에 관한 권리 　㉠ 지상권 　㉡ 전세권 　㉢ 등기된 부동산임차권 　㉣ 부동산을 취득할 수 있는 권리 　　ⓐ 아파트당첨권 　　ⓑ 토지상환채권 및 주택상환채권 　　ⓒ 계약금만 지급한 상태에서 양도하는 권리	① 기계장비 ② 지역권 ③ 미등기 부동산임차권 ④ 점포임차권 ⑤ 상표권
③ 기타자산 　㉠ 이용권・회원권, 그 밖에 그 명칭과 관계없이 시설물을 배타적으로 이용하거나 일반이용자보다 유리한 조건으로 이용할 수 있도록 약정한 단체의 구성원이 된 자에게 부여되는 시설물 이용권(골프회원권 등) 　㉡ 사업에 사용하는 토지・건물 및 부동산에 관한 권리와 함께 양도하는 영업권 　㉢ 토지・건물과 함께 양도하는 「개발제한구역의 지정 및 관리에 관한 특별조치법」에 따른 이축을 할 수 있는 권리	⑥ 영업권을 단독(분리)으로 이전: 기타소득 ⑦ 이축권 가액을 대통령령으로 정하는 방법에 따라 별도로 평가하여 신고하는 경우: 기타소득
④ 신탁의 이익을 받을 권리	-

📌 용어
1. 영업권: 영업활동에서 생기는 영업상 재산적 가치가 있는 권리금을 말한다.
2. 이축권: 개발제한구역 내에 주택 등을 소유하고 있던 사람이 이 지역이 고속도로 개발 등 공공요지로 편입, 수용되는 경우 이주 대책의 일환으로 주는 '다른 개발제한구역 내에서 건축허가를 받아 건물을 신축할 권리'를 말한다.

제4절 양도의 개념

1 양도의 정의

양도라 함은 개인이 「소득세법」상 열거된 과세대상 자산을 등기·등록에 관계없이 매도·교환·공매(경매 포함)·수용·법인에 대한 현물출자·대물변제·부담부증여 등을 통하여 사실상 이전하고 그 대가를 유상으로 받는 경우 이를 양도라 한다.

> **용어**
> 1. 현물출자: 주주가 돈이 아닌 부동산 등 물품으로 출자하는 것을 말한다.
> 2. 대물변제: 채무자가 부담하고 있는 본래의 채무 대신 다른 물품 따위로 채무를 소멸시키는 것을 말한다.
> 3. 부담부증여: 부모가 담보권이 설정된 재산을 자녀에게 증여하면서 그에 따른 채무도 함께 넘기는 경우처럼 수증자(자녀)가 증여자의 채무를 인수하는 증여를 말한다.

2 양도로 보는 경우

(1) 매매
매매는 당사자 간에 사실상 유상이전이 이루어진 것으로 해석하여 양도에 해당한다.

(2) 교환
양도소득세 과세대상 자산을 상호 교환하는 경우에는 이를 각각 양도로 보아 쌍방 모두 양도소득세 과세대상이 된다.

(3) 법인에 대한 현물출자
과세대상물을 법인에 현물로 제공하고 주식으로 그 대가를 지급받은 경우에는 사실상 유상 이전으로 보아 양도소득세를 과세한다.

(4) 대물변제
당사자 간의 합의에 의하거나 법원의 확정판결에 의하여 일정액의 위자료를 지급하기로 하고 동 위자료 지급에 갈음하여 당사자 일방이 소유하고 있던 부동산의 소유권을 이전하여 주는 것은 그 자산을 양도한 것으로 본다.

(5) 부담부증여
① 수증자가 인수한 채무액 상당액은 그 자산이 유상으로 사실상 이전되는 것으로 보아 증여자에게 양도소득세를 과세한다.
② 채무인수 이외의 자산에 대하여는 유상이전이 되지 않았기 때문에 수증자에게 증여세를 과세한다.

(6) 기타 양도로 보는 경우

① 공매(경매 포함)

㉠ 임의 공매 또는 경매절차에 의하여 부동산에 대한 경락 허가 결정이 확정되고 그 대금이 완납된 것이라면 양도소득세 과세대상인 양도에 해당한다.

㉡ 자기 소유재산을 제3자의 채무에 담보로 제공하였다가 채무를 변제하지 아니하여 해당 담보재산이 경매 개시되어 당초 소유자가 자기명의로 경락받은 경우에는 이를 양도로 보지 아니한다.

📌 공매: 압류한 재산이나 물건 따위를 공공기관이 일반인에게 입찰이나 경매 등의 방법으로 파는 것을 말한다.

② 수용: 수용 당하는 토지의 지상건물을 철거하고 「공익사업을 위한 토지 등의 취득 및 보상에 관한 법률」에 의하여 이전료를 보상받는 것도 사실상 유상으로 이전하는 것으로 보아 양도에 해당한다.

3 양도로 보지 않는 경우

(1) 무상이전

양도란 등기·등록 유무를 불문한 사실상 유상으로 이전하는 것을 말하므로, 무상으로 이전하는 경우에는 증여에 해당되어 증여세가 과세된다.

(2) 신탁해지

법원의 확정판결에 의하여 신탁해지를 원인으로 소유권이전등기를 하는 경우에는 양도로 보지 아니한다.

> **참고** 해제와 해지
>
> 1. 해제: 유효하게 성립되어 있는 계약 관계를 당사자의 일방적 의사 표시에 의하여 청산(淸算) 관계로 전환시켜, 처음부터 계약이 존재하지 않았던 것과 같은 상태로 만드는 것을 말한다.
> 2. 해지: 계속적 계약관계를 당사자의 일방적 의사표시에 의하여 장래에 대하여 소멸시키는 것이다. 소급효를 가지지 않고 장래에 대하여서만 효력을 가진다는 점에서 해제와 다르다.

(3) 매매원인 무효의 소(訴)로 인한 소유권의 환원

매매원인 무효의 소(訴)에 의하여 그 매매사실이 법원의 판결에 의하여 원인무효로 판시되어 환원될 경우에는 양도로 보지 아니한다.

(4) 양도담보
　① 양도로 보지 아니하는 경우: 채무자가 채무의 변제를 담보하기 위하여 자산을 양도하는 계약을 체결한 경우에 다음의 요건을 갖춘 계약서의 사본을 과세표준신고서에 첨부하여 신고하는 때에는 양도로 보지 아니한다.
　　㉠ 당사자 간에 채무의 변제를 담보하기 위하여 양도한다는 의사표시가 있을 것
　　㉡ 해당 자산을 채무자가 원래대로 사용·수익한다는 의사표시가 있을 것
　　㉢ 원금·이율·변제기한·변제방법 등에 관한 약정이 있을 것
　② 양도로 보는 경우: 양도담보계약을 체결한 후 그 계약을 위배하거나 채무불이행으로 인하여 양도담보된 자산을 변제에 충당한 때에는 대물변제로 보아 이를 양도한 것으로 본다.

(5) 환지처분
「도시개발법」이나 그 밖의 법률에 따른 환지처분(換地處分)으로 지목 또는 지번이 변경되거나 보류지로 충당되는 경우에는 양도로 보지 않는다.

　📌 용어
　　1. 환지처분: 사업시행자가 사업완료 후에 사업지구 내의 토지소유자 또는 관계인에게 종전의 토지 대신 그 구역 내의 다른 토지로 바꾸어 주는 것을 말한다.
　　2. 보류지: 사업시행자가 해당 법률에 의하여 일정한 토지를 환지로 정하지 않고 공공용지 또는 체비지로 사용하기 위해 보류한 토지를 말한다.

(6) 공유물의 분할
　① 공동소유의 토지를 소유지분별로 단순 분할하는 경우에는 양도로 보지 않는다.
　② 하나의 토지를 공유하던 자가 공유자 지분 변경없이 2개 이상의 공유토지로 분할하였다가 그 공유토지를 소유자 지분별로 단순히 재분할하는 경우에는 양도로 보지 않는다.
　③ 상속재산의 협의분할 또는 이혼함에 있어서 재산분할청구에 의한 부부공유자산을 분할하는 경우에는 양도로 보지 않는다.

(7) 배우자 또는 직계존비속 간 양도
　① 증여추정: 배우자나 직계존비속 간에 부동산을 양도하는 경우에는 증여로 추정된다.
　② 양도로 보는 경우: 배우자·직계존비속 또는 특수관계자 간의 양도의 경우라도 대가관계가 객관적으로 증명되는 경우 양도로 보아 양도소득세가 과세된다.

제5절 양도 및 취득시기

1 일반적인 거래

(1) 대금청산일이 분명한 경우

자산의 일반적인 취득 및 양도시기는 사실상 잔금청산일(또는 대금청산일)로 한다. 이 경우 자산의 대금에는 해당 자산의 양도에 대한 양도소득세를 양수자가 부담하기로 약정한 경우에는 해당 양도소득세를 제외한다.

> **참고** 토지거래 허가 대상 토지인 경우
>
> 「국토의 계획 및 이용에 관한 법률」에 따른 토지거래허가지역 내의 토지매매계약은 허가를 받을 때까지는 미완성의 법률행위로서 효력이 발생되지 아니하지만, 나중에 허가를 받으면 소급하여 유효한 계약이 되므로 그 양도시기는 잔금청산한 날이다.

(2) 대금청산일이 분명하지 않은 경우

사실상 대금청산일이 분명하지 않는 경우에는 등기부·등록부 또는 명부 등에 기재된 등기·등록접수일 또는 명의개서일로 한다.

✎ 용어
1. 등록부: 행정관서나 공공기관에서 일정한 법률 사실이나 법률관계를 공증하기 위하여 비치한 장부를 말한다.
2. 명의개서: 주식의 양도·상속 등으로 구소유자로부터 신소유자로 이전된 경우에 신소유자의 성명과 주소를 회사의 주주명부에 기재하는 것을 말한다.

(3) 대금청산 전에 소유권이전등기를 한 경우

사실상 대금을 청산하기 전에 소유권이전등기를 한 경우에는 등기부·등록부 또는 명부 등에 기재된 등기·등록접수일 또는 명의개서일로 한다.

2 특수한 거래

(1) 장기할부조건의 매매

장기할부조건으로 매매하는 경우에는 소유권이전등기(등록 및 명의개서를 포함)접수일·인도일 또는 사용수익일 중 빠른 날을 취득·양도시기로 한다.

> ✎ 장기할부: 해당 자산의 양도대금을 월부·연부 기타의 부불방법에 따라 수입하는 것으로서 계약금을 제외한 해당 자산의 양도대금을 2회 이상으로 분할하여 받고, 소유권이전등기접수일·인도일 또는 사용수익일 중 가장 빠른 날의 다음 날부터 최종 할부금의 지급기일까지의 기간이 1년 이상인 것을 말한다.

(2) 공익사업 시행에 따른 수용

공익사업 시행에 따른 수용으로 인해 양도하는 경우 양도시기는 사실상 대금청산일·등기접수일·수용개시일 중 빠른 날로 한다. 다만, 소유권에 관한 소송으로 보상금이 공탁된 경우에는 소유권 관련 소송 판결 확정일로 한다.

> **용어**
> 1. 수용개시일: 토지수용위원회가 수용을 개시하기로 결정한 날을 말한다.
> 2. 공탁: 변제, 담보, 보관 등의 목적으로 금전, 유가증권 따위를 공탁소에 맡겨 두는 것을 말한다.

(3) 자가건설 건축물

① 허가를 받은 경우: 자기가 건설한 건축물의 취득시기는 사용승인서 교부일로 한다. 다만, 사용승인서 교부일 전에 사실상 사용하거나 사용승인을 얻은 경우에는 그 사실상 사용일·사용승인일로 한다.

② 허가받지 않는 경우: 허가를 받지 아니한 건축물은 사실상 사용일을 취득·양도시기로 한다.

(4) 상속·증여에 따른 취득자산

① 상속에 의한 취득시기는 상속개시일로 한다.
② 증여에 의한 취득시기는 증여를 받은 날로 한다.

(5) 미완성·미확정 자산

완성 또는 확정되지 않은 자산을 양도 또는 취득한 경우로서 해당 자산의 대금을 청산한 날까지 그 목적물이 완성 또는 확정되지 않은 경우에는 그 목적물이 완성 또는 확정된 날을 취득 및 양도시기로 본다.

(6) 환지처분으로 취득한 토지

① 지목이나 지번이 변경되는 경우: 「도시개발법」 기타 법률의 규정에 따른 환지처분으로 취득하는 토지의 취득시기는 환지시점에서 새로운 취득이 아니기 때문에 환지 전 토지 취득일로 한다.

② 교부받은 토지의 면적이 환지처분에 따른 권리면적보다 증가 또는 감소된 경우: 그 증가 또는 감소된 면적의 토지에 대한 취득 및 양도시기는 환지처분 공고일의 다음 날로 한다.

(7) 장기점유에 따른 취득

「민법」 제245조 제1항의 규정(점유로 인한 부동산소유권)에 의하여 부동산의 소유권을 취득하는 경우에는 해당 부동산의 점유를 개시한 날을 취득시기로 한다.

제6절　양도소득세 납세절차

1 납세지

(1) 거주자인 경우

거주자에 대한 양도소득세 납세지는 양도자의 주소지 관할 세무서로 한다. 다만, 주소가 없는 경우에는 그 거소지 관할 세무서로 한다.

(2) 비거주자인 경우

「소득세법」에 규정하는 국내사업장의 소재지로 한다. 다만, 국내사업장이 둘 이상인 경우에는 주된 국내사업장의 소재지로 하고, 국내사업장이 없는 경우에는 국내 원천소득이 발생하는 장소로 한다.

　📌 국내사업장: 비거주자가 사업의 전부 또는 일부를 수행하는 국내의 일정한 장소를 말한다.

2 과세표준 예정신고

(1) 적용대상자

① 양도소득세 과세대상 자산을 양도한 거주자는 양도소득과세표준을 납세지 관할 세무서장에게 예정신고하여야 한다.
② 양도차익이 없거나 양도차손이 발생한 경우에도 예정신고는 하여야 한다.

(2) 예정신고기간

① 부동산 등 양도
　㉠ 과세대상이 되는 부동산(토지·건물·부동산에 관한 권리·기타자산의 양도소득) 등을 양도하였을 때 그 양도소득과세표준을 양도일이 속하는 달의 말일부터 2개월 이내에 예정신고서를 제출하여야 한다.
　㉡ 부담부증여의 채무액에 해당하는 부분으로서 양도로 보는 경우에는 그 양도일이 속하는 달의 말일부터 3개월 이내에 예정신고서를 제출하여야 한다.

　📌 부담부증여: 수증자가 증여를 받는 동시에 채무를 부담하는 것을 조건으로 하는 증여계약을 말한다.

② 허가대상 부동산 양도: 토지거래계약에 관한 허가구역에 있는 토지를 양도할 때 토지거래계약허가를 받기 전에 대금을 청산한 경우는 그 허가일(토지거래계약허가를 받기 전에 허가구역의 지정이 해제된 경우에는 그 해제일을 말한다)이 속하는 달의 말일부터 2개월 이내에 예정신고서를 제출하여야 한다.

3 과세표준 확정신고납부

(1) 원칙적인 신고기간
   ① 해당 과세기간의 양도소득금액이 있는 거주자는 그 양도소득 과세표준을 그 과세기간의 다음 연도 5월 1일부터 5월 31일까지 확정신고를 하여야 한다.
   ② 과세표준이 없거나 결손금액이 있는 때에도 확정신고를 해야 하며, 예정신고를 한 자는 해당 소득에 대한 확정신고를 하지 아니할 수 있다.

(2) 예정신고를 이행한 경우에도 확정신고를 이행하는 경우
   ① 해당 연도에 누진세율적용대상 자산에 대한 예정신고를 2회 이상 한 자가 이미 신고한 양도소득금액과 합산하여 예정신고를 하지 않는 경우
   ② 토지·건물·부동산에 관한 권리 및 기타자산을 둘 이상 양도한 경우로서 양도소득기본공제의 적용으로 인하여 당초 신고한 양도소득산출세액이 달라지는 경우

4 가산세

종류		가산세율
과소신고가산세	일반 과소신고	과소신고납부세액의 100분의 10
	부정 과소신고	부정과소신고납부세액의 100분의 40
무신고가산세	일반 무신고	무신고납부세액의 100분의 20
	부정 무신고	무신고납부세액의 100분의 40

5 물납과 분할납부

(1) 물납

양도소득세는 금액에 관계없이 물납 신청은 불가능하다.

(2) 분할납부

거주자로서 예정신고납부 또는 확정신고납부할 세액이 1천만원을 초과하는 경우 납부기한이 지난 후 2개월 이내에 분할납부할 수 있다.

구분	분할납부 가능 금액
납부할 세액이 2천만원 이하인 경우	1천만원을 초과하는 금액
납부할 세액이 2천만원 초과하는 경우	그 세액의 100분의 50 이하인 금액

2024
메가랜드 공인중개사
2차 입문서

공인중개사법령 및 중개실무/부동산공법
부동산공시법/부동산세법

발행일 2023년 9월 10일 초판 1쇄
편 저 메가랜드 부동산교육연구소
발행인 윤용국
발행처 메가랜드(주)
등 록 제2018-000177호(2018.9.7.)
주 소 (06657) 서울특별시 서초구 반포대로 81
전 화 1833 - 3329
팩 스 02 - 6918 - 3792

정 가 26,000원
ISBN 979-11-6601-351-5(13320)

잘못 만들어진 책은 구입하신 서점에서 교환해 드립니다.
본 책의 내용은 사전고지 없이 변경될 수 있습니다.

Copyright ⓒ 2024 메가랜드(주)
메가랜드(주)는 초·중·고, 성인 입시 1등 교육 전문 브랜드 메가스터디가 설립한 부동산 교육 전문 기관입니다.
이 책은 저작권법에 따라 보호받는 저작물이므로 무단전재와 무단복제를 금지하며 책 내용의 전부 또는 일부를 이용하려면 반드시 메가랜드(주)의 서면동의를 받아야 합니다.

이제 메가랜드 공인중개사 교재를 E-Book(전자책)으로도 만나보세요.

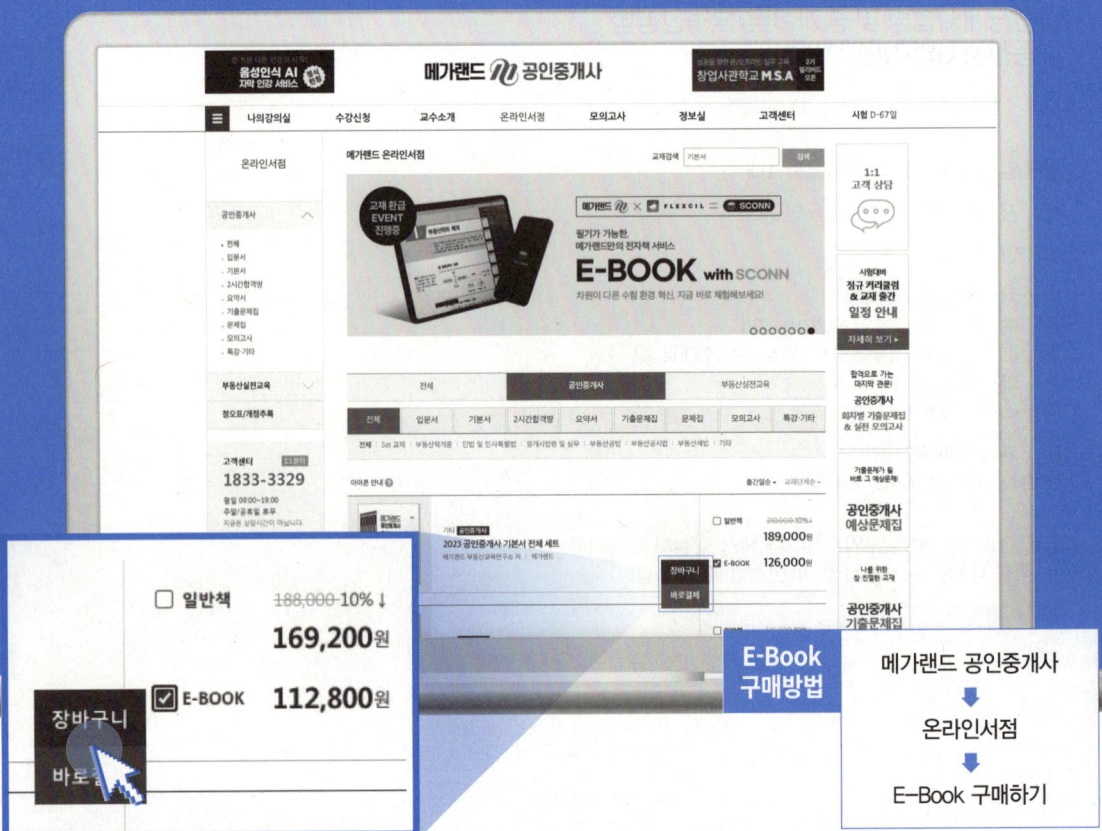

메가랜드 공인중개사 정오표를 꼭 확인하세요.

교재 출간 후 개정되는 법령의 내용과 교재 수정사항은
메가랜드 홈페이지(http://www.megaland.co.kr)에서 확인하실 수 있습니다.